U0942184

论语新绎

吴天明 著

图书在版编目（CIP）数据

论语新绎 / 吴天明著. — 北京 ：文化发展出版社，2021.12

ISBN 978-7-5142-3597-5

Ⅰ. ①论… Ⅱ. ①吴… Ⅲ. ①儒家 ②《论语》-注释 ③《论语》-译文 Ⅳ. ①B222.22

中国版本图书馆CIP数据核字(2021)第210397号

论语新绎

作　　者：吴天明

责任编辑：武　赫　　　　责任校对：岳智勇

责任印制：邓辉明　　　　责任设计：郭　阳

出版发行：文化发展出版社（北京市翠微路2号 邮编：100036）

网　　址：www.wenhuafazhan.com

经　　销：各地新华书店

印　　刷：北京文昌阁彩色印刷有限责任公司

开　　本：710mm × 1000mm　1/16

字　　数：480千字

印　　张：33.5

版　　次：2021年12月第1版

印　　次：2021年12月第1次印刷

定　　价：78.00元

I S B N ：978-7-5142-3597-5

◆ 如发现任何质量问题请与发行部联系。发行部电话：010-83626929

凡　例

《论语》问世两千多年以来，一直都是候任官员和现任官员的政治学经典教材，借以学习治理国家的理论和方法。但是自从民国政府宣布废除“尊孔读经”，《论语》却一直被当作普通学生的教科书，并且逐步形成了一整套新的言说方式。本书既要恢复《论语》的本来职能，专供当今领导干部学习治理国家，治理行业、企业、事业单位之用，其体例设计则必须适应当今领导干部的阅读需求。

按照约稿者的要求，本书有长篇序言、目录、正文、后记，正文部分有原文、注释、题旨、简析。为了方便当今领导干部阅读学习，我对本书体例尚需事先做出如下说明。

一、本书序言有三大块，一是介绍学习《论语》的预备知识，二是介绍孔子，三是介绍《论语》。考虑到领导干部时间紧张，序言又太长，所以在介绍孔子和《论语》的两块中，我都有意识地拟出了许多小标题，目的是使眉目更加清晰，方便读者利用零零散散的时间阅读学习。

二、本书的注释，如果文字无法简洁，一般都会先直接指出要点，再展开说明。读者先知道要点，再往下阅读就比较轻松。例如，《学而篇》1.1“子曰”的“子”字尊称孔丘，其实是一个重大问题，涉及中国历史学、政治学、民族学的许多理论问题，过去学者不太在意，我为此专门写了三篇论文，总共大约五万字，已经发表两篇，第三篇待发。我注释“子”字，就先用几句话简要说明孔丘为什么尊称“孔子”，然后再稍稍展开说明之。这样注释的好处是，眉目特别清晰，读起来不吃力。

三、本书的注释，如果涉及其他问题，而读者又经常遇到这些问题，我会顺便略作说明。例如，因为《论语》经常特别尊称孔丘为“子”，因此“老子”“墨子”等均不得尊称为“子”，只能尊称为“某子”，与孔子弟子“曾子”等人一样，必须冠以姓氏。读者会有疑问，老子不是比孔子年长，甚至是孔子的老师之一吗?《韩非子》不是说，儒学、墨学都是春秋“显学”吗？为什么老子、墨子都不能特别尊称为“子”，只有孔子才能特别尊称为“子”呢？我在注释“子”“孔子”时，会顺便说明,《墨子》《老子》等子书成书，都比《论语》晚很多,《老子》一书成书于战国晚期，只是假托老子之名而已，与春秋时代的那位丧葬礼仪专家老子没有什么关系，汉朝初期司马谈的《论六家之要旨》早就把这个问题说清楚了。我们如今经常讲“诸子百家”的那些书，只有《论语》才是“经”书，其余的都是“子”书，“子”书虽然也非常了不起，但其学术地位却要比经书低许多。

四、本书的注释，少数地方有意不避重复，目的是方便读者温习知识，同时减少翻检之劳。

五、古人谈话与今人谈话一样，自然也有来言，有去语，不可能没头没脑地说话。但是古人记录文献非常艰难，不得不掐头去尾，只能记录最精彩最要紧的三言两语，这就给后人阅读学习带来了许多麻烦。我在翻译时，会根据需要适当补充被掐掉的文字。

六、古人今人正常说话，都经常有省略，目的是使语言简洁，避免啰里啰嗦；也经常会使用借代等修辞手法，目的是使语言富于变化，避免刻板单调。今人非常熟悉今天的语言环境，所以不用解释，自然会懂。但是不熟悉几千年前的语言环境，所以本书在翻译注释时，会考虑还原说话者的本意。例如，孔子师徒都经常说“学”“行”，那么“学”什么？“行”什么？怎么“学”？怎么“行”？这样的话，周朝人都非常熟悉，所以“学”“行”后面的宾语都直接省略了。但是我们与周朝人毕竟隔了几千年，今天我们很不熟悉，所以今人经常误读，甚至有学者把“三人行”的“行”解释为走路，这就错得实在太离谱了。又如，《子张篇》19.22，子贡说“文武之道，未坠于地，在人”，这个“文武”并非仅仅指周文王、周武王，其实是借代尧舜禹汤文武成王周公；“文武之道”并非仅仅指周文王、周武王之道，其实是借代尧舜夏商周春秋六代的君子之道。

七、题旨和简析，本书都会尽可能简要地说明说话者的本意。少数章节，或省略题旨，或省略简析，不刻意强求体例严整，这都是孔子所谓“辞，达而已矣”的意思。

八、孔子弟子经常出现，第一次出现时会有介绍，此后一般从略。

自 序

治国平天下的教科书

《论语》主要收录了孔子一生教育帐下弟子和帐外诸侯卿大夫的部分语录[①]，也收录了他十位设帐弟子[②]的少量语录。这些语录，绝大多数是他们教育各自帐下弟子的语录，也有少量教育帐外弟子，即诸侯卿大夫的语录。我们在学习这些语录之前，首先要明白几个基本知识，而这些基本知识是近现代学者经常忽略的。如果忽略了这些常识，学习《论语》就非常困难，而且很容易误读文献。明白了这些常识，我们学习《论语》，谈论后面的理论问题，就容易多了。

其一，孔子师徒为什么办学，他们办学的层级属于什么层级？我把中国几千年的教育史非常粗略地分为三个时代：

第一个时代，先周时代的教育，其主要特点是零零星星，不成体系，是中国教育的发轫期。周朝汉朝的许多文献都说，尧舜时代就有大学，这

① 从传世文献来看，孔子还有大量宗教活动语录和许多长篇政治主题历史主题语录，《论语》都没有收。孔子师徒本是宗教古儒，从事丧葬活动是他们的本职工作，但是孔子开始把宗教古儒改造为“祖述尧舜，宪章文武”（孔子孙子、曾子弟子子思总结）的新儒，所以其宗教活动语录基本没有收，以突出孔子政治家思想家的新儒特点。周代读书人读书完全依靠背诵，所以篇幅太长，理论性太强，难以背诵，难以理解的语录，也都没有收。《论语》编辑者有意选编了孔子师徒的部分语录，其内容大都是如何治理天下，篇幅大都非常短小，方便理解，方便记诵。

② 《论语》收录了颜渊、子路、有若、闵子骞、冉求、子夏、子贡、子张、子游、曾子等十位设帐弟子教育各自门徒的语录，高柴、宰我亦设帐授徒，也有传世语录，但《论语》未收。

种说法并不可靠[1]，周朝汉朝学者习惯于把思想文化的所有源头，都追溯到尧舜时代去。

第三个时代，就是清末至今一百多年的现代教育，其主要特点是文理兼备，按照西方大学的学科体系，设置比较齐全的学科和专业，培养现代社会需要的各种各样、各个层级的人才，创造国家乃至人类需要的各种学问。随着近百年尤其是最近四十多年经济的高速发展，中国教育已经由贵族教育过渡到平民教育，由精英教育过渡到普及教育，如今小学初中教育已经是法定义务教育，高等教育正在普及之中。

其中时间最长、情况很复杂的是第二个时代，即周朝至清朝末期大约三千年的教育，其主要特点是贵族化、政治化、体系化，以培养官员治理天下为根本目的，从不重视自然科学、技术教育。古代贵族子弟才可能接受教育，平民百姓不可能接受教育。贵族子弟一般七八岁上“家学”，即公卿大夫家族主办的学校，主要是认字，学历层次类似如今的小学；十四五岁上“乡学”，即诸侯主办的学校，主要任务是读文章、背文章，学历层次类似如今的初中高中；二十多岁经过考试，上天王（皇帝）主办的“国学”（太学、国子监），主要任务是学习义理，学历层次类似如今的大学。春秋晚期，周天王太穷，再也办不起国学了，加上王室土地太小、人口太少，再也不需要培养那么多的王臣去治理王国了，所以国学就停办了。诸侯们虽然有钱也有需要办国学，但是没有高水平的老师，文献也缺乏，那些乡学毕业的学生也就失去了继续深造的机会。这时，孔子主办私立国学，为天下培养人才。[2]孔子之后遂成为传统，出现了所谓诸子百家，而且历代特别有学问的官员，也大都出钱出力，为天下培养人才。战国时

---

① 教育是否成熟，与文字是否成熟、书写是否便捷等因素密切相关，周朝以前显然不同时具备这些条件。

② 孔子开始办学时，没有做官，因此没有俸禄，其办学的经费，应该是得到鲁国公卿孟懿子等贵族的资助。他做了鲁国公卿以及辞职以后，每年的俸禄大约相当于汉唐的四千石谷物，这就有经济条件办学了，所以他让弟子原宪做总管，具体管理经济事务。周朝所有教育都是免费教育，公卿大夫出钱办家学，诸侯出钱办乡学，天王出钱办国学。从孔子开始，民间办学者也是自掏腰包，不过他们经常得到贵族的馈赠和资助。《孟子》一书记录了贵族馈赠、资助孟子的情况。

代，齐国办了一所大学，名叫“稷下”，这是诸侯主办的第一所大学，不过这是一所书院式的大学，没有固定的老师和学生，主要办学目的似乎只是研究学问，探讨真理，也与天王的国学有所不同。一直到了汉朝，皇帝才重新主办大学，培养治国平天下的人才。这就是说，孔子师徒设帐授徒，主要是想填补周天王停办国学的空缺，为各国培养治国平天下的高级人才。

其二，孔子师徒的学生都是一些什么人？孔子师徒的教育对象只有两部分人：一是帐下弟子，他们都是公卿大夫的子弟。按照宗法制，公卿大夫只有一位儿子，通常是嫡长子，才能直接继承父亲的官爵，担任公卿大夫，孔子称之为“后进”[①]，即先去做官，力有不逮，然后再学习礼乐[②]，学习做官的本事；其余的儿子只是士，士的政治地位、经济地位，春秋中晚期即处在贵族与平民百姓之间[③]，他们必须学有所成，才能当官做贵族，孔子称之为“先进”，即先跟着老师学习礼乐，学好了治国平天下的本事，得到诸侯公卿的赏识，然后再去做官。这些人一般跟着各自的老师学习三年[④]，一旦学有所成，就会立即去做官，而且官职最小的就是县长，也就是下大夫。二是帐外的诸侯卿大夫。也就是说，孔子师徒的教育对象，不是候任官员，就是现任官员。

其三，孔子师徒都教学生什么知识学问，用什么教材？当今党政机关、企事业单位，上至党中央，下至基层干部，也经常学习，不过他们一般不需要也不可能花很多精力和时间，去学习某一个学科、某一种技能、某一种专业知识。研究某一个学科专业的学问，那是学士硕士博士阶段的事情。当今领导干部所学习的具体课程可能很复杂，我自己就经常到全国各地给这些领导干部讲国学，讲中国传统文化，其本质都是学习如何治理

① 详见《先进篇》11.1。

② 周朝文献经常以“礼乐”借代“诗书礼乐易春秋”。

③ 士在春秋早期还是贵族，至少有几井田，周礼对贵族丧葬等的规制中还有对士的规制。详见《左传·隐公元年》《隐公五年》。但是随着贵族过度繁衍，土地兼并又连续发生，士的政治地位和经济地位不断下降，孟子甚至将士并入庶民百姓之列，经常称“士庶人”。

④ 《论语·泰伯篇》8.12：“三年学，不至于谷，不易得也。”可见学习时间一般为三年。

国家，治理地方，治理行业，治理企业或事业单位，发展经济，改善民生，提高一个地方、一座城市、一个行业、一家企事业单位乃至整个国家的竞争力，使国家更加富强、人民更加幸福、社会更加文明，从而实现中华民族的伟大复兴。完全相同的道理，孔子师徒教育的弟子，既然都是候任官员和现任官员，其学习的具体课程，虽然春秋君子常常通称为“六艺”，近现代学者总是喜欢把它们归入文学、史学、哲学、政治学、宗教学等许多学科，但其本质上，自然也与今天的干部一样，只是学习治国平天下的本事。

孔子的学生及其再传弟子，学习的教材都是“六艺”。但是，“六艺”文献太多，也太深奥，学习太困难。孔子是周朝研究“六艺”的最伟大的学者，他的弟子都是反复挑选的，伟大的老师教育杰出的弟子，但孔子的弟子学习起来仍然有很大的难度，他的七十多位弟子，只有少数弟子是把“六艺”学到家的“入室”弟子，如颜回、子贡、曾子、子夏、子游、宰我、子张；其余绝大部分弟子都没有把“六艺”学通，故而只是“升堂”弟子，如子路，几乎跟着孔子学了一辈子，也只是一个“升堂”弟子，始终没有“入室”。春秋时代齐国的伟大学者晏子，汉代初期的伟大学者司马谈，也都感到“六艺”学习起来非常艰难，耗时费力，花费许多年都无法穷尽其理①，以后的学者官员学习起来就更加困难了。

好在孔子的徒子徒孙都有意识地留下了他们学习“六艺”的心得②，并且许多都被编入了《论语》这本书，所以最近两千多年，《论语》就成为“六艺”的精华读本和通俗读本。历代官员一般都把《论语》当作治国平天下的教科书，学者也大多通过先学习、研究《论语》，再进一步学习、研究“六艺”。《论语》是对尧舜夏商周春秋六代思想文化、治国平天下政治实践和理论的科学总结，是中国思想史文化史哲学史上最伟大的著作，也是中国历史上最伟大的政治学著作。《论语》成书于战国初期，孔

① 详见《史记·孔子世家》，《太史公自序》所引《论六家之要旨》。

② 孔子有一次对子贡说，不想再说什么了。子贡道：“子如不言，则小子何述焉？”（《阳货篇》17.19）说明孔子的徒子徒孙，都是非常自觉地传述圣人之道的。

子去世四十多年之后，此后战国时代的诸子百家，无论是否赞成孔子的学说，无不熟读《论语》；历朝历代的官员，无论其官爵大小，任职何方，具体的政治立场如何，也无不熟读《论语》。两千多年来，几乎所有的思想家哲学家都把《论语》当作尧舜夏商周春秋六代思想文化的总结，几乎所有的政治家和普通官员都把《论语》当作古往今来治国平天下的伟大教科书。

其四，孔子师徒的教育目的，当然不是要培养某些专业领域的人才，而是培养治理国家平定天下的人才，也就是培养官员。当今中国培养领导干部的这个任务，主要由中央党校、省委党校负责完成，而不是由普通大学来完成。党校教育不是学历教育，而是学士后硕士后博士后的继续教育、职业教育，目的是学习治理国家的本领，这与周天王办学，与孔子师徒办学，有相通之处。

了解了上述经常被学者忽略的常识以后，读者学习《论语》就容易多了。为了帮助读者更加方便地学习理解《论语》，我们还需要对孔子、《论语》做进一步的介绍。

孔子的身世

孔子名丘，字仲尼，春秋晚期鲁国人。他是东夷殷商的苗裔，宋国始祖微子的后代。其曾祖防叔在宋国受到迫害，举家逃到鲁国，故孔氏为鲁国人。防叔生伯夏，伯夏生叔梁纥，叔梁纥即孔子的父亲。叔梁纥是鲁国的郰邑大夫，当时有称公卿大夫为“人”的习惯，所以《左传》称之为“郰人纥”，也就是“陬邑大夫叔梁纥”的意思。《论语》中称他儿子孔丘为“郰人之子”[①]。叔梁纥有一妻二妾，嫡妻生九女，无子；大妾生子曰孟皮，小妾颜氏生子曰仲尼，故孟皮、仲尼皆庶出。

孔子的出生年份，或说是鲁襄公二十一年，或说是鲁襄公二十二

① 分别见《左传·襄公十年》，《论语·八佾篇》3.15。

年[①]，差别不大，学者不必反复争论。叔梁纥生孔子时，应已年逾七十，所以孔子出生不久，其父即去世。叔梁纥无嫡子，按照宗法制的传统，庶长子孟皮后来继承了父亲的爵位和官职，做了“宗子”，孔子就是“余子”，只能当一个“士”，就是普普通通的读书人，其政治地位经济地位几乎与平民无异[②]，所以孔子小时候生活很艰难，为了生计，做过许多粗鄙的事情。孔子一生很可能只上过家学，没有上过乡学，至少没有上过周天王的大学，因为那时天王的大学早就停办了[③]。他一生主要依靠自学，终身学习、终身研究、终身传授尧舜夏商周春秋六代的学问，成为中华民族历史上最伟大的学者。

孔子最早于鲁昭公二十四年五月份开始设帐授徒[④]，一直到去世，其一生的主要精力，都是在读书教书，培养官员。孔子的帐下弟子，除了颜回、闵子骞、原宪坚决不肯做官以外，其余全都做了公卿大夫，子夏、曾参等学生，同时还是后世的伟大学者。除了授业弟子之外，当时的诸侯卿大夫们，也经常请教孔子如何治国安邦，他们都是孔子的帐外弟子。

孔子做官的经历很简单，鲁昭公被大臣驱逐到齐国时，孔子三十五岁左右，他见鲁国无望，就到齐国做了上卿高昭子的家臣[⑤]，想借此机会接近齐景公，做齐国的大臣，借助齐国的平台，从而实现自己治国平天下的伟大理想。但此时齐景公已经年老，只顾享乐，无心治国，加上晏婴以

---

① 前说见《公羊传》《穀梁传》，即公元前五百五十一年；后说见《史记·孔子世家》，即公元前五百五十年。

② 士在春秋早期还是贵族，到了春秋晚期，因为贵族繁衍过度，士不断被边缘化，加上大贵族开始兼并小贵族的土地，士在经济上已经与平民百姓无异，只保留了高贵的血统，受到较好的教育，和发奋读书重新成为卿大夫的上进心。详见《左传·隐公元年》《隐公五年》。

③ 参阅《子张篇》19.22。

④ 司马迁《史记·孔子世家》误认为孔子于鲁昭公七年开始设帐授徒。孟僖子去世前，遗命二子师从孔子学习周礼。孟僖子于昭公二十四年二月去世，丧期三个月，四月底届满，然后孔子开始设帐，南容拜师升堂。详见《春秋·昭公七年》《昭公二十四年》,《左传·昭公七年》。

⑤ 《史记·仲尼弟子列传》推定为鲁昭公二十五年，有道理。齐国高氏、国氏都是姜太公的后代，都是周天王亲自分封的上卿，齐侯只能分封管仲、晏子这样的下卿。我推测，孔子只是高昭子的普通家臣，不是总管。春秋礼制，华夏大国上卿的总管，同时也是朝廷大夫，既是上卿之臣，又与上卿同朝为官。但孔子在齐国，似乎并没有这样的政治地位。

儒学太过繁杂、于事无补为由，坚决反对重用孔子，所以孔子没有成功。八年之后，即鲁昭公三十二年，鲁昭公客死于齐国，鲁定公嗣位，于是孔子返回鲁国，寻找发展机会。但此时鲁国朝政仍然十分混乱，公卿控制鲁国，公卿的家臣又控制公卿，出现了“陪臣执国命”的混乱格局，于是孔子无意做官，干脆潜心学习整理研究“六艺”，培养学生。大约到了鲁定公十年，孔子五十三岁左右，鲁国大体安定下来，孔子这才正式当官。他当过鲁定公的“相”，当过“中都宰”[①]，后来转任“司空”，后又转任“司寇”，官职都为公卿，比一般大夫级别要高。当时有尊称华夏大国公卿为“子”的礼制，所以他被尊称为“孔子”“子”。这时齐国害怕鲁国重用孔子，使鲁国强大，削弱齐国，于是用计离间鲁国公卿，他们送给鲁国上卿季桓子八十个女乐，季桓子笑纳之后，连续三日不朝。孔子于是愤而辞职，漫游天下十四年之久，其间卫灵公、楚昭王、卫出公、鲁哀公都想用他而又均不能用，陈侯周虽用孔子，但是陈国实在太小，又反复被楚国灭国，孔子不可能有什么作为。他晚年返回鲁国，鲁哀公亦不能用。哀公十六年，孔子郁郁而终，享年七十二三岁[②]。孔子去世后，弟子为他守孝三年，而这一礼制，是商朝的礼制，已经被废弃五百年之久了，可见弟子对老师是多么感佩！多么怀念！

孔子是尧舜夏商周春秋六代最后的理想主义者，他为实现治国平天下的伟大理想奋斗到生命的最后一刻，虽然没有成功，却赢得了弟子后学、无数子孙发自内心的无比崇敬和怀念，并且激发了后世历代子孙治国平天下的英雄豪情。中华民族历史上，只要是为治国平天下而奋斗终生者，无论成功还是成仁，子孙后代都永远感激，永远铭记，孔子就是这样的一位伟人。

① 相：类似如今的外交部长兼礼宾司长，当时级别很高。中都是鲁国第二大城市，中都宰就是中都长官。

② 《左传·哀公十六年》《史记·孔子世家》。民间几千年来一直有孔子七十三岁而卒的传说，盖算虚岁。

孔子的时代

孔子生活在春秋时代末期，其时代特点，可用“礼崩乐坏，天翻地覆”八个字来概括。“礼崩乐坏”，是指华夏贵族内部乱成一团，主要表现是：

一、周天王的宗教权力、政治权力不断下移，天下分崩离析。周天子在政治上是天王，在宗教上是上天在人间的最高代表，故称“天子”，同时用宗教、行政两种办法统治天下。诸侯则是方国的主祭者和主政者，卿大夫则是采邑的主祭者、主政者。但到了春秋时代，天子的实力不断下降，“春秋五霸”才能号令天下。到了春秋中后期，诸侯的权力又被世卿大夫所稀释和篡夺，例如鲁国世卿“三桓”专权，齐国世卿“田氏代齐”，这些都是孔子所亲见的。孔子去世不久，晋国世卿韩赵魏“三家分晋”，“分晋”之前的情况也是孔子亲见的。世卿操控国政，他们的家臣则操控世卿，如鲁国“三桓”的家臣操控“三桓”，出现了所谓“陪臣执国命”的情况，这些也是孔子所亲见的。总之，天王的权力被诸侯篡夺，诸侯的权力被公卿篡夺，公卿的权力又常常被家臣篡夺，天下不断碎片化，政治秩序、社会秩序不断被打乱。

二、土地军队不断被世卿所实际控制。商周实行“井田制”，天下的土地名义上全部都归天王所有，即所谓“普天之下，莫非王土。率土之滨，莫非王臣”[①]。然后天王像切蛋糕一样，把土地切给诸侯，诸侯再切给卿大夫，卿大夫再切给士，即所谓“得乎丘民而为天子，得乎天子为诸侯，得乎诸侯为大夫”。[②]贵族借用民力耕种自己的公田从而获得生活所需，平民借用贵族田地从而获得私田，也获得生活所需。这一制度的好处是既确保了贵族的利益，防止土地兼并，税收又比较低，平民衣食大体有保障，因此天下比较稳定。但是，春秋时代发生了两大变故：其一，人工

① 《诗经・小雅・北山》。
② 《孟子・尽心下》14.14。

冶炼钢铁的技术得到大力普及，钢铁普遍用在农耕、战争、文化教育事业上，极大地推动了经济发展，促进私有制度更加深入人心，于是所有贵族都将自己的封地视作自己的产业，贵族的奢靡之风开始形成，需要大量钱财。其二，诸侯年年打仗，所有国家都急需用钱。两种因素叠加，于是各国都开始成倍提高税收，将农业税率由十分之一提高到十分之二，掌握实权的公卿们把诸侯架空，控制国家经济命脉。如鲁襄公十一年，鲁国作三军，“三桓”各得其一[①]。昭公五年，鲁国再次被瓜分，“公室四分，民食于他”。[②]所谓“四分”，是指将土地兵赋一并四分，季孙氏独得两分，叔孙氏、孟孙氏各得一分，鲁君反而什么都没有得到。土地、人民、军队都成了“三桓”的，平民要吃饭，必须借种“三桓”的土地，所以史官说“民食于他”。这样，国君在经济上、政治上就完全被架空了，所以后来鲁昭公被驱逐到齐国，客死他乡[③]，鲁国居然没有几个人拥护昭公。

三、礼法礼仪制度完全乱套。春秋时代外交场合有赋诗言志的习惯，诸侯用天子的诗乐，卿大夫用诸侯甚至天子的诗乐，在那个时代都十分普遍。孔子曾批评季氏用“八佾”，因为这是天子的礼乐[④]，而季氏只是个公卿。其实这种事情在晚周时期可谓比比皆是，甚至史官都懒得记载。例如，春秋时代两百四十二年，共有十三位周天王，《春秋》记载其葬礼的仅仅只有五位，鲁国派公卿去参加葬礼的仅仅只有两位。而按照周礼规定，天王去世，华夏诸国的国君必须亲自参加葬礼。鲁国还是号称最守周礼的国家，《春秋》号称是天下最讲周礼的史书，天王至少在政治上、宗教上还是华夏共主，丧礼又是最重要的宗教礼仪，礼法尚且如此，其他又当如何？

“天翻地覆”，主要是指蛮夷戎狄崛起，华夏诸侯经济实力、军事实力相对衰落。

① 《左传·襄公十一年》。
② 《左传·昭公五年》。
③ 《左传·昭公三十二年》。
④ 《论语·八佾篇》3.1。

西周初期，周天王把自家大多数兄弟子侄，还有许多古老文明民族的子孙，都分封在了黄土冲积平原地带①。那时虽然早已进入青铜文明时代，但是农耕还在使用原始的石器，青铜器太贵，而且硬度、韧劲都不够，不适合做农具。黄土冲积平原土壤疏松肥沃，墒情又好，非常适合“刀（石刀）耕火种”，所以在西周时代，周家兄弟甥舅诸国大都是经济文化发达的国家，是血统华夏和文明华夏的核心国家。

但是到了西周末期春秋时代，西亚发明的人工炼铁技术传到了中国，中国人很快在此基础上，发明了炼钢技术和锻造技术，这样钢铁就大量用在了农耕和战争上。早先国土大多不适合农耕的楚国、齐国等国家，因为国土辽阔，空间巨大，很快发展起来，国力大增，成为超级大国。原先经济文化发达的周家诸国，除了晋国以外，大多拥挤在黄土冲积平原地带，国土狭小，空间有限，很快被新兴大国打压下去。东部的鲁国长期被齐国打压，南方的楚国则灭掉了周家的许多小国，甚至“问鼎”周天王了。“华夏”字样虽然在春秋文献中才频频出现，但是这个理念早在西周时代应该就有了。周家兄弟之国是华夏的核心，到了春秋时代，“华夏”的共主周天王实力不行了，他的兄弟之国也大多不行了，齐国这样的甥舅之国，楚国、越国这样的蛮夷之国，成了华夏的中坚力量。这真正是“天翻地覆”。

春秋末期的天下，“礼崩乐坏，天翻地覆”，几乎完全丧失了政治秩序和社会秩序。在这种无比艰难的情况下，孔子仍然坚定不移地相信，自己像禹、汤、文、武、成王、周公“六君子”那样，“学而知之”，理性选择的仁政，才是治理天下、安定苍生的唯一正确道路，因此终身苦苦坚持圣人之道，终身致力于实行仁政，治国平天下，并且为此一直奋斗到死。他虽然最终没有成功，却唤起了此后几千年中华民族一代代子孙，为了我们的国家，为了这个崇高的理想，前赴后继，努力奋斗。

① 北燕主要是为了对付北方的游牧民族，鲁国主要是为了对付东夷，但像这样分封在远离黄土层核心地带的周家兄弟子侄并不多。

孔学的渊源

孔子是一位百科全书式的伟大思想家、政治家、历史学家和教育家，在讨论他的思想理论体系之前，先讨论一下他的思想渊源，对我们正确理解孔学的理论体系，是很有好处的。

根据《左传》所采用的春秋列国史料，春秋君子已经开始对尧舜以来的古代思想文化进行总结，他们往往言必称《礼》《乐》或《诗》《书》《礼》《乐》，但是很少有称《易》《春秋》者，春秋末期大大提高了《易》《春秋》的历史地位，使之与《诗》《书》《礼》《乐》同列，成为“六艺”。孔子一生都致力于学习整理“六艺”，一生都用“六艺”教育弟子。而这“六艺”，就是尧舜夏商周春秋六代思想文化的杰出代表。

传世《诗经》最晚在鲁襄公时代的晚期就已大体定型[①]，这个时候孔子还只是个十岁左右的小孩子。孔子说他自卫返鲁，《雅》《颂》各得其所[②]，想必他晚年还是做过《雅》《颂》音乐的某些整理工作。《诗经》是春秋君子的必读书，贵族聚会，尤其是在外交场合，赋诗言志是每次都会上演的节目。如果有谁不会赋诗，或者听不懂人家赋诗，那是极其丢人现眼的事情。如果评论当时的人和事，周人引经据典，也会常常引用《诗经》和《尚书》。孔子教育弟子时，常常与弟子讨论《诗经》，说明《诗经》的确是孔门的教材之一。孔子特别提醒儿子孔鲤学《诗》，学“二南”，则可能与春秋晚期赋诗风气开始变淡有些关系，不然无须特别提醒。孔子要教育弟子学习《诗经》，他自己自然会首先认真学习。

《尚书》也是周代君子的必读书，在“六艺”中，《论语》引用《尚书》最多。孔子的有些思想，即直接来自《尚书》，如“克己复礼为

① 参阅《春秋〈诗〉义三变》，《长江学术》2008年第1期。近有学者说今本《诗经》成书于齐桓公时代，这在逻辑上恐难成立。齐桓公时代，今本《诗经》中的许多诗歌都还没有创作出来。

② 《论语·子罕篇》9.15。

仁"[①]；有些思想则是对《尚书》的发展，如孔子发展了《尚书·说命中》的"知行说"，提出了"学知行说"；还有些思想则是纠正《尚书》的结果，如《尚书》赞美尧舜是圣人，周人言必称尧舜，但孔子却说，尧舜虽然了不起，但不可能真正帮助平民百姓，这是非常了不起的见解。孔子常常赞美古代圣贤如舜、禹、吴王泰伯、文王、武王、周公、微子、箕子、比干等等，《尚书》中都记载了他们的事迹。

周代应有一些记载古礼尤其是周礼的零星简牍和木板（象），周代诸国，都有管理档案典籍的政府机关和官员，如周王国有"周府"，就是档案馆兼图书馆；晋国有"籍氏"，就是世世代代管理档案图书的官员。那些记录着古代礼制的零星简牍和木板，就收藏在华夏诸国的档案馆兼图书馆中。当然，孔子的时代，还没有我们如今看到的成为专门书籍的所谓"三礼"。孔子对礼的论述，据《左传》所记，常常与晚周君子相同。这说明孔子是花了大气力研究这些典籍、学习这些古礼，并将这些古礼传授给弟子的。

鲁襄公二十九年，吴公子季札访问鲁国时，曾经"请观周乐"。他所观的"周乐"，有虞夏商周四代的音乐[②]。据《左传》记载，晚周时代甚至还可以听到黄帝时代的古老音乐。《论语》中常有孔子对相关音乐的仔细描述，这并非出自想象和臆断，孔子就十分熟悉这些音乐。他的学生言偃当武城县长时，就遵照老师的教导，用音乐教育武城人民[③]。孔子对后世影响重大而深远的音乐理论，即来自对这些音乐的研究。

今本《周易》中的六十四卦与卦辞、爻辞，都作于西周初，其他则是后世所作。《易》本是一本卜筮的书，但周代君子都把它当作政治学和礼学的书来看，《左传》中有许许多多这样的例子。孔子"五十以学《易》"，与周代诸君子一样，也是从《易》中学习人生哲理。

至于鲁《春秋》，孔子更加深受其影响。孔子评价了春秋早中期的

---

① 《论语·颜渊篇》12.1。
② 《左传·襄公二十九年》。
③ 《论语·阳货篇》17.4。

许多人和事，其评价的主要依据就是鲁《春秋》。孔子有可能还看到过鲁《春秋》的西周史部分[①]，他对殷末周初许多人物事情的评论，除了受《尚书》影响外，还可能受到鲁《春秋》西周史部分的影响。孔子“君君，臣臣，父父，子子”的思想，甚至连他称呼自己、称呼弟子的具体方法，都深受《春秋》的影响。

总之，以“六艺”为代表的尧舜夏商周春秋六代的思想文化，是孔子最为重要的思想来源。《韩非子·显学》说，春秋显学无非儒墨，孔子、墨子都以尧舜为榜样，都认为自己的思想理论来自尧舜。这话固然不错，但是太笼统。我从“六艺”上讲，可能比较具体一点。

同时代君子的影响，也是孔子思想的重要来源。春秋时代各国君子的善言仁行，孔子都十分注意学习。他高度评价管仲、晏婴，称赞子产是“古之遗爱”，并经常称赞郑国、卫国的诸位君子。这些春秋君子的善言仁行，对孔子思想的形成，也起了十分重要的作用，《论语》中的记载就非常多。

当然，孔子当时的环境，对他形成自己的思想体系无疑是有重要作用的。那个时代，“君不君，臣不臣，父不父，子不子”，最后所有的人都是受害者。这样残酷的社会现实，当然会教育孔子，促使他思考国家天下的过去和未来。

孔学的理论体系

孔子是一位百科全书式的伟大思想家、政治家和教育家，他的道德学问成就非凡，内容庞杂，涉及许多方面。但是如果细心体会，认真分析，我们就会发现，孔子有一个完整的思想理论体系，而且其理论体系的

① 鲁《春秋》的西周史部分，即使有，文献也不会很多。中国大约从西周末期进入钢铁文明时代，此后的文献才多了起来。即使《尚书》这类古书，起初恐怕都主要依靠口耳相传，至西周末期才被记录为成文史。

关键词只有两个字，就是“仁”（道德）和“礼”（学问）[①]。

“仁”就是孔子的道德，就是孔子的人生理想和政治理想，它主要解决君子为什么活着的问题。“仁”也叫“道”“德”“道德”“圣”“善”，后人也叫“人道”“仁道”“人本”“仁本”等等，其实基本意思相同。孔子认为，君子应该为治国平天下奋斗终生，即使没有办法治国平天下，也要做一个正人君子，不能随波逐流，就像颜回那样安贫乐道。为了达到治国平天下的目的，君子要适当讲点修养，主要是不能贪图安逸，因为治国平天下无比光荣也无比艰难，贪图安逸就很难为这个伟大理想奋斗终生，等等。这才是孔子道德思想的核心。如春秋时代的管仲私德有很多毛病，孔子常常批评他，但称赞他“仁”，说他有伟大的公德，因为他帮助齐桓公保卫了华夏文明，这就是“仁”，就是“道德”[②]。这样的案例很多。中国大约从宋朝开始直到如今，许多君子都不再重视治国平天下的伟大事业，不重视公德，只注重私德，由“外向”变得“内敛”，因此，“道德”的含义更多指君子的一举手一投足，甚至所思所想全都符合所谓的规范，这是君子价值观的大倒退，几乎没有什么积极意义，负面作用倒是很多很大，甚至出现了许多“伪君子”。

孔子思想体系的另一个关键词是“礼”。礼的本义，应指用酒肉谷物祭祀祖先，起源很早[③]。但历史发展到周代，古人的鬼魂观念已经相当平淡，“礼”已经发展成为一个复杂的思想体系，包括人神关系、天人关系、华夷关系、人民关系，重点是规范贵族之间的君臣父子关系。孔子的礼学，就是以研究人际关系，特别是贵族之间君臣父子关系为主的一种学问。这种学问的主要长处是，可以让社会和谐；其主要缺陷是，不注重研究天人关系，不注重研究自然规律。

---

① 本节的核心内容，已在《孔子的道德学问不只一条主线》（《求索》2017年第4期）中作了详细说明，故论述从略，以尽可能避免重复。

② 孔子对管仲的评价，为后世几千年的管仲研究定了基调：私德有亏，公德伟大，是位仁人。

③ 礼之起源非常复杂，恕不展开论证，读者可以参阅吴天明《神仙思想的起源和变迁》，《海南大学学报》（人文社会科学版）2004年第6期。

明白了孔子道德学问的这两个关键词，我们读《论语》时，多往这两个方向想想，就不容易犯迷糊了。

在光辉灿烂而又十分悠久的中华文明史上，孔子处在一个关键的时代节点上，他是远古华夏文明的集大成者，他总结的尧舜夏商周春秋六代文明，又对后世几千年的中华文明乃至整个东方文明产生了极其重大而又深远的影响。

中国文化从来不以成败论英雄。孔子一生都致力于治国平天下的伟大事业，尽管他并没有成功，却激励后世子孙前赴后继，为了这个伟大的事业而奋斗不止。孔子关于社会和谐，君子各归其位的礼制思想；关于读书人应该发奋学习，确有本事然后当官，从而激发社会活力的思想，反复被证明，既可使天下井然有序，又让读书人有上升通道，使社会充满活力。

孔子是中国历史上最伟大的教育家，他一生“学而不厌，诲人不倦”，培养了一批批政治家和教育家。冉求、子贡、子路等弟子，《左传》中常常记载有他们的故事，可见他们在政坛上十分活跃，是当时著名的政治家。还有些弟子，如曾参、子夏、子张、子游等，在孔子去世之后，都是开宗立派的大家①。这些弟子又有自己的徒子徒孙，后世孟子、荀子乃至法家、兵家、纵横家的诸多人物，都是孔子的徒子徒孙。要是没有孔子，晚周所谓“百花齐放，百家争鸣”的局面能否出现恐怕都是一个问题。孔子一代又一代的弟子后学，效法先师，设帐授徒，经过许多代人的奋斗，中华民族的文化水平得以大幅提高。从这个意义上讲，我们说“天不生仲尼，万古如长夜”，这话有一定道理。

① 详见《荀子·非十二子篇》,《韩非子·显学》。

孔学的历史地位

《论语》主要收录了孔子及其设帐弟子的部分语录[①]，要读《论语》，当然首先要了解孔子，而要了解孔子，就必须把他放在整个中华文明史上来考察。中华民族的文明史非常悠久，光辉灿烂，英才辈出，代有其人，但是只有孔子一个人，处在一个最为重要、最为特殊、无可比拟的历史地位上。就孔子谈孔子，不可能说清楚任何问题。

我把中华文明史大体划分为三个时期：尧舜夏商周春秋草创期，春秋时代总结期，战国秦汉至今发展创新期[②]。

孔子以前的时代，是中华文明的草创时代，我们的伟大祖先历尽艰辛，不仅发明了农业、手工业和商业，创造了光辉灿烂的物质文明，而且创造了光辉灿烂的精神文明。华夏民族早在西周初期就已隐然成形[③]，最晚在春秋时代就已完全形成，《诗》《书》《礼》《乐》《易》《春秋》成为华夏民族精神文明的核心。到了孔子生活的春秋时代，以孔子为代表的一批

---

① 孔子师徒大量从事宗教活动的语录，基本没有被收进《论语》，这是为了体现孔子师徒世俗学者世俗政治家思想家的形象；孔子许多理论性很强的长篇语录也没有被收进《论语》，这是为了方便古人诵读，古人读书全凭记诵，从而达到普及儒学的目的。传世《礼记》《大戴礼记》中，有孔子师徒大量关于宗教活动的语录，和孔子关于重大理论问题的长篇语录，战国诸子亦引用了大量孔子语录，其中许多都不见于《论语》，由此不难推测《论语》编辑者的指导思想。

② 受到《韩非子》的影响，最近两千多年所有的学者都认为，春秋战国五百年都是中国远古思想文化的总结期，我以前的著作论文也持这一观点。现在看来，尧舜夏商周春秋六代，都是中国思想文化的草创期，同时春秋君子开始对包括春秋时代在内的六代思想文化进行总结，齐国的晏婴、楚国的子西、郑国的子产、吴国的季札等等，都在开始做总结工作，只有孔子对六代的《诗》《书》《礼》《乐》《易》《春秋》六艺之学的总结，才是最科学最严谨的，孔子才是六代思想文化的集大成者。孔子去世之后，春秋时代即告结束，孔子的徒子徒孙们，除了曾参等少数继承孔子的衣钵之外，大多去开创新学派，创造新学问，做法家、兵家的祖师爷去了。所以，从战国时代开始，中国思想文化的发展，就已进入一个新的阶段。我现在纠正我过去把春秋战国都视作远古思想文化总结期的观点。

③ 西周天王除了分封本家和姻亲外，还分封了许多古老文明民族，如分封黄帝子孙于南燕，炎帝子孙于许国，尧帝子孙于刘国，舜帝子孙于陈国，大禹子孙于杞国，商汤子孙于宋国，其地都在宝贵的黄土冲积平原。这是华夏成形的可靠证据。春秋战国文献“华夏”等词语频频出现，故学者断定华夏形成于晚周。但是西周尚未发明钢铁冶炼术，无法刻写简牍，而且青铜极其昂贵，铭文制作极其艰难，故器物少，铭文少，出土更少，青铜铭文未见“华夏”字样不足为奇。所以西周天王分封情况，应比“华夏”字样更加可靠。

春秋君子，开始对远古草创期的华夏文明做总结，例如齐国的晏婴、郑国的子产、楚国的子西、吴国的季札，都在做远古思想文化的总结工作。孔子充分汲取了前人的总结成果，把历史悠久而又无比复杂的华夏思想文化成果“六艺”，融会贯通，进一步加以凝炼创造，创造出了以“仁学”和“礼学”为核心的孔学。此后整个战国时代，儒家、墨家、法家、道家[①]、兵家、名家、纵横家、阴阳家诸子百家竞相著书立说，提出各种理论，创造各种学说，形成了所谓“百花齐放，百家争鸣”的局面，这是对远古思想文化的发展和再创造。秦汉至今，中华文明继续不断创造，不断发展。中华文明的起点不管具体在哪里，孔子都是这种光辉灿烂文明史的最伟大的总结者和创造者，而且他的总结和创造，深深影响到战国时代的“百花齐放，百家争鸣”，深深影响到战国秦汉以来两千多年中华民族的思想文化乃至生存发展。

《论语》的书名

孔子当年讲学时，随侍弟子各有所记；孔子至少有十位弟子也设帐授徒，他们讲学时，各自的门徒也各有所记。《论语》就是将这些原始记录汇编起来的一本书。当初的记录肯定比较多，选编者要对这些简牍一一进行评论筛选，其标准是，语录要体现尧舜夏商周春秋六代圣人和先师孔子的道德学问，所以叫作“论”；这些简牍主要记载了孔子及其设帐弟子的话语，所以叫作“语”。那么，《论语》就是按照体现圣人的道德学问这个标准，选编孔子及其设帐弟子话语的一本书。

也有学者认为，“论”通“仑”，而“仑”就是把记录语录的简牍编在一起的意思，这与《论语》科学评价相关语录，严格选编孔子师徒语录的历史不符合，故不取。

① 道家假托老子，称其著作为《老子》，而据《礼记》记载，老子的年龄比孔子大，所以许多学者认为道家之学比孔学产生早。这是误解。司马谈《论六家之要旨》早已论述了这一问题（详见《史记·太史公自序》）。

《论语》的记录

《论语》主要记录了孔子的言论，也记录了部分设帐弟子的言论。这些言论发表并被记录下来的时间，前后相距可能在八十年左右。下面简要分析一下几个关键的节点，以证实我的这一推测。

第一个关键节点，孔子最早的语录。孔子最早可能在鲁昭公二十四年五月开始设帐授徒，那时大约三十多岁。不久到齐国做了上卿高昭子的家臣，与齐景公直接打过交道：

齐景公问政于孔子。孔子对曰："君君，臣臣，父父，子子。"公曰："善哉！信如君不君，臣不臣，父不父，子不子，虽有粟，吾得而食诸？"（《颜渊篇》12.11）

子在齐闻《韶》，三月不知肉味，曰："不图为乐之至于斯也。"（《述而篇》7.14）

齐景公待孔子，曰："若季氏，则吾不能；以季孟之间待之。"曰："吾老矣，不能用也。"孔子行。（《微子篇》18.3）

这三个片段是孔子最早的语录，说明孔子那时已有弟子随侍左右。《史记·仲尼弟子列传》推断这几次谈话发生的时间，在鲁昭公二十五年，应该大体说得过去。那么以上几章很可能就是最早的孔子语录了。当时孔丘还没有做华夏大国的公卿，不能尊称为"孔子""子"，只能尊称"先生"。"先生"当时泛指年长者。后来曾参师徒编辑《论语》时，孔子早就当过鲁国的公卿了，所以将原来记作"先生"的地方改为"孔子""子"，以显示孔子很高的政治地位。战国时代至今，凡是道德学问高的，不管是否当过公卿，都尊称"子"，这是后来的礼俗了。

第二个关键节点，孔子在鲁国正式出仕之前最后的语录。据《左传·定公九年》记载，鲁国上卿季氏的家臣阳货这年被打败逃走。《定公十年》记载，孔子以鲁"相"身份参加外交活动，那么孔子在鲁国正式出仕，应该就在鲁定公十年或定公九年的晚期，总之是在阳货被打败逃走之后。此前离这个时间节点最近的语录，应该是《阳货篇》17.1：

阳货欲见孔子，孔子不见。归孔子豚。

孔子时其亡也，而往拜之。遇诸涂。

谓孔子曰："来，予与尔言。"曰："怀其宝而迷其邦，可谓仁乎？"曰："不可。好从事而亟失时，可谓知乎？"曰："不可。日月逝矣，岁不我与。"

孔子曰："诺，吾将仕矣。"

阳货与孔子谈话时还没有被打败逃走，那么17.1应是孔子在鲁国正式出仕前最后的语录。

第三个关键节点，孔子一生最晚的语录，很可能就是下面这一章：

季康子问："弟子孰为好学？"孔子对曰："有颜回者好学，不幸短命死矣！今也则亡。"（《先进篇》11.7）

《先进篇》还有几章记录颜回刚死时的事情，但是似乎都比这一章稍早。这一章应该是颜回去世有一段时间后，孔子心情稍稍平静一点时，他与季康子的谈话。据《仲尼弟子列传》，颜回比孔子小三十岁，后世学者考证小四十岁，那么颜回三十二岁时去世，其时孔子七十二岁。孔子鲁哀公十六年去世时，七十三岁。由此看来，孔子与季康子这番谈话，就发生在他去世前不久，很可能就在鲁哀公十六年。

第四个关键节点，《子张篇》。这一篇记录了孔子五位设帐弟子教育各自弟子的语录。这些弟子早在孔子健在时，即已设帐授徒，那些语录大多收在前面的篇章中。孔子去世后他们继续教育弟子的语录，则大都收在《子张篇》中。

孔子在鲁昭公二十四年设帐，《论语》中既有鲁昭公二十五年孔子的语录（《颜渊篇》12.11，《微子篇》18.3），也有鲁哀公十六年孔子去世前的语录（《先进篇》11.7），说明孔子设帐授徒的时间前后将近四十年，举其成数，就算四十年。孔子去世后，设帐弟子继续教育各自的弟子，如果以曾参卒年为下限（下文会论及），时间为四十多年，举其成数，也算四十年。这就是说，《论语》所收孔子师徒语录，孔子去世前后各约四十年，共约八十年。

《论语》的语录都是什么人记录的呢？孔子语录，一般应为孔子的随侍弟子所记。例如：

子曰："学而时习之，不亦说乎？有朋自远方来，不亦乐乎？人不知而不愠，不亦君子乎？"（《学而篇》1.1）

这章应该是孔子对若干弟子讲的话，其记录者应是其中某位随侍弟子。至于具体是谁，那就很难断定了。《论语》中这样的例子特别多，其特点是，没有出现任何一位弟子的名和字，记录者只是记下"子曰"云云就完了。

孔子语录中如果出现了弟子的名字，其记录者大概是谁，可以根据对弟子的称呼推定个大概情况。例如：

子谓颜渊曰："用之则行，舍之则藏，惟我与尔有是夫！"

子路曰："子行三军，则谁与？"

子曰："暴虎冯河，死而无悔者，吾不与也。必也临事而惧，好谋而成者也。"（《述而篇》7.11）

本章的记录者称颜回和仲由的字，那么首先要排除颜回、仲由两个人，他们只能自称其名；也要排除他们的弟子，弟子要尊称老师为"某子"，那么应该是孔子的某位随侍弟子所记。

孔子与某个弟子单独的谈话，其记录者是谁，也要注意研究其称呼。如：

子游问孝。子曰："今之孝者，是谓能养，至于犬马，皆能有养。不敬，何以别乎？"（《为政篇》2.7）

子游姓言名偃，字子游。按照上述周礼，孔子随侍弟子，即子游的某位同学，才可以称他的字"子游"，那么这一章无疑就是子游的某位同学，孔子的某位随侍弟子所记录。这类例子在《论语》中还有很多。

不过，孔子与单个弟子的谈话，并非都由其他随侍弟子所记录，也有特殊情况。如：

宪问耻。子曰："邦有道，谷；邦无道，谷，耻也。"

"克、伐、怨、欲不行焉，可以为仁乎？"子曰："可以为难矣，仁则吾不知也。"（《宪问篇》14.1）

"宪"，即孔子弟子原宪，字子思。这一章的记录者称原宪为"宪"，而不称"子思"或"原思"。那么，孔门谁能够称原宪为"宪"呢？只有两个人，一是孔子，周代父亲称儿子，老师称弟子，上级称下级，称名不称字；二是原宪自己，周代君子自称，称名不称字。那么本章的记录者，自然只会是原宪自己了。又如：

季氏富比周公，而求也为之聚敛而附益之。子曰："非吾徒也。小子鸣鼓而攻之，可也。"（《先进篇》11.17）

冉求曰："非不说子之道，力不足也。"子曰："力不足者，中道而废。今女画。"（《雍也篇》6.12）

"求"即孔子弟子冉求，字子有。孔门谁可以称他的名"求""冉求"呢？只有孔子和冉求自己。孔子自然不会记录自己的语录，那么这两章的记录者就只可能是冉求自己了。

《论语》中还有一些篇章记叙孔子的行为，应该都是随侍弟子所记，具体的记录者也不得而知。《乡党篇》集中记载孔子的生活情况，应该是孔子晚期弟子所记录。

《论语》除了主要记录孔子的言论以外，还有一些篇章记录了部分设帐弟子的言论，其中最值得关注的是，四位被尊称为“某子”的弟子的语录。《论语》中有四章写到有若，其中三章尊称他为“有子”，一章则称“有若”，其实四章都是他的语录，称“有若”的那一章很特殊。《论语》中有十三章写到冉求，只有《雍也篇》6.4、《子路篇》13.14两章尊称他为“冉子”，其余全部直接称“冉求”“冉有”。《论语》中共有五章写到闵损，只有《先进篇》11.13尊称他为“闵子”，其余四章全部直接称“闵子骞”。《论语》中共有十五章写到曾参，其中十四章均为曾参语录，均尊称他为“曾子”，只有《先进篇》11.18章称“参”，而且这一章还不是语录。

按照周人的礼制和语言习惯，只有华夏大国公卿才可以被尊称为“子”，如晋国的赵盾、齐国的晏婴、鲁国的“三桓”等。如果是国君而称为“子”，则含有贬义。孔子当过鲁国公卿，道德崇高，又“学而不厌，诲人不倦”，因此弟子们发自内心地尊敬孔子，而尊称他为“孔子”。孔子晚年，他的许多弟子也设帐授徒，而且也出任了华夏大国的公卿，那么孔子的徒孙们也要尊称各自的老师为“某子”。为了避免辈分混乱，并且表示对孔子道德学问特别的尊敬，孔门开始特称孔子为“子”。举个例子：

子曰：“参乎！吾道一以贯之。”曾子曰：“唯。”

子出，门人问曰：“何谓也？”曾子曰：“夫子之道，忠恕而已矣。”（《里仁篇》4.15）

孔子教育曾参，曾参一听就明白，但是曾参的弟子不明白，所以孔子出去以后，曾参的弟子又请教曾子，曾子就把孔子的话解释给自己的弟子听，祖师爷“子”、老师“曾子”、徒孙“门人”三代人的关系十分清楚。

孔子那些被尊称为“某子”的设帐弟子的言论，都是各自的弟子所记录。还有些没有被尊称为“某子”的弟子的语录，应该也是各自弟子所作的记录。例如《子张篇》诸章，应该都是孔子去世后设帐弟子教育各自弟子的语录，子张、子贡、子游、子夏、曾参都应该被尊称为“某子”，但只有曾参一个人才被尊称为“曾子”，其他四位都直接称字。其中原因，就与《论语》的编辑工作有关了。

《论语》的编辑

《论语》是谁编辑成书的，古人有许多推测，都不圆通。唐朝以来，柳宗元等学者就怀疑是曾参、曾参师徒或曾参弟子编辑了《论语》，这种推测有一定的道理。

其一，曾参年龄很小，孔子去世后，有可能受同学之托，编辑《论语》。《史记·仲尼弟子列传》说，曾参小孔子四十六岁，是孔子年龄最小的弟子之一（子张小孔子四十八岁，年龄最小）。假设曾参二十岁成为孔子的弟子，孔子则已六十六岁。曾参二十六岁时，孔子七十二岁，就是孔子去世的年份。这样算来，曾参应该是二十几岁就有自己的弟子了，上面引用的孔门祖孙三代的对话，应该发生在孔子七十岁左右、曾参二十几岁时。孔子去世时，子路、颜回等弟子已经去世。在世的弟子年龄也都大了，其中很多弟子如子贡、冉求等等，还在做官，十分忙碌，都不大可能编辑《论语》。曾参的年龄很小，有可能完成这一任务。我推测，同学们为老师守孝三年后，互相揖别时，因为担心夫子之道失传，想必大家把平时所记简牍，一并交给曾参，嘱其汇编成书。如果这时不收起原简，几十年后再去找，很多同学就都已经去世，绝大部分简牍都将不知所终，那就不可能有《论语》了。但是曾参似乎并没有马上动手编辑《论语》，大概到了晚年，才自己做，或与弟子一起做，或命弟子做这个工作。因此，《论语》很可能是由曾参、曾参师徒或曾参弟子编辑成书的。这虽说只是推测之词，但并非没有道理。

其二，上引材料告诉我们，《论语》中所有曾参的语录，全部都尊称“曾子”。按照周礼和孔门的习惯，孔子再传弟子特称孔子为“子”，而称自己的老师为“某子”，老师的同学则直接称字。如果《论语》不是曾参师徒所编，唯独曾参所有的语录都尊称“曾子”，这一现象就无法解释。

其三,《论语》中原始记录发生时间最晚的一章，很可能是下面这一章：

曾子有疾，孟敬子问之。曾子言曰：“鸟之将死，其鸣也哀；人之将死，其言也善。君子所贵乎道者三：动容貌，斯远暴慢矣；正颜色，斯近信矣；出辞气，斯远鄙倍矣。笾豆之事，则有司存。”（《泰伯篇》8.4）

曾参说这番话的时间，应该在孔子去世四十多年的时候，其时已经进入战国时代。《论语》中把这么晚记载的一章曾子语录收录进来，如果这本书是别人所编，恐怕不太可能。

从曾参年龄很小，很有可能受托编辑《论语》的情况来看，从《论语》收曾参语录最多，而且每章都尊称“曾子”的情况来看，从《论语》所收曾参语录时间又最晚的情况来看，古人的推想不是没有道理，《论语》应该成书于曾参、曾参师徒或曾参弟子之手。

《论语》编辑者故意不准继续尊称子夏、子张、子游、子贡等为“某子”，可能是因为曾参师徒认为，他们的思想和做派至少已经部分背叛了孔子。《论语》编辑者还可能故意不准继续尊称颜回、子路为“某子”，则可能与颜回、子路声望太高，令人忌惮有关。

《论语》的编辑工作，用现代编辑学的眼光来看，确实不敢恭维。其一，在简牍内容的选择上，有重大疏漏，把有损孔子圣人形象的两章《阳货篇》17.5、17.7选进来了。其二，在简牍内容的编排上，非常粗糙。重复的多。孔子同一次讲学，弟子们各有所记，编辑《论语》时，常常重录。这虽可说明这些记录很可靠，但是从编辑学上来讲，却是非常明显的瑕疵。在设帐弟子是否称“子”上，也有明显的问题。曾参师徒编辑《论语》的目的之一，是要借这本书确定曾参的历史地位，因此所有曾参语录，全部尊称“曾子”。有若、闵子骞、冉有的语录，有的称“子”，有的又不称“子”。其余六位弟子的语录，全部不尊称“子”，说明编辑者处理问题很不严密。《子张篇》全部是孔子去世后五位弟子的语录，这一安排本来不错，但是，孔子去世后五位弟子的语录，也出现在其他篇章中。《尧曰篇》三章，第一章很可能是孔门弟子的读书摘抄，也稀里糊涂地编进来了。

孔子生于公元前551年或公元前550年（鲁襄公二十一年或二十二年），《仲尼弟子列传》说曾参小孔子四十六岁，那么曾参应该生于公元前505年或公元前504年（鲁定公五年或六年）。《阙里文献考》说“曾子年七十而卒”，如果这一记载可靠，那么曾参应卒于公元前435年或公元前434年（周考王六年或七年），孔子去世四十四五年时。《论语》把曾参临终时的谈话都收了进去，估计其编辑工作就在曾参去世前后不久展开。考虑到《论语》的编辑工作很粗疏，所花时间不需太长，《论语》的成书时间也应该在曾参去世前后不久。为了便于记忆，我们不妨就把曾参去世的年份，推定为《论语》的成书时间。

《论语》的主旨

尧舜夏商周春秋六代思想文化的精华，孔子的前人总结为《诗》《书》《礼》《乐》《易》《春秋》六艺，他终身学习六艺，也终身传授六艺。但六艺内容非常复杂，叫人不得要领，孔子就将六艺的主旨凝炼为“仁”和“礼”两个字。六艺的精华都在《论语》里，“仁”和“礼”当然也是《论语》的两大主旨。我们甚至可以说，“仁学”和“礼学”就是中华民族思想文化的两大主题。

最近十年兴起“国学”热，学者们对“国学”有许多定义，张之洞、胡适、章太炎以及当下学者提出了“国故”“国粹”“中国学”等许多理论，我都不同意。只有马一浮先生的“六艺即国学说”近似得之，但还很笼统。我认为所谓“国学”就是“治理国家的道德和学问，其理论核心是仁学和礼学，其外延则为六艺。国学的外延汉代至今常有变化”。国学的这个定义其实是孔子的发明，完全不是我的发明。我的这个观点，在全国各地讲学时已经讲了几十遍上百遍了，只要有时间，我就会另写文章，把这个意思进一步说明白。

孔子去世后，其徒子徒孙在继承孔学的基础上，又创造了许多的门派学问，如子夏创造了法家，子贡与其他“行人”①创造了纵横家，子张、子游等弟子也全都开宗立派，子思、孟轲创造了自认为继承孔子最好的思孟学派，荀子创造了杂家。即使是与儒学并称的墨家，也受到孔子和《论语》的莫大影响。这些历史事实说明，要是没有孔子，战国时代“百花齐放，百家争鸣”能否发生恐怕都是个问题。

我们如果要学习远古中华文明，就必须从《论语》开始；要学习春秋战国以来的中华文明，也必须从《论语》开始。中华文明光辉灿烂，历史悠久，关键的节点只有《论语》这本书，这就是《论语》在中华文明史上无与伦比的重要地位。

《论语》的读法

不同年龄、不同知识积累、不同社会阅历、不同使命的人，读《论语》应该有不同的要求，不同的读法。

小孩子记忆力很好，他们读《论语》，主要是记诵，不强求理解。对小学生、中学生，老师即使开讲《论语》，也要充分考虑孩子的知识储备和知识结构，特别是人生阅历，最多也只能讲个大概，总之老师讲的越复杂越坏事。汉朝至清末，《论语》一直都是小孩子的启蒙读物，老师就基本不讲，这是对的。现在各种各样的标准化考试，把文章分析得一塌糊涂，甚至莫名其妙，无比美好的语文反而成了孩子们无比痛苦的记忆，我们的考试专家、命题专家、教育专家都要反思反思。

学士、硕士、博士们学习《论语》，喜欢动不动就研究学术问题，我并不赞成。我觉得，恐怕还是一个字一个字、一句话一句话地读文献比

① 春秋时代称外交家为“行人”。

较好，原始文献读懂了，再来谈学术研究，比较靠谱。《论语》有四五百章，一万多字，一下子读不了那么多，先尽可能读懂二三十章的文献就行，读懂了二三十章的文献，后面的文献要读懂就不难了。《论语》的编辑工作，并没有太多的讲究，可以从头开始读，没有必要选读，先读熟读懂一两篇，后面的就不难读了。学生读书还有一个难处，他们基本都没有做官的经验，甚至根本没有做官的想法，其思考问题的方式，与治国平天下的政治理想，往往根本不搭界，这会极大地妨碍他们正确理解孔子儒学。

党政干部、企事业干部，学习《论语》具有天然的优势。从古到今，《论语》本来就是给这些人读的，他们急切地需要治理企业，治理事业单位，治理行业，治理地方，治理国家，需要从圣人那里获取智慧。他们读《论语》时，经常会有切身体会。中国绝大多数王朝，都有几百年的天下；在长达几千年的历史上，中国都是世界上的头号强国，只是最近两百年落伍了；中国是世界上唯一一个文化和人种都没有中断的国家，唯一的文明国家；中华民族的韧劲，中华民族的精气神，不要说外国人难以理解，就连我们自己都常常感到惊讶。中国所有的这一切，与孔子创造性总结的六代思想文化，与孔子自己的学说，与《论语》这部伟大的著作，都有非常密切的联系。我在全国各地讲授《论语》时经常发现，我们今天的领导干部在学习《论语》时，经常会若有所悟，对孔子，对中国的思想文化，对我们祖国的今天，经常会有更加深刻的甚至是令人惊讶的理解。在学习了《论语》之后，这些领导同志对祖国和人民会更加热爱，对中国文化会更加自信，对祖国的未来会更有信心，工作起来会更加自觉。干部唯一的不足是，没有成块的时间来学习。我的建议是，根本不用着急，从头到尾慢慢读，读多少算多少，有机会请专家辅导一下，没有机会就自己慢慢读，读多了自然会懂，自然会有收获。

中国历史上灿若星河的无数英雄，无论是成功，还是成仁，他们都是天上的星星，永远照耀着我们伟大的祖国奋然前行。正是因为有了他们，中华民族才能生生不息，中华文明才能光辉灿烂。我们如今学习

《论语》，聆听圣人的教诲，就要学习圣人，就要像圣人那样，胸怀天下，心系苍生，实行仁政，身体力行，为中华民族的伟大复兴，贡献我们的力量。只要我们为伟大的祖国和亿万的人民，尽可能地做出自己的贡献，我们就也是英雄，也是圣贤，我们就无愧于祖先，也无愧于子孙。

目　录

学而篇第一……001
为政篇第二……023
八佾篇第三……048
里仁篇第四……077
公冶长篇第五……100
雍也篇第六……129
述而篇第七……158
泰伯篇第八……193
子罕篇第九……215
乡党篇第十……241
先进篇第十一……262
颜渊篇第十二……291
子路篇第十三……313
宪问篇第十四……340
卫灵公篇第十五……383
季氏篇第十六……413
阳货篇第十七……429
微子篇第十八……453

子张篇第十九……466

尧曰篇第二十……491

后　记……499

学而篇第一

共十六章

“学而”，篇名。《论语》各篇原来均无篇名，汉代学者为了方便教学，就摘取每篇第一章开头几个字做篇名，并无深意，不须附会。

1.1 子①曰：“学②而时③习④之，不亦说⑤乎？有朋⑥自远方来，不亦乐乎？人⑦不知而不愠，不亦君子⑧乎？”

【题旨】

本章是孔子对尚未做官的随侍弟子讲的一番话，论仁德君子有三乐，鼓励弟子先学好治国平天下的本事，提高道德水平，将来自然可以做官。

【注释】

① 子：此指老师孔丘。古代学者认为，孔丘称“子”因为他是男子；如今学者认为，孔丘称“子”因为他是伟人，道德学问都无比伟大：两种意见都不对。正确的意见应是，周礼，华夏大国的公卿，比照华夏小国之君，蛮夷戎狄之君，尊称为“子”。孔丘被尊称为“子”，因为他是华夏大国鲁国的公卿。

西周天王分封了几百个诸侯，诸侯要分等级，华夏大国诸侯多称“公”“侯”“伯”，华夏小国以及蛮夷戎狄之国诸侯多称“子”“男”（男爵极少，传世文献只有许国诸侯为男爵，称“许男”），则“子”

本是贬义。最晚从春秋初期开始，华夏大国公卿亦可尊称为“子”，“子”遂有敬意。据《左传·隐公四年》，大义灭亲的卫国公卿石碏最早被尊称为“石子”。孔丘于鲁定公十年开始做鲁国公卿，故亦可尊称为“孔子”。孔丘在帐下教育弟子时，没有其他也需尊称为“子”的公卿在场，所以弟子简称老师为“子”，不冠姓氏。如有其他公卿在场，或有诸侯在场，弟子记录时，一般都老老实实尊称老师为“孔子”。《论语》中有些语录是孔子作公卿之前的语录，按照周礼，弟子当时记录时应称老师为“先生”。后来曾参师徒编辑《论语》时，考虑到孔丘已经做过鲁国的公卿，而且继续尊称“先生”，后人不知道是谁，所以将“先生”一律改为“孔子”或“子”。如今也用领导干部后来的职务尊称早先的他，这就是周礼的遗存。孔丘称“子”现象折射出了如下意义：华夏对蛮夷戎狄的文化自信和文化优越感、华夏大国对华夏小国的实力优越感，以及官本位的价值观。

② 学：“学”什么，宾语被省略了。周代君子所学，包括学“文”（古代当代文献）、学“行”（像圣人那样终身践行治国平天下的伟大理想）。从理论上讲，所学包括道德和学问。道德主要指：一是身体力行做仁德君子，终身致力于治国平天下的伟大政治理想；二是治国平天下无比伟大，也无比艰难，所以君子不能贪图安逸。周朝君子的道德，核心是指治国平天下的公德，对君子的私德小节，他们并不在意。例如，孔子对管仲多有缺陷的私德并不在意，反复肯定管仲保卫华夏的仁德，称赞管仲是仁人。这与宋朝至今啰里啰嗦，烦琐无比，含义不明，只注重洁身自爱，不注重建功立业的私德，含义明显不同。学问主要指“六艺”，核心学问指周礼，即按照周礼要求，建设各种社会政治秩序，让苍生休养生息，君子各得其所。《论语》中论述“学”的语录非常多，只有三种用法：一是指学习圣贤高尚的道德；二是指学习以周礼为核心的学问；三是兼指学习道德和学问。本章之“学”的宾语，应该兼指道德和学问。

③ 时：合适时。

④ 习：有温习、实习、讲习之类的含义。孔子教弟子“六艺”，这些课程大都需要经常如此学习，例如大臣如何朝觐诸侯、周代官方的音乐如何演奏等等。把学到的本事用到做官的实践中去，那叫“行”，不叫“习”。

⑤ 说（yuè）：同“悦”，喜悦。

⑥ 朋、友、朋友：周代同辈读书人之间，在提升道德水平，增加知识学问上，要互相帮助，“赏善匡过”，故互称朋友。例如，《泰伯篇》8.5曾参称颜回是朋友，《子张篇》19.15子游称子张是朋友。

⑦ 人：周朝的“人”字，广义与“鬼”相对而言，指所有的活人；狭义与“民”相对而言，指贵族和读书人。周朝的贵族，包括天王、诸侯、卿大夫、士。春秋末期，士的经济地位政治地位已经与平民百姓相差无几，战国时代孟子甚至经常称“士庶人”，将“士”与庶民百姓并称。周朝只有贵族子弟才能读书，这些读书人称“士”。他们一旦学有所成，一般都可做官，做贵族，所以贵族和士都称为“人”。不过，本章的“人”字，仅仅指诸侯、公卿，因为这时周天王早已被无视，只有诸侯和公卿手里才有官帽子，才能让这些弟子做大臣或家臣。

⑧ 君子：指所有的贵族及其子弟，与“人”的狭义相同。“君子”与“君”不同，周代只有周天王和诸侯才可以尊称为“君”。

【译文】

孔子说：“（弟子们，你们）学了（道德学问）合适时讲习它，不也高兴吗？有仁德师兄从远方归来，（帮你们提高道德水平学问水平）不也快乐吗？人家诸侯公卿们一时不了解你们，（你们一时当不了官，）但（你们）并不怨恨，不也是谦谦君子吗？”

【简析】

周朝的贵族子弟读书，七八岁开始上自己家族主办的“家学”，学历相当于如今的小学，主要任务是认字，教材就是尧舜夏商周春秋六代的《诗》《书》《礼》《乐》《易》《春秋》，谓之“六艺”。十四五岁开始上诸侯举办的“乡学”，学历相当于如今的初中、高中，还是学习“六艺”，主要任务是读书、背书，还要学会按照书上的要求去做，例如要会演奏古乐，学习如何朝觐诸侯、天王等，“六艺”要烂熟于心。“乡学”毕业，要经过考试，类似于如今的全国高考，部分优秀者才能到天王举办的“国学”去深造，落选者则直接给诸侯做大臣，或给公卿做家臣。“国学”的学历层次类似于如今的大学，那时没有硕士、博士教育。“国学”低年级学习文字学、音韵学、训诂学，统统称为“小学”；高年级才学习仁学、礼学的理论，也就是治国平天下的理论，这才是真正的大学问。“国学”的毕业生，一般都给周天王做王臣，或者给诸侯做大臣。“国学”的教材还是“六艺”。春秋晚期，周天王直接治理的地方非常小，一者因为太贫困，再也办不起“国学”了；二者王国土地也不需要培养那么多的王臣了，所以“国学”就停办了。孔子被迫举办私立“国学”，为天下培养人才。孔子去世后，一部分有学问的官员拿出自己的部分俸禄办学，培养治国平天下的人才，就成为中国的文化传统和教育传统，一直延续到清末。

周朝的贵族教育体系，是贵族的历史文化教育体系和官员培养体系，其主要办学目的，就是培养治国平天下的官员，与今天的党校教育很相似，但与普通的国民教育区别很大。“国学”和“党校”都主要是为天下培养官员，普通的国民教育则需要培养各种各样的人才。

孔子说这番话，一定有个非常具体的背景：孔子那些当了官的早期弟子回来看望老师，自然也会与师弟们交流交流。还跟着老师苦读的师弟们看见师兄们都当了大官，事业有成，风光无限，自然也都想早早去当官，于是孔子对这些还跟着自己学习的弟子们说，你们学好本事，提升道德，当官不是迟早的事吗？所谓“不亦说（悦）乎”“不亦乐乎”“不亦君子乎”，其实都是说“不也很高兴吗”，换个说法，可以避免重复。

孔子的学生分为两类，帐下弟子都是给孔子下了跪、磕了头的正儿八经的弟子，这些人，不久都会成为诸侯的大臣和公卿的家臣（此时周天王已经不需要王臣了），都会或直接或间接地管理国家。帐外弟子，都是诸侯卿大夫，他们请教孔子，自然也都问治理国家天下的大事。所以孔子的语录，都是给未来的官员和现任的官员谈的，主要都是谈治国平天下。

1.2 有子①曰："其②为人也孝弟③，而好犯上者，鲜④矣；不好犯上，而好作乱者，未之有也。君子务本⑤，本立而道生。孝弟也者，其为仁⑥之本与⑦！"

【题旨】

有子教育自己的弟子：贵族及其子弟要孝敬君父，恭敬兄长，父子兄弟各守本分，这就是仁政的根本。

【注释】

① 有子：姓有，名若，字子有，孔子晚年弟子。有若后来也做了华夏大国的公卿，也像孔子那样设帐授徒，其门徒便按照周礼尊称他为"有子"。所以凡是尊称"有子"的语录，都是有若的门徒所记录。孔子的徒子徒孙中，只有有若自己的徒子徒孙才会尊称他为"有子"，他人只会称他的表字，略表敬意。孔子则会称他的名"若"或姓名"有若"。孔子是中国历史上最早设帐授徒的华夏公卿，其徒子徒孙特别尊称他为"子"，所以后来的诸子百家，都不得特别尊称为"子"，只能尊称为"某子"，例如"墨子""老子"等等。《老子》遍采百家之长，成书于战国末期，假托比孔子年长的老子而为书名，见《史记·太史公自序》所引司马谈《论六家之要旨》。墨子弟子告子与孟子曾经直接交往，详见《孟子·告子篇》，所以《墨子》成书必晚。《韩非子》说儒学、墨学均为春秋显学，可能并不准确。

② 其：本是代词，本章仅仅指代贵族及其子弟（读书人）。有若说话，必有来言去语，弟子记录却不能都记录，古人书写艰难，只能掐头去尾，记录最要紧的几句话，所以用"其"字开头。

③ 弟：同“悌”，弟弟恭敬、顺从兄长。

④ 鲜：本义是少，这里是“无”的婉辞，是“未之有”的另一个说法。《论语》中这类情形很多。

⑤ 本：指树木的根本。贵族内部君臣父子兄弟各归其位，各守本分，各尽其责，政治秩序、伦理秩序井然，“君君，臣臣，父父，子子”，这是天下之根本，国家之根本，家族之根本，也是君子个人安身立命的根本。

⑥ 仁：周代君子之“仁”，主要含义有二：贵族内部君臣父子各安其位，政治秩序井然；贵族食禄，平民食力，各守本分，各尽其能。近代以来学者解释“仁”，往往只强调统治者善待平民之意，并不准确。

⑦ 与：同“欤”。

【译文】

有子说：“他们为人孝敬父母，恭敬兄长，却好犯上，那是很少的；不好犯上而好作乱，从来没有过。君子务必抓住依礼做人这个根本，学会了依礼做人，那么仁政就自然产生了。孝顺父母，恭敬兄长，这就是仁政的根本吧！”

【简析】

本章是有子教育自己门徒的语录，论孝悌是仁政的根本，记录者是有子的门徒。

学习这一章语录，首先要了解最近三千多年中国的社会政治结构。中国的贵族妻妾太多，儿子自然也多。君父去世了，儿子们怎样继承君父的官爵，就是一个极其重大，甚至非常危险的问题。为了解决儿子顺利嗣位的问题，避免天下国家家族大乱，中国最晚从周朝初期正式实行宗法制：天子的嫡长子（嫡妻生的大儿子）继位做天子，其他儿子全部下降一档做诸侯；诸侯的嫡长子继位做诸侯，其他儿子全部下降一档做公卿大夫；公卿大夫的嫡长子继位做公卿大夫，其他儿子全部下降一档做士，士以下就是平民百姓了。那么，天子与诸侯，诸侯与公卿大夫，公卿大夫与士，士与平民之间，血缘上往往是父子或兄弟关系，政治上则是君臣关系，伦理关系与政治关系重叠。子弟孝悌父兄，也就是臣下效忠君上，政治关系、伦理关系就是顺的；反之就不顺，就忤逆，不顺、忤逆必然引起大叛乱，最后所有人都会倒霉。中国文化“家国同构”（家是最小国，国是千万家），“忠孝一体”（忠臣就是孝子），“天下一家”（不是父系本家就是姻亲），中国人家国情怀特别浓，秘密都在这里。

周礼无比复杂，但主要是确定人神关系（祖先与子孙的关系）、天人关系（天有自然属性，也有人性和神性）、华夷关系（华夏与蛮夷戎狄的关系）、人民关系（贵族与平民百姓的关系），最重要、最难处理的是贵族内部的君臣父子兄弟关系。中国经济发展到商朝中晚期，经济水平就已经很高，财富积累就已经相当惊人。在这种情况下，任何一个儿子都想继承君父的官爵，以获得海量的财富、巨大的权力。君父的儿子们，常常由不同的母亲所生，母亲的娘家往往在不同的国家，娘家自然希望自己的外甥嗣位，母亲自然希望自己的儿子嗣位，儿子们的部下自然希望自己辅佐的贵族嗣位。总之，在无比巨大的政治利益和经济利益的驱使下，几乎所有的利益相关方，都会想方设法，让自己的利益最大化。这就必然导致“君不君，臣不臣，父不父，子不子”的现象经常发生，从而动摇天下、国家、家族的根本。

所以周礼反复强调要“君君，臣臣，父父，子子”，对所有犯上作乱者的处罚亦极其严厉。有若告诉即将去做官或已经做官的弟子，你们治理国家，主要是治理贵族；治理贵族，主要是要求他们君臣父子各守本分，各尽其责，严格遵守政治纪律。

1.3 子曰：“巧言令色，鲜矣仁①！”

【题旨】

本章论伪善者不是仁人。

【注释】

① 鲜：本义是少，在此其实是“无”的婉辞。“鲜矣仁”，字面意思是仁德很少，实际意思是没有仁德。

【译文】

孔子说："花巧的言辞，伪善的脸色，（这种人）仁德是很少的了！"

【简析】

孔子认为，仁德君子要治国平天下，需要终生奋斗，还未必能够成功。因此他要求君子尽可能少说多做，最好是做了再说。有些人却想只凭几句花言巧语，就博取仁者的美名，但他们根本就不是仁人。

孔子还说"刚、毅、木、讷，近仁"（《子路篇》13.27），"讷于言而敏于行"（《里仁篇》4.24），"敏于事而慎于言"（《学而篇》1.14），"先行其言，而后从之"（《为政篇》2.13），他反复告诫弟子，要做真正的仁德君子，不要做"巧言令色"的小人。

《尚书·皋陶谟篇》早有批评"巧言令色"者的话。可见孔子的这一理念不仅来自对生活的观察和总结，与《尚书》的直接启发也不无关系。

本章与《阳货篇》17.17 完全相同。《论语》中重录的情况还有一些。孔子讲学时，弟子们各有所记，后来编《论语》时，看到甲竹简好，选了；看到乙竹简也好，也选了。这就是《论语》中有部分语录重复收录的原因。

1.4 曾子①曰："吾日三②省吾身：为人谋而不忠乎？与朋友交而不信乎？传不习③乎？"

【题旨】

曾子告诉自己的弟子：我每天都多次自我反省，我为人是否诚实。

【注释】

① 曾子：孔子晚年弟子曾参，字子舆。其父曾皙，是孔子早期弟子。曾参后来也做了华夏大国的公卿，也像老师孔子一样设帐授徒，故其弟子也尊称他为"曾子"。孔子有子曰孔鲤，字伯鱼；孔鲤有子曰孔伋，字子思，子思是曾参的弟子，孟子的祖师爷。子思记录了孔子、

曾子的大量语录，其中大部分保存在《礼记》中。我非常怀疑《论语》就是子思所编，可惜文献不足，难以证实。

② 三：汉语中的常用数字，大多表示虚数，例如“一”表示极小、极少，“三五七九”均泛泛表示多，“二四六八十”都泛泛表示好。5.20“三思而后行”，6.7、7.14“三月”，7.8“举一反三”，7.22“三人行”，8.1“三以天下让”，5.19“三仕”“三已”，诸“三”字都做概数用，都表示多，并不表示具体数目。本章后面刚好说了三件事，巧合而已，不能因此认为“三”表示具体的数目。

③ 传：老师的传授。老师传授弟子学业时，必然嘱咐弟子“学而时习之”，弟子必然应允。习：即“学而时习之”之“习”，温习、讲习、练习之意。

【译文】

曾子说：“我每天都多次反省我自己：我为别人做事尽心了吗？我和朋友交往诚实吗？老师传授的学业我讲习了吗？”

【简析】

本章为曾子语录，记录者是他的门徒。《里仁篇》4.15有孔子、曾参、曾参门徒三代人一起谈话的记录，说明孔子去世之前，曾参就已经开始设帐授徒了。

孔子说“人而无信，不知其可也”（《为政篇》2.22），与本章意思相同。但孔子又说“言必信，行必果，硁硁然小人哉”（《子路篇》13.20），不管是否符合道义，说了就要兑现，这是小人所为；有若说“信近于义，言可复也”（《学而篇》1.13），“近于义”是符合道义的婉辞，“复言”即兑现诺言，合乎道义的话才兑现；孟子说“大人者，言不必信，行不必果，惟义所在”（《孟子·离娄下》8.11），大人不兑现不义的诺言。他们的中心意思都是，合乎道义的话才兑现，不合道义的话就不能兑现。

1.5 子曰："道[①]千乘之国[②]，敬事而信[③]，节用而爱人，使民以时[④]。"

【题旨】

本章谈治国要点。

【注释】

① 道：同"导（導）"，本义是引导，引申为治理。用法与《为政篇》2.3"道之以政"相同。

② 千乘（shèng）之国：拥有上千辆战车，春秋末期是大国。当时唯一的超级大国晋国勉强有四千乘，大国齐国只有千乘，鲁国八百乘，邾国六百乘。乘：复合量词，一辆青铜马车，配四匹战马，十名甲士，谓之一乘。《左传·昭公十年》说"百两（辆）必千人"。但据《司马法》，战国时代一车配甲士三人，步卒七十二人。

③ 敬事而信：敬，办事认真。信，平民百姓对政府的信任，政府在平民百姓心中的信誉。孔子说过："足食，足兵，民信之矣""自古皆有死，民无信不立"（《颜渊篇》12.7）。说明如果平民百姓不再相信政府，国家就一定会灭亡，政府就一定会垮台。

④ 爱人、使民：含义明显不同。爱人，是爱护官员；使民，是使唤百姓。时：合适之时。古代使唤百姓，一般都在秋冬农闲时，尽可能不妨碍农耕，这就叫"时"。如果春夏农忙时使唤百姓，就是"不时"。

【译文】

孔子说："治理大国，要认真办事讲究信用，节约费用爱护官员，在农闲时使唤民众（不能扰民）。"

【简析】

本章孔子论诸侯治理国家要注意的三个问题。孔子终身研究天下国家的治理，自己也做过官，弟子大多做官，所以他谈治理国家，确有心得，与一般书生之论，完全不同。

1.6 子曰："弟子，入则孝，出则弟①，谨而信，泛爱众，而亲仁②。行有余力，则以学文③。"

【题旨】

孔子告诉弟子，先做仁人，再学文献，做人比读书做学问重要。

【注释】

① 入、出：古代土地便宜，贵族都会几代人住在一个院子不同的房子里。儿子虽然成婚别居，到了父母房中，还是回家，所以叫"入"；兄弟长大各分手足，弟弟出了自己的小家，到了兄长房中，所以叫"出"。

② 众：民众，平民百姓，具体指农民、手工业者、商人和在官府打杂的小人。仁：同"人"，周朝文献这两个字常常通用，指贵族君子。

③ 行：亲自实践，躬行君子之道。文：古代文献，主要指"六艺"。"六艺"告诉贵族怎样做君子，平天下，但那毕竟只是书本上的学问，所以贵族及其子弟要注重身体力行做仁德君子，不能只是嘴巴上做仁德君子。

【译文】

孔子说："后生小子，回到父母的房中，（在父母面前）就要孝顺父母；出了自己的房子，（在兄长面前）就要敬爱兄长；说话要谨慎，说了就要讲信用；博爱民众，而亲近仁人。这样躬行实践之后，如果还有余力，就去学习文献。"

【简析】

本章教导学生要以"躬行君子"为主，兼学古代文献，体现了孔子学文献、做君子并重，做君子又重于学文献的思想。

孔子的弟子都是“士”，学“文”学“行”，都是在为将来做大官、干大事，治国家，平天下做准备。孔子教育弟子的话，一般都与平民百姓没有关系。

1.7 子夏①曰：“贤贤，易色；事父母，能竭其力；事君②，能致其身；与朋友交，言而有信。虽曰未学，吾必谓之学矣。”

【题旨】

本章卜子教育自己的弟子，要注重学习君子的品行。

【注释】

① 子夏：孔子晚年弟子，姓卜，名商，字子夏。孔子在世时，他在鲁国做县长（下大夫）；孔子去世后，他做了魏文侯的老师，位居公卿。魏国是华夏之国，又是战国初期天下第一强国，子夏是魏国公卿，按照周礼，其弟子必然称他为“卜子”，将他的语录记作“卜子曰”云云。曾子的门徒在编辑《论语》时，考虑到子夏在魏国并没有实行孔子终身倡导的仁学仁政，而是实行了被后世称为法家的一套治国方略，认为子夏至少部分背叛了孔子，不应该继续得到特别的尊敬，于是将所有的“卜子曰”统统改为“子夏曰”。考虑到“卜子”改为“子夏”已经几千年了，所以本书一仍其旧，不予改回，只在译文中加一括号注明子夏原称“卜子”。以下类似情况均如此处理，不再一一说明。

② 君：本指天王、诸侯。由于周天王至春秋晚期早已被世人无视，所以晚周文献中，“君”一般仅指诸侯。

【译文】

子夏（卜子）说：“（对妻子）要重品德，不重容貌；侍奉父母，能竭尽心力；服侍国君，能豁出身家性命；与朋友交往，说话讲信用。（这样的君子）即使他自己说没学过（圣贤），我肯定说他学过了。”

【简析】

本章是卜子教育自己门徒的语录，记录者自然是卜商的某位随侍弟子。孔子去世前后，他有十几位做官的弟子，也效仿孔子，拿出自己的部分俸禄养弟子，开设私学，为天下培养官员。所以孔子的弟子教育各自的门徒，也是在教育预备官员。

孔子师徒经常说的“学”，包括学“行”和学“文”。学“文”即学习古代以“六艺”为主的文献，学“行”即学习古今圣贤的圣德善行。本章子夏所说的“学”，单指学“行”。

人之天性，好美色而贪财货，贱老弱而爱少壮，贪生而怕死，爱吹嘘而懒兑现。卜子告诫弟子，务必克制人性中的野蛮因素，做真正的文明人，真正的仁德君子。

1.8 子曰：“君子①不重，则不威，学则不固。主忠信。无友不如己者。过则勿惮改。”

【题旨】

本章记录孔子叮嘱弟子，君子要注意的几个问题。

【注释】

① 君子：周朝文献，贵族及其子弟，均称“君子”。贵族是现任官员，贵族子弟是候任官员。

【译文】

孔子说：“君子不持重沉稳，就不威严，即使学了，知识也不会巩固。要以忠和信两种品德为主。不要与（仁德）不如自己的人交朋友。有了过错就不要怕改正。”

【简析】

不持重沉稳，心浮气躁，学习时没有沉下心来理解体会，即使勉强学了也会很快忘掉。“忠”泛指待人真诚，做事认真。孔子经常教导学生与仁德君子交朋友，从而提高自己的道德水平，最终使自己也成为仁德君子。孔子认为君子难免犯错，但要改正。“过而不改，是谓过矣”（《卫灵公篇》15.30），“过而改之，是不过也”（《韩诗外传》卷三引孔子语），“能补过者，君子也”（《左传·昭公七年》引孔子语）。

“主忠信”三句，《子罕篇》9.25重录。孔子讲学时，弟子们各有所记，有的只记录了后三句，有的则多记录了两句。

1.9 曾子曰：“慎终，追远，民德归厚矣。”

【题旨】

曾子教育弟子，君子要做真正的君子，民风才会好起来。

【译文】

曾子说：“（君子）谨慎地为父母送终，追念远代祖先，那么平民百姓的道德就会归于忠厚了。”

【简析】

《尚书》和孔子都说过：“君子之德，风；小人之德，草。草上之风，必偃。”今天我们称为“上行下效”。这是规律，不可能改变。天下的风气要好，国家的风气要好，首先贵族要风清气正。贵族风清气正了，民风自然会好起来。所以治理天下，治理国家，主要是治理贵族，治理官员。

“慎终，追远”的主语不是后面的“民”，而是被省略了的“君子”。孔门一向认为，要通过教育上等人，提高上等人的道德水平，来提高平民百姓的道德水平，这样民风才会淳朴，平民才好管理，国家才好治理。如今也一样，干部风气好，党风才会好；党风好，民风才会好。

1.10 子禽问于子贡[①]曰："夫子[②]至于是邦也，必闻其政[③]。求之与？抑与之与？"子贡曰："夫子温、良、恭、俭、让以得之。夫子之求之也，其诸异乎人之求之与？"

【题旨】

子贡告诉同学子禽，老师获得信息，大都是人家主动告诉他的，他老人家靠的是自己的人格魅力。

【注释】

① 子禽：孔子弟子陈亢，字子禽，齐国人。子贡，孔子高足弟子，复姓端木，名赐，字子贡，卫国人，《左传》也称"卫贡""子赣"。本章语录应是子贡语录，由子贡之随侍弟子记录。按照周礼，子贡弟子必然尊称老师为"先生"（子贡未做官时）"夫子"（子贡在鲁国做大夫后）或"端木子"（子贡在卫国做相后），老师的同学则称其表字。"先生""夫子"后人不知是谁，文献整理者自然需要明示子贡；孔子去世后，子贡离开鲁国，回到卫国，做了国相，实行纵横家的一套治国方略，曾子的门徒编辑《论语》时，认为子贡实际上至少部分背叛了孔子，不能继续受到特别的尊重，所以将所有的"端木子"统统改为"子贡"。

② 夫子：相当于"他老人家"或"你老人家"。周朝华夏大国的公卿（上大夫）可以特别尊称为"子""某子"，所有的公卿大夫（含中大夫、下大夫）均可笼统尊称为"夫子"，在此特指老师孔子。

③ 闻政：孔子只做了大约三年的鲁国公卿，便辞职不干了，然后周游列国十几年，直到去世。周游列国，自然需要了解到访国的政治法律习俗等方面的信息，所以古今中外都有"入境问政，入乡问俗"的礼俗。

【译文】

子禽向子贡（端木子）问道："他老人家（指孔子）到一个国家，必定知道那个国家的政务。（这些信息）是他求来的呢，还是别人主动告诉他的呢？”子贡（端木子）说：“是他老人家凭着温和、善良、严肃、节俭、谦让的人格魅力而得来的。他老人家求来这些信息的办法，与别人求来的办法不同吧？”

【简析】

本章为端木子语录，记录者是端木赐的门徒。

1.11 子曰：“父①在，观其志；父没，观其行，三年②无改于父之道，可谓孝矣。”

【题旨】

本章论储君之孝。

【注释】

① 父：并非泛指，而是特指君父。与之相对应的子（其），也不是泛指，而是特指君父的嫡长子，礼法规定的储君。

② 三年：即“三年之丧”，指至亲之丧。丧期不一定都指三年。周朝之前，东夷贵族大多实行“三年之丧”，丧期为三个年份，二十五个月。西部夏族则实行“七七之丧”。周朝设计周礼时，调和两种丧礼制度，定为天子、王后丧期七个月份，诸侯、夫人五个月份，卿大夫、内子三个月份，士两个月份，也称为“三年之丧”。

【译文】

孔子说：“君父在位时，观察储君的志向；君父去世后，观察储君的行为。守丧三年期间，储君不改变先父的政策，可以说是孝顺了。”

【简析】

古代贵族一妻多妾，儿子很多。按照周礼，天子、诸侯、公卿大夫均立有嫡长子，这就是储君。将来君父去世，丧期届满（天子七个月份，诸侯五个月份，卿大夫三个月份），储君就正式继位，成为新君。

周朝有两种“三年之丧”，礼法都规定，储君守丧期间，不能发号施令（“三年不言”），不能改变先君的政策，不能任免官员。天下、国家、采邑要运转，刚刚去世的君父的权力，暂时移交给“冢宰”，就是总理大臣。只有丧期届满，储君正式即位，才能真正行使君父的权力。但是先君去世，储君实际上已经大权在握，很难压抑行使权力的冲动，所以孔子说，储君守孝期间不发号施令，就是孝子了。

本章与《里仁篇》4.20基本相同，应为孔子同一次讲话，随侍弟子各有所记，后来编辑《论语》时觉得都好，就都收进来了。

1.12 有子曰：“礼之用，和为贵。先王之道，斯为美，小大由之。有所不行，知和而和，不以礼节之，亦不可行也。”

【题旨】

本章为有子语录，用“先王之道”论证“礼”的作用为“和”。记录者是有子的某位随侍弟子。

【译文】

有子说：“礼的作用，以做事恰当为贵。先王治理天下的办法，这一点最美，小事大事都恰当。如果行不通，就为恰当而恰当，但不以礼制来节制，也是不行的。”

【简析】

“礼”（禮）的原始意义，是用酒肉谷物祭祀祖先，主要用来规范死去的祖先（鬼神）与活着的子孙（人）之间在血统上、经济上、宗教信仰上的关系。周朝祖先崇拜的信仰渐渐淡化，人与人（贵族）之间的君臣父子关系成为“礼”的主要规范对象。最晚到周初，形成了以“嫡长子继承制，余子分封制”为核心的一系列礼制。贵族必须遵守这些礼制，但同时又常常需要灵活调节，而调节的最终目的，还是要遵守这些礼制。例如，舜帝的父亲、继母老想杀他，他就不禀告父母而娶妻，不告而娶是不孝，但娶妻生子又是大孝。再如，武王伐纣后两年就去世了，按照礼制应由其九岁的嫡长子姬诵继位，但这样必然断送周家天下，所以武王的弟弟周公代理天王，姬诵成年后，周公将天王之位让给姬诵，是为成王。古代圣王都是“礼之用，和为贵”的典范。有若讲的就是这个道理。

为了说明这一道理，周人又发明了“和”的概念，从音乐要音律和谐不能音阶单一、饮食要五味调和不能只有一种味道等许多方面加以论证，让“和”不仅具有政治意义、伦理意义，而且具有普遍意义即所谓哲学意义。

1.13 有子曰：“信近于[①]义，言可复[②]也；恭近于礼，远耻辱也；因不失其亲，亦可宗也。”

【题旨】

本章有子教育弟子做人做官要注意的几个问题。

【注释】

① 近于：符合的婉辞。

② 复：兑现。

【译文】

有子说：“（君子）说话要符合道义，这样的诺言才可以兑现；待人谦恭而又符合礼制（不过分谦卑），这样才能远离耻辱；亲近而不失去父母之爱，这样就可以有所依靠。”

【简析】

本章为有子语录，记录者是有子的随侍弟子。

“恭近于礼，远耻辱也”，与孔子讲的“忠告而善道之，不可则止，毋自辱焉”（《颜渊篇》12.23）是一个意思。

按前两句的行文和语气，第三句应说“因近于亲，亦可宗也”。“因”有依靠凭借之意（《左传·定公八年》“五人因阳货”），“亲”是父母。依靠父母，不可说“近于”，所以说“因不失其亲”，即依靠父母。那么“亦可宗也”即可为依托之意，与后世“在家靠父母”之意相同。孔子曾称赞晋国上卿魏献子用人“近不失亲，远不失举”（《左传·昭公二十八年》引），“近不失亲”与“因不失其亲”含义相通。

1.14 子曰：“君子食无求饱，居无求安；敏于事而慎于言；就有道而正焉：可谓好学也已。”

【题旨】

本章论君子学“行”。

【译文】

孔子说：“君子吃饭不要吃得太饱，居住不要太安逸；做事敏捷而说话谨慎；接近有道之人而匡正自己。做到这些，可以说好学了。”

【简析】

周朝君子讲学习，包括学“行”，即学习古今圣贤的善行美德；学“文”，即学习“六艺”等文献。本章讲君子应注意“学”三个方面的“行”。

“食饱居安”，泛指安逸生活。古人认为仁德君子以治国平天下为己任，使命无比光荣也无比艰难，要终身艰苦奋斗，贪图安逸者不可能治国平天下。《左传·昭公十二年》记载，周穆王要四海漫游，祭公谋父作《祈招》之诗，劝他“无醉饱之心”（逸诗）。《闵公元年》，狄人入侵邢国，管仲对齐桓公说“宴安鸩毒，不可怀也”，安逸如同毒药，不可怀恋，要他出兵保卫邢国。《僖公二十三年》，晋公子重耳（后之晋文公）流亡至齐国后，有妻子，有马车，生活安逸，于是不思进取，一心只想过小日子，其妻姜氏催他出发，寻找返回晋国做国君的机会，她说：“行也！怀与安，实败名。”《宪问篇》14.2：“子曰：‘士而怀居，不足以为士矣。’”都与本章之意相同。

“敏事慎言”，周代君子认为，治国平天下十分艰难，君子应尽量多做少说，先做后说。如《里仁篇》4.22：“古者言之不出，耻躬之不逮也。”以行动赶不上说的话为耻。《里仁篇》4.24：“君子欲讷于言而敏于行。”

1.15 子贡曰：“贫而无谄，富而无骄，何如？”子曰：“可也，未若贫而乐，富而好礼者也。”

子贡曰：“《诗》云：‘如切如磋，如琢如磨’①，其斯之谓与？”子曰：“赐②也，始可与言《诗》已矣，告诸往而知来者。”

【题旨】

本章论贵族都要恪守本分，安贫乐道。

【注释】

① 如切如磋，如琢如磨：见《诗经·卫风·淇奥》。原诗假借百工加工玉器精益求精的事，赞美卫武公不断提高道德修养。

② 子贡复姓端木，名赐。周礼规定，上称下（父母称子女、老师称弟子、长辈称晚辈、上级称下级），称名不称字（如果称姓名则表示拒人于千里之外，表示发火甚至要骂人）。自称，称名不称字。

【译文】

子贡请问老师道：“（君子如果）贫困而不谄媚（富人），富裕而谦恭好礼，怎么样？”孔子道：“（做到这一步虽然）可以了，但还不如安贫而乐道，富裕而好礼。”

子贡道：“《诗经》说：‘开料，磋糙，雕刻，打磨’，那就是这个意思吧？”孔子说：“赐啊，现在可以与你讨论《诗经》了，告诉你一件事，你知道没有告诉你的事。”

【简析】

贵族级别有高低，封地有大小，财富自然也有多少。人之天性贪图权势财富，如果放纵天性，必然犯上作乱，出现子夏所谓“君不君，臣不臣，父不父，子不子”的现象，国家天下就完了。故孔子等周代君子都告诫贵族，要安贫乐道，不可贪得无厌，更不可犯上作乱。例如孔子经常批评“女子与小人”，他所批评的“女子”是诸侯的宠妾，为了自己和儿子上位，她们经常搅乱朝纲；他所批评的“小人”特指诸侯的宠臣，为了保全乃至扩大自己的权势，谋求更多的财富，也经常搅乱朝纲。周朝君子都要求贵族恪守本分，遵守周礼，也就是遵守政治规矩，这就是“贫而乐，富而好礼”的意思，“贫而乐”其实也是“好礼”。

子贡的联想则颇有新意。“如切如磋，如琢如磨”两句诗，本是假借玉石工精雕细琢，赞美卫武公不断提高修养水平，子贡将其进一步抽象化，推而广之，借以表示所有贵族都要不断提高道德修养。子贡这种举一反三的学习方法，受到老师表扬，所以孔子说弟子“告诸往而知来者”。

1.16 子曰：“不患人之不己知，患不知人也。”

【题旨】

孔子告诫弟子，不要担心做不了官。

【译文】

孔子说："（你们读书人）不要担心人家大人不了解（不重用）自己，只需担心自己不了解人家大人（治理国家的需求，没有治理国家的真本事）。"

【简析】

两个"人"字均用其狭义，指诸侯世卿，他们才能让读书人做官。孔子这话应该是说给那些还没有当官的随侍弟子们听的。

为政篇第二

共二十四章

2.1 子曰："为政[①]以德，譬如北辰[②]，居其所而众星[③]共[④]之。"

【题旨】

本章论述诸侯治理国家，要以德治（教化）为主，其他方法为辅。

【注释】

① 为政：含义很复杂，国君治理国家，公卿主持国政，官员主持某一事务，从政为官，都称为政。考虑到春秋末期周天王早已被无视，孔子培养的弟子绝大多数都辅佐诸侯治理国家，此当指诸侯治理国家。

② 北辰：北极星。

③ 众星：比喻治理国家天下的其他方法。周朝除了教化贵族和平民百姓的德治之外，还有礼治，主要是教育约束处罚贵族，有一定的强制性，严重违反礼制者会被杀头，甚至可能诛灭家族；政治，类似如今的行政法规，有相当的强制性，主要是经济处罚；还有法治，也叫"法""刑"，特指刑法，具有最强的强制性。相传大禹时代就有刑法，叫《禹刑》。后人误解孔子这番话，以为孔子只讲德治，藐视甚至反对法治。孔子做过鲁国的最高司法官"司寇"，又终身研究治国平天下的谋略，不可能只讲德治，藐视礼制、政治和法治。

④ 共：通“拱”。

【译文】

孔子说：“以德治国，就像北极星，处在中心位置，别的星辰都拱卫着它。”

【简析】

中国最晚从西周开始实行宗法制，形成“家国同构”的政治格局，天王分封本家兄弟子侄五十三国，分封周家亲戚、古老文明氏族约三百国，还分封蛮夷戎狄几十国。诸侯也大体这样分封卿大夫，卿大夫再这样分封士。[①]天子管理诸侯，诸侯管理大夫，大夫管理士，既是治理天下、国家、采邑，也是管理帮助本家的兄弟子侄、姻亲、盟国，这就形成了“家国同构”的政治格局和社会结构。汉朝至清朝，中国实际上一直实行“一国两制”，即郡县制和分封制同时实行，所以中国实行“家国同构”，时间长达三千年。中华民族历史上，总是以先进的文明为依归，实行民族大融合，周朝融合成华夏，汉朝融合成汉族，唐朝融合成中华，清朝融合成中华民族。在正常情况下（元清统治者视人民如寇仇这种情况例外），政府与百姓是一家人，与这个政治制度有莫大的关系。

这样的社会政治结构，如果轻重倒置，以礼治、政治甚至法治为主，兼用德治，贵族和平民百姓就都没有充分地受到教化，那么违反礼制的贵族、作奸犯科的平民必然很多，诸侯就不知道该处罚谁；连鸡毛蒜皮的事情都要打官司，就会有伤厚道，社会治理成本也会很高，治理效果不可能太好。所以孔子主张以德治即以思想教育为主，根据需要，逐步采取比较强硬的礼治、政治、法治的治理方式，可以比较便捷地达到治理国家的目的。

---

① 孔子于鲁昭公二十四年五月开始设帐授徒，开始办学的钱粮，可能是孟孙氏家族给的，鲁定公十年孔子做了公卿之后，就用自己的官俸了。孔子辞职之后，其官俸并未减少，每年还是六万小斗的谷物。

2.2 子曰："《诗》三百，一言以蔽之，曰'思无邪'。"

【题旨】

本章论《诗经》的思想内容非常纯正。

【译文】

孔子说："《诗经》三百篇，用一句话来概括它，就是'思想纯正'。"

【简析】

《诗经》是周代的诗歌选集，选录周初至春秋时代中期大约五百年的诗歌三百多篇，最晚在鲁襄公时代晚期定型（详见《左传·襄公二十九年》），汉代尊称为《诗经》。"《诗》三百"，乃举其成数。周朝人喜欢以"三百"表示多，文献中案例很多。《诗经》的采集和初步编选者，应该是各国的乐官，最终由周天子的乐官编辑成书。

"思无邪"本是《诗经·鲁颂·駉》中的一句诗，"思"字在原诗里本是有音无意的语首词，孔子却把它当作名词，指思想内容。这种做法，周人叫作"赋诗断章"。春秋时代借用《诗经》中的某些诗句表示别的意思，是很普遍的风气。

今人往往只把《诗经》当文学作品，其实周人首先把它当作政治读物，从中了解西周和春秋早中期的华夏历史，学习治理国家的经验，借助《诗经》表达自己的意思。《诗经》中的诗歌，哪些是天子的诗歌，哪些是诸侯或卿大夫的诗歌，在什么情况下演奏吟诵什么诗歌，都有规定。那时的官员或尚未做官的读书人，要是不懂《诗经》，会被鄙视，甚至会丢官。

2.3 子曰："道①之②以政，齐③之以刑，民免而无耻；道之以德，齐之以礼，有耻且格④。"

【题旨】

本章与2.1一样，仍然是论述德治要处在治国方略的中心地位。但

2.1所论更加宏观，兼论诸侯治理贵族和平民，本章则仅仅论述如何治理平民。

【注释】

① 道：两个“道”字，均同“导”（導），本义是引导，引申为治理。

② 之：四个“之”字，均代指平民百姓。

③ 齐：整肃之意。

④ 格：规矩。

【译文】

孔子说：“用政治来治理他们，用刑法来整肃他们，平民会（因为恐惧而）免罪，但会没有廉耻；用德治来教化他们，用礼治来整肃他们，（平民就会）有廉耻而且懂规矩。”

【简析】

本章孔子论述诸侯管理平民百姓的四种方式，按照约束性由弱到强，依次为：德治，主要是思想教育、品德教育；礼治，用约定俗成的社会良俗进行教育，约束违反礼俗者，也可以进行较轻的处罚，有一定的约束性；政治，用行政法规从经济上处罚，但是不杀人，不伤人；刑治，也叫法治，用严酷的刑法进行惩罚，伤人甚至杀人，可以同时进行经济处罚。孔子将这几种方法进行比较，认为治理平民百姓，多用约束性较弱的德治和礼治的方法，以教化为主，比多用强制性很强的政治、刑治的方法，治理效果要好一些。

孔子做过鲁国的最高司法官“司寇”，当过鲁国的“中都宰”（第二大城市的市长），而且终身学习研究治理国家天下的经验教训，他的见解并不是书生的悬想臆测，至今仍然具有重要的理论意义和实践价值。

2.4　子曰：“吾十有五而志于学①，三十而立，四十而不惑，五十而知天命，六十而耳顺，七十而从②心所欲不逾矩。”

【题旨】

本章孔子总结自己一生读书学礼、安身立命的经历，旨在说明“礼”对君子无比重要，应该是他在去世前不久说的话。

【注释】

① 学：周朝君子所说的“学”包含两层含义：学“行”，即身体力行，学习圣贤的品行，努力治国平天下；学“文”，即学习古代文献，主要是“六艺”。具体是何含义，要看语言环境而论。周朝文献有三种用法：单指学“行”，单指学“文”，兼指学“行”和学“文”。本章之“学”，应包含学“行”和学“文”两层含义，所以译文从两个方面解释“学”字。根据周汉两代文献的记载，周朝贵族子弟一般八至十五岁在家族举办的“家学”认字，十五岁左右至二十二岁左右在诸侯举办的“乡学”读文章、背文章，然后部分优秀者考上天王举办的“国学”，“国学”低年级学习文字学、音韵学、训诂学，高年级才会学习“六艺”的理论，从小到大教材都是“六艺”。孔子十五岁即立志学“行”学“文”，这在周朝很早，在今天也是很早的。

② 从（zòng）：同“纵”。

【译文】

孔子说：“我十五岁有志于学习先代圣贤和古代文献，三十岁知礼明礼能够安身立命，四十岁遇事不迷惑，五十岁得知天命，六十岁听到什么都明白，七十岁随心所欲但自然而然不会逾越礼制。”

【简析】

孔子等周代君子都认为，圣人的善行和古人的学问，核心精神都是“礼”。“礼”的规制虽然非常复杂，但要点只是，贵族的君臣父子各归其位，各安其业，各尽其责，于是生民安宁，社会和谐，天下大治。这是孔子长期学习，到三十岁才悟到的。明白了“礼”的真谛，才能“立”“不惑”“知天命”“耳顺”，甚至“从（纵）心所欲不逾矩”。孟子称赞孔子“动容周旋中礼者，盛德之至也”，说孔子虽然并未刻意遵守礼制，但他一举手一投足，都自然而然符合礼制，孔子的道德是最高的道德。好比今天的官员，不需刻意激励自己，就能自然而然勤政爱民；不需刻意约束自己，自然而然清正廉洁，这就是最高的道德。

2.5 孟懿子①问孝。子②曰：“无违③。”

樊迟④御，子告之曰：“孟孙问孝于我，我对⑤曰，‘无违’。”樊迟曰：“何谓也？”子曰：“生，事之以礼；死，葬之以礼，祭之以礼。”

【题旨】

2.5—2.8 四章均记录孔子论孝。

【注释】

① 孟懿子：即“孟孙”，姓仲孙，名何忌，谥懿，鲁桓公之后，孟僖子之子，孔子弟子南容之兄，孟武伯之父，鲁国掌握实权的三卿之一。当时应该记作“仲孙子”或“孟子”“孟孙子”，后编《论语》时，孟孙已死，谥号为“懿”，故整理文献者改称“孟懿子”。如果不改称“孟懿子”，后人就不知道具体是谁了。子：对华夏大国公卿的尊称，如孔丘被尊称为“孔子”。

② 子：特别尊称老师孔子。孔丘与仲孙何忌两位都是鲁国公卿，按照周礼均可尊称“某子”（仲孙子、孔子）。正常情况下，记录者为了区别两位公卿，应该按照“某子”的方式记录他们两位。但是，孔子随侍弟子记录时，却特别尊称老师为“子”，尊称孟孙氏为“某子”。这说明，记录者认为，虽然孟孙氏的政治地位比老师高，但老师年辈长，道德学问都无比伟大，老师的“综合地位”比孟孙氏高。

③ 违：违反礼制，宾语直接省略了。这是周人的习惯。今人说话，也经常省略宾语，这是为了语言简洁。周礼对子女如何孝敬顺从父母，有

许多规制，今人大多很熟悉。

④ 樊迟：樊氏，名须，字子迟，孔子弟子。父母称子女、老师称弟子、上级称下级、老人称后生、自己称自己，称名，不称字。称字含有敬意。同辈君子之间，称字不称名。同学可以称他“子迟”，也可以称他“樊迟”（省略了“子”字），不能称“樊须”“须”；可以称颜回“子渊”“颜渊”（也省略了“子”字），不能称“颜回”“回”。周代君子命字，特别喜欢命作“子某”，所以他们经常直接把“子”字省略掉。由此可以判断，本章的记录者是樊迟的某位同学。樊迟赶马车，同学做记录。如果樊迟做记录，他只能自称“须”。

⑤ 对：下级回答上级，儿子回答父母，弟子回答老师，年轻人回答年长者，均称“对”。按照官爵，孟孙氏是鲁国的亚卿（季氏是正卿），政治地位比孔子高，所以孔子客气地自称“对”，表示自己是回答上级的话。但是弟子记录老师的答话，却记作“子曰”，不记作“子对曰”“孔子对曰”，这是因为弟子认为，老师年长，而且道德学问远比孟懿子高，“综合地位”高出孟懿子。孟懿子的父亲本来要孟懿子、南容两个儿子都拜孔子为师，但因孟懿子是长子，必须直接继承父亲的官爵，所以没有给孔子正式磕头拜师，只是孔子的帐外弟子；南容则正式磕头拜师，成为孔子正儿八经的弟子。根据人物的“综合地位”判断其尊卑，这一礼俗至今犹存。例如，国家领导人看望钱学森、巴金等老先生，媒体报道时，就使我们更加尊重老先生。这类例子很多。

【译文】

孟懿子请问孝道，孔子说：“不要违背礼制。”

樊迟（给孔子）驾马车，孔子告诉他说：“孟孙向我问孝道，我回答说‘不要违背礼制。’”樊迟问：“这是什么意思？”孔子说：“父母在世，按照礼制侍奉他们；父母去世，按照礼制安葬他们，按照礼制祭祀他们。”

【简析】

五万多年前，人类开始埋葬先人，说明那时就创造了鬼神信仰，也就创造了人类自己，人类开始与动物揖别。人类至今未变的信仰：人的生命是灵魂，身体只是灵魂暂时的寄托之物而已。所以父母去世，只是生命以另一种形式存在罢了。对父母，要生养死葬，按时祭祀，道理就在这里。这与唯心主义、唯物主义没有关系，这是人成其为人的根本。动物没有信仰，没有文化，人类才有。《左传·哀公十五年》："臣闻之曰：'事死如事生，礼也。'"孔子所论应源于古礼。

对国家人民的"忠"，对父母祖先的"孝"，是中华文明的核心。2020年中国在抗击新冠肺炎疫情中，百岁老人和几岁儿童感染者，中国政府中国人民都全力抢救。有些国家却故意放任成千上万的老人成批成批地感染死亡，这就是文明和社会制度不同所致。

2.6 孟武伯①问孝，子曰："父母，唯其疾之忧！"

【题旨】

本章孔子叮嘱孟武伯，要关注父母的健康。

【注释】

① 孟武伯：鲁国公卿，孟懿子嫡长子仲孙彘，字洩，谥武伯。可知原始记录必然不称"武伯"，必称"孟孺子洩"。"孟"指其氏，称"孺子"说明其父尚在，"洩"是其名。《左传·哀公十一年》《哀公十四年》即均称他为"孟孺子洩"。曾参弟子编辑《论语》时，"孟孺子洩"已死，谥"武伯"，故称"孟武伯"。这是古代文献编辑整理的通例。

【译文】

孟武伯向孔子讨教孝道。孔子说："父母啊，（做儿子的）要担忧他们的疾病啊！"

【简析】

《左传·哀公十一年》记载，这年鲁齐大战，孟懿子让儿子泄担任鲁军主帅，（孔子弟子冉求做副帅）说明孟懿子晚年身体相当不好，这才破例让儿子代替自己统兵，所以孔子教导孟武伯关注父母的健康。据《左传》记载，孟懿子哀公十四年去世。本章所记故事发生时，孟懿子尚在世，只是身体特别不好而已，所以原简应记作“孟孺子泄问孝”。《论语》编辑成书时，不仅孟懿子早已去世，连孟泄也已去世，谥武伯，故改称之。

孟武伯之子孟敬子，曾向曾参讨教（《泰伯篇》8.4），事情发生当在曾参晚年，这时孔子已经去世四十多年，历史已进入战国时代了。

孔子教育帐下弟子帐外诸侯卿大夫，从来都是因材施教。儿子孝顺父母，自然不仅仅是关注父母的健康。但是孟懿子身体特别不好，孔子就教导孟武伯，你要特别关注父母的健康，这就是孝道。

2.7 子游①问孝，子曰：“今之孝者，是谓能养。至于犬马，皆能有养。不敬，何以别乎？”

【题旨】

本章论孝顺父母，不仅要赡养父母，还要尊敬父母。

【注释】

① 子游：孔子晚期弟子，吴国人，姓言，名偃，字子游，小孔子四十五岁。

【译文】

子游问孝道，孔子说：“如今所谓的孝，就是说能养活父母。至于犬马，都能得到饲养。不敬爱父母，怎么区别二者呢？”

【简析】

曾皙是孔子的早期弟子，其子曾参是孔子的晚期弟子。曾参对父亲曾皙既养又敬，曾元对父亲曾参则只养不敬。孟子认为，曾参才是真正的孝子，而曾元不是（《孟子 · 离娄上》7.19）。孟子的观点与孔子本章所论相同。

中华民族几千年来特别强调孝道，有“百善孝为先”的说法，原因很多，主要原因有二：其一，中华民族是文明民族，文明人孝顺父母，野蛮人不会。其二，在伦理上强调孝道，有在政治上强调忠道的意思。中华民族三千年来，一直家国同构，忠孝一体。

2.8 子夏问孝，子曰：“色难。有事，弟子服其劳；有酒食，先生[①]馔，曾是以为孝乎？”

【题旨】

本章论孝道不仅仅是赡养父母，而且要在父母面前总是和颜悦色。

【注释】

① 先生：周朝文献中，一指年老教学者，与今日老师的含义相同；二指年老者，长辈。

【译文】

子夏问孝道，孔子说：“（儿子在父母面前总是）和颜悦色，这很难。有事情，年轻人效劳；有酒食，年长者吃喝，竟然以为这是孝道吗？”

【简析】

人之天性，贵少壮而贱老弱，只有真正的文明人才能克服野蛮的天性，年长者（先生）先吃先喝，年轻人（弟子）才可吃喝；如果有打仗、耕种等事，则无论野蛮人还是文明人，都是“弟子服其劳”。但即使如此，孔子认为还不是真正的孝。他认为，“生，事之以礼；死，葬之以礼，祭之以礼”（《为政篇》2.5)，对父母总是和颜悦色，才是真正的孝。

2.9 子曰："吾与回[①]言终日，不违[②]，如愚。退[③]而省其私，亦足以发。回也不愚。"

【题旨】

本章称赞弟子善于学习。

【注释】

① 回：姓颜氏，名回，字子渊，鲁国人，孔子晚期弟子，也是孔子一生最得意的弟子，孔子称赞他"仁"，这是崇高评价。《史记·仲尼弟子列传》说他"少孔子三十岁"，学者考证小四十岁，可从。颜回于鲁哀公十五年去世，年仅三十二岁，比孔子早死一年。其父颜路，孔子早期弟子。

② 不违：不违反礼制，宾语直接省略了。臣事君，子事父，弟子事老师，顺从是最大的礼。颜回听老师讲课，从不反诘，就是不违反礼制。

③ 退：进入老师专门答疑的内室，问完了问题，听了老师的教诲，然后从老师的内室中退出，回到堂上。古人私家办学教学生，老师的家就是学校，就是教室。老师有时在厅堂(今日农村称堂屋，城市称客厅，故一般学生叫"升堂弟子"，至今尚称学校为"学堂")对学生开讲，但大部分时间，学生在厅堂上自己学习讨论演习(行礼、唱歌、论辩之类需要演习、实习)，老师则坐在内室答疑。弟子有问，则入室问之(故称高水平弟子为"入室弟子")，老师则教导之(《论语》中有许多"子曰"云云，就是因为这个原因)。听完了老师的答疑，弟子要从老师的内室中退出，回到堂上，自己继续学习。

【译文】

孔子说："我整天给颜回讲学,(他)从不反对(我的意见),好像很愚笨。(但他)退下以后，省察他自己的研究，又能有所发挥。颜回不愚笨。"

【简析】

颜回听老师讲学，只是静静地听，默默地想，有疑问请教老师，老师答疑后，他退下去再细细琢磨，逐步形成自己的知识学问体系，并对老师的学问有所发挥。这是一种非常好的学习方法。子贡说自己"闻一以知二"，颜回能"闻一以知十"，自己远不如颜回，孔子也认为子贡不如颜回(《公冶长篇》5.9)。颜回悟到了尧舜夏商周春秋文献、孔子学问的主线是"礼"(《子罕篇》9.11)，这是极其了不起的学术见解，得到了孔子的认可(《述而篇》7.25)，对我们研究尧舜夏商周春秋文献和孔学的理论体系，都具有十分重要的指导意义。

《子罕篇》9.20："子曰：'语之而不惰者，其回也与！'"与本章是同一个意思，两章应该合读。

2.10 子曰："视其所以，观其所由，察其所安，人①焉廋哉？人焉廋哉？"

【题旨】

本章论述考察君子的方法。

【注释】

① 人：有广义和狭义。广义的"人"指所有的活人，与"鬼"相对而言；狭义的"人"仅指贵族，与"民"相对而言。此用狭义。

【译文】

孔子说："(考察一个人)看看他所交往的朋友，看看他为达到目的所采用的手段，看看他以什么为心安，（这样考察他）这个人的善恶怎么隐藏得住呢？这个人的善恶怎么隐藏得住呢？”

【简析】

本章所要考察的“人”仅指上等人，即贵族及其子弟，不包括平民和小人。周代君子普遍认为，平民百姓因为太贫穷，道德水平都一样低下，没有考察的必要。“视”“观”“察”都是观察、考察之义。

2.11 子曰：“温故而知新，可以为师矣。”

【题旨】

本章论述做学问的方法。

【译文】

孔子说：“温习旧知识而能有新发现，这样的君子就可以做别人的老师了。”

【简析】

据《左传》记载，春秋君子一般将尧舜夏商周春秋六代的学问总结为“《诗》《书》《礼》《乐》”，春秋末期的昭公、定公、哀公时代，增加《易》《春秋》，形成所谓“六艺”。孔子终身学习“六艺”，这就是“温故”；他又将“六艺”的主旨，和古今圣贤的善行美德，创造性地总结为“仁学”和“礼学”，这就是“知新”。可见“温故”其实是在前人基础上的总结和创造，“知新”则更加是创造了。只有善于总结已有知识，并且不断创造新知识、新学问的人，才能做人家的老师。

2.12 子曰：“君子[①]不器。”

【题旨】

本章论君子应该致力于治国平天下。

【注释】

① 君子：周朝人讲的“君子”，指贵族和还在读书尚未做官的贵族子弟，与“人”的狭义相同，不包括平民百姓。君子的经济地位、政治地位、道德水平、文化水平、自我期许都很高，不需要为衣食发愁，所以要“怀德”，即胸怀天下。

【译文】

孔子说：“君子不能像器皿那样（只有一点小用途）。”

【简析】

器皿的用途大多是一定的，如鼎，有的煮肉，有的装酒，有的装水，最多上面刻写几个文字，记录历史，如此而已。孔子认为，君子要有经天纬地之志，治国平天下之能，并且为此奋斗终生，而不能拘“泥”于“小道”（《子张篇》19.4）。他要求“君子谋道不谋食”“忧道不忧贫”（《卫灵公篇》15.32），嘲笑子贡只是个“器”（《公冶长篇》5.4），都是要他们致力于治国平天下的大“道”。

君子也需要“食”，也不要“贫”，应该怎么办？孔子认为，君子只要致力于大道，这些基本问题自然都会解决，“学也，禄在其中矣”（《卫灵公篇》15.32）。

2.13 子贡问君子，子曰：“先行其言，而后从之。”

【题旨】

本章教导弟子为了理想，要先干起来，不要只动嘴皮子。

【译文】

子贡问怎样才能做一个君子，孔子说："先实行了你将要讲的话，而后再说出来（这就是君子了）。"

【简析】

周朝君子所谓"行"，都指治国平天下，不指做别的事情。治国平天下，无比伟大，也无比艰难，成功者寥寥无几，"成仁"者则比较多。孔子要弟子"先行其言"然后言之，是何意思呢？难道是要弟子治理好了国家天下再说吗？当然不是。孔子之意，是说君子不能只动口，不动手，要先干起来，不要坐而论道（这个成语里的"道"，与"仁"含义相同，就是指治国平天下），而读书人的通病，正是喜欢坐而论道，而害怕困难。孔子说，"巧言令色，鲜矣仁"（《学而篇》1.3、《阳货篇》17.17），"讷于言而敏于行"（《里仁篇》4.24），"敏于事而慎于言"（《学而篇》1.14），"古者（君子）言之不出，耻躬之不逮也"（《里仁篇》4.22），"君子耻其言而过其行"（《宪问》14.27），意思都与本章相同。

子贡是春秋末期战国初期纵横家的祖师爷，《仲尼弟子列传》说："子贡一出，存鲁，乱齐，破吴，彊晋而霸越。子贡一使，使势相破，十年之中，五国各有变。"想必孔子早已发现子贡善于言辞、雄辩滔滔的特点，所以特别叮嘱弟子"先行"仁德之事，而后再言仁德之语。孔子教育弟子，从来就是因材施教，这就是一个案例。

孔子认为，只要实实在在为天下奋斗，无论成败，都是君子，都是仁人。这个观点，代表了中华民族几千年文明史的基本观点。中国历史上，无数伟大圣贤，成功者、失败者，子孙都永远铭记，永远感激。

2.14 子曰："君子周而不比，小人比而不周。"

【题旨】

本章教导弟子要行大道，做仁人，不要谋私利，做小人。

【译文】

孔子说："君子（为了道义）团结在一起，而不会（为了私利）勾结在一起；小人（为了私利）勾结在一起，而不会（为了道义）团结在一起。"

【简析】

"周"和"比"都有聚在一起的意思，但"周"是为了道义而聚在一起，"比"是为了私利而勾结朋比。北宋欧阳修的《朋党论》对此有所阐发。

2.15 子曰："学而不思则罔[①]，思而不学则殆。"

【题旨】

本章论述"学"与"思"的关系。

【注释】

① 罔：诬罔。

【译文】

孔子说："只读书而不思考就会被人蒙骗，只冥思苦想而不读书就会有很多疑惑（而得不到解决）。"

【简析】

君子要终身学习许多的知识，但是知识与学问、能力是两码事。人的大脑不是仓库，所以孔子要求弟子学了还要思考分析，思考分析了还要再去读书学习，如此循环往复，方可不断提高道德水平和学问水平，才有能力去治国平天下。孔子是饱学之士，这是他一生的读书心得，值得我们借鉴。后来《孟子·尽心下》14.3论"尽信《书》，不如无《书》"，《荀子·劝学篇》分析学与思的关系，都与孔子这番话的启发有关。

2.16 子曰："攻乎异端，斯害也已①。"

【题旨】

本章论述仁德君子应该维护"道统"，即尧舜以来历代圣贤创造的以天下为己任的优秀传统。

【注释】

① 已：止。

【译文】

孔子说："攻击那些异端邪说，祸害就没了。"

【简析】

孔子在世时，就已经有人对他所创造的儒学说三道四（详见《礼记·儒行》）；孔子刚去世，就有人攻击他及其儒学（详见《子张篇》《左传·哀公二十二年》），看来这些"异端"应该早就有苗头了。孟子说："世道衰微，邪说暴行有作，臣弑其君者有之，子弑其父者有之。孔子惧，作《春秋》。""圣王不作（不兴起），诸侯放恣，处士横议，杨朱、墨翟之言盈天下。天下之言，不归杨则归墨。杨氏为我（孟子说杨朱不肯'拔一毛以利天下'），是无君也；墨氏兼爱（视别国之君为己君，视他人之父为己父。儒家主张推己及人，所谓'老吾老以及人之老，幼吾幼以及人之幼'），是无父也。无君无父，是禽兽也。"（《孟子·滕文公下》6.9）孟子痛斥的"邪说"，孔子那个时代恐怕就已经有苗头了。这些，恐怕就是孔子要攻击的异端邪说。

2.17 子曰："由①，诲女知之乎！知之为知之，不知为不知，是知也。"

【题旨】

本章教导子路，对学问，要实事求是，不要吹嘘自己。

【注释】

① 由：姓仲氏，名由，字子路。中国人自古以来，年满五十称行第，因此他晚年也被称为季路。周礼，老师称学生，父母称儿子，上级称下级，老人称晚生，自己称自己，都称名不称字，故孔子称“由”。称字含有敬意。子路是孔子的早期弟子，只小孔子几岁，他无比崇拜老师，对老师忠心耿耿，几乎终生追随老师，长期做孔子的保镖，学问、用兵打仗都很不错。但是子路有性格上的缺陷，孔子因此经常批评他，帮助他。司马迁在《仲尼弟子列传》里说子路“性鄙好勇”，从本章来看，他可能还有强不知以为知的虚荣心。

【译文】

孔子说：“由啊，我来教诲你什么叫‘知’（智）吧！知道就是知道，不知道就是不知道，这才是聪明智慧啊！”

【简析】

孔子曾批评子路：“野哉，由也！君子于其所不知，盖阙如也。”（《子路篇》13.3）批评子路不懂装懂，可与本章互证。说明子路有点爱慕虚荣，有时强不知以为知。承认无知才可能发奋学习，让自己变得有知，所以夫子说，这就是智慧。

2.18 子张[①]学干禄，子曰：“多闻阙疑，慎言其余，则寡尤。多见阙殆，慎行其余，则寡悔。言寡尤，行寡悔，禄在其中矣。”

【题旨】

本章教导子张怎样谋求做官。

【注释】

① 子张：复姓颛孙，名师，字子张，陈国人，孔子晚年弟子，小孔子四十八岁，是孔子年龄最小的弟子。孔子去世后，子张也做公卿，也设帐授徒，《子张篇》19.1、19.2、19.3是他教育门徒的语录，原本都应记作“颛孙子曰”云云。子张传道时，模仿圣人舜帝、大禹那样走路，好像现在老师死了，天下只有他子张才是圣人了，这让他的同学以及同学的弟子都很反感。所以曾子的门徒编辑《论语》时，将所有的“颛孙子曰”统统改为“子张曰”。《左传·定公五年》记载，季平子不再代理鲁国诸侯之后，“改步改玉”，想必季平子代理鲁侯时，像诸侯那样走路，并佩戴诸侯的宝玉。定公嗣位后，季平子重新像卿大夫那样走路，戴卿大夫的玉石。结合子张模仿舜帝大禹走路的故事，可以推测，天王、诸侯、公卿大夫走路的样子、佩戴的玉石，都各不相同，上古礼制对此各有详细的规定，而且周人对此都很熟悉。

【译文】

子张向老师学习求官职得俸禄的方法，孔子说：“要多听（人家说什么），保留有疑问的地方，谨慎地说出其余（有把握的），就少出错。要多看（别人怎么做），保留有疑问的地方，谨慎地实行其余（有把握的），就少懊悔。说话少出错，行动少懊悔，官职和俸禄就在其中了。”

【简析】

孔子教导各国的执政上卿，一般只要求他们公正；教导中下级官员，一般只要求他们勤勉。

春秋时代的读书人一定要做官，主要原因是：一、经济原因。当官挣俸禄才可以生活，所以读书人的“士”变成了当官的“仕”。子夏说：“学而优则仕。”（《子张篇》19.13）孟子说，士只要三个月不当官，连祭祖的东西都没有，别人就会安慰他（《孟子·滕文公下》6.3）。二、政治原因。子路说：“不仕无义……君臣之义，如之何其废之？”（《微子篇》18.7）读书人不当官，废弃了“君臣之义”，治国平天下的理想也会落空。孔子授业弟子七十余人，不肯当官的只有颜回、闵子骞和原宪。中国读书人出路多样化，只是最近几十年改革开放，经济大发展以后的事。

2.19 哀公①问曰：“何为则民②服？”孔子③对曰：“举直④错⑤诸⑥枉⑦，则民服；举枉错诸直，则民不服。”

【题旨】

本章论诸侯的用人之道。

【注释】

① 哀公：鲁哀公，春秋时代鲁国的最后一位国君。“哀”是其死后的谥号，所以原始记录必然称他为“君”（周朝只有天王和诸侯才可称“君”）或“公”（周代华夏大国诸侯，笼统称“公”“侯”）。曾子门徒在编辑《论语》时，哀公已死，谥号为“哀”，应该改称谥号；而且如果仍然记作“君”或“公”，后人就不知道是哪国的哪位“君”“公”，故改之。这是古代文献整理编辑工作的通例。

② 民：平民百姓，与“人”（贵族）相对而言，具体指农民、手工业者、商人和在官府打杂的小人。在官府打杂的小人，没有官爵，其每年的报酬，就是农民一年的收成，所以其政治地位、经济地位，就是农民。

③ 包括《论语》在内，凡是记录孔子答诸侯问，记录者都老老实实记作“孔子”，而不记作“子”，这是因为，诸侯不会到孔子帐下请教孔子，而只会在朝廷上问他，朝廷上有若干公卿，均可尊称为“子”，不冠以姓氏，人家就不知道是哪一位“子”回答的了。

④ 直：正直的人。

⑤ 错：同“措”，置也。

⑥ 诸：“之于”的合音字。

⑦ 枉：枉人，邪恶小人。孔子有时称这样的贵族是“君子而不仁

者”，有时甚至称他们是“小人”。周代文献经常称这样的贵族是“嬖”“外嬖”“嬖大夫”，即诸侯的宠臣。

【译文】

鲁哀公问：“怎么做才能让平民百姓服从？”孔子答道：“推举起用正直的君子，放置在邪恶小人的上头，那么平民百姓就服从；推举起用邪恶小人，放置在正直君子的上头，那么平民百姓就不服从。”

【简析】

本章称“孔子”而不称“子”，答话称“对”，表示记录者特别恭敬鲁君；下章称“子”而不称“孔子”，答话不称“对”而称“曰”，表示记录者更加尊敬孔子。

鲁哀公的上卿是季康子，他实际控制鲁国。季康子的父亲季桓子临死时，悔恨当初中了齐国的离间计，逼走了孔子（季桓子接受齐国人送的八十位美女，连续三天不上朝，孔子愤而辞职），致使鲁国不断衰弱，屡屡被齐国、晋国、楚国等大国欺凌，要季康子嗣位担任上卿之后，务必重新重用孔子。但是，康子仍然不用。这是因为，孔子主张维护君权，不容许卿大夫控制诸侯。哀公无奈，没有实权，无法重用孔子。他们君臣谈用人的这番对话，有这样一个彼此都心中有数的背景。

2.20 季康子①问：“使民敬、忠以劝，如之何？”子曰：“临之以庄，则敬；孝慈，则忠；举善而教不能②，则劝。”

【题旨】

本章孔子论驭民术，认为民风好坏由官风决定。

【注释】

① 季康子：鲁哀公三年，其父季桓子去世，康子嗣位担任鲁国执政上

卿，实际掌控鲁国。周礼，华夏大国的公卿均可尊称为“某子”，那么季康子、孔子均应称“某子”。但是本章记录，却特别称孔子为“子”，含有更加尊敬孔子的意思。孔子的政治地位虽然比季康子低，但是年长，而且道德学问伟大，故记录谈话的弟子更加尊敬孔子。

② 不能：与“善”相对而言，因此“不能”之意，就是不善。“举善教不能”，本是诸侯之责，当时季康子实际掌控鲁国，故孔子亦言之。

【译文】

季康子问：“要使民众严肃认真（地对待政令），（对官府）尽心尽力，互相劝勉（积极向上），应该怎么办呢？”孔子道：“君子对待民众的事严肃认真，那么（民众对待政府）就会严肃认真；君子孝顺（父母）慈爱（子女），那么（民众为政府办事）就会尽心尽力；君子推举任用好人而教育帮助不好的人，那么（民众）就会相互劝勉而奋发向上。”

【简析】

孔子一向认为，平民百姓的道德水平如何，实际上是由贵族的道德水平决定的，即所谓“君子之德，风；小人之德，草。草上之风，必偃”（《颜渊篇》12.19）。孔子多次劝告季康子为人要“正”，道理就在这里。

2.21 或谓孔子曰：“子奚不为政①？”子曰：“《书》云：‘孝乎！惟孝，友于兄弟，施于有政。’是亦为政，奚其为为政？”

【题旨】

本章论君子用孝悌的风气影响政坛，也是参与政治。

【注释】

① 为政：当官从政，与《雍也篇》6.8“从政”之意相同，但与《为政篇》2.1“为政”之意不同。

【译文】

有人对孔子道："您为什么不从政为官呀？"孔子说："《尚书》上说：'讲孝道呀！孝顺父母，友爱兄弟，（把这种风气）施加到政治上去。'这也是从政呀，为什么一定要做官才算从政呢？"

【简析】

本章所引《尚书》，今本无，当系秦朝"焚书"前的逸文。提倡"孝悌"影响民风甚至政风（《为政篇》2.20"孝慈，则忠"，《左传·文公十八年》"孝敬忠信为吉德"），其作用类似于"从政"。这一观念并非孔子所独有，周代君子多有之，这与周代的社会政治结构、国家治理方式密切相关。中国古代实行宗法制，天王（秦汉以后称皇帝）与诸侯，诸侯与大夫，大夫与士，士与平民百姓，往往具有双重关系，政治上是君臣，血缘上是父子兄弟，因此"孝"与"忠"往往就是一回事，君子躬行孝悌，其实就是效忠君上，即使没有做官，也是为政。可与《为政篇》2.1、2.20合读。

2.22 子曰："人①而无信，不知其可也。大车无輗，小车无軏②，其何以行之哉？"

【题旨】

本章论述信誉对君子的重要意义。

【注释】

① 人：用其狭义，与"民"相对而言，仅仅指君子，不包括平民百姓。

② 大车无輗（ní），小车无軏（yuè）：牛车叫大车，其横木叫輗；马车叫小车，其横木叫軏。没有横木就无法套上牛马，车就行走不了。

【译文】

孔子说："身为君子却没有信誉，不知那怎么可以。好比大车没有輗，小车没有轨，这车怎么行走呢？”

【简析】

周代君子认为，平民道德水平极低，没有讲不讲信誉的问题。孔子并不要求君子“言必信，行必果”（《子路篇》13.20），孟子指出君子“言不必信，行不必果，惟义所在”（《孟子·离娄下》8.11）。但君子该讲信誉而不讲信誉，平民百姓就不相信政府，国家就没有办法治理，就像牛车、马车无法行驶一样，故亦不可。

2.23 子张问：“十世可知也？”子曰：“殷因于夏礼，所损益，可知也；周因于殷礼，所损益，可知也。其或继周者，虽百世，可知也。”

【题旨】

本章论历史发展规律，总是后代对上代的礼制有所继承，有所改正，有所发展。

【译文】

子张问：“未来十代的礼制（大约如何），可以预先知道吗？”孔子说：“殷人（整体上）沿袭夏朝的礼制，有所废除，有所增加，是可以知道的；周朝（整体上）沿袭殷人的礼制，有所废除，有所增加，是可以知道的。假使有人继承周朝而当政，（别说十代，）即使百代，（其礼制如何，）也是可以预知的。”

【简析】

孔子总结的这一历史规律，被后世几千年无数的历史事实所证明，具有极其重要的意义。

2.24 子曰："非其鬼①而祭之，谄也。""见义不为，无勇②也。"

【题旨】

这可能是两章，被错误地编为一章。

【注释】

① 鬼：死去的祖先，与"人"（用其广义，指活着的子孙）相对而言。

② 勇：中国人崇尚的勇，仅仅指安定天下苍生之大仁大智大勇，所谓"圣王一怒而安天下之民"（《孟子·梁惠王下》）是也。那种为了私仇睚眦必报的所谓勇，为了金钱刺杀他人的所谓勇，杀人越货的所谓勇，中华民族从来都不崇尚。

【译文】

孔子说："不是本族的鬼神而去祭祀他，这是谄媚。"（又说：）"看见应该做的事却不敢做，这是没有勇气。"

【简析】

中国人的信仰，祖先只享受自己子孙的祭祀，也只保佑自己的子孙，故崇拜祖先（西方人则强迫他人崇拜所谓教主）；子孙只祭祀自己的祖先，只祈祷自己祖先的保佑（西方人则祈求教主的保佑）。《左传·僖公十年》："神不歆非类，民不祀非族。"《僖公三十一年》："鬼神非其族类，不歆其祀。"道理与本章相同。"歆"，鬼神吸食享用祭品之香气，祭品之实体最终还是子孙享用了。

八佾篇第三

共二十六章

本篇主旨是论礼。周礼虽然无比复杂，涉及人神关系、天人关系、华夷关系、人民关系，但其核心是规范贵族内部的君臣父子兄弟的伦理关系和政治关系。周天子在伦理上是天下的大宗，在政治上是华夏的领袖。西周时代，礼乐征伐出自天子；春秋时代，天子衰微，礼乐征伐先后由“春秋五霸”来决定。到了春秋晚期，天下的命运甚至常常由大国的公卿来决定，诸侯、公卿僭越礼制的情况比比皆是。因此，孔子对诸侯、公卿无礼的现象多有抨击。

学习本篇，经常会遇到两个打了几千年的官司。周武王伐商纣王两年就病死了，其嫡长子姬诵只有九岁，不可能治理天下。武王母弟周公不得已而实际执政七年，他平定叛乱，制作礼乐，从政治军事经济文化各方面深度统一天下，然后将天王之位还给诵，是为成王。周公去世后，成王念及周公无比伟大的功劳，无比崇高的道德，下令鲁国世世代代以天子礼乐祭祀周公太庙，鲁侯也以天子礼乐郊禘。这是第一个官司：周公实际治理天下的七年，究竟是真正的周天王，还是摄政王？如果是天王，周公之庙称“庙”“太庙”（天王之庙称“庙”，诸侯之庙称“宫”），鲁侯以天子礼乐祭祀周公太庙，就是符合礼法的。如果周公只是摄政王，这一切就都是违反礼法的。周朝传世文献对此就有两种记载，两种观点。孔子一派人坚信，周公只是摄政王，所以认为，鲁侯用天子礼乐是僭越礼制，对此多有批评。

鲁昭公二十五年，昭公被“三桓”打败，逃到齐国，做了八年的寓公，一直到三十二年客死齐国，然后鲁定公嗣位。这八年，鲁国上卿季平子代理鲁侯。既然成王特许鲁侯可以使用天子礼乐祭祀周公，用天子礼乐郊禘，那么季平子在代理鲁侯期间，也就理所当然地可以用天子礼乐祭祀周公和郊禘。孔子认为，季平子实际的官爵只是个卿大夫，居然敢用天子礼乐，所以对季氏，对“三桓”，多有严词抨击。那么这个僭越礼制，使用天子礼乐的季氏究竟是谁，这是几千年来的第二个官司。

第一个官司，周朝君子本身就有两种意见，孰是孰非，很难判断，我们只能就孔子的意见解释孔子的意见；第二个官司，我们考证出，那位使用天子礼乐的季氏，就是鲁昭公出奔齐国期间，做鲁国代理国君的季平子。限于篇幅和体例，本书无法展开详细说明，读者可以参阅吴天明《“八佾”何以“舞于庭”》(《长江学术》2020年第4期)。

3.1 孔子谓季氏①，“八佾②舞于庭，是可忍也，孰不可忍也？”

【题旨】

本章严厉抨击鲁国权臣季平子僭越礼制，竟敢使用天子礼乐。

【注释】

① 季氏：具体是谁，学者意见不一。季氏从季友开始专权，历季文子、季武子、季平子、季桓子、季康子，几代人一直掌控鲁国朝政，目无礼法，都有可能僭越礼制，但是未必都有可能、都有必要使用天子礼乐。据《春秋》《左传》记载，鲁昭公二十五年，季氏等将鲁君驱逐至齐国，一直到八年后昭公客死齐国，其间都是季平子代理鲁国国君。鲁定公嗣位几年之后，季平子快死的时候，他这才回归臣位。(《定公五年》，季平子去世前才“改步改玉”，即不再像诸侯那样走路，不再佩戴诸侯的宝玉）季平子在代理鲁君期间，公开使用天子礼乐的可能性最大，其他几代季氏均无此机缘，也无此必要。孔子大约于昭公二十五年到齐国做高昭子的家臣，大约在鲁定公嗣位后回到鲁

国，季平子僭越礼制使用天子礼乐之事，应是孔子亲闻甚至亲见。

② 八佾：周代乐舞八个能歌善舞的美女为一行，谓之“一佾”（一个行列），也叫“一羽”“一八”。《左传·隐公五年》：“天子用八，诸侯用六，大夫四，士二。”《公羊传·昭公二十五年》：“设两观，乘大路，朱干玉戚以舞《大夏》，八佾以舞《大武》，此皆天子之礼也。”季氏的实际爵位只是公卿大夫，按照周礼，其有大功，鲁侯才能赐他女乐，而且最多只能赐四佾，他居然敢用天子八佾礼乐，真是毫无人臣之礼。

【译文】

孔子谈到季平子，说：“他竟然在自家庭院中用天子八佾乐舞，这都可以容忍，什么不能容忍？”

【简析】

春秋末期，僭越礼制的现象十分普遍，史官甚至都懒得记录，即使记录了也懒得发表议论。孔子的政治立场非常坚定：“君君，臣臣，父父，子子”。他与季平子同时代，亲闻甚至亲见季平子使用天子礼乐，故而十分气愤。季平子不仅在鲁昭公寓居齐国的八年（昭公二十五年至三十二年）里做代理国君，甚至在鲁定公嗣位五年中，一直扮演鲁侯的角色，一直到定公五年自己快死时才“改步改玉”，回归臣位（平子即死于定公五年，详见《春秋》《左传》之《定公五年》），而孔子应该在定公嗣位不久就从齐国回到鲁国，他亲眼看见季平子使用天子礼乐，都是完全可能的。

季平子使用天子八佾乐舞，并非毫无道理。周成王既然特许鲁侯使用天子礼乐祭祀周公太庙，郊禘，而此时季平子又是鲁国代理国君，他觉得可以使用天子的八佾乐舞。孔子则认为，季平子的实际官爵只是个卿大夫，卿大夫居然敢用天子八佾乐舞，完全无视政治规矩，简直是毫无道理。

3.2 三家[①]者以《雍》[②]彻。子曰：“‘相维辟公，天子穆穆’，奚取于三家之堂？”

【题旨】

本章严厉批评鲁国“三家”违礼。

【注释】

① 三家：本指鲁桓公的三房子孙季孙氏、孟孙氏、叔孙氏，也称“三桓”“三桓之子”“三子”，长期实际掌控鲁国朝政。春秋文献具体使用“三家”的概念时，有时指“三家”，有时则仅指季氏，因为季氏长期做执政上卿，是“三家”之长。“三家”具体指谁，要看语言环境而论。以当时形势和本章语境而论，本章这个“三家”，很可能具体指季平子，因为不可能“三家”都去使用天子礼乐。当然，季平子行天子之礼时，包括孟孙氏、叔孙氏的鲁国朝臣都会在场。

②《雍》:《诗经·周颂·雍》，是周天子祭祀宗庙后，撤除祭品时所唱的乐歌。其中有两句：“相维辟公，天子穆穆。”“相”指助祭的人，“辟公”指诸侯。大意是说，（给天子）助祭的都是诸侯，（主祭的）天子庄严肃穆。

【译文】

“三家”（竟敢在自家祭祖的厅堂上用天王的礼乐）唱着《雍》来撤除祭品。孔子说：“‘助祭的是诸侯，主祭的天子庄严肃穆’，三家祭祖的厅堂上取这首诗意义的哪一点呢？”

【简析】

结合3.1阅读本章。

3.3 子曰：“人①而不仁②，如礼何？人而不仁，如乐何？”

【题旨】

本章批评君子不仁。

【注释】

① 人：此用其狭义，仅仅指贵族及其子弟，亦称君子，与“民”相对而言，因为只有君子才能谈得上“仁”“礼”“乐”之类的问题，平民百姓与此无关。

② 仁：含义很复杂，但最核心的意思是，君子要终身致力于治国平天下，这样的道德才叫仁，这样的君子才能叫仁人。

【译文】

孔子说：“身为君子却不仁，（那）怎么对待礼制呢？身为君子却不仁，（那）怎么对待音乐呢？”

【简析】

周礼规定，贵族级别不同，礼乐则不同。君子要是不想致力于治国平天下，那么，什么级别的贵族，用什么礼乐，就都无所谓了。礼乐一乱套，天下就会恶性循环，就会越发不可收拾了。

本章本可以这样说：“人而不仁，如礼乐何？”这样说更加简洁。把“礼”与“乐”分开来说，是一种铺排的做法，目的是起到反复强调的作用。

3.4 林放①问礼之本。子曰：“大哉问！礼，与其奢也，宁俭；丧，与其易②也，宁戚。”

【题旨】

本章论礼的根本是孝。

【注释】

① 林放：鲁国人。

② 易：有把事办妥的意思。

【译文】

林放请问礼的根本是什么。孔子说："你的这个问题非常重要啊！一般的礼仪，与其奢侈，宁可节俭；丧礼，与其事事妥帖，宁可真心悲哀。"

【简析】

孔子把十分复杂的"礼"分为一般的礼和丧礼，重点是丧礼。父母去世，孝子痛彻心扉，悲戚是正常反应。孝子对父母，"生，事之以礼；死，葬之以礼，祭之以礼"（《为政篇》2.5）。这样的孝子自然是忠臣，自然可为天下国家"当大事"（《孟子·离娄下》8.13）。可见丧礼最能体现孝道乃至忠道，是礼的根本。

礼，源自用祭品祭祀鬼神的丧葬活动，后来逐步演化出无比繁杂的各种各样的礼。因此，礼，天生具有仪式繁杂、用度奢侈的特点。商朝的时候，丧葬祭祀方面的专家称为"儒"，所以"儒"原本是宗教专家。孔子师徒就是宗教专家。但是，春秋时代，华夏各国都在逐步世俗化，鬼神的地位都在下降。从本章所论来看，孔子自己也在有意识地世俗化。到了战国时代中晚期，即孟子的时代，中国人对待鬼神的态度，就已经与今人相差无几了。曾子的门徒在编辑《论语》时，有意识地不选孔子师徒的宗教活动语录，则进一步塑造了孔子世俗思想家、政治家的形象。按照文明发展规律，宗教鬼神肯定会消亡，文明国家的宗教才会早消亡。中国是全世界唯一的早在几千年以前就已经世俗化了的文明国家。如今居然有人攻击中国的宗教政策，说中国人不信鬼神是没有信仰，这极其愚蠢无知。

3.5 子曰："夷狄之有君，不如诸夏①之亡也。"

【题旨】

本章批评华夏诸国"无君"。

【注释】

① 诸夏：也叫"诸华""华夏""华""夏""中国""上国"等（唐朝开

始叫“中华”，清末叫“中华民族”），泛指当时遵守周礼、文化先进、经济发达的一些国家，与经济文化落后的蛮夷戎狄相对而言。华夏诸国都由周天王所封，都奉行周礼。但在西周灭亡，进入春秋时代后，不仅周天子只是名义上的天子，很多诸侯也慢慢成为名义上的国君，国家的实权逐步落到世卿手上去了。所以“诸夏”的有些国家，名义上是有国君的，实际上是没有国君的。

【译文】

孔子说：“（连）那些野蛮人都有君上，不像华夏各国没有国君。”

【简析】

本章严厉批评华夏诸国实际上都无君无父。孔子这番话，是对华夏的激愤之辞。“夷狄”才强者为王，华夏才“君君，臣臣，父父，子子”（《颜渊篇》12.11）。因为周天王实力下降，春秋时代华夏诸国只不过是恢复了“夷狄”习性，重拾强者为王的“丛林法则”而已。

3.6 季氏旅于泰山。子[①]谓冉有[②]曰：“女弗能救与？”对曰：“不能。”子曰：“呜呼！曾谓泰山不如林放乎？”

【题旨】

本章批评鲁国权臣季康子竟用天子、诸侯之礼，祭祀泰山，无礼至极。

【注释】

① 子：老师孔子。如果在老师帐下，没有别的需要被尊称为“某子”的公卿在场，弟子记录时，就会尊称老师为“子”，不需要啰里啰嗦尊称老师为“孔子”。

② 冉有：孔子弟子，姓冉氏，名求，字子有。他的同学记录本章时，称

“冉有”，“子”字直接省略了。同学称颜回，称“颜渊”，也直接省略了“子”字。周朝贵族命字，特别喜欢命作“子某”，这是记录者省略“子”字的原因。此时冉求做鲁国上卿季康子的家臣，所以孔子问他，你不能阻止季氏的无礼举动吗？季康子鲁哀公三年嗣位为执政上卿。

【译文】

季康子将要去祭祀泰山。孔子对（季氏家臣、弟子）冉有说：“这事你不能补救（阻止季氏的无礼举动）吗？”冉有回答道：“不能。”孔子道：“哎呀，竟可以说泰山之神还不如（鲁国人）林放（懂礼，接受季氏的祭祀，从而保佑季氏）吗？”

【简析】

按周礼规定，天子祭祀天下名山大川，诸侯祭祀本国境内的名山大川，卿大夫无此资格。泰山在鲁国境内，因此只有周天子和鲁国国君才有资格祭祀。季康子只是鲁国世卿，公然“旅”即祭祀泰山，这是公开藐视鲁侯，犯上作乱。

冉求给季康子做家臣时，季康子将税收由十分之一提高到十分之二；季氏伐颛臾，冉求也没有阻止。因此孔子对季康子和弟子冉求多有严词抨击。参阅《先进篇》11.17，《季氏篇》16.1，《孟子 · 离娄上》7.14。

3.7 子曰：“君子无所争。必也射乎！揖让而升，下而饮。其争也君子。”

【题旨】

本章论君子竞争要讲礼。

【译文】

孔子说："君子之间没有什么可以竞争的。如果有所竞争，那一定是射箭吧！（射箭比赛的时候，大家）互相作揖然后登堂，（射箭完毕，然后）下堂来（作揖）喝酒。那是一种君子之间的竞争。"

【简析】

本章以君子们的射箭比赛礼仪为例，论述"君子之争"要讲礼。古代贵族有射箭比赛礼仪，靶子只是个用布匹包着稻草等物的假野兽，选手们互相作揖礼让，然后登台射箭，中靶少者被罚饮酒，互相之间彬彬有礼。这是"文射"。

"武射"则在演兵场上进行，真刀真枪，射杀真正的猎物，参加演习者争夺极其激烈，实际上起到了战争演习的作用。所获猎物用以祭祀祖先，显示子孙的孝敬和祖先的荣耀。未获猎物者则无以祭祀，对演习者及其祖先都是很大的羞耻。《左传·成公十三年》上说："国之大事，在祀与戎。"祭祀祖先的猎物，必须是演兵场打猎所得，而打猎又是战争演习；"戎"则指真正的打仗。所以"国之大事，在祀与戎"，本义是说，国家大事在于战争演习和真正的战争，也就是在于战争。"祀"虽然字面上指祭祀，含义却不在此。

周代贵族都必须文武双全。《左传·哀公十一年》记载，冉求担任鲁国副统帅，打败了齐军；《史记·孔子世家》记载，楚国令尹子西说，子路等都有统帅之才，可见就连儒雅的孔子师徒，也个个都是战争高手。

3.8 子夏问曰："'巧笑倩兮，美目盼兮，素以为绚兮。'①何谓也？"子曰："绘事后素。"

曰："礼后乎？"子曰："起予者商②也！始可与言《诗》已矣。"

【题旨】

本章记录了孔子师徒"教学相长"，互相启发，共同进步的一个案例。

【注释】

①“巧笑倩兮”三句：见《诗经·卫风·硕人》。

② 商：子夏，姓卜，名商，字子夏。老师称学生，称名不称字。孔子随侍弟子记录时，称同学子夏，只能称字，不能称名。故叙述语称“子夏”，孔子原话称“商”。

【译文】

子夏问道：“（《诗经》上说）‘有酒窝的脸颊笑得美啊，黑白分明的眼睛顾盼妙啊，洁白的底子上画着花啊。’这是什么意思啊？”孔子说：“先有白色的底子，然后画花。”

子夏道：“礼乐产生在（仁义）之后吗？”孔子说：“启发我的就是商啊！现在可以与你讨论《诗经》了。”

【简析】

本章假借《硕人》中的诗句，论述先有仁义，后有礼乐。《左传·隐公三年》记载，卫庄公娶齐国太子得臣的妹妹庄姜为妻，卫国人唱《硕人》赞美庄姜的美丽和华贵。该诗共四章，每章七句，其第二章唱道：“手如柔荑，肤如凝脂，领如蝤蛴（qiú qí），齿如瓠犀，螓（qín）首蛾眉。巧笑倩兮，美目盼兮。”今本《诗经》里没有“素以为绚兮”一句，这句诗的意思是，白色的底子上显现灿烂的文采，比喻庄姜皮肤白皙而又光彩照人，亦可理解为赞美庄姜质朴而又高雅。

原诗的意思只是赞美庄姜。但当子夏请教孔子这三句诗是何意思时，老夫子却解释为“绘事后（于）素”，先有白色的底子“素”（本指没有染色的丝绸），再有“绘事”，再在底子上画花。很显然，夫子只是从字面上解释了“素以为绚兮”这句话，这与原诗的主旨已经没有关系了。

学生卜商（字子夏）的联想则颇为奇特，他由“绘事后（于）素”，先有白色的底子，后有“在上头画的花”，联想到先有仁义，后有礼乐，所以他问老师：“礼后（于仁）乎？”

后人所谓“仁义”，本指原始社会的酋长，一心为公，不染指大家的利益。后来天下为家，夏商周三代的君王们都把天下当作自家的产业，但是大都取之有度。取之有度就是“礼”，就是对君子有约束了。而原始社会的领袖尧舜，是根本不需要用“礼乐”来约束的。这类意思，孔子对弟子言偃说得十分明白，详见《礼记·礼运篇》。

孔子师徒这种联想的方式，是一种典型的“意识流”。但卜商的联想却大大地启发了老师。大概孔子以前很少思考仁义与礼乐孰先孰后的问题，学生这么一说，让孔子恍然大悟，所以孔子很高兴地说，能启发我的，就是你（卜）商啊！现在我可以与你讨论《诗经》了。

孔子是春秋时代研究《诗经》最伟大的专家。孔子去世后，子夏传授《诗经》，所以汉朝的孔安国、郑玄等学者才能读懂《诗经》，这样一直传授到今天。

3.9 子曰：“夏礼①吾能言之，杞②不足征也。殷礼吾能言之，宋③不足征也。文献不足故也。足，则吾能征之矣。”

【题旨】

本章感叹杞人、宋人都没有很好地保存文献，传承自己的礼制文化。

【注释】

① 礼：广义泛指包括礼制礼法在内的文化，狭义则仅指礼制礼法。本章似用广义。

② 杞：亦称“夏”，大禹之后。夏亡后，商汤、周武王先后封大禹子孙于杞。商周两代，杞人生活的地方都是东夷故地，杞人没有很好地保存夏代的礼制文化，反而被东夷同化了。春秋时代，杞国是鲁国的附庸国。《左传》记载，杞国国君每次朝觐鲁侯，都用东夷之礼，气得鲁侯每次都为此讨伐他。

③ 宋：亦称“殷”“商”，商汤之后，始祖微子，都商丘（今河南东

部），孔子即为微子之后。殷商文化先进，文字完备，所以《尚书》记载，周公曾经说“惟殷先人有典有册”。但因战争等原因，宋国传世文献也很少，宋国的礼制文化已经逐步被华夏所同化，所以孔子说，从宋国不足以考察殷礼。

【译文】

孔子说：“夏代的礼制文化我能说出来，（大禹的子孙）杞国不足以征引。殷人的礼制文化我能说出来，（商汤的子孙）宋国不足以征引。（这是因为两国保存的）文献不足的缘故。（如果文献）充足，我就可以征引了。”

【简析】

文化虽然要交流，但要是因此让文献失传，文化失传，不知自己是谁，则失去了交流的意义。所以本章孔子叹息夏殷二代子孙杞国、宋国保存先代文献太少。

3.10 子曰：“禘自既灌①而往者，吾不欲观之矣。”

【题旨】

本章和下一章都批评鲁国国君僭越礼制，而用周天子的禘祭之礼。

【注释】

① 灌：禘祭开始时的一个环节。古人祭祖时，要让儿童代替受祭者，叫作“尸”，“尸”要代表祖先接受祭祀者所献的“礼”，当然要喝酒了。禘祭者第一次献酒给“尸”，叫作“灌”，也叫“祼”。这个环节之后，还有很多复杂的礼仪。

【译文】

孔子说：“禘祭之礼，从第一次献酒之后，我就不想看了。”

【简析】

“禘”之本义是特别隆重的祭祀。周代有四种“禘礼”：

一是“春禘秋尝”的禘礼，春天禘祭祖先，祈祷丰收（清明祭祖），秋收后用新年的酒肉谷物祭祀祖先，报答先人（七夕祭祖）。

二是先君去世，丧期届满，新君嗣位，要将先君的灵主（今称“灵牌”）送入庙中（周代只有天王、王后和周公的庙才可称“庙”，其余诸侯、夫人的庙，均称“宫”），超越礼制的祖庙要毁掉。天子七庙、诸侯五庙、大夫三庙，均含始祖庙。始祖庙不能毁，其余祖先，如果离开活着的子孙太远，超过了七庙、五庙、三庙的礼制，就要毁掉，叫作“归昭穆”，这时新君会一并祭祀尚在供奉的所有先君，也叫禘祭。

三是先君去世三个年头时举行“禘礼”以“除丧”（民间今称“除灵”），表示丧礼至此才算全部结束，生活从此完全步入常态。殷商贵族至亲至尊的丧期为三个年头，至少二十五个月，称为“三年之丧”；西周改革为天子七个月份、诸侯五个月份、大夫三个月份、士两个月份，（均不必足月）也称“三年之丧”。但周人在先君去世三年时，补行“禘礼”，隆重祭祀去世三年的先君，这明显是周礼调和殷礼的产物。今日民间大多实行“七七之丧”，此后生活恢复正常，但是先人去世三年时，家中要为先人举行“除灵”的宗教礼仪，这也是调和殷礼和周礼的做法，源头甚至可以追溯到舜帝为尧帝守孝三年那里去，时间长达四千多年。

四是“五年之禘”，每逢五年大祭一次礼制规定尚在祖庙供奉的所有祖先。逢五逢十举行重大礼仪，古今皆然。

上述四种“禘礼”，天子、诸侯都可举行，周代文献多有记载，没有违反礼制，孔子不会批判。

《左传·襄公十年》将宋国的《桑林》之乐与鲁国的“禘乐”并称，因此本章所说的“禘礼”，很可能是类似于殷之《桑林》的特“禘”，大概只有天王才可以在始祖庙“太庙”举行。宋于周为客，如同夏于商为客，故商朝的杞人（大禹之后）、周朝的杞人和宋人（商汤之后）均可行天子之礼。鲁为周公之国，因为周武王去世后，周公事实上担任过周天子，所以周成王、周康王都特许鲁侯用天子礼乐祭祀周公，因此鲁国也建有“太庙”（周公之庙），历代鲁君均可在“太庙”举行“禘礼”。但孔子认为，鲁侯毕竟只是诸侯，用天子的禘祭礼仪祭祀周公是僭越礼制，所以要批评。

周公究竟只是代理过天子，还是正儿八经做过天子，周朝的文献就说法不一。孔子认定周公只是代理天子，周朝叫“摄”，其真正的政治地位，只是王朝的卿士和鲁国的始祖，因此不能视作天子。这是周朝历史上的一件公案，恐怕永远说不清楚了。

3.11 或问禘之说。子曰：“不知也。知其说者之于天下也，其如示诸斯乎！”指其掌。

【题旨】

本章批评鲁侯僭越礼制，行天子禘祭之礼。

【译文】

有人问孔子关于禘祭的礼制。孔子说：“我不知道。知道这个礼制的人，对治理天下，会像看这（手掌）一样容易吧！”（一边说，一边）指着自己的手掌。

【简析】

本章与上一章一样，也批评鲁国国君僭越礼制，而用天子的禘祭之礼，祭祀周公。

“礼”主要调节人神关系、华夷关系、天人关系、人际关系。人际关系又主要是调节君子小人关系、君子内部的君臣父子关系等。其中最难调节也最重要的是君子内部的君臣父子关系。“禘礼”表面上仅涉及人神关系，但什么贵族用什么礼，实际上涉及贵族内部的君臣父子关系。如果贵族遵守周礼，其关系就顺了，国家天下就安宁了。所以孔子说，知道周礼，遵守周礼的君子，对治理国家天下这类事情，会了如指掌。

“不知也”，气话。本章暗含后世形成的“了如指掌”的成语。

3.12 祭如在，祭神如神在。子曰："吾不与祭，如不祭。"

【题旨】

本章记载孔子祭祀祖先很虔诚。

【译文】

（孔子）祭祀祖先时如同祖先真在那里受祭，祭祀鬼神时如同鬼神真在那里受祭。孔子说："我如果不参与祭祀（而由别人代我祭祀），那跟我不祭祀一样。"

【简析】

祭祀是最为重要的宗教活动，而宗教的核心是信仰，是感情，不是仪式。中国至今仍然如此：祭祀祖先要自己亲自祭祀，不能别人代祭；祭品要亲自准备，不能别人代为准备；祭祖要花自己的钱，不能花别人的钱。

孔子的时代，中国正在加速世俗化，宗教鬼神的地位快速下降。因此，那个时代的人祭祀祖先鬼神，祭祀时还是很虔诚的，但是祭祀完了，照样过世俗生活。中国人今天说"信则有，不信则无"，孔子的时代对待鬼神，已经与今天的人差不多了。

3.13 王孙贾[①]问曰："'与其媚于奥，宁媚于灶'，何谓也？"子曰："不然。获罪于天[②]，无所祷也。"

【题旨】

孔子告诫卫国公卿王孙贾等君子，不能干坏事，否则就完蛋了。

【注释】

① 王孙贾：卫灵公的股肱之臣，负责军旅。

② 奥、灶、天：都是神。"奥"是屋内西南角的神，"灶"是灶神，"天"是至上神。

【译文】

王孙贾问道："（有人说）'与其巴结奥神，不如巴结灶神'，这是什么意思？"孔子道："不对。要是得罪了天神，祈祷都没有用。"

【简析】

古人一般认为，孔子与王孙贾的这番话，是话中有话。要真正理解本章，需要了解春秋末期卫国朝廷的概况。卫灵公贪念美色，晚年又娶宋国美女南子，并将其立为夫人。他虽然废了原来的夫人，重新立南子为夫人，却并没有废除原来的太子蒯聩。也就是说，卫灵公去世，蒯聩应该嗣位为君。

南子不守妇道，出嫁前就与宋国公子朝私通，出嫁后还把公子朝召到卫国继续私通，天下都知道，民间甚至把这件丑事编为民谣，到处流传，只有卫灵公不知道。太子深以为耻辱，欲杀南子，失败逃走。南子越发专权，连孔子见卫灵公，都需要事先得到南子的批准。因此当时卫国朝廷大臣心中不安，不知道应该巴结谁，又不便明说，于是编了一个政治暗语。王孙贾对孔子说的，就是那个政治暗语。孔子经常到访卫国，许多弟子都在卫国做官，对卫国朝廷的情况非常熟悉，当然明白这个政治暗语。但是汉代至今的学者，却完全不懂这个暗语，我在写作《论语本意》时也不懂，大家提出了许多猜想，但都是错误的。

"奥"和"灶"都在室内，而且都是做饭烧水之物，自然都由女人主持，有什么可以选择的？在卫国朝廷的政治隐语里，"奥"和"灶"必然都暗指夫人南子，同一个人，大臣们怎么选择，如何选择？

因此我怀疑，"灶"是"阼"的误写，两个字因为读音相近而误写。"阼"是大门口的台阶，是男主人迎接宾客的地方，女主人不得越俎代庖。从古到今，都是"男主外，女主内"，"奥"由女主人主持，"阼"则由男主人主持，分工明确，互不干涉。也就是说，卫国朝政是国君的事情，与夫人无关。那么在卫国的政治隐语里，"阼"应该象征卫灵公。这样，这个政治隐语就非常好理解了：朝廷大臣们，是巴结夫人南子（奥）呢，还是巴结国君（阼）呢？孔子的答话则是，你们不能干坏事，要是干了坏事，那就完蛋了。

3.14 子曰："周监①于二代②，郁郁乎文哉，吾从周③。"

【题旨】

本章肯定周朝的礼制文化更加先进。

【注释】

① 监：同"鉴"，借鉴。

② 二代：夏、商两代。"二代"后面的中心词省略了。那么周人借鉴了二代什么呢？应该是借鉴并发展了二代的礼制文化。

③ 周：春秋战国时代的"周"，仅指西周；汉代至今所谓的"周"，则兼指西周、春秋、战国三个时代。西周三百年，周天王为华夏共主，实际上治理天下，君臣父子关系顺当，天下总体上很安宁，百姓得以休养生息，所以孔子说"从周"，而不说"从春秋"。

【译文】

孔子说："周朝借鉴了夏商二代（的礼制文化），多么丰富多彩啊！我主张周朝的（礼制文化）。"

【简析】

夏人把一年分为夏冬两季，殷人分为春秋两季，周人则分为春夏秋冬四季，历法更加严谨；以嫡长子继承制，余子分封制为核心的宗法制，发端于殷商时代晚期，周初进一步确认，成为正式的礼制；殷商的青铜器十分精美，周人的青铜器则更加精美（春秋时代则进入钢铁文明时代）；商朝贵族实行"三年之丧"，丧期太长，影响生计，周人大大地缩短了丧期，但也称"三年之丧"；孔子终身学习并传授弟子的"六艺"，也大多是周人借鉴了尧舜夏商文化以后的再创造。周朝像这样继承发展的礼制文化，的确非常丰富多彩，而且影响了中华民族几千年。

3.15　子入太庙[①]，每事问。或曰："孰谓鄹人之子[②]知礼乎？入太庙，每事问。"子闻之，曰："是礼也。"

【题旨】

本章孔子论不懂就问，这本身就是礼。

【注释】

① 太庙：此指建在鲁国朝廷门口，供奉鲁国始祖周公姬旦的庙宇。鲁国真正的始封君是周公，所以他才是鲁国始祖。后来因为殷人反叛，周公不得不到王朝镐京去主持天下大局，周成王遂命周公长子伯禽为鲁侯。正常情况下，周公去世，伯禽才能嗣位。周公的功劳无比伟大，所以周成王、周康王都下令，视周公为天子，鲁国用祭祀天子的礼仪祭祀周公。周朝只有天王、王后和周公的庙，才可以称为"庙"，所有诸侯及其夫人的庙，都只能称为"宫"。

② 鄹（zōu）人之子：此指孔子。孔子的父亲叔梁纥是鲁国的鄹邑大夫，周朝称大夫以上的贵族为"人"（与指平民百姓的"民"相对而言），所以称叔梁纥为"鄹人"，就是鄹邑大夫；称叔梁纥之子孔丘为"鄹人之子"。

【译文】

孔子到周公太庙（观礼），每件事都请教别人。有人说："谁说鄹人的儿子知礼呀？他到太庙里来，每件事都问别人。"孔子听到这话，说："（不懂就问）这就是礼呀！"

【简析】

鲁国的统治者是周人，因此要祭祀鲁国始祖周公的"太庙"；鲁国的民众大多是殷人，因此要祭祀殷人祖先的"亳庙"。孔子是殷人子孙，"亳庙"祭祖的具体礼仪应十分熟悉，"太庙"祭周公的具体礼仪就不一定十分熟悉了。

本章前一个“礼”仅指宗教礼仪，后一个“礼”则泛指礼俗。古今学者都有勤学好问的习惯，子贡曾说：“夫子焉不学？而亦何常师之有？”（《子张篇》19.22）无“常师”类似后世的“能者为师”“转益多师”。孔子认为，不懂就问，能者为师，这就是“礼”。

3.16 子曰：“射不主皮，为力不同科，古之道也。”

【题旨】

本章讲贵族“礼射”（文射）的规矩。

【译文】

孔子说：“射箭主要不是射穿靶子，因为气力（有大有小）不相等同，（关键是看是否射中）这是古时的规矩。”

【简析】

古时贵族平日练习礼乐时，有一个节目是“礼射”（文射，不是军中的武射）。射箭的靶子“皮”，内用填充物，外用布或兽皮包起来，上面画着猛兽之类，然后大家依次射箭。

3.17 子贡欲去告朔①之饩羊。子曰：“赐②也！尔爱其羊，我爱其礼。”

【题旨】

本章论“告朔”之礼，无论如何都要坚持。

【注释】

① 告朔：也叫“告月”（《春秋·文公六年》）。“朔”，每月的第一天。天子在上年的秋冬之交，把下一年的历法颁给诸侯，叫“颁告朔”。

诸侯把天王赐的历法藏到祖庙里，每月初一杀一只羊祭祀太庙，这叫“告朔”“视朔”“听朔”。祭祀太庙后，诸侯上朝听本月之政，这叫“朝庙”“朝享”“朝正”。“视朔”是国家大事，大概鲁哀公时代，朝廷执行周礼已经十分懈怠，只是叫人每月初一杀一只羊，祭祀祖庙，做个样子就算了，哀公甚至都懒得“朝正”。在朝廷做官的子贡觉得，既然国君都不“朝正”了。白白杀只羊，怪可惜的，不如干脆不杀羊，全都免了。

② 赐：子贡复姓端木，名赐，字子贡。老师称弟子，称名，不称字。

【译文】

子贡想（干脆）把每月初一用来祭祀祖庙的那只活羊也去掉不用了。孔子说：“赐啊，你可惜那只羊，我可惜那种礼啊！”

【简析】

孔子的意思是，虽然鲁国每月初一杀只羊祭太庙只是做个样子，那也总比不做样子好。要是连样子都不做一下，朝廷为民众授时的工作都不做，民众就不知道什么时候做什么事情，就会耽误农时，民生就会大受影响，“礼”的影子就都没了。

3.18 子曰：“事君①尽礼，人以为谄也。”

【注释】

① 君：周代只有周天王和诸侯才能称“君”。春秋末期，周天王只是名义上的天王，所以本章的“君”应指诸侯。

【译文】

孔子说：“侍奉国君以尽人臣之礼，别人却以为他谄媚。”

【简析】

谄媚超越了礼制的规定。按照礼制的规定侍奉诸侯，与谄媚是两回事。

3.19 定公①问："君使臣，臣事君，如之何？"孔子②对曰："君使臣以礼，臣事君以忠。"

【题旨】

本章论述君臣双方都要遵守周礼。"臣事君以忠"，也是依礼行事。

【注释】

① 定公："定"是他死后的谥号。因此本章的原始记录只会记作"公问"云云。曾参门徒编辑《论语》时，鲁侯已死，谥号为"定"，故改称"定公"，这是古文整理的通例。如果不改，后人就不知道这位"公"是谁了。

② 孔子：只要记录孔子与诸侯对话，随侍弟子都老老实实将老师记作"孔子"，而不会记作"子"。这是因为，诸侯不会到孔子帐下谈话，一定是孔子到朝廷去谈话，朝廷上所有的公卿都可以尊称为"子"，不冠姓氏，就不知道是哪一位公卿了。

【译文】

鲁定公问孔子："国君使唤臣下，臣下侍奉国君，都应该怎么做？"孔子回答道："国君使唤臣下要依礼行事，臣下侍奉国君要忠心耿耿。"

【简析】

帝王、诸侯权力很大，常常不受限制，所以他们常常片面要求臣下尽忠守礼，而自己却任意而行。孔子明确告诉鲁侯，诸侯也要遵守礼制，礼制是规范君臣双方的。

3.20 子曰："《关雎》[①]，乐而不淫，哀而不伤[②]。"

【题旨】

本章称赞《关雎》抒发感情有节制。

【注释】

①《关雎》：见《诗经·周南》，是《诗经》的第一首诗歌。

② 乐、哀：均为人生之至情，借以指代人生无比复杂的思想感情，并非具体说《关雎》何者为"哀"，何者为"乐"也。周人说事论理，经常使用借代的方法，案例比比皆是。淫、伤：均为过分之意。"淫"之本义是雨水太多，自然过分。

【译文】

孔子说："《关雎》（的音乐），快乐而不放纵，忧郁而不悲伤。"

【简析】

《关雎》本是一首情歌，抒发感情很节制，不像"郑卫之音"那样"淫"，即过分而没有节制，一泻千里。《左传·襄公二十九年》，吴公子季札欣赏"周乐"时说，《诗经·豳风》"美哉，荡乎！乐而不淫，其周公之东乎？"杜注："乐而不淫，言有节也。""淫""伤"均为过分而不节。《昭公元年》："先王之乐，所以节百事也。"《襄公二十七年》："乐而不荒。"《诗经·唐风·蟋蟀》："好乐无荒，良士休休。"可知春秋君子认为，君子应该用礼乐来节制自己，应该乐而有节，应节制感情而不放任感情。

孔子还说："师挚之始，《关雎》之乱，洋洋乎盈耳哉！"（《泰伯篇》8.15）可知《关雎》还是在朝廷上演奏的音乐。《襄公二十九年》载，吴公子季札"观周乐"时，曾称赞《周南》《召南》"美哉！始基之也，犹未也，然勤而不怨矣"。《关雎》为《周南》之首，看来周人在朝廷上演奏《关雎》，除与该诗表达感情很有节制有关外，还应与该诗体现了"始基"的周道王业有关。

孔子说“郑声淫”，主张“放郑声”，并不涉及歌词。上引文献也都只是评价音乐。所以我认为，本章孔子也是评价《关雎》的音乐。

孔子等周代君子都不主张把话说完，更不主张说过分的话，主要是从君子的道德修养上考虑的。从艺术创作和鉴赏上讲，古今中外所有真正的艺术作品，也不应该一泻千里，把话说完。农村老太太哭丧，一哭几天，就不可能是艺术品，因为她把话都说完了。

3.21 哀公问社[①]于宰我[②]。宰我对曰：“夏后氏以松，殷人以柏，周人以栗，曰，使民战栗。”子闻之[③]，曰：“成事不说，遂事不谏，既往不咎。”

【题旨】

本章可能暗示鲁哀公有违礼制，给土地神制作牌位的木料不对。

【注释】

① 社：土地神。古人塑造神灵有两种方法，一是按照自己的模样塑造，二是给神灵做牌位。夏商周三代习惯于做牌位。哀公问社，就是问用什么木料做土地神的牌位。

② 宰我：孔子弟子，姓宰氏，名予，字子我。同学记录时，称他“宰我”，与称颜回（字子渊）为“颜渊”，道理相同。宰我曾经大白天睡觉，被孔子骂过（古人日出而作，日入而息，不睡午觉），后来发奋学习，终于成为孔子的高足弟子，故哀公问之。

③ 子闻之：一定是宰我将他与哀公的对话转述给老师听，老师答复他，老师的随侍弟子就记录了这一语录。

【译文】

鲁哀公就为社神做牌位应该用什么木头一事问宰我。宰我答道：“夏人用松木，殷人用柏木，周人用栗木，（周人）说，（用栗木）是想让民众战栗

（知道敬畏神灵）。”孔子听到这事，（责备宰我）道：“已经做了的事不用再解释了，已经完成的事不用再劝谏了，已经过去的事不用再追究了。”

【简析】

三代制作社神的牌位（社主）用什么木头，宰我的说法不知有何依据。孔子并未反驳，想必符合史实。孔子的三句话用了“互文”法，“成事、遂事、既往（之事）”，都指过去的事；“不说、不谏、不咎”，都有不评论、不指责之类的意思。宰我的话可能暗含批评鲁国制作社神牌位所用木头“非礼”的意思，而孔子的意思可能是，宰我你说那些干什么呢？有什么用呢？

3.22 子曰：“管仲①之器小哉！”

或曰：“管仲俭乎？”曰：“管氏有三归②，官事不摄，焉得俭？”

“然则管仲知礼乎？”曰：“邦君树塞门③，管氏亦树塞门；邦君为两君之好，有反坫，管氏亦有反坫。管氏而知礼，孰不知礼？”

【题旨】

本章批评管仲不知人臣之礼。

【注释】

① 管仲：春秋早期齐桓公的国相，他帮助齐桓公制定了一系列政策，使齐国强大起来。然后假借周天王之命，东征西讨，使齐国称霸天下。《史记》有他与晏子的合传《管晏列传》。

② 三归：古来学者有许多解释，我认为，就是指市场的税收。商家得利若为十，三成交公，七成自得。管仲功劳大，齐侯就把这三成税收赏给管仲，管仲也就笑纳了。

③ 塞门：天王、诸侯朝廷的门口挡风的墙，当时天下通称为“屏”，各国的名字则不相同，如鲁国称“萧墙”。后世演化为两种：建在门外挡风而且不能移动的，今称照壁；建在室内挡风装饰而且可以移

动的，今称屏风。周朝只有天王和诸侯才可以有“屏”。管仲是公卿（还不是上卿，齐国只有高氏、国氏才是上卿，管仲、晏婴都是下卿），不能拥有“屏”，否则就是僭越礼制。

【译文】

孔子说：“管仲的器量真小啊！”

有人问：“管仲节俭吗？”孔子说：“他收取了民众三成的市租，部下为官也不兼差，怎能说节俭？”

（人家又问：）“那么管仲知晓礼制吗？”孔子道：“国君立了个塞门，管仲也立了个塞门；国君为招待外国君主筑有放酒具的反坫，管仲也有反坫。连管仲都知晓礼制，那谁不知晓礼制？”

【简析】

孔子、孟子、司马迁对管仲的评价，要点有二：一、充分肯定他帮助齐国联合华夏诸国打败蛮夷戎狄，保卫并扩大了先进的华夏文明圈，孔子甚至因此称赞他“仁”，这是很高的评价（《宪问篇》14.16，14.17）；二、在谈到管仲处理内政特别是他的私德时，对他又多有批评（如本章）。后世几千年研究管子，始终没有超越孔孟司马迁定的这个基调。

本章从三个方面批评管仲：

一是批评管仲“器小”，即器量狭小，目光短浅。孔子认为“君子不器”（《为政篇》2.12），这话很抽象，不好理解，我们拿后儒的话来作解释。孟子认为齐国那么大，国力那么强，齐王又那么信任管仲和晏婴，他们却都不帮助齐王实行仁政，安定天下，反而帮助齐王称霸天下（《孟子 · 公孙丑上》3.1）。可见孔子批评管仲“器小”，是说他条件那么好，却没有真正实行王道仁政，从而安定天下，统一天下。

二是批评管仲“不俭”。根据《管子 · 山至数》记载，齐国市租之利若为十,三分归于公室。后来齐桓公把这“三归”之利赏给管仲，管仲竟坦然接受了，其生活之奢侈可知。所以孔子说，管仲有市租三成的利益，他手下的人做官从不兼职，怎么能说他节俭呢？

三是批评管仲全无人臣之礼。国君有“塞门”，管府大门口居然也有“塞门”。国君招待外国君主时堂上设有放置酒杯的“反坫”，管仲竟然也有“反坫”。

3.23 子语鲁大师[①]乐，曰：“乐其可知也：始作，翕如也；从之，纯如也，皦如也，绎如也，以成。”

【题旨】

本章谈论音乐演奏过程。

【注释】

① 大（太）师：乐官之长。孔子曾与鲁国乐官师挚（《泰伯篇》8.15）师冕（《卫灵公篇》15.42）多有交往，本章所述，不知是否为其中一人。

【译文】

孔子跟鲁国太师谈论音乐，说：“音乐（怎么演奏），那是可以知道的：刚开始演奏，翕翕（xī）的样子；继续演奏，纯纯的样子，皦皦（jiǎo）的样子，绎绎的样子，然后完成。”

【简析】

音乐是“礼”的重要内容之一，是尧舜夏商周春秋六代学问“六艺”之一，读书人、官员都要终身学习，天子、诸侯、卿大夫都要演奏，说明音乐是治国理政、陶冶性情的重要工具。孔子说治理国家要“行夏之时，乘殷之辂，服周之冕，乐则《韶》《舞》(《武》)。放郑声，远佞人。郑声淫，佞人殆”(《卫灵公篇》15.11)，还说诗歌可以“兴观群怨”“事父事君”(《阳货篇》17.9)。弟子子游当武城县长时，就把音乐作为治理人民的工具之一（《阳货篇》17.4）。

3.24 仪封人[①]请见，曰："君子[②]之至于斯也，吾未尝不得见也。"从者见之[③]。出[④]，曰："二三子[⑤]何患于丧乎？天下之无道也久矣，天将以夫子[⑥]为木铎[⑦]。"

【题旨】

本章记录仪封人盛赞孔子。

【注释】

① 仪封人：仪，地名；封人：管理封疆的边邑大夫，应该是下大夫，级别相当于后世的县长。《左传》中有无数的"封人"，因为各国都有若干边邑，边邑就有大夫，边邑大夫都称封人。按照周礼，下大夫以上官员史官都要记录其名字，下大夫以下的普通人才不记录，而以"某"字代替之。本章没有记录这位仪地大夫的姓名表字，应该是孔子的随侍弟子事后记录时忘了人家的名字。

② 君子：下大夫以上的官员。

③ 从者：孔子随从即随侍弟子。见之：使之见，让封人拜见孔子。孔子曾经是鲁国公卿，官爵级别比封人高，年龄也可能比封人大。

④ 出：此时必然是弟子在堂，老师孔子在室。封人如同弟子，在弟子引荐下入室而见孔子。谈话完毕，从室内退出至堂上，而与孔子的弟子们说话。

⑤ 二三子：周代口语，相当于"诸位"。

⑥ 夫子：他老人家。周代公卿（上大夫）大夫（下大夫），笼统称为"夫子"。细分，则华夏大国的公卿才能尊称为"子"。那么孔丘既可称为"夫子"，也可称为"子"。

⑦ 木铎：铜质木舌的铃子。上古官员用木铎（或用金口金舌的金铎）摇铃，召集众人，宣布官府政令。封人以"木铎"喻孔子，说孔子将唤醒天下人。

【译文】

仪邑大夫请求孔子见他，他说："凡是高尚君子来到我这里，我没有不和他见面的。"随侍弟子让他见了孔子。他（从室内）出来后，（对我们）说："你们为什么要担心当不成官呢？天下乱纷纷已经很久了，老天爷将以他老人家做（天下人的）导师（让他唤醒天下人，从而拯救天下）。"

【简析】

孔子在世时，的确有许多人知道孔子有治国平天下之大志和能力。但是，那些从天下混乱中得到实惠的诸侯和卿大夫，都不喜欢孔子，害怕孔子一朝得势，剥夺了他们窃取的利益，这就是孔子一生郁郁不得志的根本原因。

3.25 子谓《韶》①，"尽美矣，又尽善也"；谓《武》②，"尽美矣，未尽善也"。

【题旨】

本章孔子评价两首古乐，暗中对周武王以臣弑君颇有微词。

【注释】

①《韶》：虞舜时代的音乐，周人演奏，有赞美怀念舜帝的意思。

②《武》：是周武王时代的音乐，想必演绎武王伐纣故事。武王伐纣之后，两年就病死了，其一生功业，只有伐纣一事，所以我作此推测。

【译文】

孔子评价《韶》，说："美极了，而且好极了。"评价《武》，说："美极了，只是不够好。"

【简析】

本章假借评价古乐，评价虞舜和周武王，暗讽周武王伐商纣王是以臣弑君。

舜帝至大至公，从不染指天下利益，又将天下传给贤者大禹，古人对舜帝崇拜无比，从无微词。周代君子对周武王的看法很矛盾：一方面认为武王伐纣，拯救天下苍生，是圣君；另一方面又认为商纣王是君，周武王是臣，对武王伐纣颇有微词。本章说，《武》音乐虽美，但内容不好，即暗含此意。周代只有孟子解决好了这个问题，他认为纣王只是“一夫”，根本不是什么“君”，武王伐“一夫”，没有“以臣弑君”的问题，只是“诛一夫纣”（《孟子·梁惠王下》2.8）。清初黄宗羲《原君》对孟子此说极为赞赏，对孔子本章因拘泥于君臣之道而暗讽武王之意颇不以为然。

3.26 子曰：“居上不宽，为礼不敬，临丧不哀，吾何以观之哉？”

【题旨】

本章十分直白地批评君子无礼。

【译文】

孔子说：“（一些君子）身居上位而不宽待下人，行礼也不严肃认真，参加丧礼竟不悲哀，（这个样子）我怎么看得下去呢？”

【简析】

丧礼的核心不是仪式，而是心中的哀戚。一个人遭遇“亲丧”，如果行礼如仪而心无哀戚，则无礼至极，不仁至极。

里仁篇第四

共二十六章

本篇主旨是论“仁”。“仁”也叫“道”“道德”“圣”“善”，主要含义有三：一指君子治国平天下的人生理想、政治理想，如“志于仁”“志于道”的“仁”“道”；二指坚持这一理想的仁人，如“里仁”“择不处仁”的“仁”；三指君子为实现这一理想而必须具备的基本修养，如不能贪图安逸，要“不器”，要“里仁”等。“仁”的上述基本含义，一直到唐朝，都没有发生大的变化。

宋代至今，君子的“道德”由外向而变得内敛，由注重为国家、为天下建功立业的公德，而变为注重所谓的个人的内心修养，洁身自爱的私德，形成了坐而论道的社会风气，这是极大的退步。不过，最近几十年，君子的风气重新变得刚健起来，重新注重治国平天下，注重建功立业，那种坐而论道，空谈“道德”的坏风气，正在被纠正。

4.1 子曰：“里①仁为美。择②不处仁，焉得知③？”

【题旨】

本章论君子应与仁人在一起，以便接受仁人的影响，最终使自己也成为仁人。

【注释】

① 里：名词用作动词，居住。

② 择：即择里、择居。

③ 知：同“智”，《孟子·公孙丑上》3.7引用本章，即作“智”。

【译文】

孔子说：“（君子）住的地方要有仁人才好。选择住处却不与仁人相处，怎能算得上聪明智慧呢？”

【简析】

本章有两种解释，一就字面而言，那么孔子是说，选择住处要以仁人为邻，借以提高自己的道德水平，使自己最终也能成为仁德君子。孔子曾说：“德不孤，必有邻。”（《里仁篇》4.25）仁人无论住在哪里，都必定有许多人争相与之为邻，正可与本章互相发明。孔子评价弟子宓子贱：“君子哉若人！鲁无君子者，斯焉取斯？”（《公冶长篇》5.3）认为弟子之所以能成为君子，是因为鲁国多有君子，子贱常有机会学习这些仁人，所以自己最终也成为仁德君子。那么，鲁国那些君子就是子贱广义的高邻，鲁国多君子的社会政治环境就是子贱广义的“里”。

另一种是孟子的解释，他引用本章后说：“夫仁，天之尊爵也，人之安宅也。莫之御而不仁，是不智也。不仁，不智；无礼，无义——人役也。”（《公孙丑上》3.7）孟子还说：“仁，人之安宅也；义，人之正路也。”（《离娄上》7.10）“居恶在？仁是也；路恶在？义是也。”（《尽心上》13.33）孟子认为孔子只是以选择住处为比喻，泛指人生所有的重要选择，都要与仁德相伴，与仁人为伍。

以上两种解释虽然都说得通，但前一种应该更加符合孔子的本意，所以我的译文按此翻译。孟子的解释虽然也讲得通，但应该是对孔子本意的进一步抽象和阐发。

4.2 子曰："不仁者不可以久处约①，不可以长处乐。仁者安仁，知者利仁。"

【题旨】

本章分析了三种君子，都是贵族，与平民百姓没有关系。

【注释】

① 约：《论语》中的"约"字只有二义，一是贫困，二是节制，本章是贫困之意。

【译文】

孔子说："不仁的君子不可以长久地处在贫困之中，也不可以长久地处在安乐之中。真正仁德的君子以实行仁德为心安，聪明智慧的君子利用行仁来牟利。"

【简析】

本章分别评价"不仁者""仁者""智者"这三种君子（贵族）的人生态度。"君子而不仁者有矣夫，未有小人而仁者也"（《宪问篇》14.6）。"小人"与"民"其实都是平民百姓，不涉及"仁不仁"的问题。

第一种君子是"不仁者"，即"君子而不仁者"，他们不可以长久地处在贫困之中，也不可以长久地处在安乐之中。孔子赞扬颜回"一箪食，一瓢饮，在陋巷，人不堪其忧，回也不改其乐"（《雍也篇》6.11），也说自己"饭疏食，饮水，曲肱而枕之，乐亦在其中矣。不义而富且贵，于我如浮云"（《述而篇》7.16），这就是仁者的贫困和快乐。"不仁者"为了达到个人目的，满足一己私欲，虽可忍耐一时的贫困，但一旦发现私利无望，必不能长久坚持。所以说他们"不可以久处约"。他们满足私欲之后，虽可快乐一时，但因欲壑难平，其快乐亦难长久。所以说他们"不可以长处乐"。

第二种君子是"仁者"，即真正的仁德君子。"仁者安仁"，真正的仁德君子，行仁德，便心安；不行仁德，心里便不安。孔子心中真正的仁德君子，只有尧舜。他们实行仁政，从不染指天下利益，不是为了任何私利，甚至不是为了让后人铭记和感激，行仁就是他们的目的，不是他们牟利的手段。

第三种君子是“知（智）者”，即聪明智慧的君子。如晋国大夫狐偃说：“《诗》《书》，义之府也；《礼》《乐》，德之则也；德义，利之本也。”（《左传·僖公二十七年》）他们并非真“仁者”，但聪明智慧，知道实行仁德会给自己带来巨大而长远的“利”，所以他们“利仁”即利用仁。孔子曾说这样的“仁者”是“先难而后获”（《雍也篇》6.22），先为实行仁德出力，而后得到巨大的收益。他们虽然不是真正的纯粹的“仁者”，其人生目标也并不是为了天下，只是为了自己获利，但因其所作所为客观上对天下有利，所以孔子对他们的评价并不太低。孔子一直认为，夏商周三代的圣王，其实就是这样的君子。

“仁者”“智者”这两种君子，《礼记·礼运》说得很清楚。

三种君子对“仁”的态度不同，人生境界的高下也大为不同，孔子分得很清楚。

孔子还认为，春秋霸主虽然根本不是什么仁德君子，他们实行仁政，完全是迫不得已，但是当他们也认真地实行仁政时，天下苍生也受益，所以孔子对他们的客观评价也不低。

要真正读懂本章，应该读读《礼记·礼运》，那是孔子与弟子子游的长篇谈话。曾子门徒编辑《论语》时，为了普及，孔子的许多长篇谈话都没有收。

4.3 子曰：“唯仁者能好人①，能恶人。”

【题旨】

本章论真正的仁德君子的特点。

【注释】

① 人：周朝文献，广义的“人”指所有的人，狭义的“人”指贵族，君

子。“民”指平民百姓。本章用“人”的狭义。周朝文献，“人”亦通“仁”，本章第一个“人”字，理解为“仁”，亦通。

【译文】

孔子说：“只有真正的仁人才能喜欢（仁）人，厌恶（不仁的）人。”

【简析】

孔子说：“见善如不及，见不善如探汤。”（《季氏篇》16.11）仁德君子看见善人，努力追赶，好像总赶不上似的；看见不善的人，尽量避开，好像害怕手伸到开水里烫伤一样。这就是“能好人”“能恶人”。孔子又说：“我未见好仁者，恶不仁者。”（《里仁篇》4.6）可见本章中的“好人”即“好仁”，“恶人”即“恶不仁”。“好仁”“恶不仁”，这样的君子才是真正的“仁者”，做人有原则，看人有标准，待人有分寸。

有一种貌似“仁者”的人，今称“好好先生”，孟子称之为“乡原”（《孟子·尽心下》14.37），孔子称之为“乡愿”，“乡愿，德之贼也”（《阳货篇》17.13），这样的人并没有真正的是非标准，谁都不得罪，评价谁都说“好”，看上去像“仁者”，其实是败坏仁德的小人。“乡愿”当然不能“好人”，也不能“恶人”，因为他们自己就是不仁不义的小人。

4.4 子曰：“①苟志于仁②矣，无恶也。”

【题旨】

本章鼓励君子努力实行仁政理想，无论成败。

【注释】

① 这句话在字面上没有主语，但有一个不言而喻的主语，就是“君子”。孔子一般不会与平民百姓谈话，只与两种君子谈话：一是帐下的弟子，这些人都是贵族子弟，不久都会去做官，去治国平天下。帐

下弟子中，还有一些人是已经做官的孔子弟子，他们也经常回来请教老师。二是帐外的弟子，其实都是在任的诸侯卿大夫，他们都正在治理国家。孔子与他们谈话，自然是有来言有去语的，但是古人记录艰难，加上周朝人都熟悉这样的语言环境，随侍弟子只得掐头去尾，仅仅记录最精彩的几句话，所以常常把主语直接省略了。这样的案例，《论语》中比比皆是。我在翻译时，会把省略的主语加上去，以方便今天的读者阅读理解。

② 仁：此指君子的人生理想、政治理想。

【译文】

孔子说："（君子）如果有志于实行仁政，（不管成功不成功）都没什么不好。"

【简析】

孔子的人生理想、政治理想是"己欲立而立人，己欲达而达人"（《雍也篇》6.30），虽然没有成功实现，但他为此奋斗终生，故其弟子后学乃至百代子孙对他仍然充满了无限敬意。子贡对此有十分精彩的议论（《子张篇》19.25），可以参考。

中华民族的价值观，的确如孔子所言。中国历史上的伟大人物，成功者固然令人尊敬、怀念、感激，成仁者亦然。成功要受许多条件的影响，成仁则仅仅取决于君子自己的意愿。

4.5 子曰："富与贵，是人之所欲也，不以其道得之，不处也。贫与贱，是人之所恶也，不以其道得（去）[①]之，不去也。君子去仁，恶乎成名？君子无终食之间违仁，造次必于是，颠沛必于是。"

【题旨】

本章论君子应该终身与仁德同在，终身追求仁政理想。

【注释】

① 得：应为“去”之误。古代文献辗转抄写刊刻，难免出错。《论语》中的错字、错简，我会随文指出。但是没有版本依据，不会改动。

【译文】

孔子说：“发财和升官，这是人人都想要的，但不用正当的方法得到它，（君子）不会要。贫困和下贱，这是人人都厌恶的，但不用正当的方法除去它，（君子）不会除去。君子离开了仁，怎么会成名？君子不会在吃完一餐饭这么短的时间里离开仁，（即使）在仓促匆忙的时候也一定与仁德同在，（即使）在颠沛流离的时候也一定与仁德同在。”

【简析】

弟子颜回“三月不违仁”（《雍也篇》6.7），孔子就夸奖他，颜回早死（鲁哀公十五年，比孔子去世早一年），孔子伤心痛哭。司马迁深知孔子之意，在《仲尼弟子列传》中，将颜回列为第一。弟子冉求害怕困难，不愿意为了实行仁政而奋斗，孔子就严厉地批评了他（《雍也篇》6.12）。孔子不以成败论英雄，认为君子只要终身追求仁道，无论成败，都是真正的君子。君子即使失败，也一定会激励后世子孙，继续奋斗，所以虽败犹荣。

4.6 子曰：“我未见好仁者，恶不仁者。好仁者，无以尚之；恶不仁者，其为仁矣，不使不仁者加[①]乎其身。有能一日用其力于仁矣乎？我未见力不足者，盖有之矣，我未之见也。”

【题旨】

本章感叹行仁极易而仁人极少，实为抨击当权者故意不行仁政。

【注释】

① 加：施加。加乎其身，影响施加于身。

【译文】

孔子说："我不曾见过喜欢仁德，而厌恶不仁的人。喜欢仁德的人，再好不过；厌恶不仁的人，就是仁人了，他们不让不仁的东西影响自己。有谁哪怕在某一天将其力量用在仁德上吗？我不曾见过（行仁）力量不够的人，或许有这样的人，只是我不曾见过。"

【简析】

"好仁者"是从正面说，"恶不仁者"是从反面说，其实是一种人，其表达方式与《里仁篇》4.3"唯仁者能好人，能恶人"相同。

《雍也篇》6.12孔子批评冉求还没有开始实行仁，就说自己力不足，冉求就是未曾一日行仁者，而非"力不足者"。孔子说："仁远乎哉？我欲仁，斯仁至矣。"（《述而篇》7.30）孟子说："道在迩而求诸远，事在易而求诸难——人人亲其亲，长其长，而天下平。"（《孟子·离娄上》7.11）孟子直斥齐宣王说，你行仁政，就像"为长者折枝"一样容易。你不行仁政，"是不为也，非不能也"（《孟子·梁惠王上》1.7）。两位圣人的观点完全一致。

春秋晚期，钢铁大量用于农耕和战争，经济发展很快，社会财富积累很多，天下进一步深度私有化；周天子早已丧失了华夏共主的政治地位，连晋国也因为内乱而丧失了华夏盟主的地位。于是大国忙着称霸，小国忙着自保，公卿忙着算计诸侯，没有哪位君子想着要平定天下。这是孔子感叹行仁极其容易，而仁者却难寻觅的根本原因。

4.7 子曰："人[①]之过也，各于其党。观过，斯知仁矣。"

【题旨】

本章论人的过错各不相同，可以通过分析其过错，观察其人。

【注释】

① 人：君子小人各有其过，故此"人"字，用其广义，指所有的人。

【译文】

孔子说："人的过错，是由不同的人所犯的。观察这些过错，就知道他是什么人了。"

【简析】

这番话很抽象，但并不难理解：其一，君子的过错与小人的过错不同。其二，不同年龄的人所犯的过错也往往不同。孔子说，少戒色，壮戒斗，老戒贪（《季氏篇》16.7），说明年龄不同所犯过错往往也不相同。其三，君子小人对待过错的态度不同。子贡说："君子之过也，如日月之食焉：过也，人皆见之；更也，人皆仰之。"（《子张篇》19.21）子夏说："小人之过也必文。"（《子张篇》19.8）

4.8 子曰："朝闻道，夕死可矣。"

【题旨】

本章叹息没有找到治国平天下的具体路径。

【译文】

孔子说："早上得知治国平天下的方法，（哪怕）晚上要我去死，都可以了。"

【简析】

《论语》中的"道"主要有三义：一指真理。二指理想，如曾参说："夫子之道，忠恕而已矣。"（《里仁篇》4.15）三指实现这种理想的办法和途径，如《卫灵公篇》15.32："君子谋道不谋食。"本章即用第三义。

孔子终身致力于平定天下。但是，那些从僭越礼制中得到实惠的诸侯卿大夫，谁都不希望孔子得势，例如楚国的上卿子西就不同意用孔子，鲁国的上卿季康子也不同意用孔子。因为如果孔子一旦得势，他就会设法恢复"君君，臣臣，父父，子子”的政治秩序，楚国就可能重新变成一个小国，鲁国的“三桓”就可能丧失权力，所以孔子其实一生都被排挤，这让他很苦恼：我怎么实现平定天下的理想呢？

4.9 子曰：“士①志于道②，而耻恶衣恶食者，未足与议也。”

【题旨】

本章要求仁德君子生活简朴。

【注释】

① 士：含义很复杂，主要含义有二：春秋中期以前，指贵族，详见《左传·隐公元年》《隐公五年》；从春秋晚期开始，则指尚未做官，正在读书的贵族子弟，做了官以后才是贵族，不过他们做官的可能性几乎是百分之百。战国时代，士的地位进一步下降，孟子甚至经常称“士庶人”。

② 道、德、道德：周代均指治国平天下的人生理想、政治理想。

【译文】

孔子说：“读书人（如果）有志于治国平天下的伟大理想，但又以穿破衣吃粗粮为耻，（这种人）不值得与他商议（国家天下的大事）。”

【简析】

周朝对仁德君子的政治要求，主要有两条：一是终身致力于“道”，无论成败；二是实现“道”无比伟大也无比艰难，君子不能贪图安逸，不能贪图钱财，因为贪婪者不可能努力实行“道”。从传世文献来看，西周连周天子的生活都非常简朴，但到了春秋中晚期，贵族的风气就已经非常奢靡。孔子特别指出，仁德君子要能过简朴生活，有很强的针对性。

4.10 子曰："君子之于天下也，无适也，无莫也，义之与比①。"

【题旨】

本章孔子指出，只要有利于平定天下，就可以干。

【注释】

① 比：比邻。义之与比，是符合道义的婉辞。

【译文】

孔子说："君子对天下大事，没规定只能怎么干，也没规定不能怎么干，只要与义为邻（就可以干）。"

【简析】

本章涉及"原则性与灵活性"的问题。孔子既讲原则性，又讲灵活性。例如孔子明确要求"生，事之以礼；死，葬之以礼，祭之以礼"（《为政篇》2.5），还说"丧事不敢不勉"（《子罕篇》9.16），这是原则性。同时，他又主张丧事从简，反对厚葬（《先进篇》11.8，11.11），他说"礼，与其奢也，宁俭；丧，与其易也，宁戚"（《八佾篇》3.4），这是灵活性。《孟子·尽心上》13.26："杨子取为我，拔一毛而利天下，不为也。墨子兼爱，摩顶放踵利天下，为之。子莫执中，执中为近之。执中无权，犹执一也。"鲁国贤人子莫"执中"，即行中道，但如不知根据"义"来权变，缺乏灵活性，就是偏执的"执一"了。

近代学者经常说，孔子要恢复西周奴隶制，因此很反动。首先，西周是否有奴隶制，这本身就是个问题。尽管二十世纪五十年代有定论，那个结论是否正确，很难说。其次，子贡曾经说，他的老师其实可以做天王（《子张篇》19.25）；孔子还准备做楚国的官、齐国的官，孔子无论是自己做天王，还是辅佐齐王、楚王，都没有恢复所谓西周奴隶制的考虑。这些历史事实都可以佐证本章。

4.11 子曰："君子怀德，小人怀土；君子怀刑①，小人怀惠。"

【题旨】

本章辨析君子小人。

【注释】

① 刑：本义指刑法，"刑""法"二字可以互训，在此借代天下国家的治理，与"怀德"之意相同。古代治理国家，主要有四种方法：德治，主要是思想教育，没有什么强制性；礼治，用良好的社会风俗、行为方式约束人，有一定的强制性（对官员的约束性更强，违反了礼甚至可能被杀）；政治，类似如今的行政法规，有相当的强制性，主要是从经济上处罚，但不杀人，不伤残人；法治，特指刑法，强制性极强，会伤残人，杀人，甚至诛杀亲族，同时也有经济处罚。治理国家，不可能只用刑法，只可能兼用四种方法，所以我认为本章的"刑"字代指治理国家。那么，"怀德"与"怀刑"就是同一个意思的不同说法，"怀土"与"怀惠"也是同一个意思的不同说法。

【译文】

孔子说："君子关注理想，小人关注田土；君子关注国家治理，小人关注经济实惠。"

【简析】

"君子"是贵族，经济地位、政治地位、文化水平、道德水平、自我期许都很高，其使命就是治国平天下；"小人"与"民"都是平民百姓，生计就是个大问题，所以只能操心实实在在的小利益，只想过平平安安的小日子。这类论述，周代文献中很多，不仅孔子，许多君子都有类似的语录传世。

"土"可有二解：一指土地，二指本乡本土，二说皆通。考虑到"惠"与"土"互文见义，译文用了第一说。

4.12 子曰："[①]放[②]于利而行，多怨。"

【注释】

① 这番话的主语，毫无疑问是"君子"。周朝的君子指在任、辞职、退休官员（辞职、退休，级别不变，俸禄不变，只是没有权责而已）和正在读书即将做官的贵族子弟。那时的读书人只要想做官（下大夫以上才叫做官，下大夫为县长级别），一般都可以做官，所以将其与官员同列。战国中晚期的读书人做官似乎就比较难了，可能这时随着教育的发展，文化不断下移，读书人已经很多，官帽子就显得少了。

② 放（fǎng）：依据。

【译文】

孔子说："（君子）要是按照私利行事，必然会招致很多怨恨。"

4.13 子曰："能以礼让[①]为国乎？何有[②]？不能以礼让为国，如礼何？"

【题旨】

本章孔子论述，君子要"礼让"兼用，以维护"礼"。不然则"礼"不存，天下乱。

【注释】

① 礼让："礼"的含义很复杂，主要是规范贵族内部的君臣父子兄弟关系。按照宗法制，嫡长子（也称"宗子"）继承君父的官爵，其余诸子（含嫡长子以外的所有儿子，也统称"余子"）一律下降一档分封。君父与臣子之间，宗子与余子之间，政治上是君臣，伦理上是父子或兄弟。这类原则性的规定，就叫"礼"。但在实际执行的过程中，又有难以统计的无数的特殊情况，例如嫡妻无子；嫡子、嫡长子

年幼，生理心理不健康，不愿意嗣位；君父废除了嫡妻，另立嫡妻，其中又包括只废嫡妻，不废嫡子，和嫡妻、嫡子均废两种情况，十分复杂。为了采邑、国家、天下的安宁，需要用“让”来调节，所以古今从来都是“礼让”并称。“礼”指原则性的规定，“让”指灵活性的临时性的安排，根本目的都是为了天下安宁，苍生有望，维护所有贵族和百姓的根本利益。本章孔子说，不知“礼让”，则“礼”不存。“礼”不存，则天下乱矣。

② 何有：何难之有。周代口语。

【译文】

孔子说：“能够用礼和让来治理国家吗？这有什么困难呢？（如果）不能用礼和让来治理国家，又怎么对待礼制呢？”

【简析】

周礼的核心是“君君，臣臣，父父，子子”（《颜渊篇》12.11），实行以“嫡长子继承制，余子分封制”为核心的一系列制度，这就是“礼”。但在执行“礼”的过程中，常常需要用“让”来调节，从而达到“中礼”的目的。例如，卫灵公立太子蒯聩，太子尚在，灵公死后，卫国朝廷却直接传位于太子之子、太孙卫出公。这是卫国朝廷无礼。但是如果卫出公将诸侯之位让给自己的父亲，卫国就可以回归正道。可惜出公不“让”其父，于是父子兵戎相见，天下所有诸侯均以为错在卫出公。又如，周人祖先古公亶父本当传位于嫡长子太伯，但却因嫡三子季历贤明而属意于季历，于是太伯、虞仲兄弟“让”，出走南方吴国，做了吴国的始祖。季历得以嗣位，然后恢复嫡长子嗣位的常道，传位于嫡长子昌，是为周文王，周家才有几百年的天下，太伯虞仲因“让”而“有令名”（《左传·闵公元年》）。这两个故事《论语》都讲过，前者见《述而篇》7.15、《子路篇》13.3，后者见《泰伯篇》8.1。

不讲“礼”，只讲“让”，这是毫无原则性；只讲“礼”，不讲“让”，这叫“执一”（孟子语），就是偏执之意；“礼”“让”结合，而最终要以“礼”

为依归，则贵族无不“君君，臣臣，父父，子子”，天下大治，“仁道”成矣。

4.14 子曰：“不患无位，患所以立①。不患莫己知，求为可知也。”

【题旨】

本章劝告随侍弟子，不要担心没有官做。

【注释】

① 立：这个字，古时与“位”是同一个字。所以将其理解为“位”字，亦通。

【译文】

孔子说：“（你们读书人）不用担心没官位，只担心你没当官的本事。不用担心大人不了解自己，（只要）追求让大人知道自己的本事就行了。”

【简析】

本章应是孔子对帐下弟子们说的，孔子多次劝告弟子，不要太着急当官，先学点治国安邦的本事再说，《学而篇》1.1、1.16，《宪问篇》14.30，《卫灵公篇》15.19等，都表达了这一意思。

周朝只有天王、诸侯、公卿才能任命官员，一般大夫手里没有官帽子，所以我用“大人”笼统指代他们。

春秋时代读书人很少，例如《左传·哀公八年》记载，当时鲁国总共只有三百位读书人，均被尊称为“国士”，所以只要学有所成，愿意当官，都没有问题。战国中晚期读书人就已经很多了，例如《孟子》说，孟子出游诸侯时，居然“后车数十乘，从者数百人”，即使有夸张，孟子弟子很多，恐怕是事实。孟子一人就有这么多弟子，那时有许多老师，弟子总数一定相当惊人。僧多粥少，当官就难了。

4.15 子曰：“参[①]乎！吾道一以贯之。”曾子[②]曰：“唯。”子出，门人问曰：“何谓也？”曾子曰：“夫子[③]之道，忠恕而已矣。”

【题旨】

本章为曾子之门徒记录的曾子语录。孔子告诉弟子曾参，自己的人生理想、政治理想，并而言之，谓之“道”；分而言之，谓之“忠恕”。这一章语录，总结了孔子学问两大理论体系当中的一大理论体系，无比重要。

【注释】

① 参：孔子晚年弟子曾参，字子舆。其父曾皙，孔子早期弟子。老师称弟子，称名不称字。

② 曾子：曾参门徒尊称曾参。综合考察《论语》《左传》《礼记》，孔子去世时，曾参年仅二十六岁，孔子在世时，曾参并未担任华夏大国的公卿。那么本次谈话发生时，原始记录应称曾参为“先生”。孔子去世后，曾参做过鲁国公卿，按照周礼。可以尊称他为“某子”，其门徒事后编辑整理《论语》时，按照曾参的官爵，遂改称“曾子”。这是古代文献的通例。按照编辑后的文本，本章记录者尊称祖师爷孔丘为“子”，不冠以姓氏，表示特别的尊敬；尊称自己的老师为“曾子”，称呼自己和同学为“门人”（曾子门下之人，即曾子之弟子，孔子之徒孙），本章自然是曾参的某个随侍门徒所记录。《论语》中“门人”共出现七次，其中六次都特指孔子授业弟子的门徒，即孔子的徒孙，只有《述而篇》7.29指孔子自己的弟子。

③ 夫子：他老人家。周朝华夏大国的公卿（上大夫），方可称“子”；公卿大夫（上、中、下大夫），均可笼统称“夫子”。此指孔子。

【译文】

祖师爷说：“参啊！我的道德贯穿着一个基本理念。”曾子说：“是。”

祖师出去后，我们问老师道："（他老人家说的）是什么意思啊？"老师道："他老人家的道德，只是忠道和恕道而已。"

【简析】

周朝文献中，"道""德""仁""道德"，都是同义词，均指仁德君子的治国平天下的伟大人生理想、政治理想，以及为了实现这一理想的终身实践。本章自然特指孔子的人生理想、政治理想和终身实践。

曾参是孔子的高足，非常理解自己的老师，所以孔子的话，曾参一听就懂了，但曾参的门徒没有听懂。但是祖师爷在场，徒孙们就不敢开口。祖师爷走了，门徒就请教老师曾参。《仲尼弟子列传》说，曾参小孔子四十六岁。那么孔子七十二岁去世时，曾参才二十六岁。因此可以计算出，曾参早在二十六岁以前就已设帐授徒，如果再晚，孔子就去世了，他们师徒祖孙三代就不可能一起谈本章这番话了。

"忠"，即"己欲立而立人，己欲达而达人"（《雍也篇》6.30）；"恕"，即"己所不欲，勿施于人"（《卫灵公篇》15.24）。"不欲"，不想"立人""达人"，不想治国平天下。"忠""恕"合而言之，谓之"道""德""仁""道德"。孟子说："得志，泽加于民；不得志，修身见于世。穷则独善其身，达则兼善天下。"（《孟子·尽心上》13.9）这是对孔子"忠恕"之道最准确的解释，也是后世几千年中国读书人的座右铭。

西汉以来的经师学者一直以为，孔子的道德和学问都以"忠恕"一以贯之。这是误解。孔子的人生理想、政治理想才以"仁"一以贯之；孔子的知识学问则以"礼"一以贯之。道德主要是人生理想，学问则主要是知识体系。

4.16 子曰："君子喻①于义，小人喻于利。"

【题旨】

本章辨析君子小人。

【注释】

① 喻：晓谕，知晓。

【译文】

孔子说："君子懂得仁义，小人懂得私利。"

【简析】

周代文献中这样的论述很多。"君子"是贵族及其子弟，"小人"本指在官府下大夫（相当于县长，最小的贵族）手下打杂的农民，后来泛指包括小人在内的所有的平民百姓。在经济地位、政治地位、受教育状况、道德水平、人生期许五个方面，君子都很高而小人都很低，所以君子、小人有本质的不同。

"义"其实也是利，不过是天下苍生的公利，所以我把"利"翻译为"私利"。

4.17 子曰："见贤思齐焉，见不贤而内自省也。"

【题旨】

本章论君子学"行"。

【译文】

孔子说："（君子）看见贤人，就想向他们看齐；看见不贤的人，就自我反省（想想自己有没有类似的毛病）。"

【简析】

周代君子的"学"，包括学"文"，即学习古代文献；也包括学"行"，即学习古今圣贤的善行，并且身体力行之。《论语》中具体到某章，则各有侧重。本章仅论学"行"。《述而篇》7.22："三人行（实行仁道），必有我师焉：择其善者而从之，其不善者而改之。"善者（贤）不善者（不贤）都是"我师”。两章可以合读，以互相佐证，互相发明。

4.18 子曰：“事父母几[①]谏，见志不从，又敬不违，劳而不怨。”

【题旨】

本章论君子如何侍奉父母。

【注释】

① 几（jī）：委婉，轻微。

【译文】

孔子说：“侍奉父母，（如果他们有不对的地方）要轻微婉转地劝谏。看见自己的心志没被父母听从，仍然恭敬（父母）而不忤逆他们，辛勤劳作而不怨恨他们。”

【简析】

“劳”，儿子辛苦劳作，以使父母免于饥寒。“怨”，“亲之过大而不怨，是愈疏也。”（《孟子 · 告子下》12.3）可见，父母有大过，儿子应抱怨，应劝谏，但不应怨恨。

4.19 子曰：“父母在，不远游，游必有方。”

【题旨】

本章论侍奉父母。

【译文】

孔子说：“父母在世，（儿子）不能出远门，（如果不得已）出远门，必须有明确的去处（以便父母需要时好召唤儿子）。”

【简析】

古代交通和通信都很落后，父母有事，儿子大多不知，即使知道了也来不及反应，因此家有老父老母者，儿子出仕都很谨慎。周朝官员一般五十岁左右出仕，七十岁左右退休。孟子的父母都特别长寿，孟子只有在家侍奉父母，不能出仕。孟父去世时，孟子已经大约七十岁。孟子万般无奈，只得带着母亲出游诸侯，谋求出仕。孟子在齐国做客卿时，孟母在齐国去世。孟子把母亲送回鲁国老家安葬。这就是“父母在，不远游，游必有方”的案例。

4.20　子曰：“三年无改于父之道，可谓孝矣。”

【简析】

本章与《学而篇》1.11相同，文字有多少之别。这说明，孔子论及这一问题时，随侍弟子各有所记，后来编《论语》时，因其内容重要，又都被收入。这类重复的例子还不少。

4.21　子曰：“父母之年，不可不知也。一则以喜，一则以惧。”

【题旨】

本章论孝道。

【译文】

孔子说：“父母的年龄，不可不牢记，一则（因其高寿而）高兴，一则（因其高寿而）忧惧。”

【简析】

儿子盼望父母长寿，但是父母真长寿，儿子们又非常害怕：父母年龄太大容易出事，儿子如果死在父母之前，父母会特别伤心，这些都是儿子们非常害怕的。

4.22 子曰："古者言之不出，耻躬之不逮也。"

【译文】

孔子说："古时候（的君子）不轻易说话，以行动赶不上（说的话）为耻。"

【简析】

孔子这番话只讲了一半，或者随侍弟子只记录了一半。另一半必然是，当今君子坐而论道，"行"不及"言"者，太多了。

4.23 子曰："以约失之者，鲜矣。"

【题旨】

本章论君子应当约束自己的言行。

【译文】

孔子说："因为约束（自己的言行）而犯过失的（情况），是很少的。"

【简析】

如以"约"为简约之约，则"约"有《学而篇》4.24"讷于言"之意。全章大意则是，"因为说话谨慎而出错的，是很少的"，此说亦通。

4.24 子曰："君子欲讷于言而敏于行。"

【译文】

孔子说："君子说话要木讷谨慎，工作要敏捷勤勉。"

4.25 子曰："德不孤，必有邻。"

【译文】

孔子说："真正的仁德君子不会孤单，一定会有（志同道合者来）相伴。"

【简析】

周代君子大多有寻找真正的仁德君子为友，以提高自己的道德水平的习惯，所以孔子有此分析判断。

4.26 子游[①]曰："事君数，斯辱矣；朋友数，斯疏矣。"

【题旨】

本章为言子教育自己门徒的语录，论待人之道，应保持一定距离。

【注释】

① 子游：姓言氏，名偃，字子游。吴国人，孔子晚年弟子。本章必为子游教育自己门徒的语录，门徒记录时，没有称呼老师表字的道理，必然尊称"先生"（子游没有做公卿时）或"言子"（子游做了公卿之后），曾参门徒编辑整理《论语》时，应该称之为"言子"。但是，曾子师徒认为，孔子死后，子游没有真正继承孔子的衣钵，不能继续得到特别的尊敬，故而将"言子"改为"子游"。曾参与子游是同学，曾参的弟子称曾参的同学的表字，符合礼制。

【译文】

子游说："侍奉君上太过频密，这就会招致侮辱；交往朋友太过频密，就会被人疏远。"

【简析】

孔子说："忠告而善道（导）之，不可则止，毋自辱焉。"（《颜渊篇》12.23）与本章含义相同。

本章用了"互文"法，原意为："事君数，斯辱矣，斯疏矣；朋友数，斯辱矣，斯疏矣。"《论语》中常用互文法，以求语言简洁，而又含义丰富。

公冶长篇第五

共二十八章

本篇主旨是评价贤人，这些贤人包括先代圣贤，也包括孔子师徒。这说明，《论语》编辑者非常清楚孔子师徒在华夏历史上的重要地位。《左传》作者采用春秋列国史料，记录孔子师徒，其实也是把他们当作圣贤看待的。这不是自大，而是文化自觉、理论自信，缺乏历史眼光，不可能如此。

5.1 子谓①公冶长②："可妻也。虽在缧绁③之中，非其罪也。"以其子④妻之。

【题旨】

本章孔子称赞弟子公冶长。

【注释】

①《论语》中凡是"子谓"某人，后面没有"曰"字的，这个"谓"都是评论、评价的意思。

② 公冶长：齐国人，复姓公冶，名苌，字子长，孔子弟子。司马迁《仲尼弟子列传》或曰字子芝，不符合周人的命字习惯（周人的名与字，含义大多或相同，或相反），"芝"盖"苌"之误。本章记录者是孔子的某位随侍弟子，公冶长的同学，称他"子长"或"公冶

（‘子’字省略）长”，都符合周礼。

③ 缧绁：捆绑罪人的绳索，在此代指监狱。

④ 子：古代兼指男女，此指女儿。

【译文】

孔子评价公冶长：“可以把女儿嫁给他。（他）虽曾被关在监狱之中，但不是他的罪过。”把自己的女儿嫁给他。

【简析】

公冶长为何坐牢，又怎样恢复清白，周代史料阙如。《青州府志》记载传闻说，公冶长懂得鸟语，一日，鸟告知他，有人暴死，子长遂往。官府污称子长杀人，故被囚禁。后来官府查清了案情，还了他清白。这一故事，恐系后世好事者附会之。

5.2 子谓南容[①]：“邦有道，不废；邦无道，免于刑戮。”以其兄之子[②]妻之。

【题旨】

本章孔子称赞弟子南容。

【注释】

① 南容：孔子早期弟子，鲁国世卿孟僖子之庶次子，孟懿子之双胞胎兄弟，其姓氏、名、字极其繁杂，叫人发蒙。综合《左传·昭公七年》《昭公十一年》《史记·仲尼弟子列传》《索隐》的记载，可知南容本姓仲孙，名说（悦），亦作阅，后以南宫为氏（古人有五代亲尽，别为氏族的礼制），名适，（《宪问篇》14.5，南容即自称“南宫适”），字敬叔，亦字子容，故同学记录本章时称他为南（宫子）容：南宫简称为南，子容简称为容。据《左传·昭公七年》《春秋·昭公二十四年》

记载，孟僖子鲁昭公二十四年二月去世时，留下遗言，要孟懿子、南容兄弟拜孔子为师，学习礼乐。孟僖子无嫡子，孟懿子不得不直接嗣位为卿，南容则成为孔子的帐下弟子。

② 兄之子：孔子异母兄长孟皮之女。此时或许孟皮已死，故孔子为侄女主婚。

【译文】

孔子评价南容："国家政治清明，（他会有官做）不会被废弃；国家政治黑暗，（他虽然还做官，却）可免于刑罚。"于是把兄长的女儿嫁给他。

【简析】

孔子对南容评价很高：政治清明时有官做，说明很有才；政治黑暗时能自保，说明很智慧。孔子赞美卫国公卿宁武子："宁武子，邦有道，则知（智）；邦无道，则愚。其知（智）可及也，其愚不可及也。"（《公冶长篇》5.21）装"愚"才可"免于刑戮"，"愚不可及"是很高的智慧。

5.3 子谓子贱[①]："君子哉若人！鲁无君子者，斯焉取斯？"

【题旨】

本章称赞弟子子贱，更称赞鲁国多君子的环境。

【注释】

① 子贱：姓宓（mì）氏，名不齐，字子贱。《仲尼弟子列传》《正义》引《颜氏家训》，汉初著名学者伏生即为子贱之后。"虙""伏"二字古通，"虙"（fú）后又误作"宓"，则"宓不齐"当为"虙不齐"之误。

【译文】

孔子评价子贱："这个人是位君子！假若鲁国没有君子，这个人从哪里学得这样的好品德呢？"

【简析】

孔子一向认为，只要经常与仁德君子在一起，有意识地接受其影响，久而久之，可望让自己也成为仁德君子。鲁为东夷故地，东夷自古多礼；又是周公之国，遵守周礼最严，颇有君子之风。《仲尼弟子列传》说，子贱治理单父(鲁国境内地名)，得到当地五位贤人的帮助，孔子曾大加赞赏。子贱生在鲁国，在鲁国接受教育，又在鲁国做官，正是鲁国多君子的环境，让他也成为君子。

5.4 子贡问曰："赐也何如？"子曰："女，器也。"曰："何器也？"曰："瑚琏①也。"

【题旨】

本章孔子批评子贡没有雄心壮志，气量太小，目光短浅。

【注释】

① 瑚琏：祭祀时盛粮食的器皿，极其珍贵。

【译文】

（在孔子评价了大家之后）子贡问老师道："我怎么样？"孔子说："你呀，就是个器皿。"（子贡）问："（我是个）什么器皿呢？"（孔子）说："就是个瑚琏。"

【简析】

本章评价弟子端木（一作"沐"）赐（字子贡）只是"器"，批评他没有治国平天下的雄心壮志。孔子主张"君子不器"。（《为政篇》2.12）要求

“士志于道”（《里仁篇》4.9，《述而篇》7.6），不为小事分心。子贡善于经商和外交，《仲尼弟子列传》称赞他：“子贡一出，存鲁，乱齐，破吴，疆（同‘强’）晋而霸越。”孔子虽也认为子贡有才，却并不认为他有安邦济世的伟大抱负，所以说子贡只是个“器”。

孔子师徒这番话，半开玩笑半认真。子贡对老师无比崇拜，无比感佩。但是，孔子去世后，现实生活迫使子贡最终选择背叛了老师的道德学问，做了战国时代纵横家的祖师爷。其实孔子在世时已经知道，子贡终将屈服于现实，放弃治国平天下的理想，所以称他为“器”。此所谓“知子莫如父，知生莫如师”也。

孔子常叫弟子谈论志向，从本章所记来看，应是孔子在与众弟子谈话，评论众弟子时，子贡与孔子的一小段对话。古人书写艰难，不得不掐头去尾，所以本章只记录了其中一小节。

5.5 或曰：“雍[①]也仁而不佞。”子曰：“焉用佞？御人以口给[②]，屡憎于人。不知其仁[③]，焉用佞？”

【题旨】

本章评论弟子冉雍，表达了夫子“讷于言而敏于行”（《里仁篇》4.24）的思想。

【注释】

① 雍：姓冉氏，名雍，字仲弓，鲁国人，孔子弟子。他是“贱人之子”，在孔子诸弟子中，出身最卑微。其他弟子都是贵族子弟。

② 口给：口才极好，雄辩滔滔。

③ 不知其仁：是否认其仁的婉辞。“仁”“圣”都是对君子的崇高评价。

【译文】

有人说：“冉雍有仁德，但没口才。”孔子说：“何必要有口才呢？用滔滔雄辩去对付人，常常被人讨厌。（我）不知道他是否有仁德，但为什么要有口才呢？”

【简析】

孔子不主张君子口若悬河而行动迟缓，弟子冉雍口才不好，有人认为这是缺点，孔子却不认为是缺点。至于冉雍是否有仁德，孔子说“不知其仁”。孔子评价子路、冉求、公西赤，也都说“不知其仁也”（《公治长篇》5.8）；评价楚国令尹子文、齐国陈文子，也说“未知”其仁（《公治长篇》5.19）；评价“克、伐、怨、欲不行”者，说“仁则吾不知也”（《宪问篇》14.1），都是否定其“仁”的婉辞。

5.6 子使漆雕开[①]仕，对曰：“吾斯之未能信。”子说。

【题旨】

本章孔子称赞弟子漆雕开为人诚实可靠。

【注释】

① 漆雕开：复姓漆雕，名开，字子开，鲁国人，孔子弟子。本章称漆雕开的姓名，孔门只有孔子和漆雕开自己才可这样称呼，漆雕开的同学只会称他的表字。因此本章语录的记录者，就是漆雕开自己。当然，如果记录者是称“漆雕（子字被省略）开”，那么本章的记录者，就是漆雕开的同学。本章的翻译，暂时按照漆雕开自己记录来翻译。

【译文】

老师让我去做官，我回答道：“我对这事还没有信心。”老师很高兴。

【简析】

弟子为了生计，为了事业，都想早点当官，所以孔子说：“三年学，不至于谷（当官拿俸禄），不易得也。”（《泰伯篇》8.12）孔子让弟子去做官，弟子老实说，我的本事还没有学到家，对当官还没有信心。孔子认为这个弟子很诚实，“不易得”，所以很高兴。

《史记 · 仲尼弟子列传》《索隐》引《家语》，说漆雕开“习《尚书》，不乐仕”。则“未能信”只是“不乐仕”之托词。颜回、原宪、闵子骞也都“不乐仕”，孔子也给予他们很高评价，尤其是称赞颜回“仁”。此说亦通。

5.7 子曰：“道①不行，乘桴浮于海。从我者，其由②与？”子路③闻之喜。子曰：“由也好勇过我，无所取材④。”

【题旨】

本章对子路先称赞，后批评。

【注释】

① 道：指治国平天下的伟大政治理想、人生理想。

② 由：仲由，字子路。老师称弟子，称名不称字。

③ 子路：本章记录者用叙述语，自然只能用自己的语气和身份，所以称仲由的表字“子路”。

④ 材：通“哉”。

【译文】

孔子说：“（假使我的）理想实现不了，（我想）乘个木排漂浮出海。（到那时）跟着我的，恐怕只有由吧？”子路听了很高兴。孔子说：“由啊太好勇了，大大超过了我，（你）没什么可取的呀！”

【简析】

本章主旨，后人大多集中在“道不行，乘桴浮于海”上。而曾参师徒将本章编入《公冶长篇》，是放在孔子评论子路“好勇过我，无所取材（同

‘哉’）”上。我采用后说，用《论语》本义。子路是孔子的得意门生之一。孔子评价子路要点有二：一、多次肯定他有治国安邦的才能。二、反复批评子路勇而无礼，不知进退的毛病。

子路的心态颇似小儿，老师一表扬，他便飘飘然而“喜”。孔子见其飘飘然，立即指出其“好勇”的毛病。孔子不仅不反对“勇”，还主张君子要有大“勇”（《宪问篇》14.4，14.28，《子罕篇》9.29），只是觉得子路勇而无谋（《述而篇》7.11），担心他“勇而无义”（《阳货篇》17.23）而已。“好勇”，好逞匹夫之勇，本是贬词，如《孟子·梁惠王下》2.3：“寡人有疾，寡人好勇。”而圣人一怒而安天下之民，则是大勇。

孔子为了实现“道”一直奋斗至死，所以“道不行”二句，恐怕为孔子一时一事之念，不可当真的。人有终身之志，也有一时一事之志，常人如此，圣人亦然。

5.8 孟武伯①问：“子路仁乎？”子曰：“不知②也。”又问，子曰：“由也，千乘之国③，可使治其赋④也，不知其仁也。”

“求也何如？”子曰：“求也，千室之邑，百乘之家⑤，可使为之宰⑥也，不知其仁也。”

“赤也何如？”子曰：“赤也，束带立于朝，可使与宾客言也，不知其仁也。”

【题旨】

本章孔子评价三位弟子，认为他们都有治理国家、采邑的才能，但都没有雄心壮志统一天下，因此都还没有达到仁德之境。

【注释】

① 孟武伯：鲁国公卿孟僖子之孙，孟懿子之子，南容之侄子，姓仲孙，名彘，武是其谥。原始记录，应称他为“孟子”；如果其父未死，则应称“孟孺子”。编辑《论语》时，他已死，谥号为武，故改之。孟

懿子哀公十四年卒，三月丧期一满，他便嗣位为卿，其政治地位比孔子都高。但是子路与其亲叔父南容年辈相仿，都是孔子的早期弟子，所以他尊称“子路”（称字含有敬意），不敢称“由”“仲由”。冉求（字子有）、公西赤（字子华）年辈较小，孟武伯就不客气地直接称名了。

② 不知、不知其仁：都是不仁的婉辞，表示弟子还没有达到仁德之境，还不是真正的仁德君子。这倒不是因为仁德之境难以企及，主要是由弟子是否愿为治国平天下而奋斗终生的意愿所决定的。

③ 千乘之国：春秋末期是大国，齐国才有千乘，鲁国八百乘，邾国六百乘。

④ 赋：兵赋。古代治国，以治军为龙头。孔子说子路可以治兵赋，其实就是说他可以治理国家。

⑤ 千室之邑：即百乘之家。卿大夫的采邑及其家族，称“家”。春秋时代，上卿的家臣之长，同时也是朝廷的大夫，所以既是上卿的部下，又与上卿同朝为官。

⑥ 宰：总管。家臣之长，称宰。

【译文】

孟武伯问：“子路有仁德吗？”孔子说：“（我）不知道。”（他）又问，孔子说：“由呀，千乘大国，可以让他负责兵赋，（但）不知道他有没有仁德。”

（他又问：）“求怎么样？”孔子说：“求呀，千户人口的私邑，（或者可出）百辆兵车的采邑，可以让他去当总管，（但我）不知道他有没有仁德。”

（他又问：）“赤怎么样？”孔子说：“赤呀，（他）穿着礼服，立于朝廷上，可以让他接待外国宾客，（但）不知道他有没有仁德。”

【简析】

本章借与孟武伯的谈话，评价仲由（字子路）、冉求（字子有）、公西赤（字子华）三位弟子。孔子认为，仲由之才胜过冉求，冉求之才胜过公西赤。

三个弟子都有治国安邦之才，但都还没有达到仁德之境。

孟武伯是鲁哀公、鲁悼公的上卿。他请孔子评价弟子，或有选择孟氏家臣、朝廷大臣之意，或仅仅是出于好奇。

《左传·成公十三年》："国之大事，在祀与戎。"孔子说子路可以负责千乘之国的兵赋，是说他可以治理一个大国。孔子说冉求可以治理一个千户人口聚居的私邑，或治理一个可出百辆兵车的卿大夫的封地，是说他具有治理一个县的能力。显然，子路之才胜过冉求。孔子认为公西赤熟悉朝廷外交礼仪，接待外宾没问题，外交当然是治国的重要方面，说明公西赤也具有治国才能。

孔子对学生才能的评价都很高，但对三个学生都说"不知其仁"，可见孔子认为他们还没有达到"仁人"的境界。"不知其仁"，与《公冶长篇》5.5"不知其仁"、5.19"未知"其仁、《宪问篇》14.1"仁则吾不知也"一样，都是"不仁"的婉辞。

孟武伯哀公十四年嗣位，子路哀公十五年去世，本次谈话应发生在这之间。

5.9 子谓子贡曰："女与①回也孰愈？"对曰："赐②也何敢望回③？回也闻一以知十，赐也闻一以知二。"子曰："弗如也；吾与女，弗如也。"

【题旨】

本章称赞弟子颜回聪明好学。

【注释】

① 与："女与回"的"与"，连词。"吾与女"的"与"，动词，赞同之意。《先进篇》11.26："吾与点也。""与"也是赞同的意思。

② 本章记录者是子贡的某位同学，同辈之间互相称字，所以叙述语称"子贡"，不称"赐""端木赐"；老师称学生、上辈称晚辈、上级称下级、自己称自己，称名不称字，所以孔子称"回"（颜渊）"赐"（子

贡），子贡自称“赐”。

③ 回：颜渊。子贡本不当称同学之名，而应该称字，但是跟着老师谈话久了，就顺着老师的口吻，也称“回”。这类案例，《先进篇》11.26中也有：公西华问老师“夫子何哂由也”，“由”即仲由，正常情况下同学应称他“子路”，公西华顺着老师的口吻说话，也称他“由”。

【译文】

孔子问子贡道：“你和回哪个强些？”（子贡）回答说：“我怎么敢跟回相比？回呀，听到一件事就可以推知十件事，我呀，听到一件事只能推知两件事。”孔子说：“你不如他，我同意你的话，你不如他。”

【简析】

本章评论弟子，认为颜渊之才远胜子贡。孔子教育弟子，要他们“举一反三”（《述而篇》7.8），“温故而知新”（《为政篇》2.11）。颜回“举一反十”，子贡“举一反二”，颜回之才远胜子贡。孔门弟子，论才情学问，颜回第一，子贡第二。论学术贡献巨大，子夏第一。孔子去世之后，子夏尽其可能地传授了老师的学问，他只是不愿意像老师那样，为了治国平天下奋斗至死而已。

5.10 宰予[①]昼寝[②]。子曰：“朽木不可雕也，粪土[③]之墙不可杇也！于予与何诛[④]？”子曰：“始吾于人也，听其言而信其行。今吾于人也，听其言而观其行。于予与改是。”

【题旨】

宰我记录老师骂自己，表示真心接受老师的批评。

【注释】

① 宰予：字子我，孔子弟子。本章孔子原话称“予”之名，叙述语称“宰予”之姓名，说明本章的记录者就是宰我自己。挨了老师的骂，

宰我老老实实记录下来，说明宰我发自内心地认可老师骂自己，下定决心改正错误。宰我后来成为著名学者，孔子甚至愿意给他传授远古五帝历史（详见《大戴礼记 · 五帝德》，司马迁《史记 · 五帝本纪》即以孔子所传授的《五帝德》为基础而写作），都与孔子骂他有关。

② 昼寝：大白天睡觉。古人日出而作，日入而息，没有午睡习惯。

③ 粪土：古人夯土为墙，故指墙壁上的腐朽之土。此土必先铲除，才可粉刷，《左传 · 昭公三年》所谓“粪除先人之敝庐”是也。

④ 诛：责备。口诛笔伐之诛，就是责备之意。

【译文】

我大白天睡觉。老师说：“（这真是）腐烂了的木头雕刻不得，腐朽的墙壁粉刷不得啊！对予，责备他什么呢？”（后来）老师又说：“起初我对别人，听到他的话便相信他的行为；如今我对别人，听到他的话但要观察他的行为。从予（大白天睡觉）之后，我改变了态度。”

【简析】

宰予大白天睡觉，所以挨了老师的骂。宰予记录本章的意思就是，老师批评我，我接受，我改正。君子不文过饰非，不二过。宰予老老实实记下老师批评自己的话，并且坚决改正，这就是一个例子。

本章第一段话，应是孔子看到“宰予昼寝”时立刻讲的。第二段，应是孔子事后想起此事，余怒未尽，气尚未消，事后又讲的，所以宰予又用一个“子曰”加以区隔。

从第二段话来看，大约宰予此前跟老师讲过发愤学习之类的话，也曾让老师相信过，孔子才收他做门徒。春秋末期，天王国学停办，读书人深造机会难得，能够成为孔子弟子很不容易。后来孔子见他“昼寝”，所以又发了“听其言而观其行”的感叹。《史记 · 仲尼弟子列传》引孔子语录：“吾以言取人，失之宰予；以貌取人，失之子羽。”可与本章互证。

5.11 子曰："吾未见刚者。"或对曰："申枨[①]。"子曰："枨也欲，焉得刚？"

【题旨】

本章论无欲则刚。

【注释】

① 申枨：《仲尼弟子列传》作申党，字周。"枨""党"古音相近，故通。

【译文】

孔子说："（你们这些弟子中）我没有见到刚强不屈的人。"有人回答说："申枨（是的）。"孔子说："枨啊，欲望太多，哪能刚强不屈？"

【简析】

孔子说"未见刚者"，应仅就此时随侍的诸位弟子而言，所以有人以在场者应之。同学称申枨，只能称"周""申周"，不能称"申枨"，弟子当顺着老师的口吻而称"申枨"。孟子说："养心莫善于寡欲。"（《孟子·尽心下》）可见"刚"（无欲）是仁者的重要修养之一。

5.12 子贡曰："我不欲人之加[①]诸[②]我也，吾亦欲无加诸人。"子曰："赐也，非尔所及也。"

【题旨】

本章孔子指出，春秋末期，国家之间弱肉强食，谁也无法独善其身。

【注释】

① 加：凌驾，欺凌。

② 诸：之于的合音字。

【译文】

子贡说："我不想别人欺凌我，我也不想欺凌别人。"孔子说："赐啊，这不是你所能做到的。"

【简析】

如果仅就文字而言，本章只能如此翻译，但似未翻译出原意。仅就个人而言，子贡是天下大名鼎鼎的大商人，又利口辩词，不欺凌他人，也不让他人欺凌自己，完全是可能的。但当子贡代表某个具体的国家时，他的想法就很难实现了。春秋晚期弱肉强食。子贡常在鲁国卫国为官，经常参加外交活动。当子贡代表鲁卫时，不受晋楚齐吴等强国欺凌，完全不可能；不欺负邾国杞国等更加弱小的国家，也几乎没有可能。因此，子贡此语很可能不是代表他自己说话，而是代表任职的国家说话，那么"我"就代表任职国，"人"则代表他国。

5.13 子贡①曰："夫子②之文章③，可得而闻也。夫子之言性④与天道⑤，不可得而闻也。"

【题旨】

本章是子贡语录，感叹很难听到老师谈论人性与天道。

【注释】

① 子贡：本章是子贡教育自己门徒的语录，原始记录必然记作"先生"（子贡当官之前）"夫子""端木子"（子贡当官后）。"先生""夫子"必然要改，不然后人不知是谁；"端木子"为什么要改？曾子门徒在编辑《论语》时，考虑到子贡在孔子去世之后，至少部分背叛了老师，做了纵横家的祖师爷，故而有意贬谪他，改称"子贡"。曾子与子贡是同学，弟子称呼老师的同学，称字不称名，亦不称"子"。

② 夫子：他老人家。尊称公卿和大夫，孔子当过鲁卿，故称"夫子"。

③ 文章：泛指古代文献，此指研究古代文献的学问。

④ 性：人性。从传世文献，特别是从《礼记 · 礼运》来看，孔子非常深入地研究过人性善恶等问题，只是谈得比较少而已，所以子贡叹息听不到。

⑤ 天道：孔子亦称“天”“命”“天命”，笼统指天的神性、人性、自然属性。古人相信，祖先灵魂归天，这是天的人性、神性的来源。传世文献记载，孔子经常讲天道，但是分散在几十年中，那就很少了。而且孔子每次谈天道时，子贡不一定都在场，所以觉得老师很少谈论天道。今日民间仍然常常称天为天道，这是方言存古。

【译文】

子贡说：“（我）老师的学问，可以听到。但他老人家讲人性与天道，（我们）就听不到了。”

【简析】

曾参师徒把本章编入《公冶长篇》，应取评价子贡对夫子之道领悟能力之意，重点是子贡。而子贡说这番话的本意，是评论孔子的学问，重点是孔子。我采用子贡的本意。

5.14 子路有闻，未之能行，唯恐有闻。

【题旨】

本章称赞子路认真学“道”，行“道”。

【译文】

子路（在老师这里）学有所得，还没来得及去实行，唯恐（离开老师之后）又有所闻（遗漏了老师的重要教导）。

【简析】

子路跟着老师“学”治国安邦之道，有所“闻”，于是想去“行”（实行）道。“行”道则必然要离开老师，去当官，他又担心遗漏了老师新的重要教导，因此颇感矛盾。

本章中“闻”“行”“闻”三个动词，后面都本有宾语“道”，因为这个宾语在当时人所共知，所以直接省略了。人所共知的宾语直接省略，以求简洁，古今皆然。

本章的记录者如果是子路的同学，以上文字则无任何问题，不过同学之间互相记录的情况极其罕见。如果是子路的门徒所记录，则“子路”原始记录应作“先生”（子路未做官）“夫子”（子路做了大夫后）。《论语》编辑者改称“子路”，因为如果不改，子孙不知道说谁。子路一生最大的官职，是先后做过鲁国上卿季康子和卫国上卿孔悝的总管，按照春秋时代华夏大国的惯例，上卿总管同时也是朝廷大夫，但只是下大夫，不是上大夫公卿，因此不可以尊称为“仲子”。

5.15 子贡问曰：“孔文子①何以谓之‘文’也？”子曰：“敏而好学，不耻下问，是以谓之‘文’也。”

【题旨】

本章孔子称赞卫国公卿孔文子。

【注释】

① 孔文子：即卫国正卿仲叔圉，卫灵公之婿，“文”是其谥号。根据死者的生平事迹，给他一个概括性的名号，这个名号就叫“谥”，这一宗教活动的过程叫“名”，就是命名的意思。周人出生命名，长大命字，死亡命谥。“文”是美谥。命谥这一宗教安排，至今仍有保存，只是宗教性全无，政治性突出，谥号也变得很长，文字很多而已。卫灵公荒淫无道，全靠孔文子、蘧伯玉、史鱼、祝鮀、王孙贾诸君子，

维持大局，才使卫国不至于大乱。据《左传》记载，哀公十五年，孔文子去世；十六年，孔子去世。按照周礼，孔文子去世快满三个月时，才会有谥号。由此可以推算，孔子发表本章所记谈话的时间，就在孔子去世之前不久，此时子贡、冉有都在鲁国做官。

【译文】

子贡问道："孔文子这个人，为什么他的谥号为'文'啊？"孔子道："（他）聪明好学，又不以下问为耻，所以用'文'做他的谥号。"

【简析】

周人所讲的"学"，包括学习圣人的美德善行，也包括学习古代的文献，即学"行"，学"文"。孔子经常往来于鲁国卫国之间，对卫国情况非常熟悉，经常称赞卫国君子。

5.16 子谓子产①："有君子之道四焉：其行己也恭，其事上②也敬，其养民③也惠，其使民也义。"

【题旨】

本章孔子称赞郑国公卿子产"仁"，这是崇高评价。

【注释】

① 子产：据《左传·昭公十六年》，郑国当时设六卿，上卿罕虎字子皮，亚卿公孙乔字子产，还有游吉字子太叔、驷堰字子游、丰施字子旗、印癸字子柳。子产担任亚卿二十二年，因为子皮信任，子产实际上执掌国政。其间，晋楚争霸，郑国国小力弱，又地处要冲，是两强必争之地，子产能保全郑国的安全和尊严，十分难得。《左传》襄公、昭公诸年对其事迹多有记载，春秋君子对他评价很高。《昭公二十年》："及子产卒，仲尼闻之，出涕曰：'古之遗爱也。'"《昭公五年》记载，

齐国公卿晏子称赞子产是“善人”。

② 事上：孔子不说“事君”而说“事上”，是因为当时子产只是郑国的亚卿，上卿是子皮，子产在子皮的信任支持下实际执政，所以子产要侍奉子皮和国君，因此我将“事上”翻译为“侍奉上级”。

③ 民：周代君子认为，有国有家（家指卿大夫的采邑）者要“养民”“使民”，所以“民”指平民百姓。

【译文】

孔子评论子产：（说他）“有四种行为符合仁德君子之道：他自己庄重恭敬，他侍奉上级负责认真，他教养民众有恩惠，他使唤民众合道义。”

【简析】

孔子说过，“居处恭，执事敬，与人忠”，就是“仁”（《子路篇》13.19）。“其行己也恭”即“居处恭”，“其事上也敬”即“执事敬”，“其养民也惠，其使民也义”即“与人忠”。本章孔子虽未点明子产“仁”，但实际上已称其为“仁”了，这是非常崇高的评价。

5.17 子曰：“晏平仲[①]善与人交，久而敬之。”

【题旨】

本章称赞齐国公卿晏子。

【注释】

① 晏平仲：名婴，字仲，谥平，齐国公卿。先后辅佐齐灵公、庄公、景公，身相齐国，名显诸侯，使齐国在齐桓公之后，再次成为强国。《史记·管晏列传》记载：“晏子长不满六尺。”曾子曾说“可以托六尺之孤”（《泰伯篇》8.6），可见在周代，六尺只是儿童的身高，晏子是个侏儒。以貌取人是人之天性，晏子其貌不扬，初见者必然小视晏

子。得知晏子才德过人，才会尊敬他。

【译文】

孔子说：“晏平仲善于与别人交朋友，时间长了，别人就会敬重他。”

【简析】

《史记·孔子世家》记载，孔子三十五岁左右时，曾奉命参与接待来访的齐景公和晏子，此后又到齐国给上卿高昭子做过家臣，时间长达八年左右，应与晏子直接交往。故孔子所说，应有亲身体验，并非根据传闻。

5.18 子曰：“臧文仲①居蔡②，山节藻棁③，何如其知④也？”

【题旨】

本章批评鲁国公卿臧文仲迷信神龟。

【注释】

① 臧文仲：鲁国公卿，历仕鲁庄公、闵公、僖公、文公四朝。孔子曾经批评他：“臧文仲，其不仁者三，不知（智）者三。下展禽（让柳下惠屈居下位，《卫灵公篇》15.14），废六关（国家无从稽查关隘），妾织蒲（卖以牟利，与民争利），三不仁也。作虚器（养神龟），纵逆祀（放纵鲁国宗伯夏父弗忌“逆祀”，即在明堂里将鲁僖公牌位置于闵公之上，乱了昭穆），祀爰居（海鸟偶至，竟祭之以为国典），三不知（智）也。”（《左传·文公二年》引）

② 居蔡：使蔡居。蔡，产自蔡国的特大乌龟。古人迷信，认为占卜所用乌龟越大越灵，而当时天下只有蔡国的乌龟最大，所以臧文仲专门盖豪华房子养乌龟。

③ 节：斗拱。棁（zhuō）：梁上短柱。

④ 何如其知（智）：“其知（智）何如”之倒文。

【译文】

孔子说："臧文仲让一种名叫'大蔡'的大乌龟住在房子里，房子上还有山一样的斗拱和画着藻的柱子，（这样礼遇乌龟）他是否明智呢？"

【简析】

本章评论鲁国公卿臧文仲（臧孙辰），暗讽其迷信神龟，并不明智。

臧文仲的孙子臧武仲（臧纥）也迷信大蔡神龟，《左传 · 昭公二十五年》："臧昭伯如晋，臧会窃其宝龟偻句。""偻句"为乌龟之名。看来臧氏迷信神龟，不重人事，有家族传统。

5.19 子张[①]问曰："令尹子文[②]三仕为令尹，无喜色；三已之，无愠色。旧令尹之政，必以告新令尹。何如？"子曰："忠矣。"曰："仁矣乎？"曰："未知，焉得仁？"

"崔子弑齐君。陈文子[③]有马十乘[④]，弃而违[⑤]之。至于他邦，则曰：'犹吾大夫崔子也。'违之。之一邦，则又曰：'犹吾大夫崔子也。'违之。何如？"子曰："清矣。"曰："仁矣乎？"曰："未知，焉得仁？"

【题旨】

本章评价楚国令尹子文之"忠"，齐国大夫陈文子之"清"，认为他们虽然都很高尚，但都没有达到仁德之境。

【注释】

① 子张：复姓颛孙，名师，字子张，孔子晚年弟子。

② 令尹子文：楚国称国相为令尹。子文当鲁庄公、闵公、僖公之世，担任楚国令尹前后共二十八年，其间可能几次被任用，又几次被罢免。《国语 · 楚语下》第三章谓其"三舍令尹"，与《论语》本章所记暗合。

③ 崔子、陈文子：即齐国公卿崔杼、大夫陈须无。齐庄公无道，崔杼弑之，陈须无"弃而违之"，乃自动离开齐国。崔子弑君事，见《春

秋》《左传》之《襄公二十五年》，此时孔子只有四五岁，当读史书而知之。崔杼此人，鲁《春秋》直接称其姓名“崔杼”，这是责怪他弑君；《左传》采用齐国史料，尊称他为“崔子”，说明齐国史官认为崔杼弑君乃迫不得已，罪在齐君无道。两国史官对此看法不一。子张称“崔子”，说明他理解崔杼，认为齐君无道。

④ 乘（shèng）：复合量词。一辆青铜马车，配四匹马，十名甲士，并称一乘。战国时代，甲士配置为七十二人，其余不变。卿大夫有采邑，采邑有大小，兵赋有多少。所谓“有马十乘”，其实是指陈须无采邑的所有兵赋，也就是说，他抛弃了自己的全部采邑，他在齐国的全部财产，并不是说他只放弃了车马，留下了土地人口。

⑤ 违：离开。

【译文】

子张问道：“令尹子文多次担任令尹，面无喜色；多次被罢免，面无怨色。（每次被罢免）自己执政时的政令，一定会告诉新的令尹。（令尹子文）怎么样？”孔子道：“（他）很忠于职守了。”（子张）问道：“可以算仁了吗？”（孔子）道：“不知道，他怎么算仁呢？”

（子张又问道：）“崔子犯上作乱杀死齐庄公。陈文子有十乘之家，舍弃不要，自动离开齐国。到了别国，他说：‘（这里的执政者）就像我国的崔子一样。’又离开。（他）到了另一个国，又说：‘（这里的执政者）就像我国的崔子一样。’又离开。（陈文子）怎么样？”孔子道：“（他）很清白。”（子张）问：“可以算仁了吗？”（孔子）道：“不知道，他怎么算仁人呢？”

【简析】

令尹子文对国家忠心耿耿，陈文子做人做官都清清白白，都很了不起，很高尚。但是孔子认为，自保清白的私德虽然也很可贵，但仁德君子应该更加重视兼善天下的公德，所以认为他们两位都没有达到仁德之境。

陈文子到任何国家，都会遇见像崔杼一样实际控制国家的卿大夫，说明春秋晚期卿大夫实际掌控国家的情况十分普遍。

5.20 季文子[①]三[②]思而后行。子闻之，曰：“再，斯可矣。”

【题旨】

本章调侃鲁国上卿季文子太世故，太谨慎。

【注释】

① 季文子：即季孙行父，鲁国上卿，历仕鲁文公、宣公、成公、襄公四朝，《左传》中有他的许多故事。这段时间晋国称霸，欺凌诸侯，鲁国甚至考虑背叛晋国，投靠楚国。季文子经过反复考虑，劝谏鲁君：“楚虽大，非吾族也，其肯字我乎？”公乃止（《成公四年》）。大概季文子做事非常谨慎，反复权衡，精于世故，孔子才有这番评论。

② 三：“三五七九”及其倍数有时表示具体数目，大多表示概数极数，案例极多。《论语》中“三”有时是具数，如“君子有三戒”，“戒色”“戒斗”“戒得”（《季氏篇》16.7）；有时作概数，如“举一隅不以三隅反，则不复也”（《述而篇》7.8），“三人行，必有我师焉”（《述而篇》7.22）。本章这个“三”，本来是概数极数（所以译文如上），孔子却故意把“三”当作具数，因而用“再”来回应。“再”即两次，是个具数。孔子这样回应，似有戏谑调侃季文子之意，谓其做事太谨慎，太世故。

【译文】

季文子（做事）反复权衡才行动。孔子听到了，说：“想两次，这就可以了。”

【简析】

孔子出生于鲁襄公年间，出生很晚。季文子的故事，孔子当从鲁史而知之，读鲁史而发此议论。

5.21 子曰："宁武子[①]，邦有道，则知；邦无道，则愚。其知可及也，其愚不可及也。"

【题旨】

本章评论卫国公卿宁武子，认为他是一位真正的聪明人。

【注释】

① 宁武子：姓宁，名俞，是卫成侯（约当鲁庄公、闵公、僖公、文公）时代的公卿，生活年代比孔子早许多，《左传》多有其事迹。宁武子装傻的故事，当时君子及后人如孔子辈，当均有所耳闻。如《左传·文公四年》："宁武子来聘，（鲁文）公与之宴，为赋《湛露》《彤弓》。（宁武子）不辞，又不答赋。"二诗皆为天子宴诸侯之诗，怎么能用在诸侯（鲁文公）宴请客卿（宁武子）的宴会上呢？宁武子明知鲁侯违礼，却假装不懂，故意不点破，所以既无答词，也不赋诗回应。这就是他"愚不可及"的例子。后世郑板桥说"难得糊涂"，即用宁武子故事和孔子本章语录本意。

【译文】

孔子说："宁武子，国家政治清明，他就聪明智慧；国家政治黑暗，他就假装愚笨。他的聪明智慧别人赶得上，他假装愚笨的本事别人就赶不上了。"

【简析】

春秋末期，政治混乱，正人君子做官，风险已经很大。本章的故事和评论，就折射出了这一历史事实。"愚不可及"，孔子本是褒义，后世经常用作贬词。

5.22 子在陈，曰："归与，归与！吾党之小子狂简，斐然成章，不知所以裁[①]之。"

【题旨】

孔子盼望回国。

【注释】

① 裁：裁剪布料缝制衣裳，比喻教育学生。人的天性如同野生的花草，必须裁剪方可成才，故有此喻。

【译文】

孔子在陈国，说："回去吧，回去吧！我们那里的学生志向远大，文采斐然，（我）还不知道怎样教导他们呢！"

【简析】

《史记·孔子世家》考证，孔子在陈国三年，大多数弟子仍留在鲁国。陈国有时投靠蛮夷楚国，有时投靠华夏大国，所以此时各位霸主竞相伐陈，孔子不得安宁。加上鲁国刚刚嗣位为上卿的季康子召孔子随侍弟子冉求，将予重用，所以孔子喟然而叹，有思归之心。这一年为鲁哀公三年，孔子大约六十岁。

鲁哀公三年，鲁国上卿季桓子去世，因为嫡子尚未成年，命其成年庶子季康子暂时代理上卿之职。桓子遗命康子：一、将来要把上卿职务交还给嫡子；二、后悔当初故意气走孔子，使鲁国衰弱不堪，屡受欺凌，要康子重用孔子。康子领命，却拒绝执行，只是把孔子弟子冉求召到朝廷。当然，当时孔子并不知道这些内幕。

5.23 子曰："伯夷、叔齐①，不念旧恶，怨是用希。"

【题旨】

本章称赞伯夷、叔齐的恕道。

【注释】

① 伯夷、叔齐：殷商末期孤竹国国君的两位公子，他们都不愿意继承父亲的爵位，逃到周国。武王伐纣，他们认为这是以臣弑君，因此耻食周粟，最后饿死于首阳山。周代很多文献都记载有他们的故事，司马迁据此写有《史记 · 伯夷列传》。孔子对伯夷、叔齐的评价一直很高，认为他们是“古之贤人”，“求仁得仁”（《述而篇》7.15）。

【译文】

孔子说：“伯夷、叔齐不挂记过去（对别人）的怨恨，（别人对他们的）怨恨因此就很少。”

【简析】

孔子提倡“恕”道，要求厚责自己，薄责他人，这就不会招致别人的怨恨了（《卫灵公篇》15.15）。大概伯夷、叔齐的所作所为，符合孔子的“恕”道，所以才有这番评论。

5.24 子曰：“孰谓微生高直？或乞醯[①]焉，乞诸[②]其邻而与之。”

【题旨】

本章批评微生高太在意自己的小名声，并非真正的君子。

【注释】

① 醯（xī）：醋。

② 诸：之于的合音字。

【译文】

孔子说：“谁说微生高为人直爽？有人找他讨点醋，（他不明说自己没有）却到邻居家讨点而转给讨醋的人。”

【简析】

微生高，《庄子》《战国策》均作“尾生高”，说他与一女子相约在一桥下见面，久等女子不至，水涨很高仍不走，终于淹死。微生高当时的名声大约很大，这样的盛名反过来又绑架了他，使他太在意自己的名声，所以做出本章所记这样可笑的事来。

孔子认为，“君子贞而不谅”（《卫灵公篇》15.37），应该追求大道，以天下为己任，不应在意小名声小信誉。因此，微生高与女人约会守信而死，却不是为治国平天下而死，也只是刻板迂腐不知轻重的行为，并不值得称道。

5.25 子曰：“巧言、令色、足恭，左丘明①耻之，丘亦耻之。匿怨而友其人，左丘明耻之，丘亦耻之。”

【题旨】

本章批评小人虚伪。

【注释】

① 左丘明：相传《左传》为左丘明所作。但是，据杨伯峻先生考证，《论语》成书于孔子去世四十多年后，《左传》成书比《论语》晚约二十年，（详见《春秋左传注·前言》，中华书局1981年版）。那么《左传》作者左丘明是孔子的后辈。本章孔子引左丘明以自重，那么这位左丘明必然是孔子的前辈。从传世文献来看，春秋时代同名同姓现象已经比较多，史官已经注意到这一情况，记录历史时，特别注意在同名者前面加上国名，或者同名的称字，同字的称名，以示区别。

【译文】

孔子说：“花巧的言语，动人的容貌，十足的恭顺，（这种人）左丘明认为可耻，我也认为可耻。内心藏着对人家的怨恨，表面上却对人家友好，（这种人）左丘明认为可耻，我也认为可耻。

【简析】

《论语》对小人颇多批评，如“巧言令色，鲜矣仁”(《学而篇》1.3)，“巧言乱德”(《卫灵公篇》15.27)。

5.26 颜渊、季路[①]侍[②]。子曰：“盍[③]各言尔志？”

子路曰：“愿车马衣（轻）裘[④]与朋友共，敝之而无憾。”

颜渊曰：“愿无伐善，无施劳。”

子路曰：“愿闻子之志。”

子曰：“老者安之，朋友信之，少者怀之。”

【题旨】

孔子师徒各言其志。

【注释】

① 颜渊、季路：颜渊，名回，字子渊。周朝君子命字，特别喜欢命作“子某”，所以同学称他经常直接把“子”字省略掉，以求语言简洁。季路，即仲由，字子路。他只比孔子小九岁，是孔门年龄最大的弟子，几乎终身追随老师。古人有“五十而称行第”的习俗，子路年满五十，同学们为了表示对他的尊敬，既称“子路”，也称“季路”。这说明，本章谈话发生时，子路年逾五十，孔子年逾六十。

② 侍：孔子坐着，弟子们站着陪侍。

③ 盍：同“何”，何不之意。

④ 轻：应为衍文。平民百姓过冬天，要用麻布、葛布制作衣服套子，里头塞入麻絮、葛絮，谓之袍。贵族则用蚕丝作絮，或者穿裘皮大衣。

【译文】

颜渊、季路侍奉孔子，站在旁边。孔子说：“何不各人谈谈自己的志向呢？”

子路说："希望我的车马衣裳与朋友们一起使用，用坏了也没什么遗憾。"

颜渊说："希望不夸耀（我的）好处，不表白（我的）功劳。"

子路（对老师）说："希望听听您的志向。"

孔子说："（我想）老人让他们生活安定，朋友让他们信任我，年轻人让他们怀念我。"

【简析】

孔子所说的"老者、朋友、少者"，仅指上等人，不包括平民。孔子一直认为，能够"立人达人"（《雍也篇》6.30），即解决上等人的问题，就已经很了不起了，连伟大的尧舜都没有办法帮助平民（《宪问篇》14.42）。周代君子的看法大都如此。

师徒三人的志向，孔子之志，意在"立人达人"；颜渊之志，意在治国平天下，而不居功自傲；子路之志，意在朋友。孔子颜渊之志，均为"仁"，子路之志，则为"友"。

5.27 子曰："已矣乎[①]，吾未见能见其过而内自讼者也。"

【题旨】

本章叹息君子难觅。

【注释】

① 已矣乎：绝望之叹。《卫灵公篇》15.13："已矣乎！吾未见好德如好色者也。"《左传·昭公十二年》："已乎已乎！非吾党之士乎！"《楚辞·离骚》："已矣哉！国无人莫我知兮，又何怀乎故都。"均其例。

【译文】

孔子说："算了吧！我还没见过发现自己的过错就自我责备的人。"

【简析】

人的本性，容易看到自己的长处而不容易看到自己的过错，即使发现了自己的过错，也很容易为自己开脱，直到下次再犯相同的过错。只有君子才能克服人性的这一弱点。所以孔子特别强调君子要勇敢地承认自己的过错，并且改正自己的过错。孔子慨叹未见自责其过的真君子，应为有感而发，其具体的语言环境则不得而知。

5.28 子曰："十室之邑①，必有忠信如丘者焉，不如丘之好学也。"

【题旨】

本章孔子认为自己好学。

【注释】

① 室：居住之处，周人常作计量单位。《左传·宣公十五年》："晋侯赏桓子狄臣千室。"即其例。邑：古代都市村庄均可称"邑"。"十室之邑"在当时是很小的村庄。

【译文】

孔子说："即使在只有十户人家的小村庄，也一定有像我这样忠诚信实的人，（只是他们）不像我这样勤奋好学罢了。"

雍也篇第六

共三十章

6.1 子曰："雍①也可使南面②。"

【题旨】

本章称赞弟子冉雍。

【注释】

① 雍：孔子弟子冉雍，字仲弓。周礼，老师称弟子，称名不称字。

② 长官坐在何方，周代官方有两种礼制：来自西北的华夏诸国以北为至尊，以西（至尊者之右）为次尊，以东（至尊者之左）为再次，上右，长官坐北朝南，君临臣民，这就是《左传》常说的"南面""当阳"。此俗至今犹存，至今方言仍以"当阳"为当权之意。来自东南的楚人等东夷诸国则以东为至尊，以南（至尊者之左）为次尊，以北（至尊者之右）为再次，上左，长官坐东朝西，君临臣民。两种礼制设计的根本原因，都是出于祖先崇拜，即都以祖先祖坟的方向为至尊，以最接近祖先祖坟的方向为次尊。按照周礼，当一个人以最高长官身份出现时，坐北朝南，其余官员按照官爵高低，依次而坐。孔子说，弟子冉雍可以"南面"，是说他可以治理一方。古代学者解读本章，喜欢把他治理多大的地方说得很清楚，并无科学依据。

【译文】

孔子说："雍啊，可以让他当长官。"

6.2 仲弓[①]问子桑伯子[②]，子曰："可也简。"

仲弓曰："居敬而行简，以临其民[③]，不亦可乎？居简而行简，无乃大[④]简乎？"子曰："雍之言然。"

【题旨】

本章论行政要简约，不可扰民。

【注释】

① 仲弓：冉雍的表字。他的同学作记录，叙述语自然要用同学的口吻，所以称他的表字"仲弓"，不能称他的名"雍"。周礼，同学同辈之间互称表字，以示敬意。

② 子桑伯子：未详何人，古人有所猜测，均无确证。从孔子师徒对话来看，此人应为卿大夫，为政一方，执政简约，不扰民。

③ 临民：治理百姓。

④ 大：同"太"。

【译文】

仲弓问子桑伯子（行政怎么样），孔子道："可以的，只是简单了些。"

仲弓道："心存严肃认真而行政简单，以治理民众，不也很好吗？（如果）心存简单，考虑不周，而行政也简单，不也太简单了吗？"孔子道："你这番话正确。"

【简析】

孔门弟子大都当官，他们谈起当官行政的事来确有心得，并非仅仅出自书生悬想。为官者治理国家，使唤民众，必须事事考虑周到，严肃认真对待，但实行起来，又要简洁明了，不能折腾百姓。

6.3 哀公①问："弟子孰为好学②？"孔子③对曰："有颜回④者好学，不迁怒，不贰过，不幸短命死矣。今也则亡，未闻好学者也。"

【题旨】

本章孔子称赞弟子颜回学习圣贤的善行，叹息其早死。

【注释】

① 哀公：春秋末期鲁国国君，谥号为"哀"。原始记录必称"公"，曾子门徒编辑《论语》时，改称"哀公"。

② 学：包含两层含义：学习圣人的善行，学习文献的学问，具体所指要看语言环境。本章指"学"善行。

③ 孔子：哀公必在朝廷问孔子，朝廷可称"子"的公卿多，故记录称"孔子"不称"子"，以便指代明确。

④ 颜回：孔子对帐下弟子称颜回只称"回"，这是为了语言简洁；对国君说起颜回，连姓带名，这是为了指代明确。

【译文】

鲁哀公问："(你的)弟子中谁最好学？"孔子答道："有个叫颜回的好学，他不拿别人出气，不再犯同样的过错，不幸短命死了。如今再也没有了，再也没听说好学的了。"

【简析】

在所有弟子中，孔子对颜回评价最高，称赞他"贤"(《雍也篇》6.11)，称赞他"仁"(《雍也篇》6.7)，本章则称赞他"好学"。本章所说的"学"，仅仅指学"行"，即学习圣人的善行。季康子也曾与孔子有过相似的对话(《先进篇》11.7)，孔子则对颜回学"文"学"行"一并评价。

《仲尼弟子列传》说颜回小孔子三十岁，后世学者考证小四十岁。那么颜回三十二岁去世时，孔子已经七十二岁，不久孔子也去世了。孔子与鲁哀公、季康子谈论颜回的语录，很可能就是《论语》所收孔子最晚的语录。

6.4 子华①使于齐，冉子②为其母请粟。子曰："与之釜③。"

请益，曰："与之庾。"

冉子与之粟五秉。

子曰："赤之适齐也，乘肥马④，衣轻裘⑤。吾闻之也：'君子周⑥急，不继富。'"

【题旨】

本章所论与今"只能雪里送炭，不能锦上添花"相同。记录者是冉求的门徒。徒孙记录祖师爷的语录，这类案例不多。

【注释】

① 子华：复姓公西，名赤，字子华，孔子弟子。本章记录者是冉求的弟子，冉求与公西赤是同学。周礼，称呼老师的同学，称字不称名，故本章叙述语称"子华"。

② 冉子：尊称冉求，字子有，孔子弟子。孔门只有冉求自己的弟子，才会尊称他为"冉子"，冉求的同学和同学的弟子都只会称他的表字"子有""冉有"（省略"子"字），孔子只会称他的名"求"。那么本章的记录者就是冉求自己的门徒了。

③ 釜：合六斗四升，"庾"合二斗四升，"秉"合十六斛，一百六十斗（均从杨伯峻先生《论语译注》），冉求给一个老妇"五秉"小米的确太多。

④ 乘肥马：乘坐肥壮的马拉的车，而不是直接骑马。春秋时代华夏贵族尚未直接骑马，而是坐马车。战国时代，由于井田制进一步被破坏，马车行驶不便，于是逐步出现贵族放弃马车，直接骑马的现象。

⑤ 轻裘：轻便暖和的裘皮大衣。贵族过冬，或穿裘皮衣，或穿用丝绸面料和丝絮加工的加厚衣裳，轻便保暖。平民百姓过冬，以麻布葛布作面料，里面塞进麻絮葛絮，谓之袍，很重而且保暖性能较差。

⑥ 周：周济，救济。

【译文】

子华出使去了齐国，（其母一时无人奉养）冉子为他母亲请求小米。孔子说："给她一釜。"

（冉子）请求增加一些，（孔子）道："再给她一庾。"

冉子竟然给了她五秉小米。

孔子道："赤到齐国去，乘坐着肥壮的马（拉的车），穿着轻便暖和的裘皮衣（他家够富有了）。我听说：'君子只应帮人急难，不应让人家富上加富。'"

【简析】

本章亦可将"子"译为"祖师"，将"冉子"译为"老师"。

周朝贵族子弟读"家学"，由卿大夫出钱；读"乡学"，由诸侯出钱；读"国学"，由周天王出钱，总之教育免费。孔子最早于鲁昭公二十四年五月开办私学，当时孔子没有做官，自然没有俸禄，想必得到孟孙氏等家族的经济支持。鲁定公十年，孔子担任鲁国公卿，于是拿出部分俸禄养弟子。孔子辞职后，尚为国老，俸禄似乎没有减少，随着儒学名声越来越大，想必有诸侯公卿资助，所以孔子叫弟子原宪做了孔府的总管（见本篇6.5），具体负责这些事务。《史记·孔子世家》记载，孔子在鲁卫，年俸都是六万（《索隐》推测或许是六万斗，约当汉唐四千石）。这么多粮食，孔子一家无论如何都吃不完。由此可以推知，孔子周游列国时，诸侯当出钱出粮资助孔子养随侍弟子，但孔子并无养当官弟子，更没有养当官弟子家人的义务。所以弟子公西赤出使齐国，冉求要求老师周济公西赤的母亲，还勉强说得过去，但他竟然给了公西赤的母亲"五秉"小米，让她很多年都吃不完，这就太过分了。

6.5 原思[①]为之宰[②]，与之粟九百[③]，辞。子曰："毋，以与尔邻里乡党[④]乎！"

【题旨】

本章称赞弟子原宪不贪财。

【注释】

① 原思：原宪，字子思，孔子弟子。《史记·仲尼弟子列传》记载，孔子在世时，他做过孔府总管。老师去世后，他不肯做官。子贡离开鲁国，做了卫国的国相，高车肥马，来看原宪，原宪穿得破破烂烂见子贡。孔子弟子中，颜回、闵子骞、原宪最为淡泊名利。

② 宰：公卿家族的总管。孔子做过鲁国公卿，虽然辞职了，但俸禄没有改变，需要有人打理。

③ 九百：孔子给原宪的年俸，应该是九百小斗，约合汉唐三十担。孔子的年俸是六万小斗，约合汉唐四千担。孔子的弟子由孔子养。古代官员大多会拿出一部分俸禄养弟子，这个风气从孔子开始。

④ 邻里乡党：泛指乡亲。古时五家为邻，二十五家为里，一万二千五百家为乡，五百家为党。

【译文】

原思担任孔府总管，（孔子要每年）给他小米九百（小斗），（原思）推辞。孔子道："别（推辞，如果有多的）给你地方上（的平民百姓）吧！"

【简析】

本章重点应不在"子曰"上，而在原宪上。

6.6 子谓仲弓，曰："犁牛[①]之子骍[②]且角[③]，虽欲勿用[④]，山川其舍诸[⑤]？"

【题旨】

本章称赞弟子冉雍虽然出身低贱，却非常优秀。

【注释】

① 犁牛：耕田拉车的下贱的水牛。西周晚期春秋时代发明了人工炼铁技术，农耕随之大发展。当时中原地带及其周边广大地区，包括今河南及其周边所有省份，都气候湿润，适合种植水稻，所以多有水牛，黄牛较少。水牛体格强壮，肉质较差，故多耕田拉车；黄牛肉质美，而且毛色非常接近周人崇拜的红色，故多用来祭祀鬼神。所以孔子把冉雍身为“贱人”的父亲比作只能耕田拉车的下贱水牛，把冉雍比作可以祭祀鬼神的高贵的黄牛。

② 骍：通体赤色。周人尚赤，故祭祀用牛要通体赤色（其实是黄色），无一杂毛。

③ 角：两角周正。

④ 用：杀牲或杀人以祭鬼神，周代都谓之“用”,“用饭”“用餐”“用膳”即本于此。

⑤ 诸：之乎的合音字。

【译文】

孔子谈到仲弓，说：“耕牛的儿子长着赤色的毛、整齐的角，虽然不想用它作牺牲，山川之神难道会舍弃它吗？”

【简析】

《史记·仲尼弟子列传》载，冉雍的父亲是个“贱人”，而孔子认为冉雍是可以治国安邦的优秀人才，其父不善，并不妨碍其子之善。

6.7 子曰：“回也，其心三月[①]不违仁，其余则日月至焉而已矣。”

【题旨】

本章称赞弟子颜回时刻不离仁德。

【注释】

① 三月：杨伯峻先生《论语译注》说，“三月”表示长时间，“日月”表示短期、偶然。其说可从。兹补一二例，以进一步证成杨说。《述而篇》7.14：“子在齐闻《韶》，三月不知肉味。”亦以“三月”表示时间长。孔子认为：“君子无终食之间违仁，造次必于是，颠沛必于是。”（《里仁篇》4.5）所以他说颜回离不开仁，实际上就是夸颜回仁。而别的弟子如冉求，根本就不追求仁道（《雍也篇》6.12）。

【译文】

孔子说：“回呀，他的心长久地离不开仁，其余的弟子只是偶然想起一下而已。”

【简析】

本章说别的弟子们只是偶然想到仁道而已，这是孔子对弟子的基本判断。孔子从不轻许他人“仁”，甚至认为自己都没有达到“仁”的境界（《述而篇》7.34）。他称赞弟子颜回“仁”，这是崇高的评价。

6.8 季康子问：“仲由可使从政①也与？”子曰：“由也果，于从政乎何有②？”

曰：“赐也可使从政也与？”曰：“赐也达，于从政乎何有？”

曰：“求也可使从政也与？”曰：“求也艺③，于从政乎何有？”

【题旨】

本章孔子肯定三位弟子均可治理国家。

【注释】

① 从政：含义很复杂，本章应是主政一方的意思。季康子从鲁哀公三年开始做鲁国的执政上卿，实际控制鲁国，他与孔子谈这番话，可能有选拔官员的考虑。

② 何有：何难之有。周代俗语。

③ 艺：尧舜夏商周春秋六代的学问，鲁昭公时代之前，春秋君子以《诗》《书》《礼》《乐》为“艺”，鲁昭公时代增加《易》《春秋》，使之成为“六艺”。故“艺”字转指学问。六代的“六艺”之学，内容虽然庞杂，但其核心是政治学，也就是治国平天下的学问。

【译文】

季康子问：“仲由可以让他从政吗？”孔子道：“由果敢决断，从政有什么问题呢？”

（季康子）又问：“（端木）赐可以让他从政吗？”（孔子）道：“赐言辞畅达，从政有什么问题呢？”

（季康子）又问：“（冉）求可以让他从政吗？”（孔子）道：“求颇有学问，从政有什么问题呢？”

【简析】

本章孔子评价仲由（字子路）、端木赐（字子贡）、冉求（字子有）三位弟子，认为他们都可治国。《左传·哀公七年》记载，季康子让子贡接待吴使太宰嚭，说明此时子贡已为鲁国大夫。由此可以推知，本章所记谈话的时间，应在鲁哀公三至七年之间。

孔子认为三位弟子均有治国之才，还对每位弟子的特点做了概括。仲由性格直爽，好用勇力，遇事有决断，所以孔子说他“果”。端木赐通晓人事，利口辩辞，善于周旋，是那时有名的外交家，所以孔子称他“达”，即言辞畅达。冉求生性谦让，但颇有学问，而上古学问之要义，亦在治国理民，所以孔子称他“艺”。

按照周礼，君上称臣下，老师称学生，父亲称儿子，都称名不称字（称字含有敬意），所以本章季康子、孔子称子贡等人，均称名不称字。但是季康子称子路，连姓带名称“仲由”而不称“由”，在保持君臣大礼的同时，对子路略略含有敬意，这应与子路年长有关。

6.9 季氏[①]使闵子骞[②]为费宰[③]。闵子骞曰：“善为我辞焉！如有复我者，则吾必在汶上[④]矣。”

【题旨】

本章是闵子骞语录，记录他坚决不肯做季氏之官，表示对季氏极度厌恶。

【注释】

① 季氏：此当具体指季康子，他是春秋时代鲁国最后的执政上卿。

② 闵子骞：闵损，字子骞，鲁国人，孔子弟子。

③ 费（bì）：季氏采邑。费宰：季氏总管，家臣之长。春秋华夏诸国的习惯，上卿家族的总管，同时也是朝廷大夫。

④ 汶上：汶水，在齐国境内，故代指齐国。齐国有汶水、沂水，齐鲁又相邻，故鲁国君子形成了遇事逃到齐国，并且以汶水、沂水借代齐国的习惯和语言。如《左传·昭公二十五年》“臣请待于沂上以察罪”。

【译文】

季氏想让闵子骞当自己的采邑费邑的总管。闵子骞（对使者）说：“好好帮我辞掉吧！如果再来招我，那么我就肯定逃到汶水之上了。”

【简析】

本章是闵损语录，记录者应为闵损的门徒，原简本应记作“季氏使先生为费宰。先生曰”云云。闵子骞一生不肯为官，按照周礼，其门徒应称他为“先生”，不应称他为“闵子”。可能春秋末期战国初期，礼制已经十分松弛了，其门徒也有尊称他为“闵子”的现象。曾参的门徒在编辑《论语》时，考虑到闵子骞没有做官，原始记录中有的“闵子”就改为“闵子骞”，如本章；有的又没有改，如《先进篇》11.13。

闵子骞坚决拒绝做季氏的官，除了与他不喜欢当官以外，还与他厌恶“三桓”（季孙氏、孟孙氏、叔孙氏）有关。“三桓”长期把持鲁国朝政，实际控制鲁国两百年左右。

6.10 伯牛[①]有疾，子问之，自牖执其手，曰：“亡之[②]，命矣夫！斯人也而有斯疾也！斯人也而有斯疾也！”

【题旨】

本章记录弟子冉耕身染恶疾，孔子十分痛惜和无奈。

【注释】

① 伯牛：冉耕，字伯牛，鲁国人，孔子弟子。春秋时代钢铁开始大量用作农耕和战争，原来祭祀、拉车、食用的牛，大量用来农耕，以致出现了以“耕”“牛”为人名和字的情况。

② 亡之：表示极其难过，犹如今言“要命”。

【译文】

伯牛有恶疾（不能见人），孔子去问候他，从窗户里握着他的手，说道：“活不了啦，这是命运啊！这样的好人竟有这样的怪病！这样的好人竟有这样的怪病！”

【简析】

中国古代有隔离传染病人，以便防止疫情扩散，有效治疗传染病人的传统。伯牛就是被隔离的传染病人。“斯人”两句，重复言之，可见孔子痛惜之甚。

6.11 子曰："贤哉，回也！一箪食[①]，一瓢饮，在陋巷，人不堪其忧，回也不改其乐。贤哉，回也！"

【题旨】

本章孔子称赞弟子颜回。

【注释】

① 一箪食：一筐饭。箪，竹子编制的饭筐。

【译文】

孔子说："颜回真贤仁啊！一筐饭，一瓢水，住在小巷里，别人都受不了贫苦的忧愁，颜回却不改变他仁者的快乐。颜回真贤仁啊！"

【简析】

本章称赞弟子颜回安贫乐道。志士仁人以治国平天下为己任。如生当乱世，无法派上用场，也要守住君子的底线，即"用之则行，舍之则藏"。"藏"则大多不做官，不做官则贫困，只有真正的志士仁人，才可以长久地处在贫困之中，安贫乐道（《里仁篇》4.2）。

孔子认为，天下有道，君子出仕"行"道；天下无道，君子不出仕，把自己的人和道都"藏"起来，两者都是仁德君子实行"仁"的方式。孟子把孔子这一思想总结为"达则兼善天下，穷则独善其身"，所以本章称赞颜回"贤"，其实就是称赞他"仁"，这是非常崇高的评价。

6.12 冉求[①]曰："非不说子之道，力不足也。"子曰："力不足者，中道而废。今女画[②]。"

【题旨】

本章孔子严厉批评弟子冉求放弃仁道的人生理想。

【注释】

① 冉求：字子有，孔子弟子。本章如果是孔子弟子、冉求之同学，或同学之弟子所记录，必然称他“子有”或“冉有”；如果是冉求之门徒所记录，原始记录必然称他“先生”或“冉子”，曾子门徒编辑《论语》时，只可能改为“冉有”或“子有”，不可能改称“冉求”。孔子帐下，只有孔子和冉求本人可以称“求”“冉求”，孔子自然不会记录，那么本章的记录者必然就是冉求自己了。

② 画：停止。

【译文】

我说：“不是我不喜欢您的崇高理想，是我力量不够。”老师说：“如果力量不够，就会走到半路走不动。现在你还没有开始走。”

【简析】

本章自称其姓名，是冉求自己亲笔所记，说明他真心实意接受了老师的批评，准备改正错误。

《里仁篇》4.6：“有能一日用其力于仁矣乎？我未见力不足者。盖有之矣，我未之见也。”治国平天下，目标远大，使命崇高，当然也万分艰难。孔子认为仁德君子无论成功与否，只要为实行仁道奋斗终生就可以了。冉求说自己“力不足”，只是不想实行仁道的托词而已。

6.13 子谓子夏[①]曰：“女为君子儒[②]，无为小人儒！”

【题旨】

本章孔子叮嘱弟子要做仁德君子。

【注释】

① 子夏：姓卜氏，名商，字子夏。孔子高足弟子，设帐弟子。孔子去

世后，子夏独传《诗》《易》《春秋》《礼》，是孔子帐下最有学问的弟子。

② 儒：本指商周春秋的宗教专家，很有学问，但以服侍鬼神为主要任务。人类各民族最早有学问的人，都是宗教专家。历史发展到春秋时代，孔子师徒都仍然是宗教专家，他们都经常为人家主持丧事。但是，春秋时代的宗教古儒，已经出现了明显的世俗化倾向。孔子改造了自己和门下弟子，创造了以“祖述尧舜，宪章文武”（孔子之孙、曾子门徒子思总结之语）为政治特色的新学问新学派，但仍然以“儒”为名。曾子的门徒编辑《论语》时，有意识地尽可能不选记录孔子师徒宗教活动的语录，这也是为了让孔子开创的新儒学进一步世俗化。孔子以前的宗教专家都可称“儒”，从孔子师徒开始，中国的世俗读书人均可称“儒”，但是其中的流品非常复杂，有君子小人之分。晚至秦始皇“焚书坑儒”，真正的君子儒很少，大多为小人儒。

【译文】

孔子对子夏道：“你要做仁德君子志士仁人，不要做只顾一己私利的小人。”

【简析】

子夏对老师的道德学问，无比感佩；老师去世后，子夏传授老师的学问，使《诗》《易》《春秋》《礼》得以传诸后世，善莫大焉。但是，子夏眼看当时天下君子，谁也不再想仁义道德，为了私利，无所不用其极。所以他最终放弃了老师的伟大政治理想，做了法家的祖师爷。估计孔子在世时，已经看出了子夏的某些苗头，所以有此叮嘱。孔子去世前，也看出子贡最终将背弃孔子儒学，所以也有对子贡的批评警示。但是孔子去世后，子贡还是做了纵横家的祖师爷。

孔子是春秋时代最后的理想主义者，他去世，春秋时代就结束了。一个为了私利，崇尚暴力诈谋，毫无廉耻的战国时代，就随之到来。子夏、子贡等，都处在这个历史转折点上。

孔子为何不说“女为君子，无为小人”，而要加一个“儒”字呢？儒，我推测商朝就有了，最早的儒都是读书人、宗教专家。人类历史上，所有国家和民族，最早的读书人都是宗教神职人员，中国叫“儒”，欧洲叫“牧师”。孔子师徒原来也是宗教古儒，但是孔子将其改造为“祖述尧舜，宪章文武”的新儒，以治国平天下为己任，那么孔子这一派人就是一批政治家了。按照孔子的见解，学习圣人治国平天下的读书人，就是“君子儒”；只管一己私利的读书人，就是“小人儒”。老师去世后，子夏来到魏国，做了魏文侯的老师，用了一些被后世称为“法家”的办法治理魏国，准备统一天下。他虽然没有采取老师教导的以德治为主的办法，被曾参斥责部分背叛了孔子，但子夏一生都没有做“小人儒”，而是做了“君子儒”。

6.14 子游①为武城宰②，子曰：“女得人③焉耳乎？”曰：“有澹台灭明④者，行不由径，非公事，未尝至于偃之室也。”

【题旨】

本章子游称赞属下澹台灭明为人方正，有向老师孔子推荐弟子的意思。

【注释】

① 子游：姓言氏，名偃，字子游，吴国人，孔子弟子。子游学有所成，就在鲁国为官，做武城长官。本章记录者应是子游的门徒，原始记录应称子游为“先生”或“夫子”（公卿大夫可以笼统称为夫子，武城县令位居大夫之列），但还不至于尊称“言子”（子称公卿），曾子门徒编辑《论语》时改之，因为后人不知“先生”“夫子”是谁。

② 宰：此指县宰、县令，位居大夫。

③ 人：人才。治理天下、国家、采邑，人才为要，故孔子问之。《泰伯

篇》8.20："舜有臣五人而天下治。"《卫灵公篇》15.8："可与言而不与之言，失人。"均以"人"指人才。

④ 澹台灭明：复姓澹台，名灭明，字子羽，武城人。《史记·仲尼弟子列传》记载，此人"状貌甚恶，欲事孔子，孔子以为材薄"。大概几经周折，才成为孔子弟子。后来子羽南游吴国，扬名诸侯。孔子曾检讨说："吾以言取人，失之宰予（误信宰予美言，收他为弟子，而他白天睡觉，见《公冶长篇》5.10）；以貌取人，失之子羽（差一点没有收他。孔子不当称"子羽"，应称"灭明"。孔子只有一次称大孝子闵子骞的字，以示尊重。子羽只是有学问而已，孔子不至于称其表字。太史公《仲尼弟子列传》误）。"

【译文】

子游担任（鲁国）武城县长。孔子问他道："你得到人才没有？"子游道："有一个叫作澹台灭明的人，走路不穿插小道，不是公事，从不到我屋里来。"

【简析】

本章或为言子语录，记录言子与祖师爷孔子的对话，肯定澹台灭明是位为人方正的人才。子游是孔子设帐弟子之一，亦有自己的门徒，本章或为子游之门徒所记录。

6.15 子曰："孟之反[①]不伐[②]。奔[③]而殿，将入门，策其马，曰：'非敢后也，马不进也。'"

【题旨】

本章称赞鲁国大夫孟之反不居功自傲。

【注释】

① 孟之反：名侧，字反，本无"之"字。古人爱在名字中加一个"之"

字，以凑足音节，朗朗上口，这样的例子很多，例如“介推”称“介之推”。

② 伐：居功自夸。

③ 奔：溃逃。

【译文】

孔子说：“孟之反有大功但不夸耀自己。右师溃败，他殿后，将进城门时，鞭打自己的马，说：‘不是我敢殿后，只是我的马不肯快走。’”

【简析】

据《左传·哀公十一年》记载，这年鲁齐交战，鲁军主力由孟孺子（孟懿子之子，代表孟懿子统兵，不久嗣位为卿）率领，偏师由孔子弟子冉求率领。交战结果，鲁国主力大败，偏师大胜。主力溃败时，孟之反殿后，最后回城，“抽矢策其马曰：‘马不进也。’”意思是不是我勇敢殿后，只是因为我的马不肯快跑，我被迫落在最后面。

6.16 子曰：“不有祝鮀①之佞，而有宋朝②之美，难乎免③于今之世矣。”

【题旨】

本章批评只注重辞令的风气。

【注释】

① 祝鮀：字子鱼，卫国太祝，执掌祭祀。古代巫祝史都要服侍鬼神，既要丰厚祭品，也要美语甘言，故口才都极好。孔子曾说“文胜质则史”（《雍也篇》6.18），即与这一社会现象有关。

② 宋朝：宋国公子，《左传》亦称宋公子朝、公子朝等，以貌美著称。卫灵公夫人南子，即与宋朝私通。

③ 免：免死，免罪，周代俗语。

【译文】

孔子说："（一个人）假使没有祝鮀的口才，而仅有宋朝的美貌，当今之世，恐怕难以免除灾祸了。"

【简析】

春秋时代外交活动很多，各国之间聘问频繁，使者往来不绝于道，需要"行人"（外交官）应对，"行人"必须极善言辞，方可不辱使命。这样的社会风气可能影响到对所有人才的评价，这让一向反对"巧言令色"的孔子很有意见。

6.17 子曰："谁能出不由户①？何莫由斯道②也？"

【题旨】

本章感叹，天下君子都不再想实行仁道了。

【注释】

① 户：门。古代单扇门谓之户，双扇门（門）谓之门，今通称门户。

② 斯道：这条道。孔子本意应指仁道。他认为："国君好仁，天下无敌。"（《孟子·离娄上》7.7引）

【译文】

孔子说："谁出门不经由门户？为什么没有人从这条'道'走呢？"

【简析】

孔子一生与鲁定公、鲁哀公、卫灵公、卫出公、齐景公、楚昭王等国君，以及许多公卿大夫直接打过交道，几乎每次都要求他们讲仁德，行仁政，治国平天下。但结果却是，没有任何一位国君和卿大夫真正“好仁”，谁都没有接受孔子的建议。所以本章孔子以出门必经门户为喻，谓治国平天下必行仁政。他不明白，这条唯一正确的道路，当下的诸侯和卿大夫们为什么都不走呢？

西周末期春秋时代发明钢铁之后，中国进入钢铁文明时代，生产力水平极大提高，社会财富极大积累，中国不可避免地出现了深度的私有化。于是几乎所有官员都把自己治下的地方当作自己的产业，几乎所有的官员都用诈谋诡计为自己谋取私利。仁义道德，修齐治平，也很少有君子真正实行了。即使孔子自己的高足们，虽然无比崇拜孔子，但是老师去世后，也大多放弃了尧舜禹汤文武成王周公孔子的仁义道德，去做法家、兵家、纵横家的祖师爷去了。经济发展无可避免地改变了一切，包括君子的道德观念和治国方式，这是孔子当时尚不明白的。

6.18 子曰：“质胜文[①]则野，文胜质则史[②]。文质彬彬，然后君子。”

【题旨】

本章论君子要文雅而又质朴。

【注释】

① 文：本指言辞文辞，转指言辞文辞之有文饰。但从“然后君子”一句来看，本章所论之“文”，包括而不仅仅限于言辞文辞，应泛指君子的言谈举止、行为方式、品德修养、气质风度等。所以孔子谈的，实际上是怎样做君子的问题，夫子要求君子将天生的质朴道德与后天的学识风采完美地结合在一起。

② 史：巫、祝、史的主要职责，一是祭祀，二是纪事。祭祀则需要媚神，鬼神方可降福。而要鬼神高兴赐福，不仅需要丰厚的祭品，还要有甘辞美言，所以他们媚神的言辞难免虚浮（参阅《子路篇》

13.22）；纪事则需引人注意，以便传之后世，因此难免夸饰，言辞也容易虚浮（参阅《文心雕龙·夸饰篇》）。

【译文】

孔子说："质朴多于文采，则未免粗野；文采多于质朴，则未免虚浮。文采和质朴配合适当，这才是位君子。"

【简析】

孔子谈论君子，有文质之论；谈论时代风尚，也有文质之论，例如他经常讲，夏人野，商人鬼，周人文。野，就是没有或很少文饰。

6.19 子曰："人①之生也直，罔②之生也幸而免③。"

【题旨】

本章论君子理应正直。

【注释】

① 人：用其狭义，指贵族、君子。

② 罔：本指诬罔小人，此指君子中的不直不仁者（详见《宪问篇》14.6）。

③ 免：免死，免罪，周人口语。

【译文】

孔子说："君子生存是因为正直，诬罔邪曲之人生存下来，是因为侥幸而免死。"

【简析】

孔子之意是，身为君子而不正直，多行不义，依据周礼，理应被杀，陈尸于朝（小人被杀则陈尸于集市），他们能活下来，完全是因为侥幸。

6.20 子曰："知之者不如好之者，好之者不如乐之者。"

【题旨】

本章论读书做学问的三重境界。

【译文】

孔子说："懂得读书做学问的人，不如喜爱读书做学问的人；喜爱读书做学问的人，不如以读书做学问为乐的人。"

【简析】

孔子是饱学之士，这是他一生的读书心得。

6.21 子曰："中人①以上，可以语上②也；中人以下，不可以语上也。"

【题旨】

本章孔子论述，与贵族君子才可以谈论治国平天下之事，与平民百姓不可以谈论此事。

【注释】

① 中人：孔子一生，多次根据人的道德水平，把人分为四等：尧舜是"生而知之者"，完全无私，最高等；夏商周之大禹、商汤、周文王、周武王、周成王、周公"六君子"，是"学而知之者"，明白取之无度，必然殃及自身，故对天下财富取之有度，第二等；春秋霸主本想独吞天下所有利益，知其不可能，故亦勉强而实行仁政，客观上对天下有利，是"困而学之"者，第三等；天下的平民百姓都迫于生计，

根本没有仁义道德、修齐治平的考虑，“困而不学”，第四等，最低等（详见《礼记·礼运》、《季氏篇》16.9、《阳货篇》17.3）。可见“中人”指“学而知之者”和“困而学之”者，“中人以上”还包括“生而知之者”，“中人以下”则仅仅指“民”，即平民百姓。

② 语上：谈论高深的道理，指仁德，即治国平天下。

【译文】

孔子说：“中等道德水平以上的君子，才可以告诉他高深的学问；中等道德水平以下的平民，不可以告诉他高深的学问。”

【简析】

本章论道德理想教育要看对象，上等的“人”可以教育，下等的“民”无法教育，对我们很有启发。

最近百年，孔子这类话经常挨批。其实是因为批评者没有读懂，孔子只是说出了事实而已。

6.22 樊迟[1]问知，子曰：“务民之义，敬鬼神而远之，可谓知矣。”问仁，曰：“仁者先难而后获，可谓仁矣。”

【题旨】

本章记录孔子教导弟子樊迟治国。

【注释】

① 樊迟：姓樊，名须，字子迟，孔子弟子，长期在鲁国做官。

【译文】

樊迟问（治理国家怎样做才算）明智，孔子道：“务必让民众知道哪些事该做哪些事不该做，尊敬鬼神但又要远离它们，（这样）就可以说是明智了。”

（樊迟）又问（治理国家怎样才算）仁德。孔子道："仁德的人先经历困难，付出辛劳，而后有所收获，可以说是仁德了。"

【简析】

本章论治理国家的"知（智）"与"仁"，而并非泛泛而论"知"与"仁"。

春秋时代直到如今出现了对鬼神"将信将疑"的新思潮。孔子其实也相信鬼神，也祭祀鬼神，但反对久丧淫祀，主张以子孙生计为重。所谓"敬鬼神而远之"，就是这个意思。

周朝君子对"仁"的论述无比繁杂，但其核心是，要求君子安定天下，让贵族各食俸禄，百姓休养生息。

孔子把"仁者"分为三种："仁者安仁，知者利仁。"（《里仁篇》4.2）真正的仁人实行仁政就心安，不实行仁政心中就不安，他们从不染指天下任何利益，实行仁政不是为了牟利，如尧舜；聪明的智者实行仁政只是牟利的手段，他们明白，如果不认真实行仁政，自己就不可能获取巨大而且长远的利益，他们对天下利益取之有度，如禹汤文武成王周公；春秋霸主本想吞并天下，占尽所有利益，但是做不到，他们实行仁政，则是迫不得已。

孔子只教樊迟当"知（智）者"，可能与孔子认为樊迟并不是真"仁者"，只是一个"智者"有关。孔子认为自己也只是个智者，因为"天下为公"的时代早已一去不复返了，不可能再出现尧舜那样完全利人毫不利己的圣人了，能像禹汤文武成王周公那样做一个通过利人以利己的智者，就已经很不错了。

6.23 子曰："知者乐水，仁者乐山。知者动，仁者静。知者乐，仁者寿。"

【题旨】

本章分析仁者智者各自的主要特点。

【译文】

孔子说："聪明智慧的人喜欢水，仁义道德的人喜欢山。聪明的人活络，仁德的人沉静。聪明的人快乐，仁德的人长寿。"

【简析】

"仁者"没有私欲或私欲甚少，只要安定天下，苍生休养生息，便心满意足，此所谓"仁者安仁"(《里仁篇》4.2)，故仁者性情沉静，大多长寿。而"知（智）者"明白认真实行仁德，回报就很丰厚，便"知者利仁"(《里仁篇》4.2)。"知者"常要考虑如何付出，如何收获，故活络灵动；他们获得的回报很大，故常常快乐。意象上，水活络灵动，山沉静长久，故以水比智者，以山比仁者。

孔子经常谈论的"仁者"是尧舜,"智者"是禹汤文武成王周公"六君子"。

6.24 子曰："齐一变，至于鲁。鲁一变，至于道①。"

【题旨】

本章称赞齐鲁政治非常接近仁政。

【注释】

① 道：道、德、道德、仁、圣、善，往往是同一个意思，就是实行仁政，天下井然有序，君子小人各得其所，苍生休养生息。

【译文】

孔子说："齐国的政治一变革，就达到鲁国的水平了。鲁国的政治一变革，就合乎大道了。"

【简析】

古人思维模糊，没有精确表述的习惯。孔子认为齐鲁均未达到"道"的要求，其中鲁国又比齐国好一些，但对齐鲁两国政治的评价整体上还是比较积极的。

6.25 子曰：“觚①不觚，觚哉！觚哉！”

【注释】

①觚(gū)：古代盛酒器。

【译文】

孔子说：“觚不像觚，这是觚吗？这是觚吗？”

【简析】

本章只记录了喻体，没有记录本体。孔子说话一定有前言后语，如做完整记录，原意不难理解。古人书写艰难，记录者常常掐头去尾，择要记录，这就增加了后人阅读的难度。孔子自然不是就觚论觚，否则弟子不会记录，也不会编进《论语》。至于暗指何事，古人有各种猜想，其中有猜想暗指“君不君，臣不臣，父不父，子不子”的，可能比较接近孔子本意。

6.26 宰我问曰：“仁者，虽告之曰：‘井有仁①焉！’其②从之也？”子曰：“何为其然也？君子可逝③也，不可陷也；可欺也，不可罔也。”

【题旨】

本章论述如何对待仁者。

【注释】

① 仁：同“人”。《里仁篇》4.7“观过，斯知仁矣”的“仁”，亦同“人”。

② 其：指代仁者。

③ 逝：往而不返。

【译文】

宰我问道："仁德之人，就是（为愚弄他而）告诉他说：'井里掉下了个人啊！'他会不会（为施救而）跟着下去呢？"孔子道："为什么要这样做呢？对待仁德君子，可以叫他走开，不可以陷害他；可以欺侮他，不可以愚弄他。"

【简析】

从本章可以看出，仁人在春秋晚期已经给人以迂腐可欺的印象，尧舜以来的仁义道德已经荡然无存。

6.27 子曰："君子博学于文，约之以礼，亦可以弗畔[①]矣夫。"

【题旨】

本章论述要以"礼"统"文"。"文"主要是"六艺"，因此本章孔子其实是说，"六艺"的主旨就是"礼"，而"礼"的要义又是理顺贵族内部的君臣父子关系。这是孔子对华夏民族尧舜夏商周春秋六代思想文化成果"六艺"的高度归纳总结，可谓无比重要。

【注释】

① 畔：同"叛"。

【译文】

孔子说："君子要广泛地学习古代文献，并用君臣父子之礼对它们进行归纳总结，（这样）也就不至于违反礼制离经叛道了。"

【简析】

本章及《子罕篇》9.11之"约"字，均有二义：一为约束，要约；二为简约，引申为归纳。《述而篇》7.26“约而为泰”，《孟子·离娄下》8.15“博学而详说之，将以反说约也”，“约”均有简约义。夫子既然“文”“礼”、“博”“约”相对而言，因此我采用了“约”字的第二义。

《颜渊篇》12.15重录。

6.28 子见南子①，子路不说②。夫子矢③之曰：“予所否④者，天厌之！天厌之！”

【题旨】

本章记录一件令孔子非常窘迫的故事。

【注释】

① 南子：卫灵公夫人。宋女，不守妇道，搅乱朝纲，僭越礼制，使卫国陷入长期混乱，当时名声就很坏。但是因为她实际控制了卫国，连孔子要见卫侯，都必须得到她的同意，孔子不得已而见之（详见《孔子世家》）。

② 说：同“悦”。

③ 矢：同“誓”。

④ 否：同“不”，《孔子世家》即引作“不”。

【译文】

孔子见了南子，子路不高兴。孔子发誓道：“我假若不对的话，上天厌弃我！上天厌弃我！”

【简析】

本章记载孔子在卫国因见夫人南子而与子路发生不愉快的事。

南子名声很坏，太子蒯聩杀之未果，出逃他国，但是仍然保留了储君的政治地位。卫灵公去世后，卫国不立太子而立太子之子即太孙辄，于是亲生父子之间长期争夺君位，卫国因此发生长期内战。据《史记·孔子世家》记载，南子派人召孔子，说："四方之君子不辱，欲与寡君为兄弟者，必见寡小君（夫人自指）。寡小君愿见。"她说要见国君，必先见我。孔子不得已而见之，引起子路的不满，逼得老师发誓赌咒。

子路长期做孔子的侍卫，几乎终身追随老师。他对老师很实诚，对孔子有意见，从不藏着掖着，所以经常冒犯孔子。这说明他们师生关系特别好。

6.29 子曰："中庸①之为德也，其至矣乎！民②鲜③久矣。"

【题旨】

本章论中庸之德无比重要。

【注释】

① 中庸：符合常道正道。

② 民：这个"民"字指"人"，不指平民百姓，因为平民百姓不存在是否"中庸"的问题。这种用法，《论语》中出现过四次：本章、《卫灵公篇》15.25、《微子篇》18.8、《尧曰篇》20.1（举逸民）。

③ 鲜：是"无"的婉辞。

【译文】

孔子说："中庸这种道德，应该是最高的了！一些君子已经长久地缺乏它了。"

【简析】

孔子这番话，说明春秋晚期，为了求利，君子们喜欢走极端，做人做事都没有原则。

孔子的孙子子思，编辑了《中庸篇》，收录了孔子阐发中庸思想的许多语录，最后子思也做了总结。西汉戴圣将其收入《礼记》，南宋朱熹收入《四书》。

6.30 子贡曰："如有博施于民而能济众，何如？可谓仁乎？"子曰："何事于仁，必也圣乎！尧舜其犹病诸！夫仁者，己欲立而立人，己欲达而达人。能近取譬，可谓仁之方也已。"

【题旨】

本章论证，圣道难行，实行仁道即可。本章是研究孔子思想理论的极其重要的文献，不可轻轻放过。

【译文】

子贡问道："假如有人广泛地给民众带来好处，广泛地帮助民众，（这个人）怎么样？可以称为仁人吗？"孔子道："哪里仅仅是仁人，那一定是圣人了！连伟大的尧舜或许都难以做到呢！仁是什么呢，自己想安身立命，也让别人能够安身立命；自己想事事行得通，也让别人事事行得通。能拿自己打比方，（推己及人）可以说是实行仁道的方法了。"

【简析】

孔子认为"人"是上等人，"民"是下等人；"立人"者"仁"，"立人"且"济众"者"圣"。

周朝君子无不盛赞尧舜。孔子认为即使是伟大的尧舜也不可能"济众"，能"立人"就很伟大了。这是了不起的见解。孔子把自己的人生理想设定为"立人"，而没有设定为更加崇高的"济众"，即与他对尧舜历史功业的判断相关。译文中我虽然把"人"字译为"别人"（亦可译为"别的君子"，但很别扭），但是这个"别人"仅仅指上等人，不包括平民百姓。

述而篇第七

共三十八章

7.1 子曰："述而不作，信而好古，窃比于我老彭[①]。"

【题旨】

本章孔子论治学。

【注释】

① 老彭：无考。从孔子引以自重来看，应是孔子的前辈学者，也具有"述而不作，信而好古"的特点。

【译文】

孔子说："只传述旧学而不创作新说，相信而且喜爱古代文化，我私下里把我和老彭相比。"

【简析】

华夏思想文化的发展，大约分为两个阶段：草创阶段，即尧舜夏商周春秋阶段，孔子是这个阶段最伟大的总结者；从战国时代一直到如今，是发展创新阶段。过去学术界将春秋战国并称，其实春秋时代主要是总结旧学，战国时代主要是开创新学，不能并为一个时代。战国时代诸子百家，学问大多来自孔学，也可以说大多来自六代之学，根本原因就在这里。

孔子反对“不知而作”(《述而篇》7.28),本章又说“述而不作”,其实孔子是有所“作”的。尧舜夏商周春秋六代思想文化的精华,集中在《诗》《书》《礼》《乐》《易》《春秋》“六艺”上,孔子终身学习,终身传授,他又进一步把“六艺”的主题总结为“仁学”和“礼学”,这就是创造性的“作”,是他一生最伟大的创造,而且是五千年华夏思想文明的理论体系,上承六代,下启战国秦汉乃至当今。

7.2 子曰:“默而识①之,学而不厌②,诲人③不倦,何有④于我哉?”

【题旨】

本章孔子谈论自己一生的学习和教育。

【注释】

① 识:记。

② 厌:饱足。

③ 人:此用其狭义,指君子。孔子一生教导的人都是君子,没有平民百姓。接受他教育的君子可以分为两类:帐下弟子,大多是贵族子弟,他们学有所成,就会去做公卿大夫,治理国家(帐下弟子做官以后,也经常回到帐下讨教);帐外弟子,都是现任的诸侯、公卿大夫。孔子办学的目的,是为天下培养官员,培养治国平天下的人才,他不可能去教导平民百姓,平民百姓忙于生计,也不可能对治国平天下感兴趣,所以他们都“困而不学”。

④ 何有:何难之有,周代口语,《里仁篇》4.13、《雍也篇》6.8均有其案例。

【译文】

孔子说:“(把所学到的知识)默默地记在心里,勤奋学习而永不满足,教诲君子而从不倦怠,(这些事情)对我来说有什么困难呢?”

【简析】

孔子终身学习，永不满足的故事，文献上多有记载。例如，他曾经到东夷学习东夷远古先人根据鸟的活动规律纪年的知识，五十岁以后开始学习《易经》，多次把穿《易经》简牍的绳子都弄断了，史称“韦编三绝”。孔子并没有专门的师承，谁有学问他就向谁学习，真正做到了以能者为师。孔子教诲弟子的故事那就太多了，《论语》中的语录，大多是他教育弟子时，随侍弟子所作的记录。

7.3 子曰：“德之不修，学之不讲，闻义不能徙，不善不能改，是吾忧也。”

【题旨】

本章批评帐下弟子，担忧他们将来没有办法治国平天下。

【译文】

孔子说：“（有些人）品德不培养，学问不讲习，见义不勇为，有过不改正，这些都是我的忧虑啊！”

【简析】

这番话自然与平民无关，也不是泛泛批评君子，而应该是批评自己的随侍弟子。弟子们将来都要去治理国家，他们要有“德”，即要有治国平天下的崇高理想和远大抱负；要有学问，即要通晓礼制，知道如何治国安邦；要知道“义”，即明白哪些事该做哪些事不该做；要闻过则喜，因为人性有弱点，所有的人都不容易看到自己的“不善”。如果弟子们不能这样，将来怎么去治国平天下呢？所以孔子忧虑不安。

7.4 子之燕居，申申①如也，夭夭②如也。

【注释】

① 申申：整饬貌。

② 夭夭：和舒貌。

【译文】

孔子在家闲居时，（穿着）很整齐，很和乐舒展。

【简析】

对孔子日常生活的这类记载，一般编在《乡党篇》中，偶然也有编在其他篇中的。古人编辑工具很落后，出现这种情况，在所难免。

7.5 子曰："甚矣吾衰也！久矣吾不复梦见周公[①]！"

【题旨】

孔子感叹自己的伟大理想恐怕要落空了。

【注释】

① 周公：周文王之子，周武王之母弟姬旦。周成王封周公为鲁侯，但是王朝需要周公辅佐，于是成王破例封周公嫡长子伯禽为鲁侯，周公则到镐京辅佐成王。此后成为惯例，鲁侯之嫡长子嗣位为鲁侯，嫡次子到王朝做周公。所以周朝有许多周公。不过，孔子经常梦见的周公，当然是第一位周公。

【译文】

孔子说："我衰老得太厉害了啊！好久都没有再梦见周公了！"

【简析】

周公辅佐武王伐纣，建立周朝。武王病死，成王年幼，周公被迫主持天下大局，他平定叛乱，又制作礼乐，确定君臣父子兄弟、华夏蛮夷的政治秩序、伦理秩序，统一天下的度量衡和文字，使天下深度统一，天下终于安定下来。成王长大后，周公禅让，将王权交给成王，然后辅佐成王，治理天下。周公是无数先贤心中的圣人，周公之礼是周代礼制文化的核心，是孔子学说的核心，当然也是中国思想文化的核心，所以近代伟大学者王国维曾经说，中国最近三千年思想文化的根基，其实是由周公奠定的，这是非常了不起的见识。春秋时代纲常混乱，礼崩乐坏，天下分崩离析，贵族和平民其实都是受害者，因此孔子提出要“克己复礼”（《颜渊篇》12.1），即恢复周公之礼，恢复天下的政治秩序和社会秩序。近代以来许多学者都认为，孔子“克己复礼”，是要恢复西周奴隶制，这不知是从何说起。

从本章所述反推，孔子一生常常梦见周公，他应该常从周公那里吸取精神力量吧！本章感叹很久不再梦见周公，其实是在感叹自己已经老了，来日不多了，治国平天下的伟大理想可能要落空了。

7.6 子曰：“志于道，据于德，依于仁，游于艺。”

【题旨】

本章应是孔子对帐下弟子提出的要求。

【译文】

孔子说：“（君子应该）立志于治国平天下的‘道’，依凭于修身养性的‘德’，依靠于‘己所不欲，勿施于人’的‘仁’，游憩于礼乐射御书数的‘艺’。”

7.7 子曰：“自行束脩[①]以上，吾未尝无诲焉。”

【题旨】

本章孔子谈自己教育弟子。

【注释】

① 束脩（xiū）：干肉谓之“脩”，十条干肉谓之“束”。古人初次见面，常用“束脩”作礼物，这在春秋时代是很微薄的礼物。

【译文】

孔子说：“只要主动给我一点见面薄礼，我没有不教诲他的。”

【简析】

周朝的教育都是免费教育。贵族子弟上“家学”时，家族出钱；上诸侯的“乡学”时，诸侯出钱；上天王的“国学”时，周天王出钱。后来天王不再举办“国学”了，孔子率先举办私立“国学”，刚开始可能由孟僖子家族资助，孔子做官以后，拿出自己的俸禄养弟子。即使孔子辞去鲁国公卿之职以后，也是有俸禄的。孔子之后，历朝历代形成了官办、民办两套教育系统，官办学校自然是各级政府出钱，民办学校一般都是政府官员举办，办学经费就是官员个人的俸禄。所以弟子们初见孔子时，拿出的礼品的确只是见面礼，不是学费。孔子不仅不收学费，还要养弟子。

另外，孔子还说过“有教无类”（《卫灵公篇》15.39）。就因为孔子讲过这两句话，学术界就长期认为孔子有全民教育思想。这是误会。

孔子办学时，周天王应该早已停办了“国学”，各国诸侯“乡学”的学生，也就都失去了进一步深造的机会。所以他们能够被孔子看上，有机会进入孔子帐下，成为孔子的弟子，是很不容易的事情。从孔子骂宰我的话（《公冶长篇》5.10），孔子曾经拒绝接受澹台灭明（《雍也篇》6.14，《仲尼弟子列传》），孔子弟子只要愿意做官就都可以做卿大夫的情况来看，当时的读书人要成为孔子的弟子，殊为不易。从传世文献来看，战国中晚期设帐授徒的老师才多了起来，读书人才有可能在儒家、墨家、杨子等门派之间“朝秦暮楚”。

孔子办学的目的是培养治国平天下的官员。他的学生绝大多数都是贵族子弟，学有所成，就去做官。学生就业出路多元化，对平民进行文化科学知识教育，只是最近几十年上百年的事情。经济发展不到一定的阶段，平民教育就无从说起，这是历史发展规律，不可能以人的意志为转移。所以孔子说本章这番话，其实有个不言而喻的前提条件：贵族子弟，“乡学”毕业（据《左传·哀公八年》，有若做孔子弟子时，似乎乡学尚未毕业），而且还要被孔子看上，孔子愿意教育他。这样的弟子初次拜见老师，给老师送点见面礼（古人初次见面，都有送礼的习惯），孔子没有不教育他的。

7.8 子曰：“不愤[①]不启，不悱[②]不发。举一隅不以三隅反，则不复也。”

【题旨】

本章谈启发式教学。

【注释】

① 愤：欲通未通貌。

② 悱（fěi）：欲言难言貌。

【译文】

孔子说：“（我教导弟子）不到他欲通未通时，我不去开导他；不到他想说又说不出来时，我不去启发他。教给他某些知识，他不能由此推知其他方面，我就不再教他了。”

【简析】

子贡说：“回也闻一以知十，赐也闻一以知二。”（《公冶长篇》5.9）可做本章“举一反三”的注脚。

7.9 子食于有丧者之侧，未尝饱也。

【译文】

孔子在丧家吃饭，不曾吃饱过。

【简析】

亲友吊丧，丧礼专家帮忙操办丧事，丧家都有招待酒食之礼。此俗至今犹存。

孔子师徒都本是宗教古儒，丧礼专家，为人家操办丧事，这是他们的本分。《礼记》一书，收录了孔子师徒为人家操办丧事的许多记录，其篇幅大约为《论语》的两三倍。曾子门徒在编辑《论语》时，有意识地尽可能地没有编选那些语录，目的是突出孔子师徒作为世俗政治家、思想家的特点。本章仍然被收进了《论语》，说明编辑者把关不严，没有充分体现编辑者的意图。

在丧家，不吃饭则有损身体，固然不行，但丧事毕竟是悲痛的事情，所以也不能酒足饭饱，要体量丧家的悲痛心情。孔子很注意拿捏分寸，这也是礼。

7.10 子于是日哭，则不歌。

【译文】

孔子在这天哭泣过，就不再唱歌了。

7.11 子谓颜渊曰：“用之则行[①]，舍之则藏[②]，惟我与尔有是夫！”

子路曰：“子行三军[③]，则谁与？”

子曰：“暴虎冯河[④]，死而无悔者，吾不与也。必也临事而惧，好谋而成者也。”

【题旨】

本章评价弟子颜回、子路，主旨是君子要实现理想，应该知所进退。

【注释】

① 行：行道，宾语省略，如《述而篇》7.22“三人行，必有我师焉”，与“子行三军”之“行”含义不同。

② 藏：周人亦称“隐”，如“天下有道则见，无道则隐”（《泰伯篇》8.13），“贤者辟世，其次辟地，其次辟色，其次辟言”（《宪问篇》14.37）。“隐”有“隐于野”“隐于市”“隐于朝”之别，还有“藏”理想、“藏”本事乃至“藏”人之异。《论语》所记孔子见到的“楚狂接舆”等七位隐士，就都是“隐于野”者；卫国公卿宁武子“愚不可及”，就是“隐于朝”者；颜回“一箪食，一瓢饮，在陋巷”，则是“隐于市”者。“隐于野”“隐于世”者，都将自己的道德理想、治国本事甚至连人都“藏”起来；“隐于朝”者则没有把人“藏”起来。周代君子认为，政治清明，就出仕，实现理想；政治黑暗，就隐藏起来，独善其身。“行”与“藏”都是实行道德理想的行为，只是原因不同，方式不同，效果不同而已。

③ 子行三军：您要是统率三军。周礼规定，天子六军，华夏大国诸侯三军，实际情况很复杂。如晋文公称霸时，曾经设置六军；鲁国则长期只有两军。此以“三军”指一国军队。春秋实际情况，一国主帅，一般由上卿或亚卿担任，有时诸侯亲自担任。孔子虽然做过公卿，也会打仗，但其地位摆在“三桓”（季孙、孟孙、叔孙）之后，不可能做鲁军统帅。所以，我认为子路所言只是假设之词。

④ 暴虎冯（凭）河：赤手空拳打老虎，不用工具去渡河。周代俗语，比喻做事鲁莽，只有匹夫之勇。《易·泰卦·爻辞》《诗经·小雅·小旻》《诗经·郑风·大叔于田》均有其例。

【译文】

孔子对颜渊说：“（诸侯若）任用我们，我们就实现理想；（诸侯若）舍弃我们，我们就把理想本事甚至我们自己都隐藏起来。只有我和你才能这样吧！”

子路问道："（诸侯若用您）您若统率三军，那会找谁共事呢？"

孔子说："赤手空拳打老虎，不用工具去渡河，到死都不后悔的人，我是不会与他共事的。（我要共事的人）一定是面临战事就恐惧谨慎，喜欢谋划而能成事的人。"

【简析】

根据社会环境，君子实现理想，本有两种方式，故君子应该知所进退。孔子和颜回都知所进退，但子路一生都争强好胜，从不知进退。他见老师高度肯定颜回，心中不免激起好胜心，也想得到老师肯定，就问老师："您若统率三军，那么找谁共事呢？"子路自视行军打仗至少比颜回强，以为老师肯定会找他子路共事，不料老师却把他批评了一顿。

7.12 子曰："富而可求也，虽执鞭之士，吾亦为之。如不可求，从吾所好。"

【题旨】

本章极而言之，论财富既然不可强求，君子就应该追求理想。

【译文】

孔子说："财富如可求得，即使当一个执鞭的粗鄙之人，我也干。如果不可强求，那还是做我喜欢的事吧！"

【简析】

杨伯峻先生《论语译注》据《周礼》考证，周代有两种"执鞭之士"，一是为天子、诸侯出入而执鞭开道者，二是在市场门口执鞭维护秩序者。其说可从。

孔子还说过："不义而富且贵，于我如浮云"（《述而篇》7.16），重点在获得富贵的方法手段是否符合道义上。本章的重点则在财富不可强求上，两章重点有所不同。

7.13 子之所慎：齐[①]、战、疾。

【注释】

① 齐：同“斋”。

【译文】

孔子所谨慎小心的事：斋戒、战争、疾病。

【简析】

祭祀事关祸福寿夭乃至国家天下的兴亡，故不可不慎，周人必定提前斋戒沐浴。古人对祭祀之前的斋戒有非常细致烦琐的规定，大体上是：祭祀用牛要提前三个月由专人饲养，祭祀者要提前几天不吃荤腥和口气很重的食物，提前几天不与妻妾同房，等等。

战争事关将士生死乃至国家天下的存亡，故不可不慎。孔子认为，将帅不可“暴虎冯河（赤手空拳打老虎，无所凭借去过河），死而无悔”，而应该“临事而惧，好谋而成”（《述而篇》7.11），所谓“谈笑间，樯橹灰飞烟灭”，只是后世艺术家的想象而已。

疾病事关生死寿夭，故应十分谨慎。不熟悉药性的药，孔子就不敢随便吃（《乡党篇》10.16）。

对孔子某些特点的这类记载，自然是孔子的随侍弟子所记，记录时间一般都在孔子晚年。这类记载《乡党篇》比较集中，其他篇目中偶然也有。语录本来零零碎碎，不好编辑，加上古人编辑工具落后，出现这种情况，不难理解。

7.14 子在齐[①]闻《韶》[②]，三月[③]不知肉味，曰：“不图为乐之至于斯也。”

【题旨】

本章赞美舜帝时代的音乐《韶》，含有赞美尧舜二帝之意。

【注释】

① 子在齐：我根据《春秋·昭公二十四年》所记孟僖子去世的时间，结合周礼关于贵族丧期的规定，考证孔子于鲁昭公二十四年五月开始设帐授徒。据《左传》记载，鲁昭公被“三桓”打败，于昭公二十五年至三十二年期间流亡齐国做寓公，最后客死齐国。昭公被驱逐，孔子无望，所以到齐国寻找发展机会；昭公客死齐国，鲁定公嗣位，齐景公又不用孔子，所以孔子回到鲁国寻找发展机会。孔子在齐国做高昭子家臣的时间，大体与鲁昭公流亡齐国的时间相当，大约在八年左右。

②《韶》：《左传·襄公二十九年》记载有二：一是汤乐，二是舜乐。《论语》等传世文献，孔子无一句赞美商汤（笼统赞美三代圣贤“六君子”而及之者除外），而经常赞美舜帝（《泰伯篇》8.18、8.20，《宪问篇》14.42），因此本章孔子所言当为舜乐。

③ 三月：极言时间之长，与《雍也篇》6.7用法相同。

【译义】

孔子在齐国听到《韶》乐，（十分陶醉）以致很长时间都尝不出肉味，说：“没料到欣赏音乐竟然美妙到了这样的地步！”

【简析】

本章论《韶》乐之美，令人陶醉。《史记·孔子世家》记载，鲁昭公时代后期，鲁乱，“孔子适齐，为高昭子家臣，欲以通乎景公。与齐太师语乐，闻《韶》音，学之，三月不知肉味，齐人称之。”可从。

周代君子认为，圣人的音乐有治国理政陶冶性情的作用。孔子被舜乐感动，除了音乐美妙之外，可能还与它是圣人之乐有关。

周代君子言及尧，往往借代尧舜；言及舜亦然。这是周代的语言习惯。

所以本章借《韶》乐称赞舜，也有称赞尧之意。尧舜二帝至大至公，从不染指天下利益，故孔子等周人无比崇拜之（详见《礼记·礼运》）。

7.15 冉有曰："夫子为卫君[①]乎？"子贡曰："诺，吾将问之。"

入，曰："伯夷、叔齐何人也？"曰："古之贤人也。"曰："怨乎？"曰："求仁而得仁，又何怨？"

出，曰："夫子不为[②]也。"

【题旨】

本章暗批卫出公辄与亲生父亲蒯聩争夺君位，不知礼让，不知进退，不守周礼。

【注释】

① 为卫君：向着卫君。为：为了（谁），向着（谁）。卫君：此指当时的卫侯卫出公辄。卫灵公死后，卫国朝廷违反周礼，不准太子蒯聩嗣位，而让蒯聩之子辄（辄是名）嗣位。辄不愿意礼让父亲，造成亲生父子长期争夺君位的局面，卫国长期混乱，卫出公辄在国际上也饱受指责。

② 为：本来是个介宾结构的短语，宾语省略了。

【译文】

（同学们都在老师厅堂上学习，）冉有（问子贡）道："老师他老人家会向着卫君（辄）吗？"子贡道："好，我将问问他老人家。"

（子贡）进入（孔子内室），问道："伯夷、叔齐是什么人啊？"（孔子）道："是古代的贤人。"子贡又问道："（他们都未继承君位）后来怨悔吗？"孔子道："他们求仁德便得到了仁德，又有什么可以怨悔的？"

子贡退出来，对冉有说："老师不会向着（卫君）。"

【简析】

学习本章，需要理解四个问题。

其一，本章涉及春秋末期卫国的一段历史，史料很多。《史记·卫康叔世家》综合《左传》零散史料称，卫灵公荒淫无道，夫人南子不守妇道而且专权，世子蒯聩杀南子不成，逃到晋国，但一直拥有世子的身份，按照周礼，仍然是卫国的法定储君。卫灵公去世，卫国朝廷违反礼制，在世子健在的情况下，立世子蒯聩之子即太孙辄（辄是其名）为君，是为卫出公。大约在卫出公九年，孔子师徒从陈国再次来到卫国。本章所记谈话，或许就在此时。

伯夷、叔齐是殷商末期孤竹国国君的两个儿子。孤竹国在今北京一带，汉朝以前黄河有两个入海口，一在山东，一在秦皇岛，故黄河流经孤竹国，孤竹国经济很发达。汉初秦皇岛入海口堵塞，留下黄河故道，至唐朝犹称无定河，后改称永定河。周人传说，伯夷叔齐兄弟礼让，都不继承君位。或传说，当时天下混乱，他们因此都不愿意做官。《孟子·万章下》10.1说伯夷："治则进，乱则退。"即记录了后一种传说。总之，伯夷、叔齐都是知所进退的典型，而卫出公辄则完全不知进退，不知礼让亲生父亲。

子贡从孔子的话里听出，老师认为，卫国亲生父子争夺君位，均不知进退。因此推断孔子不会向着卫君辄。

其二，所谓"礼让"。华夏民族最晚从周初正式确立宗法制，核心是嫡长子继承君父爵位，余子下降一档分封。按照这一制度，卫灵公去世后，五个月的丧期届满，其世子蒯聩就应该正式嗣位为卫君。世子虽然外逃，但是卫灵公并没有废黜世子，另立世子（卫灵公另立世子不成功），所以蒯聩仍然是法定储君。辄虽然不是自立为君，乃是南子操纵下的朝廷所立。但是，他首先就应该拒绝嗣位，即使无法拒绝，正式为君之后，已经大权在握，就应该尽快将君位还给自己的父亲。而他不仅不交还权力，还派兵拒绝父亲回到卫国。《左传》记载，当时天下诸侯都"让"（责怪）辄，这是有道理的。

既然如此，孔子的弟子们又疑惑什么呢？因为卫出公辄到此时毕竟已经当了九年的卫君了，已经是既成事实了。弟子们以为，老师可能也不得不承认既成事实，认可辄的合法性吧？这就是弟子们疑惑，需要请教老师的地方。

其三，本章记录弟子在堂，老师在室，弟子有疑问，则入室请教。《先进篇》11.15孔子说“由（子路）也升堂矣，未入于室也”，即与古人的这种设帐授徒方式有关。

其四，本章记录还说明，子贡已是“入室”弟子，高足弟子，能够“入室”向老师讨教，而冉有还只是“升堂”弟子，还不能或不敢“入室”讨教。学生要有水平向老师提出高质量的问题，才可能得到老师的指教。如果提不出问题，或者问题太幼稚，弟子就不敢入室讨教。

子贡向老师讨教，方法值得玩味。他没有正面直接问老师对卫出公辄的态度，而是拐弯抹角地问老师对伯夷、叔齐的态度，从而推断老师对现任卫君辄的态度。这可能是因为，卫国朝廷的事情太复杂，问起来，回答起来，都太麻烦。通过问伯夷兄弟之事，知道老师的价值观，就可以推知老师对现任卫君辄的态度了。

7.16 子曰：“饭疏食，饮水，曲肱而枕之，乐亦在其中矣。不义而富且贵，于我如浮云。”

【题旨】

本章孔子谈论自己对待财富、权力的态度。

【译文】

孔子说：“吃粗粮，喝冷水，弯着胳膊当枕头，快乐就在其中了。用不义的手段得到的财富和地位，对我来说好像天上的浮云。”

【简析】

古代君子大多想做官，一者是为了实现人生理想、政治理想，建功立业，青史留名；二者也为了取得权力和财富，改善生活，造福子孙。“义”，宜也，应该也。怎样才应该，怎样不应该呢？有一个标准，就是周礼，也就是周朝的政治规矩。

7.17 子曰：“加我数年，五十以学《易》，可以无大过矣。”

【题旨】

本章谈论学习。

【译文】

孔子说：“让我多活几年，到五十岁时学《易》，就可以没有大过错了。”

【简析】

《易》是上古的卜筮书，其中的《卦辞》《爻辞》是孔子以前的作品，《系辞传》相传为孔子所作。《史记·孔子世家》说：“孔子晚而喜《易》……韦编三绝。”长沙马王堆帛书《要》：“夫子老而好《易》，聚则在席，行则在囊（装竹简的布袋子，类似今之书包）。”看来孔子晚年学《易》，用力甚勤。孔子为什么要到晚年才学《易》呢？《系辞传》说《易》这本书“弥纶天地之道。仰以观于天文，俯以察于地理……范围天地之化而不过，曲成万物而不遗”。要学习这样一本书，学习者要有足够的人生阅历，丰富的知识储备，不到一定的年龄，很难学懂。

7.18 子所雅言，《诗》《书》，执礼，皆雅言也。

【题旨】

本章记录孔子说普通话。

【译文】

孔子有讲普通话的时候，他读《诗经》，读《尚书》，行礼，都说普通话。

【简析】

政治经济文化中心地区的方言，一般就是普通话；其他地方的语言，则只是方言。这是历史规律，不需要论证。周朝政治经济文化的中心自然是首都镐京，和以镐京为中心的王畿。因此王畿的方言就是普通话，其他地方的方言就只是方言。孔子是鲁国人，平时自然说鲁国方言，但在读《诗经》《尚书》和行礼时，则讲普通话。

周代普通话为何叫“雅言”呢？《诗经》有《大雅》《小雅》，周人合称“二雅”，都是西周王畿的诗。《国语·晋语四》引《小雅·皇皇者华》,《左传·襄公三十一年》引《大雅》，即均称“二雅”为“周诗”，可见“二雅”就是西周王畿的诗歌，“雅言”就是西周王畿的方言，就是周朝通行天下的普通话。

《诗经》里还有“风”诗，原本都用各地方言创作；还有《商颂》《鲁颂》，分别用宋国鲁国方言创作。(《周颂》自当用“雅言”创作）但当这些诗歌被乐官采集并收入《诗经》的时候，都要经过周天子的乐官校准音律，使之符合“雅言”的标准。例如《国语·鲁语下》即记载：“昔正考父校商之名《颂》十二篇于周太师。”正考父为孔子的祖先，周太师即周天王的音乐长官。此后天下人颂读、歌唱这些“风”和“颂”时，恐怕也只会按照周天子乐官校准的音律来，久而久之，就会成为传统。《左传·襄公二十九年》记载吴国公子季札“观周乐”（含“风雅颂”以及虞夏商周四代的音乐），季札平时说话必然说吴侬软语，但在吴国听周乐、诵周诗时必用“雅言”，所以他到鲁国一“观周乐”，一听周诗，就全部都能立即听懂。说明周代的普通话“雅言”的确是通行天下的。周代君子诵读歌舞《诗经》时，不能用各地方言，只能用当时的普通话“雅言”。

《尚书》有一部分文献为西周时代所作，自然用“雅言”；还有些篇章形成于先周时代，例如《尧典》《舜典》等，早先应该主要依靠口耳相传，自然不可能都用西周王畿的音律。但是传到周朝时，传颂者为了让天下人都能听懂，很可能也改用周朝的普通话传颂。西周末期，中国开始进入钢铁文明时代，先人利用远比青铜器便宜而且锋利坚韧的钢刀，预先制作大量空白竹简，开始大量记录古代口耳相传的历史，自然只可能用周朝的普通话记录。西周统治天下日久，从王朝到各个方国，君子都会被要求用“雅言”来诵读《尚书》，久而久之，也形成了传统。

行礼，当然是行周礼，用西周“雅言”而不用鲁国方言，才更加地道而正统。

孔子平时讲鲁国方言，但在读《诗》《书》和行周礼时讲普通话，有顺从音律的意思，有遵从文化传统的意思，有尊重先进发达的华夏文明的意思，还有尊重周礼的意思。孔子是文化人，也是个政治人，这几层意思都要注意到。

7.19 叶公[①]问孔子于子路，子路不对[②]。子曰：“女奚不曰，‘其为人也，发愤忘食，乐以忘忧，不知老之将至’云尔[③]。”

【题旨】

本章孔子评价自己。

【注释】

① 叶公：叶：楚国县名，即今河南叶县，“叶公”即叶县县长。楚国本是蛮夷之国，按照周礼，西周时代的楚君被华夏贬称为“楚子”。但是春秋时代楚国国力开始强大，加上国土辽阔，于是楚君开始自称为“王”，与周天王匹敌，故楚国县长、世卿均比照华夏大国的诸侯称“公”。本章“叶公”与《子路篇》13.16、13.18中的“叶公”,《左传·定公五年》《哀公四年》《哀公十六年》《国语·楚语下》第九章中的“叶公诸梁”“沈诸梁”，应是同一个人，名叫沈诸梁，字子高。他“问孔子”，只是笼统地问孔子这个人怎么样，当然包括学问和道德。

② 对：下答上之词。记录者如此记录，说明实际上承认叶公地位远比子路高。鲁《春秋》记录楚君，一直按照周礼称“楚子”；但《左传》记录楚君，则有时称“楚子”，有时又称“楚王”“王”，说明随着楚国实力的增长和进一步的华夏化，华夏君子出现了承认楚国国力强大

的新情况。

③ 云尔（同“耳”）：如此而已。

【译文】

叶公问子路，孔子这个人怎么样。子路不回答。孔子（知道了，对子路）说：“你为什么不这样说：‘他为人，发奋努力就忘了吃饭，安贫乐道就忘了忧愁，不知道衰老快要来了。’如此而已。”

【简析】

孔子自评的几句话，主旨是说，自己终生为天下奋斗，“老之将至”而初衷不改。这就是孔子的“仁”。孔子不强调自己的学问，而只评价自己的道德，强调自己只是个“仁”者。

孔子曾经对颜回说，“用之则行，舍之则藏”，那么“发愤忘食”就指“用之则行”时自己的精神状态，“乐以忘忧”则指“舍之则藏”时自己的精神状态，“不知老之将至”则合写之，总结自己一生，无论穷达，都为平定天下努力奋斗的精神状态。孔子认为，仁德君子即使无法为平治天下效力时，安贫乐道，也是在为平治天下而奋斗。

7.20 子曰：“我非生而知之者①，好古，敏以求之者也。”

【题旨】

本章说明，自己的仁政理想，是学习圣人所得，是理性选择的结果。

【注释】

① 生而知之者：这句话在孔子一生的话语体系里，有特定含义。孔子一生反复表示，君子知道仁德，实行仁政，惠及苍生，分有三种情况：第一种君子是尧、舜，他们是“生而知之者”，是真正的“仁者”，他们的仁德与生俱来，而并非后天习得，他们实行仁政就心安，否则就

心中不安。他们从来不染指天下的任何利益。他们实行仁政，不是为了自己得到任何好处，甚至并不要后人铭记和感激。第二种君子，夏商周三代的圣王禹、汤、文、武、成王、周公“六君子”是“学而知之者”，他们并不是天生的仁者，实行仁政也并非其初衷，而是反复琢磨获利手段的结果。他们明白，只有认真实行仁政，惠及天下苍生，自己及其子孙后代才可能获得最大最长久的利益。如果不认真实行仁政，不仅殃及天下苍生，最终也会殃及自己。第三种君子是春秋霸主，他们都想废黜周天子，独吞天下，但是做不到，经常碰得头破血流，迫不得已而勉勉强强实行仁政，他们的所谓“仁德”，是“困而学之”而获得。孔子认为自己并不是天生的纯粹的仁者，自己之所以终身追求仁政理想，完全是像“六君子”那样，学习各种治理方法，最终做出的理性选择（详见《礼记 · 礼运》）。

【译文】

孔子说：“我不是生来就有高尚仁德的人，而是爱好古代文化，勤勉求学获取知识的人。”

【简析】

本章很容易误解为孔子谈论自己求取知识学问。我自己也长期这样误读。将孔子相关论述合并考察之，方知孔子所论，在于人生理想，不在知识学问。说明孔子为了追求仁政理想而死，并非盲目行为，而是理性选择。

“六君子”和孔子，都不是天生的纯粹的“仁者”，而只是聪明的“智者”，因为他们都明白一个道理，尧舜在世的“天下为公”的时代早已一去不复返了。现在已经是“天下为家”，君子对财富能够取之有度，能够善待平民百姓，使之得以休养生息，就已经很不错了。天下永远不会再有尧舜那样与生俱来的真正的纯粹的“仁者”了。

7.21 子不语怪、力、乱、神。

【译文】

孔子不谈论怪异、勇力、叛乱、鬼神这些事。

【简析】

孔子说："未能事人，焉能事鬼？""未知生，焉知死？"（《先进篇》11.12）看来他很少谈论怪异之事，近乎事实。其他三类事却是经常谈的，如"好勇疾贫，乱也。人而不仁，疾之已甚，乱也"（《泰伯篇》8.10），"勇而无礼则乱"（《泰伯篇》8.2），"危邦不入，乱邦不居"（《泰伯篇》8.13），这些都是讲"力""乱"的例子。齐国"陈成子弑简公"以后，孔子先"告于（鲁）哀公"，后又"告夫三子（实际掌控鲁国的季孙氏、孟孙氏、叔孙氏）"，请求鲁国出兵讨伐陈氏（《宪问篇》14.21），这更是讲"力""乱"的典型例子。至于"神"，孔子就讲得更多了，他说"祭（祖）如（祖）在，祭神如神在"（《八佾篇》3.12）。孔子是"儒"，而古老的"儒"本是宗教礼仪专家，为人家操持丧事，祭祀鬼神，原本就是他的职业，怎么可能不说到神呢？

本章不知是孔子的哪位徒子徒孙所记，他自己可能很少听到夫子讲"怪、力、乱、神"，便干脆夸张一下，说"子不语怪、力、乱、神"。学者如果把这句话当了真，还想方设法论证一下，那就是笑话了。

7.22 子曰："三人行①，必有我师焉：择其善者而从之，其不善者而改之。"

【题旨】

本章孔子说，自己向所有实行仁道者学习，包括实行仁道好的和不好的。

【注释】

① 三人行：君子们实行（仁道）。三，实词作虚词用，表示很多。汉语中表示数目的实词，大多有此用法。人：用其狭义，指君子。只有君子才涉及是否实行如何实行仁道的问题，平民百姓根本不涉及这个问题。孔子讲过："君子而不仁者有矣夫，未有小人而仁者也。"（《宪问篇》14.6）行：实行仁道，实行仁政，宾语被直接省略了，这是周人的语言习惯。今人亦经常直接省略宾语，以求语言简洁。

【译文】

孔子说："君子们实行仁道，其中一定有我的老师在：我会选择那些实行得好的学习他们，也会从那些实行得不好的人身上看到我的不善而加以改正。"

【简析】

"善者"实行仁道好，是正面的老师，直接向其学习；"不善者"实行仁道不好，是反面的老师，从他们身上可以看到自己的不善，故自己可以"改之"。人之天性容易自恋，看到自己的长处很容易，看到自己的短处很难，故夫子经常需要借助他人发现自己的不足。

7.23 子曰："天生德①于予，桓魋②其如予何？"

【题旨】

本章孔子表示，我命在天，叛臣岂可奈何。

【注释】

① 德：仁德，治国平天下的理想追求。

② 桓魋（tuí）：亦作向魋，宋国司马。

【译文】

孔子说："我有天生的美德圣性，桓魋能拿我怎么样？"

【简析】

据《孟子·万章上》9.8、《史记·孔子世家》《史记集解》，鲁哀公三年，宋国司马向魋欲杀孔子，孔子说了这番话，有几层意思：一、老天爷不会让人间的"德"断绝，因为"德"断绝了，就没有人治国平天下了，天下就不能安宁；二、当时有"德"者不多，自己是有"德"者之一，甚至是唯一的有"德"者；三、因此他认为桓魋不可能把自己怎么样，老天爷会保护有德者。

7.24 子曰："二三子[①]以我为隐乎？吾无隐乎尔。吾无行而不与二三子者[②]，是丘[③]也。"

【题旨】

本章孔子告诉弟子，自己教育弟子，毫无隐瞒。

【注释】

① 二三子：周代口语，犹今"诸位""各位"，此代指诸位随侍弟子。

②"无行"作谓语，没做；"不与二三子者"作宾语，不把知识学问教给你们的事。

③ 丘：孔丘，孔子自称。古人自称名或姓名，即使孔子对弟子讲话，也是如此。

【译文】

孔子（对随侍弟子们）说："各位以为我有所隐瞒吗？我没有隐瞒你们。我没做不把学问教给你们的事，这就是我孔丘的为人。"

【简析】

孔子的奇葩弟子陈亢，以为老师教育众弟子一定有所隐瞒，一定只将独门绝活教给自己的儿子孔鲤，于是找孔鲤打听。但他没有料到，老师教育自己的儿子，与教育众弟子一模一样。（参阅《季氏篇》16.13）

孔子去世后，弟子们无比悲痛，居然按照五百多年前的殷商旧礼，为老师守孝三年（至少二十五个月）。这固然与孔子崇高的道德（本意仅仅指他治国平天下的政治理想人生理想）、高深的学问有关，也与他一生善待每一位弟子密切相关。《论语》中保存了孔子责骂宰我、冉求的语录，而这些语录的记录者，就是挨骂者自己。他们把老师骂自己的话都记录下来，交给曾子师徒，使之流传于世，并不是为了记仇，而是因为发自内心地认为，老师骂得好，对自己进步有意义，所以记录下来以示感恩。

7.25　子以四教：文、行、忠、信。

【题旨】

本章概括孔子的教学内容。

【译文】

孔子用四种内容来教育（我们这些弟子）：古代遗存的文献、圣贤的身体力行、谋事忠诚的品格和待人信实的要求。

【简析】

“文”，以“六艺”（《诗》《书》《礼》《乐》《易》《春秋》）为主的古代文献，与“博学于文”（《雍也篇》6.27），“博我以文”（《子罕篇》9.11）几个“文”字的含义相同。

“行”，实行（仁道），与“躬行君子（之道）”（《述而篇》7.33）的“躬行”“三人行（道）”（《述而篇》7.22）的“行”用法完全相同，都省略了宾语“道”。本为动词，在此用作名词，指古代圣贤对仁道的身体力行。

“忠”，对待别人的诚心，不仅仅指效忠国君。“信”，与人交往的诚信。“忠”与“信”都有待人诚实的意思，孔子自己亦常常并而言之。弟子此处分说，未必完全合乎孔子本意。

7.26 子曰：“圣人，吾不得而见之矣；得见君子者①，斯可矣。”

子曰②：“善人，吾不得而见之矣；得见有恒者③，斯可矣。亡而为有，虚而为盈，约而为泰，难乎有恒矣④。”

【题旨】

本章本为两章，其主旨是说，“圣人”“善人”难觅，得见“有恒”心的仁德“君子”就很不容易了。有感叹世风之意。

【注释】

① 圣人：此当仅仅指尧舜，尧舜大公无私，天生仁德，故称圣人；君子：孔子经常称禹汤文武成王周公为“六君子”，特点是虽然一切举措都是为了私利，但是取之有度，认真实行仁政，客观上对天下有利。孔子也经常泛泛称贵族及其子弟为“君子”。但是，考虑到本章将“圣人”与“君子”相对而言，“君子”应仅仅指仁德君子（有仁德，行仁政的贵族），不包括“君子而不仁者”（不仁不义的贵族）。

② 子曰：孔子前面讲话，弟子记作“子曰”云云。如果间隔较长时间，孔子又说话，随侍弟子一般会另用空白竹简记录，形成另一章语录。也有将主旨相同的两章语录记录于一简者，第二章语录开头则记作“曰”或“子曰”云云。孔子的随侍弟子，将这两章语录记录在同一根简牍上，说明他认为，老师的两章语录是同一个意思。

③ 善人、有恒者：与前文“圣人”“君子”相对应，含义亦相对应，善人的含义与圣人相当，有恒者的含义与君子相当。至少，这一语录的记录者是这样理解的。

④“亡（同‘无’）而为有”三句：写“小人穷斯滥矣”的可笑举动。

【译文】

孔子说："圣人，我不能看见了；能看到仁德君子，这就可以了。"

又说："善人，我不能看见了；能看到有恒心有操守的君子，这就可以了。本来没有却装作有，本来空虚却装作充实，本来贫困却硬要奢华，（这样的人）就难以有恒心有操守了。"

【简析】

孔子生活在春秋末期，那个时代，由于钢铁的广泛使用，土地大量开垦，生产效率极大提高，天下经济已经非常发达，私有化程度进一步加深，贵族普遍大幅提高税率（农业税率由十分之一提高到十分之二，关隘、市场都开始收税而且税率很高，一般都在三成），所有贵族都将自己的封地当作自己的产业，生活非常奢靡（《礼记》收有春秋时代的菜谱，从中可以看出，贵族生活之奢靡，简直令人咂舌）。在这种情况下，圣人善人自然没有踪影，能够做一个取之有度的君子，有恒心的君子，就已经很了不起了。

7.27 子钓而不纲①，弋不射宿②。

【注释】

① 纲：渔网上的粗绳，在此借代渔网，并作动词用，指用渔网打鱼。那么"不纲"就是不下网打鱼。渔网打鱼，会一网打尽，所以不用渔网打鱼。

② 弋、射：都是射鸟，"宿"是归巢的鸟。归鸟要喂养巢中的小鸟，若射归鸟，则不仅大鸟会死，小鸟也必然饿死，所以不射归鸟。

【译文】

孔子钓鱼，但不用渔网打鱼；射鸟，但不射归巢的鸟。

【简析】

人之生存，必然仰仗自然，故必须取之有度，不可竭泽而渔，损害了大自然的自我修复能力。如果损害了大自然的自我修复能力，人的生存必然受到极大威胁。古人大多懂这个道理，而且养成了取之有度的习惯，不仅孔子如此。

7.28 子曰："盖有不知而作之者，我无是也。多闻，择其善者而从之；多见而识之：知之次也。"

【题旨】

本章孔子谈论自己如何虚心学习，应该是说给弟子们听的。

【译文】

孔子说："大概有一种不懂装懂凭空造作的人，我没有这种毛病。（我总是）多多地听，选择好的接受；多多地看，记在心里：（我）这样的知，是次于'生而知之'的。"

【简析】

周朝文献中，"道""德""道德""仁"往往是同一个意思，都指治国平天下的意愿和行动。孔子按照人的道德水平，把人分为"生而知之者"（尧舜）、"学而知之者"（夏商周三代的禹汤文武成王周公"六君子"）、"困而学之"者（春秋霸主）和"困而不学"者（平民百姓）四等（《季氏篇》16.9，《礼记·礼运》）。他把自己划为"学而知之者"，比"生而知之者"次一等。《述而篇》7.20也把自己划为"学而知之者"，两章可以互相佐证。

但是，仔细揣摩本章孔子之意，本章所谓"多闻""多见"，似乎仅仅关乎学问，而无关道德。《述而篇》7.22讲"择其善者而从之"是说学习君子的善行，本章"择其善者而从之"是说学习君子的学问，用语虽同而含义迥异。

"不知而作"，不懂装懂。孔子曾经教导子路："君子于其所不知，盖阙如也。"（《子路篇》13.3）"知之为知之，不知为不知，是知也。"（《为政篇》2.17）可见孔子一向反对"不知而作"。

7.29 互乡①难与言②，童子③见，门人④惑。子曰："与其进也，不与其退也。唯何甚？人洁己以进，与其洁也，不保⑤其往也。"

【题旨】

本章记录了孔子宽待他人的一个案例。

【注释】

① 互乡：地名，地望无考。

②"难与言"之"与"：介词；"与其进""与其洁"之"与"：动词，赞成；"不与"：不赞成。《先进篇》11.26："吾与点也！"《公冶长篇》5.9："吾与女，弗如也。"两个"与"字亦均作动词，均表示赞成之意，用法与本章相同。

③ 童子：周代父亲称儿子，长辈称晚生，均可称"童子"。

④ 门人：《论语》中"门人"一词出现七次，本章指孔子之门下弟子，其余六次均指孔子授业弟子之门下弟子，即孔子的徒孙。

⑤ 保：守也，故引申而有死死记住之义，此用杨伯峻先生《论语译注》说。

【译文】

互乡这个地方的人很难说话（因此谁都不想搭理他们）。有个（互乡的）年轻人得以拜见孔子，弟子们很疑惑。孔子说："（应该）赞成他们进步，不赞成他们退步，何必太过分？人家把自己收拾得干干净净而来，就应该赞成他的洁净，而不应该老记住他的过去。"

【简析】

孔子要求君子"不念旧恶"（《公冶长篇》5.23），认为"人而不仁，疾之已甚，乱也"（《泰伯篇》8.10），都与本章一样，体现了孔子的"恕"道。

7.30 子曰：“仁远乎哉？我欲仁，斯仁至矣。”

【题旨】

本章论述君子能否做仁人，完全由自己的意愿决定。

【译文】

孔子说：“仁德离我们远吗？我要仁德，它就来了。”

【简析】

孔子所讲的“仁”“仁道”“道”“德”“道德”，含义有二：其一，指君子治国平天下的崇高理想和终生行动。只要为了这一崇高目标奋斗终生，无论结果如何，都是仁人。即使完全无法达到这一目标，被迫远离官场，像弟子颜回那样隐居起来，“安贫乐道”，也是实行仁道的一种方式，也是仁人。其二，实现治国平天下的伟大理想，无比艰难，君子不能贪图安逸，“食无求饱，居无求安”。这就是说，能否做仁德君子，由个人的意愿决定。

孔子认为君子“求仁而得仁”（《述而篇》7.15），人人都可以当仁人。他说：“有能一日用其力于仁矣乎？我未见力不足者。”（《里仁篇》4.6）可见是否当仁人，只是愿意不愿意的问题，不是能够不能够的问题。后来孟子继承了孔子这一思想，批评齐宣王不实行王道仁政是“不为也，非不能也”（《孟子·梁惠王上》1.7）。

7.31 陈司败①问昭公知礼②乎，孔子曰：“知礼。”

孔子退③。揖巫马期④而进之，曰：“吾闻君子不党，君子亦党乎⑤？君⑥取于吴，为同姓，谓之‘吴孟子’。君而知礼，孰不知礼？”

巫马期以告。子曰：“丘也幸，苟有过，人必知之。”

【题旨】

本章记载孔子为尊者讳的一个案例，而为尊者讳，也是周礼。

【注释】

① 陈司败：陈为国名，司败为官名，陈国最高司法官，姓名表字均不详。周朝华夏各国最高司法官叫“司寇”，县级司法官叫“野司寇”。楚国最高司法官叫“司败”。陈国本是华夏之国，司法官自然本叫“司寇”。但是齐桓公死后，陈国就被楚国实际控制，至此已经一百多年，所以连官职名称也效仿楚国。此时陈为鲁之盟国，按照周礼，国君、小君（君夫人）安葬时，同盟国要吊唁观礼（见《左传·隐公元年》，参阅《孟子·滕文公上》5.2）。孔子虽然早已辞职，但仍然是国老，也要吊唁鲁昭公夫人，于是孔子遇到了陈司败。

② 昭公知礼：同姓不婚，这是周礼的基本规制之一。鲁国姬姓，吴国也是姬姓，鲁昭公却娶吴国之女，明显违反周礼。周礼规制，诸侯夫人的称呼是“娘家国名+娘家的姓”，那么鲁昭公夫人应称“吴姬”。鲁昭公知道娶吴女有违礼法，不方便称夫人为“吴姬”，只得改称她为“孟子”（犹言“长女”“大姑娘”，盖吴女在娘家是长女）。

③ 退：如果陈司败到孔子帐下，孔子则退出自己的屋子，这种可能性不大。孔子与陈司败应该是在鲁昭公夫人的葬礼现场相遇，那么孔子则退出葬礼现场。

④ 巫马期：复姓巫马，名施，字子旗，《孔子家语》称字“子期”，孔子随侍弟子。

⑤ 君子不党，君子亦党乎：前一个“君子”乃泛指，后一个“君子”乃特指孔子。

⑥ 君：天王、诸侯，称“君”，本章特指鲁昭公。

【译文】

陈司败问孔子，鲁昭公懂不懂礼制，孔子说：“懂礼制。”

孔子退了出来。陈司败向巫马期作了个揖，请他走近自己（以便说话），道：“我听说，君子无所偏袒，难道孔子也偏袒吗？鲁君从吴国娶了个夫人，是同姓，称之为‘吴孟子’。要是连鲁君都懂礼，还有谁不懂礼呢？”

巫马期把这话转告孔子。孔子说："我真幸运，如果有错，人家一定知道。"

【简析】

《左传·哀公十二年》载，是年五月，鲁昭公夫人，哀公嫡母"孟子卒。昭公娶于吴，故不书姓"。鲁为周公之后，姬姓；吴为太伯之后，也是姬姓。周礼规定"同姓不婚"，鲁昭公娶吴女明显有违礼法。

本章有两个问题需要讨论。

一是孔子答"知礼"。这个故事必定很长，事先肯定谈到"同姓不婚"的礼法，陈司败才问"君知礼乎"。孔子称昭公"知礼"，这是为尊者讳。为尊者讳，也是周礼。

二是"丘也幸"。周人自称名，不自称字，故孔子自称"丘"。容易看到自己的长处而很难发现自己的短处，容易发现别人的短处而很难看到别人的长处，这是人性的缺陷。圣人深知此理，所以想办法克服这一缺陷。孔子说"三人行，必有我师焉：择其善者而从之，其不善者而改之"（《述而篇》7.22），就是把别人当作观察自己的镜子。孟子说圣贤都"闻过则喜"（《孟子·公孙丑上》3.8），与孔子说"丘也幸"是一个意思，都是真心话，不是客气话。

7.32 子与人歌而善，必使反之，而后和之。

【译文】

孔子与别人一起唱歌，如果（人家）唱得好，一定请他再唱一遍，然后自己再跟着唱一遍。

7.33 子曰："文①，莫②吾犹人也。躬行君子③，则吾未之有得。"

【题旨】

本章孔子评价自己：多少有点学问，但是实行君子的仁道，还没有什么成绩。

【注释】

① 文：文献，主要是尧舜以来的“六艺”。周朝君子谈起“学”，包含两层含义：一、学习古来圣贤的崇高道德，为治国平天下奋斗，躬行君子（之道），其核心是“仁”。二、学习古来文献上的学问，其核心是“礼”。

② 莫：疑词，犹“大约、大概、或许”。

③ 躬行君子：亲自实行君子之道，中心词“道”因为人所共知而被直接省略。现代汉语也经常直接省略人所共知的中心词，以求语言简洁。

【译文】

孔子说：“文献上的学问，大约我和别人差不多。身体力行君子之道，那我还没有什么收获。”

【简析】

“子以四教：文、行、忠、信。”（《述而篇》7.25）“文”与本章的“文”意义相同，均指古代文献。“行”也与本章中的“行”意义相同，均指身体力行实行仁道。

“文”与“行”，孔子一向更加重视“行”，本章也体现了这一思想。

7.34 子曰：“若圣与仁，则吾岂敢？抑为之不厌，诲人不倦，则可谓云尔已矣。”公西华曰：“正唯弟子不能学也。”

【题旨】

弟子们称赞老师是圣人仁人，孔子表示，自己只是学而不厌，诲人不倦而已。

【译文】

孔子说：“若说圣人与仁人，那我怎么敢当？或许学习从不满足，教诲别人从不倦怠，则可以如此说说罢了。”公西华说：“这正是我们学不到的。”

【简析】

本章语境，一定是先有弟子赞美老师“圣与仁”，所以才有孔子这番话。

春秋时代称三种人为“圣”：一是博学者，如子夏说孔子是“圣人”（《子张篇》19.12）；二是终生致力于治国平天下者，如孔子说“安人”者“仁”，“安人”且“济众”者“圣”（《雍也篇》6.30）。这是孔门的见解。但其他君子还认为，聪明智慧料事如神如臧武仲者，也可称为“圣”（《宪问篇》14.12,《左传·襄公二十二年》），这是第三种见解。本章将“圣”与“仁”并称，明显是用“圣”的第二义。弟子赞美老师“圣与仁”，本意是赞美他毕生致力于治国平天下的伟大理想，具有圣人仁人的崇高理想和坚定意志。孔子则说，在实行圣道仁道上，我并无成绩可言，故不敢当，只是略有学问而已。“为之不厌，诲人不倦”讲的是学问。

7.35 子疾病，子路请祷。子曰：“有诸？”子路对曰：“有之。《诔》[①]曰：‘祷尔于上下神祇。’”子曰：“丘之祷久矣。”

【题旨】

本章记录孔子病重祷告无用，显示孔子对鬼神将信将疑。

【注释】

①《诔》：一指哀悼文，如孔子去世，鲁哀公有《诔》哀悼孔子，见《左传·哀公十六年》；二指向天神地祇祷告的祈祷文。本章用第二义。

【译文】

孔子病重，子路请求（老师允许自己为他）祷告。孔子说：“有（祷告管用）这回事吗？”子路回答道：“有的。《诔》说：‘替你向天神地祇祷告。’”孔子道：“我早就祷告过了。”

【简析】

孔子病重，祈祷于神祇，但并不见好转。所以当子路“请祷”时，孔子告诉他，祷告没用。

人类文明发展的规律，起初没有鬼神。五万多年前创造鬼神，随着人类文明的发展，最终将重新回到没有鬼神，完全世俗化的状态。中国是世界上世俗化最早，世俗化程度最高的国家。春秋至今出现了对鬼神将信将疑的新思潮。孔子并非全然不信鬼神，只是将信将疑而已。只有到了生死存亡的关键时刻，人才会求助于鬼神，所谓“人穷反本”是也，而在身体健康、春风得意时，是不容易想到鬼神、求助于鬼神的。古今凡人圣人莫不如此。

7.36 子曰：“奢则不孙[①]，俭则固。与其不孙也，宁固。”

【题旨】

本章强调君子不能贪图安逸。

【注释】

① 孙：同“逊”。

【译文】

孔子说：“生活奢侈就显得骄狂不逊，生活俭朴就显得固陋寒碜。与其骄狂不逊，宁可固陋寒碜。”

【简析】

孔子并非反对君子过上好日子。君子要治理天下，这是最难的大事，所以君子不能贪图安逸，否则不可能为治理天下奋斗一辈子。明白这一点，本章就很好理解了。

7.37 子曰：“君子[①]坦荡荡，小人[②]长戚戚。”

【题旨】

本章论述君子小人之区别。

【注释】

① 君子：贵族及其子弟。

② 小人：本指在官府打杂的农民，后泛指平民百姓。具体指农民、手工业者、商人、在官府打杂者。

【译文】

孔子说："君子心地平坦宽广，小人常常局促忧愁。"

【简析】

周代君子常有"君子""小人"的议论。"君子"一般经济上富足，社会地位高，道德水平高，文化水平高，人生期许也高，是贵族；"小人"等平民百姓则相应的都低下，核心是经济地位低下。

孔子这里似乎仅从道德上评价"君子""小人"，认为"君子"道德高尚，利害得失不放在心上，所以心地坦然。而"小人"常为利害得失而心烦意乱，忧愁局促也就自然而然了。

7.38 子温而厉，威而不猛，恭而安。

【译文】

孔子温和而又严厉，有威仪但不凶猛，庄重而又安详。

【简析】

这类文献，大都被编入《乡党篇》，但也有被编入他篇的少量简牍。简牍零零散散，古人编辑工具又很落后，出现这种情况，在所难免。

泰伯篇第八

共二十一章

8.1 子曰："泰伯，其可谓至德也已矣！三①以天下②让，民③无得而称④焉。"

【题旨】

本章盛赞吴王泰伯"礼让"天下，品德崇高。

【注释】

① 三：多次，屡次。汉语数次实词虚用，案例比比皆是。但泰伯一"让"足矣，何需"三让"？此言"三让"者，赞美夸饰之词也。

② 天下：极言泰伯所让之利益巨大，道德之无比高尚，亦为夸饰之词。古公亶父时代的周国，其地约当今陕西岐山一带，此乃泰伯所"让"。

③ 民：《论语》多指平民，与"人"相对而言。本章兼指"人"（贵族）和"民"（平民），犹今之"人民"，与本篇8.19、《季氏篇》16.12、《尧曰篇》20.1用法相同。

④ 无得而称：不知道用什么言辞称赞，如同后世"语言贫乏无力"之意。与此相反的"无德而称"，则表示没什么可以称赞的。两句话都是周代俗语，在周代文献中都很常见。

【译文】

孔子说："泰伯，其品德可以说极其崇高了！他多次把天下让给季历，人民都不知道怎样称颂他了。"

【简析】

华夏民族最晚在殷商晚期即已形成"嫡长子继承制，余子分封制"的礼制，就是所谓宗法制，以解决贵族子嗣众多，权力必须有序交接的问题。周初正式确认之。但是这一"礼"只能解决一般问题，还需用"让"加以调节。如嫡长子不健康不能继位，不愿意继位，年幼不能马上继位，远不如其他儿子贤明，无嫡子等，都需要用"让"来调节。调节好了，再恢复"嫡长子继承，余子分封"的常态。所以周初设计礼制时，"让"也是"礼"的重要内容之一。中国至今"礼让"并称，道理就在这里。孔子赞美伯夷叔齐（《述而篇》7.15）和吴王泰伯"让"，批评子路"为国以礼，其言不让"（《先进篇》11.26），卫灵公不知"礼"（《卫灵公篇》15.13、《子罕篇》9.18），卫出公不知"让"（《述而篇》7.15），都是因为这个原因。

周人祖先古公亶父有三位嫡子，泰（太）伯、仲雍、季历。按照当时的礼制，古公本应传位于嫡长子泰伯，余子另行分封。但古公预见到，季历的嫡长子姬昌特别了不起，将来可使周国称王，于是想变通礼制，传位于季历，以便姬昌将来继位。这就需要泰伯、仲雍都"礼让"。为了满足父亲的心愿，也为了不至于得罪被杀（参阅《左传·闵公元年》），泰伯、仲雍出走勾吴，成为吴国的始祖。于是季历顺利继位，然后恢复传位于嫡长子的常道，传位于嫡长子姬昌，史称周文王。文王传位于嫡长子姬发，史称周武王。武王伐纣灭商，建立周朝，周家才有八百年的天下。泰伯在周朝有美名，周代几乎所有典籍都有赞美他的话。

用今天的话来讲，"礼"讲原则性，"让"讲灵活性。既讲原则，又很灵活，无论怎样做都符合礼制的基本精神，孔子称之为"从（纵）心所欲不逾矩"，孟子称之为"动容周旋中礼"。这是官员行政、君子做人的最高境界。

8.2 子曰："恭而无礼则劳，慎而无礼则葸[①]，勇而无礼则乱，直而无礼则绞[②]。君子笃于亲[③]，则民兴于仁；故旧不遗[④]，则民不偷[⑤]。"

【题旨】

本章论君子应该重视"礼"，而不要只顾"仪"。

【注释】

① 葸（xǐ）：胆怯。

② 绞：尖刻伤人。

③ 亲：特指父母。

④ 故旧不遗：指天王诸侯卿大夫善待因故离开自己的老臣旧部，不遗弃他们。

⑤ 偷：冷漠无情。

【译文】

孔子说："（君子）如果只知恭敬庄重而不真正知礼，就会劳倦不堪；如果只知谨慎小心而不真正知礼，就会胆怯畏惧；如果只知勇敢无畏而不真正知礼，就会惹出乱子；如果只知心直口快而不真正知礼，就会刻薄伤人。君子如果用深厚的感情善待父母，那么民众就会走向仁德；君子如果不遗弃故人，那么民众就不会对人冷漠。"

【简析】

"恭慎勇直"均为"礼"之外表，可统称为"仪"；而四个"礼"字，则均为"礼"之本质。孔子希望为官者不要只知道"仪"而不明白"礼"，并明确要求他们入则"笃亲"，出则"不遗故旧"，合起来也就是讲仁德，所以"仁"才是"礼"的本质。

孔子还认为，君子为人为官如何，将对民风产生重大影响。周朝君子均认为，民风如何，实际上是由君子之风决定的。君子风清气正，民风自然会好；君子之风不正，民风不可能好。孔子这方面的论述也非常多。孔子总是要求中下级官员要勤政努力，但与诸侯、执政上卿谈及国家治理时，总是要求他们“正”，即做正人君子。认为诸侯、上卿“正”，则中下级官员自然“正”；官员的风气“正”，平民百姓的风气自然会“正”。如此则国家大治，进一步，则可统一天下，天下大治，仁道成矣。

8.3 曾子有疾，召门弟子[①]曰：“启[②]予足！启予手！《诗》云：‘战战兢兢，如临深渊，如履薄冰。’[③]而今而后，吾知免[④]夫！小子！”

【题旨】

本章为曾子语录：他由自己手足生病，想到以后走路要小心谨慎，进而联想到以后做人做事都要小心，从而可以免于刑戮。这是借病说事，教育弟子为人要谨慎。曾子赋诗“断章取义”，这是周代习惯，《左传》《国语》中这样的案例很多。

【注释】

① 门弟子：曾参的门徒。孔子去世时，曾参二十六岁。据《里仁篇》4.15，孔子健在时，曾参就有自己的门徒，说明他设帐授徒很早。

② 启：即“䁥”，视也。

③ “战战兢兢”三句：见《诗经·小雅·小旻》第六章，前四句是：“不敢暴虎，不敢冯（馮，借为“憑”，简体为“凭”）河。人知其一，莫知其他。”意思是，不敢空手打老虎，不敢徒步过黄河，世人只知道这样不勇敢，不知道这是因为小心。“暴虎冯河”是周代俗语，比喻办事鲁莽。孔子也曾批评子路“暴虎冯河”（《述而篇》7.11）。

④ 免：免于刑戮，免于死罪，周代口语。

【译文】

曾子病了，把弟子们召来，说：“看看我的脚！看看我的手！《诗经》上说：‘小心谨慎啊！好像面临深渊之旁，好像行走薄冰之上。’从今以后（我会更加小心谨慎），我知道可以免于刑戮了！弟子们！”

【简析】

孔子说“邦有道，危言危行；邦无道，危行言孙（逊）”（《宪问篇》14.3），“危邦不入，乱邦不居。天下有道则见（现），无道则隐”（《泰伯篇》8.13），又赞美卫国君子宁武子“邦有道，则知（智）；邦无道，则愚。其知可及也，其愚不可及也”（《公冶长篇》5.21），说明春秋时代官场风险的确很大。这应该是曾子借病说事的原因。

曾参曾经担任华夏大国鲁国的公卿，按照周礼可以尊称为“某子”。本篇8.3—8.7均为曾子语录，均为曾参之门徒所记，故弟子均尊称他为“曾子”。

8.4 曾子有疾，孟敬子①问之。曾子言曰：“鸟之将死，其鸣也哀；人之将死，其言也善。君子所贵乎道者三：动容貌，斯远暴慢矣；正颜色，斯近信矣；出辞气，斯远鄙倍②矣。笾豆之事③，则有司④存。”

【题旨】

本章为曾子语录，他告诫鲁国公卿孟敬子，要他注意待人接物。想必孟氏平日待人接物有所不足，所以曾子有此谏言。

【注释】

① 孟敬子：战国初期鲁国公卿，实际控制鲁国的“三桓”之一。孟僖子（《左传·昭公七年》《春秋·昭公二十四年》）生孟懿子（《为政篇》2.5）和南容（《公冶长篇》5.2），孟懿子生孟武伯（《为政篇》2.6），孟武伯生孟敬子。

② 倍：同“背”，违反常理。

③ 笾豆之事：与《卫灵公篇》15.1“俎豆之事”一样，都指宗教仪式这类小事。“笾豆”“俎豆”均为祭祀享燕的器具，这些器具怎么摆设，

里头怎么装祭品，装什么祭品，都是小吏们要做的事情，不是诸侯、公卿大夫需要操办的事情。

④ 有司：指在卿大夫之下具体管事的小吏。

【译文】

曾子有病，孟敬子来问候他。曾子说："鸟要死的时候，它的鸣声是悲哀的；人要死的时候，他的话语是善良的。君子所注重的待人之道有三：严肃自己的容貌，这样就远离别人的粗暴和怠慢了；端正自己的脸色，这样就让人信任了；注意谈话的言辞和语气，这样就远离粗鄙和错误了。至于具体的仪式这类小事，自有小吏去管。"

【简析】

"鸟之"二句，极言下文谏言之诚。先人从原始时代到春秋时代，天王、诸侯卿大夫等行政长官均兼大巫师，实行政教一体的治理方式。所以宗教之事亦为治理天下、国家、采邑之事，这是曾子与孟敬子谈及"笾豆之事"的原因。

本章应是曾参将死时说的话，其时间已经进入战国时代，很可能是《论语》中记录时间最晚的语录。了解这一点，对我们推定《论语》的成书时间非常重要。《礼记》中保存了曾子去世前一刻的语录。

8.5 曾子曰："以能问于不能，以多问于寡；有若无，实若虚；犯而不校——昔者吾友[①]尝从事于斯矣。"

【题旨】

本章为曾子语录，称赞其同学颜回的美德。

【注释】

① 友：周朝同辈而且同道者，才互称朋、友、朋友（参阅《学而篇》1.1）。

【译文】

曾子说："有能力而向无能力的人请教，知识丰富而向知识贫乏的人请教；有学问却像没学问一样，满腹经纶却像一无所有一样；纵然被侵犯，也不计较——过去我的一位朋友曾经做到这一步了。"

【简析】

周代君子称人家为"友"，有承认人家仁德超过自己的意思。既与曾参"同门"，又比曾子更"仁"，曾子这样的"友"，非颜回莫属。古代经师认为曾子所称赞的"友"为颜回，其说可从。

"以能"四句，称赞颜回虚怀若谷。"犯而不校"，胡适先生《说儒》认为是殷商灭亡后儒者为了生存而唯唯诺诺，故意示弱的通例，但看曾子所说，实因腹有诗书，目光高远，内心强大，不屑于因琐事而与小人争一日之短长而已。中国人从古到今崇尚的勇者，从来都是那些"一怒而安天下之民"的圣人；对那些为了一己私利，睚眦必报的勇夫，从来表示不屑。而且曾子说过，"士不可以不弘毅，任重而道远"（《泰伯篇》8.7）。孔子经常与弟子讨论勇毅诸问题，孔子师徒均可统兵打仗（《左传·哀公十一年》《孔子世家》《仲尼弟子列传》），可见胡适先生的说法并不准确。

本章称颜回为"昔者吾友"，此时颜回当已辞世；尊称曾参为"曾子"，当为曾参之门徒所记。

颜回也曾经设帐授徒（参阅《先进篇》11.11），弟子也记录了他的语录。但是颜回一生坚决不肯做官。按照周礼，他的弟子记录其语录时，应尊称他为"先生"，不能尊称为"颜子"。曾子门徒编辑《论语》，收录颜回语录时，将"先生"改为"颜渊"，因为不改，后人就不知道"先生"是谁了。我以前的论文讨论过这个问题，但是不够准确，现予纠正。

8.6 曾子曰："可以托六尺①之孤，可以寄百里②之命，临大节而不可夺也——君子人③与？君子人也！"

【题旨】

本章为曾子语录，热情赞美那些可受托孤之重的仁德君子。记录者是曾参的门徒。

【注释】

① 六尺：周代一尺约当今六寸，“六尺”仅一米多一点，这是小孩的身高，因此代指小孩(参阅《公冶长篇》5.17)。

② 百里：纵横各百里。周代文献“千里”“百里”“几十里”，都指纵横各多少里。西周分封三百多国，早先面积大多很小，即使到曾参生活的春秋晚期战国早期，纵横各百里也是一个小国的面积。

③ 君子人：仁德君子。“君子”虽然都是贵族，但未必都讲仁德（参阅《宪问篇》14.6）。

【译文】

曾子说：“可以把先君年幼的遗孤托付给他，可以把一国的命运托付给他，面临生死存亡却不改变对先君的承诺——这种人是仁德君子吗？是仁德君子哩！”

【简析】

“托六尺之孤”与“寄百里之命”两句话，互文见义，所托之孤儿乃先君之遗脉，年幼之新君；所托之土地人民是刚刚痛失国君的一国之土地人民，所以受托者使命崇高而悲壮。

8.7 曾子曰：“士①不可以不弘②毅，任重而道远。仁以为己任，不亦重乎？死而后已，不亦远乎？”

【题旨】

本章也是曾参教育自己门徒的语录，论述君子要平治天下，十分艰难，任重道远，需要刚强而有毅力。

【注释】

① 士：春秋时代“士”常指文士，读书人，贵族子弟，尚未做官，与“儒”同义，但《左传 · 襄公十年》称郑国执政三卿为“三士”，可见“士”也指已经担任公卿大夫的“志士仁人”。本章笼统指仁德君子，即有雄心壮志并终身致力于治理天下者。

② 弘：有“强”之义，此用章太炎先生《广论语骈枝》说。现补充一例，以进一步证成此说。子张说：“执德不弘，信道不笃，焉能为有？焉能为亡？”（《子张篇》19.2）两个“弘”字都有“强”的意思。

【译文】

曾子说：“志士仁人不可以不刚强而有毅力，因为他负担沉重而又路途遥远。以实行仁政为己任，负担不也沉重吗？为达此目的，到死方休，路途不也遥远吗？”

【简析】

周朝君子对仁人的要求主要有二：一、终生为治理天下安定苍生而奋斗；二、不贪图安逸。因为治国平天下，无比伟大，也无比艰难，君子如果贪图过安逸日子，就不可能为实现理想奋斗终生。曾子的“弘毅”之论，属于第二个要求的范畴。

8.8 子曰：“兴于《诗》，立于《礼》，成于《乐》。”

【题旨】

本章论述《诗》《礼》《乐》对君子的重要意义。

【译文】

孔子说:“《诗》让人振奋,《礼》让人站得住脚,《乐》让人的所学完成。”

【简析】

《诗》,汉代至今称《诗经》,内容可分三类:一是劳动之诗与男女之诗,大多收在《国风》中。二是历史之诗或曰英雄之诗,夹杂着巫术宗教神话传说,主旨为述说历史,赞美祖先,大多收在《周颂》《鲁颂》《商颂》中。三为显示周道王业的诗,大多收在《大雅》《小雅》《周南》《召南》(“二南”在《国风》)中。后两类诗歌很容易激发后世子孙的英雄情怀进取之心,所以说“兴于《诗》”。

《礼》泛指周礼,其“仪”虽无比复杂,但其核心精神却只是关于人神关系、华夷关系、天人关系、人际关系的一系列规范。人际关系涉及人民关系,即贵族与平民的关系,但主要是规范贵族之间的君臣父子关系。如若明白其中道理,并按此规范做人做事,就能“立”,即在天地间安身立命。孔子的时代,《礼》还是习惯法与成文法的混合体。《周礼》《仪礼》《礼记》之类专门的礼书,都是孔子去世后,其徒子徒孙编著的。

《乐》,也称“周乐”,泛指尧舜至春秋六代圣贤的音乐。因为这些音乐被周朝认可,周朝天王、诸侯、公卿大夫都经常演奏演唱,所以笼统称为“周乐”(详见《左传·襄公二十九年》)。上古诗乐舞一体,故其音乐亦当如同诗歌。庙堂之上,自当演奏历史宗教音乐,以述说历史,赞美祖先,激励后人,兼有娱悦性情、人格养成等作用,如《韶》《武》《文王操》之类。古人常常鉴赏这样的乐舞,置身于这样的环境之中,明白祖先子孙、君臣父子、男女之别,人的性情亦得到陶冶,人格亦得以养成,此所谓“成于乐”也。

本章有二解:一、孔子是讲一次具体的教育经历:先诵诗,君子感奋,而心中又以礼节之,最后演奏音乐,以乐作结。则“成”为音乐术语,音乐从“始”(序曲)到“乱”(结尾时合奏)为一“成”。

二、孔子是大而言之,讲君子成长的基本规律。常常诵《诗》让人振奋,激发君子的进取之心,“安人”之志,然而不以礼乐节之,易至于乱。可知本章虽仅寥寥数语，而君子修行之道，尽在其中矣。如此理解，则“成”为“成仁”之意。此说亦通。

8.9 子曰：“民①可使由之，不可使知之。”

【题旨】

本章指出，君子为什么要治理，如何治理国家天下，平民百姓不可能懂，君子只需要告诉他们怎么做就行了。

【注释】

① 民：与“人”相对而言，“人”指贵族，具体指天王、诸侯、公卿大夫。春秋时代中晚期，尚未做官，正在读书的贵族子弟，也称为“人”。“民”指平民百姓，具体指农民、手工业者、商人、在官府打杂的小人。有不少学者认为“民”“氓”均指奴隶，不可从。异族之间互相奴役，不是奴隶制；同族之间互相奴役，才是奴隶制。欧洲美国有奴隶制，中国历史上是否出现过奴隶制，还很难说。至少周朝文献中的“民”字“氓”字，均指平民百姓，不指奴隶。

【译文】

孔子说：“平民百姓，只可能让他们按我们指的路走，不可能让他们知道那是为什么。”

【简析】

孔子认为，平民百姓“困而不学”（《季氏篇》16.9），道德水平最低下，而且最不愿学习仁义道德，是无法进行教育、无法改变的“下愚”（《阳货篇》17.3）。但有国有家者又必须使唤他们，所以只能使唤平民做什么，不可能让平民明白为什么这么做。孟子也说：“行之而不著焉，习矣而不察焉，终身由之而不知其道者，众也。”（《孟子·尽心上》13.5）“众”即“民”。孟子的话可作本章注解。

周朝君子这类论述很多。君子的经济地位、政治地位、文化水平、道德水平、自我期许五个方面，都大大高于平民百姓，平民百姓则五个方面都很低，关键是经济地位太低，所以他们不可能对如何治国平天下感兴趣，所以“困而不学”。

8.10 子曰：“好勇疾贫，乱也。人而不仁，疾之已甚，乱也。”

【题旨】

本章论君子要中正。

【译文】

孔子说：“好勇逞强而又厌恶贫困，是一种祸害。对不仁的君子，痛恨太过分，也是一种祸害。”

【简析】

华夏民族崇拜的“勇”，是为了天下苍生，“一怒而安天下之民”的大勇，如治水的舜帝、大禹，平定天下的商汤、周文王、周武王、周公。仅仅为了一己私利而好勇逞强，华夏民族向来看不起。例如，齐宣王曾经不好意思地对孟子承认：“寡人好勇”“寡人好色”。《泰伯篇》8.2“勇而无礼则乱”，勇敢者若无“礼”的约束，又厌恶贫困，很容易无所不为。

君子指贵族，贵族本应该以天下为己任，讲究仁德，做仁德君子，但在现实生活中，“君子而不仁者有矣夫”，君子有讲仁德者，也有不讲仁德者。对不讲仁德的君子痛恨太过，不讲“恕”道，也很容易无所不为，所以也是一种祸害。

子路好勇，孔子就常常教导他要学礼，常常打压他好勇的劲头，批评他“暴虎冯河”，就是怕他“乱”。“互乡”那个地方的人难讲话，孔子还是接见了那里的童子，弟子们疑惑，孔子讲了一通道理，其实就是要弟子们不要

"疾之已甚"。(《述而篇》7.29)

8.11 子曰:"如有周公[①]之才之美,使骄且吝,其余不足观也已。"

【题旨】

本章指出骄傲和吝啬的危害。

【注释】

① 周公:周朝历史上,鲁国国君的嫡长子嗣位为鲁侯,嫡次子到王朝做周公,辅佐周天王,因此有很多周公。本章特指第一位周公姬旦,他是周文王之子,周武王之弟,周成王之叔父。周公协助武王伐纣,武王病死后,他权行天王之事,平定天下叛乱,制作礼乐,统一文字和度量衡,深度统一天下,然后禅让成王。他的功劳无比伟大,品德无比高尚,天下无不崇拜。

【译文】

孔子说:"即使有周公那样美妙的才能,只要骄傲而且吝啬,别的方面就不值得一看了。"

【简析】

孔子拿周公说事,是为了极言"骄吝"之害。

8.12 子曰:"三年学,不至于谷[①],不易得也。"

【题旨】

本章说,弟子学有所成而不急于做官者很少。

【注释】

① 谷：谷米，周代官员以谷米为俸禄。史料记载，孔子做鲁国公卿的俸禄是“六万”，汉代以来学者经过复杂计算，推算出他的俸禄相当于汉唐时代的四千石。孔子说：“邦有道，谷；邦无道，谷，耻也。”（《宪问篇》14.1）也以“谷”指当官拿俸禄。

【译文】

孔子说：“（跟着我）读书三年，还不想当官挣俸禄，这是很难得的。”

【简析】

孔子弟子都是“士”，为了生活，也为了理想，他们一般跟着老师学习三年礼乐，学有所成，就立即离开老师当官去了。孔子弟子中，只有颜回、闵子骞、原宪三位坚决不肯当官。据传世文献，想当官但学习三年还不急于当官的，只有漆雕开（《公冶长篇》5.6），所以孔子说“不易得”。

周天王所举办的“国学”，低年级要学习“小学”，即文字学、音韵学、训诂学，高年级才学习理论，所以学制一般比较长，可能有五六年。孔子举办的私学，从来不教弟子学习文字、音韵、训诂，直接教“六艺”的理论，所以弟子们学习的时间就比较短，一般只需要学习三年。《论语》中有些弟子反复出现，似乎弟子跟着老师学习很多年，其实不然。孔子许多弟子做官之后，仍然经常回到老师帐下讨教。

8.13 子曰：“笃信、好学、守死善道①。危邦不入，乱邦不居②。天下有道则见，无道则隐。邦有道，贫且贱焉，耻也；邦无道，富且贵焉，耻也。”

【题旨】

本章叮嘱弟子保全君子之仁道，即始终不忘治理天下。

【注释】

① 善道：仁德君子志士仁人治国平天下的伟大理想“道”。孔子多次要求君子有道则仕，无道则隐，如“用之则行，舍之则藏”（《述而篇》7.11），“邦有道，谷；邦无道，谷，耻也”（《宪问篇》14.1），其例甚多。周代文献中，“道”“德”“道德”“仁”“仁道”等，往往是一个意思，都指君子治国平天下的伟大理想和终身行动。

② “危邦”两句：周代俗语。《左传·昭公十九年》：“谚曰：‘无过乱门。’”《国语·周语下》：“人有言曰：‘无过乱人之门。’”《吕氏春秋·原乱篇》引逸诗“毋过乱门”。

【译文】

孔子说：“（君子要）坚定信心、好好学习、誓死保全我们的道。危险的国家不要进入，祸乱的国家不要居住。天下安宁就出仕，天下不太平就隐居。国家政治清明，自己却（因不做官而）贫贱，是耻辱；国家政治黑暗，自己却（因做官而）富贵，也是耻辱。”

【简析】

为了保全君子之道，孔子叮嘱弟子注意不入危邦乱邦，有道则仕，无道则隐。孔子认为，仕与隐，都是仁德君子实行仁道的方式。后来孟子把孔子这层意思总结为“穷则独善其身，达则兼善天下”。

8.14 子曰：“不在其位，不谋其政。”

【题旨】

本章强调君子不可僭越礼制。

【译文】

孔子说：“不在那个职位上，就不考虑它的政务。”

【简析】

《宪问篇》14.26在记载了夫子这番话后，还记载了曾子给自己门徒的解释："君子思不出其位。"说明孔子讲学时，两人做了记录，其中一人是曾参的门徒，而且两种记录都被收进了《论语》。

孔子一生一直"不在其位，而谋其政"，一直"谋"天下，"谋"邦国，"谋"当代，"谋"万世。所以，孔子本意只是强调君子不能僭越礼制，连曾参的解释都不符合孔子本意。

8.15 子曰："师挚[①]之始[②]，《关雎》之乱[③]，洋洋乎盈耳哉！"

【题旨】

本章记载孔子为典雅美妙的音乐所陶醉。

【注释】

① 师挚：即《八佾篇》3.23"鲁太师"，名挚，"太师"为乐官之长。

② 始：乐曲的开端，也叫"升歌"，今称"序曲"，一般由太师演奏。

③ 乱：合乐，一般在结尾时演奏，今称"尾声"。《楚辞》诸篇结尾均有"乱曰"云云，就是明证。合奏时演奏《关雎》，故称"《关雎》之乱"。从"始"演奏到"乱"，叫作"一成"。

【译文】

孔子说："太师挚开始演奏时，结尾合奏《关雎》时，满耳都是音乐啊！"

【简析】

西周初期，若干代周公常驻东都洛阳，协助天王统治东方诸侯；若干代召公常驻西都镐京，协助天王统治西方诸侯，以陕（今河南三门峡市陕州区）分界。《诗经》之《周南》是周公治理诸国的乐歌，《召南》是召公治理诸国的乐歌。《左传·襄公二十九年》记载，吴公子季札在评价"周乐"时说，"二南”显示了周道王业。大概周人认为，作为《周南》首篇，《关雎》并非一般情歌，它体现了周南地区生活安宁，君子彬彬有礼的周道王业，所以在庙堂上演奏。古代经师大多认为此诗旨在赞美“后妃之德”，恐非周人本意。近代以来学者仅仅把它理解为爱情诗歌，恐怕也不符合周人本意。

8.16 子曰：“狂而不直，侗而不愿，悾悾而不信，吾不知之矣。”

【题旨】

本章批评部分君子。

【译文】

孔子说：“（有的君子）狂妄而不正直，幼稚而不老实，无能而不讲信用，我不知道他们为什么如此。”

【简析】

“直”，或谓直率，余不取。狂妄者往往貌似直率，但实际上“不直”。

8.17 子曰：“学如不及，犹恐失之。”

【译文】

孔子说：“读书做学问好像（追赶什么似的）生怕赶不上，（学到了）还生怕丢掉了。”

【简析】

本章当描述孔子自己的学习情况。

8.18 子曰：“巍巍乎，舜禹之有天下也而不与[①]焉！”

【题旨】

本章赞美尧舜大公无私。

【注释】

① 舜禹之有天下也而不与：赞美尧舜而连言大禹，同时采用了借代、连言两种修辞手法。舜，借代尧舜二帝。周人单言尧或单言舜，往往借代尧舜二帝，这是周人的语言习惯。尧舜都“有天下而不与”。禹：大禹，夏朝始祖。《礼记·礼运篇》孔子明确指出，尧舜时代“天下为公”，尧舜二帝从不染指天下利益；大禹时代开始“天下为家”，大禹传子不传贤，视天下为自家之产业。本章赞美尧舜而兼及大禹者，连言之也。孟子称赞大禹治水“三过家门而不入”，连言周稷，而周稷并无此事迹。借代、连言两种修辞手法，周代文献很常见。与：参与，含有占有、染指之意。

【译文】

孔子说：“尧舜真是崇高啊！拥有天下，但一点都不为自己。”

【简析】

尧是唐尧族首领，舜是虞舜族首领，禹是夏族首领。三族大概发展到“中国”（今河南伊洛一带）而交集（参阅《孟子·离娄下》8.1）。为了共同对付洪水和游牧民族，三族结成联盟，尧舜禹先后担任盟主。他们治理的“天下”，《孟子》多次说不会超过纵横各千里的土地。古代“天下”不一定都指九州之地。晚周诸子根据西周的生活经验，以为尧舜禹之间有君臣关系，因此传说尧禅让舜，舜禅让禹，禹开始传子。

早期的酋长必须公平正直而且本事超凡，必须为氏族部落竭尽全力，他们没有或很少有私心，这是完全可能的。孔子生当晚周，人人为己，故感叹尧舜为天下辛劳而从不为自己牟利（详见《礼记·礼运》）。

8.19 子曰："大哉，尧①之为君也，巍巍乎！唯天为大，唯尧则之！荡荡乎，民②无能名③焉！巍巍乎其有成功也，焕乎其有文章！"

【题旨】

本章赞美尧舜至大至公至文。

【注释】

① 尧：借代尧舜，周人语言习惯如此。

② 民：兼指"人"（贵族）"民"（平民），与《泰伯篇》8.1、《季氏篇》16.12、《尧曰篇》20.1相同。

③ 名：此作动词，犹"命"。周礼，给小孩命名叫"名"，给刚死去的人议定一个谥号（今称"盖棺论定"）也叫"名"。尧舜时代没有命谥礼制，孔子受周礼影响，用周礼解释远古事情。"无能名"，尧舜去世，给帝尧帝舜议定谥号时，发现世间竟无任何一个美谥可以体现尧舜道德之"大"，犹今"语言无力"之义，与《泰伯篇》8.1、《季氏篇》16.12"无得而称"之义相同。

【译文】

孔子说："尧舜真是伟大啊，崇高啊！只有天伟大，只有尧舜能学习天！（他们的恩惠）真是广博啊，人民都不知道怎样称赞他们！他们的功绩很伟大，他们的礼仪制度很美好！"

【简析】

《礼记·礼运》是孔子的长篇大论，孔子认为，尧舜时代"天下为公"，尧舜都是真正的仁者，的确至大至公。据《尚书》记载，尧舜时代已经有比较成熟的思想文化，故孔子亦称赞尧舜之文章。

8.20 舜有臣五人而天下治[①]。武王曰："予有乱臣十人[②]。"孔子曰："才难，不其然乎？唐虞之际，于斯为盛。有妇人焉，九人而已。三分天下有其二，以服事殷[③]。周之德，其可谓至德也已矣。"

【题旨】

本章赞美舜帝和周文王周武王。

【注释】

①"舜有"三句：出自《尚书·泰誓》（今本《尚书》无），周人常常引用（如《左传·昭公二十四年》《襄公二十八年》），孔子亦当引自《泰誓》。这个"舜"仅仅指舜帝，没有用借代法。

② 乱臣：治国之臣。"乱"即"司"字，而"司"有"治"之意，详见杨宽先生《西周史》第三章第三节。《尚书·泰誓》武王语："受（纣）有亿兆夷人，离心离德。予有乱臣十人，同心同德。"郑玄等经学家均认为，这十位能臣是：文母、周公、太公、召公、毕公、荣公、太颠、宏夭、散宜生、南宫括。西周时代文母当然是人才，但是春秋时代可能出现了男尊女卑的思想，故孔子将文母排除在外。《左传·襄公九年》，鲁襄公祖母穆姜说"今我妇人""固在下位"，可与孔子男尊女卑思想互相印证。

③ 周代文献都说周文王"三分天下有其二"，但因天下归顺于殷商久矣，久则难改，所以周人仍然"服事殷"。《襄公四年》："文王帅殷之叛国以事纣，唯知时也。"《僖公二十年》："服事诸夏。"但当纣王害死周文王后，民心大变，所以武王伐纣，一举成功。

【译文】

舜有贤臣五人而天下大治。周武王说："我有十位治理之臣。"孔子说："人才难得啊！不是这样吗？从唐尧虞舜之际开始，到周武王这时人才最兴盛。（周武王的十位贤臣中）有一位妇人，（实际上只有）九个人而已。天下三分，周文王有其两分，他仍然服从殷商，对其称臣。周人的道德，可以说是最高的道德了。”

【简析】

周人认为周文王实力强大而仍“服事殷”，这是“以大事小”，是尊重天意民心的表现，是行仁道而非行霸道，所以对“周德”评价极高。春秋霸主仅凭实力说话，没有谁真正看重天意民心，孔子盛赞“周德”，也是有感而发。

8.21 子曰：“禹，吾无间然矣。菲饮食而致孝乎鬼神，恶衣服而致美乎黻冕①，卑宫室而尽力乎沟洫。禹，吾无间然矣。”

【题旨】

本章赞美大禹。

【注释】

① 黻（fú）冕：泛指祭服。“黻”为上衣，“冕”为礼帽。这是周礼，大禹时代未必如此。周代君子论尧舜禹汤，常依周礼言之。

【译文】

孔子说：“禹，我对他没有批评了。他自己饮食很差，却把孝顺鬼神的祭品办得很丰盛；他自己衣裳很差，却把祭服做得很美好；他住得很差，却尽全力治理沟渠。禹，我对他没有批评了。”

【简析】

“致孝”“致美”二句互文，都是用最好的祭品祭祀祖先，以表孝心之义。古人认为，对父母祖先，要生养死葬，常年祭祀，这才叫“孝”。祭祖要用最好的牲畜、最干净的谷物、最美的衣裳，以表孝心。传说大禹治水，民众方得休养生息，故孔子盛赞大禹孝慈。“菲饮食”三句为排比句，看来春秋晚期已开战国时代铺张排比之风。

远古气候温暖湿润，雨水很多，故先民盖房，大多先填土，打上木桩，再铺上木板树棍，然后在木板树棍上盖房，上面住人，下养牲畜，人畜混居。这类房子，古人称“宫”，今湖南称“吊脚楼”（但已经不人畜混居）。若房子太矮（“卑”），必然闷热难受。大禹为夏族酋长，又兼尧舜禹三族联盟领袖，带头治水，极少享受，这在原始社会末期阶级社会初期完全是可能的。

子罕篇第九

共三十一章

9.1 子罕言利与命与仁。

【译文】

孔子很少谈论功利、命运和仁德。

【简析】

《论语》中孔子谈“利”六次，谈“命”八九次，谈“仁”更多。从传世文献来看，《论语》未收简牍中还有不少是谈这些话题的。但是这些谈话分散在几十年中，弟子又一般只跟着老师学习三年，就离开老师当官去了（参阅《泰伯篇》8.12），有的弟子很少听到老师谈论某些话题，不难理解。

徒子徒孙们对孔子说什么、不说什么，多说什么、少说什么，常有记载，如“夫子之言性与天道，不可得而闻也”（《公冶长篇》5.13），“子不语怪、力、乱、神”（《述而篇》7.21）。这些记载应大多发生在孔子晚年，甚至是在孔子去世以后，可以对孔子一生做总结的时候。其依据大多是记录者的朦胧印象，有的可能比较准，有的可能就不准。只要不轻言“不语”之类，不把话说死，应该还是有所依凭的。当下有学者根据这些记录去论证它，完全没有必要。

9.2 达巷党①人曰：“大哉孔子！博学而无所成名。”子闻之，谓门弟子曰："吾何执？执御乎？执射乎？吾执御矣。"

【题旨】

本章反驳无专长不成名的说法。

【注释】

① 巷党：《礼记·杂记》有"巷党"一词，杨伯峻先生《论语译注》据此认为"巷党"是"里巷"之意，杨说可从。那么，"达"就是里巷之名了，所以我将"达巷党"翻译为"达巷"。

【译文】

达巷有人说："孔子真了不起啊！学问广博，可惜没有成名的专长。"孔子听了这话，对帐下的弟子们说："我做什么（成名）呢？赶马车呢，还是做射手呢？我赶马车（成名）好了。"

【简析】

孔子用开玩笑的话反讽"无所成名"的说辞，意思是说："我做什么成名呢？赶马车成名吗？做射手成名吗？那我赶马车成名好了！"孔子这么说，暗含贬低当时"有所成名"者的意思。他认为"君子不器"（《为政篇》2.12），应该用"礼"致力于治国平天下的"道"，而当时许多"有所成名"者只是个"器"而已。

9.3 子曰："麻冕①，礼也；今也纯②，俭③，吾从众。拜下④，礼也；今拜乎上，泰也；虽违众，吾从下。"

【题旨】

本章孔子提出，无关紧要的礼制可以变革，关乎君臣体统的礼制不可轻慢。

【注释】

① 麻冕：用麻线编织冠冕。

② 纯：黑色的丝。

③ 俭：据杨伯峻先生《论语译注》考证，周朝贵族的礼帽，规定要用两千四百根经线编织。当时编织礼帽有两种原材料，一是麻线，二是蚕丝。麻线原材料便宜，但是编织礼帽极其麻烦。因为麻线太粗，要编织几千股经线，帽子很容易太大。所以耗时费力，礼帽反而价格昂贵。丝绸原材料虽然贵，但是编织省力，价格反而便宜，所以戴丝绸礼帽反而显得俭朴。

④ 拜下：诸侯的朝堂自然建在高于地平面的台基之上，朝臣上朝，自然要先走上台基，再进入朝廷，朝觐诸侯，然后商议朝政。周礼规制，卿大夫朝觐诸侯，要先在堂下给诸侯磕头，即“拜（于）下”；然后走上台基，上堂进入朝廷，再给诸侯磕头，即“拜乎上”。大约春秋晚期，朝臣先在堂下给诸侯磕头的礼制，就被简化掉了。

【译文】

孔子说：“用麻线编织礼帽，这是礼制；如今改用蚕丝线，比较节俭，我同意大家的做法。（拜见国君）要先在堂下磕头，（升堂后再磕头）这是礼制；如今只在升堂后磕头，这是（臣下）倨傲的表现；虽然违反大家的做法，我仍然主张先在堂下磕头。”

【简析】

孔子认为，礼帽是用麻线编织还是用丝线编织，不是要紧的问题，只要节省方便就行。但臣下拜见国君却事关国家体统，随意不得。从本章所述可知，春秋末期臣下朝觐国君，已经把先在堂下给国君磕头的礼仪省去了，孔子认为这是极其无礼的表现。

9.4 子绝四：毋意[①]，毋必，毋固，毋我。

【题旨】

本章概括孔子性格特点。

【注释】

① 意：同“臆”，悬想猜测。

【译文】

孔子完全没有这四种毛病：（他）不凭空臆测，不绝对肯定，不拘泥固执，不唯我独是。

9.5 子畏[①]于匡，曰：“文王[②]既没，文不在兹乎？天之将丧斯文也，后死者不得与于斯文也；天之未丧斯文也，匡人其如予何？”

【题旨】

孔子自信，自己是尧舜夏商周春秋六代思想文化唯一的继承者，老天爷不会灭绝六代思想文化，因此自己也不会有事。

【注释】

① 畏：拘禁。

② 文王：周文王，在此借代尧舜以及夏商周禹汤文武成王周公“六君子”。

【译文】

孔子被匡人拘禁，他说：“六代圣王都已经死了，古代文化遗产不都在我这里吗？老天爷若要消灭这种文化，我这个后死者就不会掌握这些文化了；老天爷若不消灭这种文化，匡人又能拿我怎么样呢？”

【简析】

孔子被困在匡地这件事，本章、《先进篇》11.23、《史记·孔子世家》均有记载：匡人曾被鲁国人阳货暴掠，孔子相貌很像阳货。阳货暴掠匡人不久，孔子就带着弟子从卫国去陈国，经过匡地。匡人以为阳货又来了，便将孔子师徒囚禁了五天。

孔子是谦谦君子，从不说大话。本章所录是孔子最不谦虚的话。他相信自己是尧舜夏商周春秋六代圣王文化遗产的唯一继承者，而老天爷不会灭绝先进的华夏文化，因此自己也会没事。

本章这番话还透露了如下重要的历史信息：孔子一生，有意识地学习继承总结发展了六代圣王创造的思想文化，有意识地做六代思想文化的继承者、总结者、传播者，显示了孔子高度的文化自觉和文化自信。

《阳货篇》17.19记载，有一天孔子说，再也不想说话了。子贡道："子如不言，则小子何述焉？"这说明，孔子教育弟子，是有意识地传述六代君子之道；弟子们接受孔子的教育，记录老师的语录，也是有意识地传述孔子之道：他们师徒都有无比高度的文化自觉与文化自信。要是没有洞察数千年历史的眼光，这种文化自觉与文化自信，就不可能产生。孔子终其一生，笃定仁政理想，坚信只有实行仁政才能安定天下，就是这种文化自觉与文化自信的体现。

9.6 太宰[①]问于子贡曰："夫子圣者与？何其多能也？"子贡曰："固天纵之将圣，又多能也。"

子闻之，曰："太宰知我乎！吾少也贱，故多能鄙事。君子多乎哉？不多也。"

【题旨】

孔子承认自己年少时低贱，为了生计，多能粗鄙之事。

【注释】

① 太宰：官名。其余无考。

【译文】

太宰问子贡道："孔夫子是位圣人吧？为什么如此多才多艺呢？"子贡说："这是老天爷让他成为圣人，又让他多才多艺。"

孔子（从子贡这里）听了这事，说："太宰知道我呀！我小时卑贱，所以学会了许多粗鄙的事。真正的贵族会有这么多粗鄙的技艺吗？是不会的。"

【简析】

据《史记·孔子世家》，孔子三岁丧父，"贫且贱"，年稍长，为小吏。《孟子·万章下》10.5记载，孔子"尝为委吏"（管仓库的小吏），"尝为乘田"（管牲畜的小吏）。周代贵族当然不会学习"鄙事"。孔子虽然是殷商苗裔，微子之后，但家道中衰，小时不得不多学"鄙事"以维持生计。

太宰称孔子"多能"，其含义与"圣"相同，包含"鄙事"，但主要指孔子博学，春秋时代有以博学者为"圣"的礼俗；子贡称孔子为"圣"，是指老师道德和学问都了不起，"鄙事"与"多能"都是学问；孔子则谦虚地回避了"圣"的问题，只承认自己"多能鄙事"。

9.7 牢①曰："子云：'吾不试②，故艺③。'"

【题旨】

孔子承认自己为了生计，多能粗鄙之事。

【注释】

① 牢：人名，姓氏、表字均无考。古人自称名（故将"牢"译为"我"），那么本章就是牢自己的记录。牢得以听到记录孔子的话，尊称孔子为"子"（外人必称"孔子"），其记录可以被收进《论语》（《论语》只收孔子师徒语录，记录者是孔子的徒子徒孙），其为孔子徒子徒孙可知也。孔子弟子，古代文献多有记载，牢则除此别无记载，故可推测，牢是孔子某位授业弟子的门徒，其老师具体是谁，则

因文献阙如，无法考证。

② 试：用。

③ 艺：技艺，与上章之“鄙事”同义。“六艺”乃治国平天下之大道，与本章之“艺”含义不同。

【译文】

我说：“祖师爷说过：‘我不曾被大人所用，所以学了许多粗鄙的技艺。’”

【简析】

“吾不试”，学者大多译作“我不曾为国家所用”。我不取。孔子曾想为国君所用，也曾想为卿大夫所用（如《阳货篇》17.5、17.7），他事实上也曾为齐国公卿高昭子、诸侯鲁定公所用。诸侯卿大夫都是“大人”，所以我换了个笼统的译法。

9.8 子曰：“吾有知乎哉？无知也。有鄙夫[①]问于我，空空如也。我叩其两端而竭焉。”

【题旨】

本章孔子感叹自己无知。

【注释】

① 鄙夫：做粗鄙之事的下等人，平民。这位“鄙夫”具体干什么，具体问什么，我们均不得而知，也无须知道。

【译文】

孔子说：“我有知识吗？没有知识哩。有个汉子问我，我本是腹中空空什么都不知道。我从他问题的两头去琢磨，（才多少明白一点）然后竭尽所能告诉他。”

【简析】

本章可与上两章合读。上两章孔子说自己“多能鄙事”，本章则说，即使是“鄙事”，我所“能”所“知”也极其有限。

9.9 子曰：“凤鸟不至，河不出图，吾已矣夫！”

【题旨】

孔子哀叹，自己的生命即将终结，而天下安宁尚无任何希望。

【译文】

孔子感叹道：“凤凰不来了，黄河不出图画了，我这一生恐怕完了！”

【简析】

古代神话传说，神鸟凤凰出现，天下就太平；圣人受命，黄河就出现图画。《左传·庄公三十二年》：“国之将兴，明神降之……虞夏商周皆有之。”即此意。孔子这是在感叹，天不欲平治天下，他一生治国平天下的伟大理想恐怕要落空了。

9.10 子见齐衰者①、冕衣裳者②与瞽者③，见之，虽少，必作；过之，必趋。

【题旨】

哪怕他们只是普通贵族，孔子也一样尊敬。

【注释】

① 齐（zī）衰（cuī）者：穿丧服的贵族。“齐衰”是周代贵族的丧服，用麻布做成。

② 冕衣裳者：戴着礼帽（冕）、穿着礼服的贵族。“冕、衣、裳”三字均

本为名词，在此均用作动词。华夏诸族男子从战国时代开始逐步不穿裙子，改穿裤子。春秋时代男子上穿“衣”，下穿“裳”（裙子）。

③ 瞽者：周代盲人如做乐官，师氏为磬师、琴师，瞽氏为鼓师，都是贵族。《尚书·胤征》：“瞽奏鼓。”周代文献均称舜帝的父亲为“瞽叟”。《乡党篇》10.25也记载了孔子对这三种人“必以貌”的事，可参考。

【译文】

孔子看见穿丧服的贵族、戴礼帽穿礼服的贵族与盲人瞽师，相见时，即使他们年少，孔子必定站起来以示敬意；走过的时候，孔子必定快走几步以示敬意。

9.11 颜渊[①]喟然叹曰：“仰之弥高，钻之弥坚。瞻之在前，忽焉在后。夫子循循然善诱人，博我以文，约我以礼，欲罢不能。既竭吾才，如有所立卓尔。虽欲从之，末由也已。”

【题旨】

本章为颜渊教育自己门徒的语录，感叹孔子博文约礼，是颜渊极其重要的学习心得，也是后世研究孔子儒学的纲领之一，可与《雍也篇》6.27、《颜渊篇》12.15合读。记录者是颜回的门徒，原始记录应尊称他为“先生”。

【注释】

① 颜回字子渊，其同学和同学的弟子不能称他“回”“颜回”，只能称他“子渊”“颜子渊”。周朝贵族的表字，大多命作“子某”，为了指代明确，而又语言简洁，其同学和同学的弟子，就常常称他“颜渊”，省略了“子”字。这样的案例，《论语》《左传》中都很多。不过，本章是颜回的语录，那么本章的原始记录者自然不是颜回的同学或同学的

弟子，而只能是颜回自己的弟子，其原始记录必然尊称颜回为“先生”。颜回终身不肯做官，不能尊称为“颜子”“夫子”。曾子门徒在编辑《论语》时，只能将“先生”改为“颜渊”或“子渊”，因为不改，后人就不知道“先生”是谁了。但是改称“先生”为“颜渊”或“子渊”，文献客观上显示，颜渊的门徒称呼老师的表字，对老师不够尊敬。子贡也曾经称呼孔子为“仲尼”(《子张篇》19.24)，那是对外人说话，古今对外人说话，为了表示对外人的尊敬，可以称呼自己父亲、老师、上级的姓名表字；陈亢曾经在同学子贡的面前称呼老师孔子的表字“仲尼”(《子张篇》19.25)，这就非常无礼了。不过陈亢是个真正的奇葩弟子，现在叫“二百五”，司马迁《仲尼弟子列传》都不收他，就是不承认他是孔子的学生。

【译文】

颜渊（先生）感叹道：“（我老师的学问）抬头看越看越高，往里钻越钻越深。看看似乎在前头，忽然又到后头去了。他老人家善于有步骤地引导我们，用古代文献丰富我们的知识，又用‘礼’提纲挈领让我们由博返约，我们想停止学习都不可能。我已经用尽我的才力，似乎理解了‘礼’而能安身立命。想要追随他老人家，但又不知道怎样着手了。”

【简析】

孔子创造性地总结了尧舜夏商周春秋六代的思想文化，从而形成了孔学。孔学有两条主线，一是道德，即治国平天下的伟大理想和终身实践。二是学问，即尧舜夏商周春秋六代的《诗》《书》《礼》《乐》《易》《春秋》的“六艺”之学。本章颜回谈自己学习孔子学问的心得，史料弥足珍贵。

“仰之”四句，形容孔子的学问无处不在，自己若有所悟。

“夫子”六句，是说老师教导我们“以礼约文”，用周礼做古代文献的总纲，使我们既学问广博，又能得其要领，统摄无比繁杂的知识学问，且能依礼而“立”。“文”指以“六艺”为主的六代文献。这些文献内容复杂，包罗万象，孔子用以教育弟子，自可让学生知识丰富，学问广博，但又很容易不得要领。“礼”即周礼，内容亦无比复杂，但其核心是“君君，臣臣，父父，子子”（《颜渊篇》12.11）。孔子把这一核心作为学问的主线，教导弟子提纲挈领，融会贯通，弟子故可“由博返约”。

“虽欲”二句，盖言我欲追随老师，只是不知如何追随也。

9.12 子疾病，子路①使门人②为臣③。病间④，曰：“久矣哉，由之行诈也！无臣而为有臣。吾谁欺？欺天乎？且予与其死于臣之手也，无宁死于二三子之手乎！且予纵不得大葬，予死于道路乎？”

【题旨】

本章孔子斥责子路让自己僭越礼制，由子路自己的门徒所记录。

【注释】

① 子路：本章记录者应是仲由的门徒，原简叙述语应尊称子路为“夫子”（子路为官后）或“先生”（子路未做官时），《论语》编辑者改称“子路”。子路一生最大的官职是做鲁国上卿、卫国上卿的总管。春秋时代，华夏大国上卿的总管一般都会同时做朝廷大夫，不过只是下大夫，可以尊称为“夫子”，但后人不知道“夫子”是谁；子路未做官时，弟子称他“先生”，后人也不知道“先生”是谁。所以曾子门徒在编辑《论语》时，统统改称“子路”。

② 门人：门徒，弟子。这是子路之弟子的自称。

③ 臣：办丧事的人。周礼，诸侯死了才能由“臣”来办丧事，如同今日有身份的人死了，才有“治丧委员会”。孔子最大官职只是公卿，按照周礼不能有“臣”。

④ 间：病情好转。《左传·昭公十四年》“待间”，等待疾病稍稍好转；《昭公二十三年》“告间”，告乱稍平，乃引申用法。

【译文】

孔子病重，子路让自己的门徒当“臣”（负责料理后事）。后来孔子的病逐渐好点了，说：“由做这种欺诈的事，也太久了啊！我本该没有料理丧事的‘臣’，却给我安排‘臣’。我骗谁呢？骗老天爷吗？而且，我与其死在‘臣’之手，还不如死在你们手里！即使我死后得不到隆重的葬礼，我会死在路上吗？”

【简析】

子路一生长期做孔子的侍卫。孔子将死，子路让自己的弟子当“臣”，就是组成只有诸侯才有的“治丧委员会”，为孔子料理后事。不料孔子病好了，便骂子路让自己僭行诸侯丧礼，有犯上欺天之罪。

子路不假思索，即为老师僭用诸侯之礼，盖因当时僭越礼制已成风气。但子路一没料到老师居然病好了，二没料到老师在生死关头还如此在意僭越礼制之事，所以挨了骂。

孔子对一般礼仪的细节不会在意，但是对涉及君臣大统、国家体统的礼仪，却十分在意。

9.13 子贡曰：“有美玉于斯，韫椟而藏诸？求善贾而沽诸？”子曰：“沽之哉！沽之哉！我待贾者也。”

【题旨】

本章孔子坦言，自己在待价而沽。

【译文】

子贡问道：“这里有块美玉，是把它放在柜子里藏起来呢，还是找个识货的商人卖掉呢？”孔子说：“卖掉！卖掉！我是在等待识货者。”

【简析】

很显然，孔子师徒都不是在说玉，而是在借玉说人，即后世所谓托物言志。子贡劝老师出仕，老师则说在等待时机，等待合适的合作者。

弟子记录孔子的谈话，经常只记录喻体，不记录本体。本章就是个例子。

9.14 子欲居九夷[①]。或曰："陋，如之何？"子曰："君子居之，何陋之有？"

【题旨】

本章语录，显示出孔子的华夏文明优越感。

【注释】

① 九夷：本指散居在淮泗之间的东夷和群舒，本章当泛指蛮荒之地，野蛮之人。春秋君子认为，用先进的华夏文明影响改造野蛮人，是天经地义的事，本章所谓"子欲居九夷"，就是这一思潮的体现。

【译文】

孔子想到九夷去。有人说："（那里的人）粗鄙无文，（未经教化）怎么办？"孔子说："君子去了，那里的人怎么还会粗鄙呢？"

【简析】

据传世史料，孔子去过楚国，而且准备利用楚国的平台，实现治国平天下的伟大理想，因为楚国令尹子西的反对而未果。楚国就是典型的蛮夷之国。孟子说孔子做过陈侯的官，孔子自己说他到杞国考察过夏礼，陈国杞国虽然都本是华夏之国，但春秋时代都已经蛮夷化了。这些国家，当时都是广义的"九夷"，不是正儿八经的华夏之国。周朝君子无不认为，用先进的华夏文明，影响改造野蛮落后的蛮夷戎狄，是天经地义的。本章即显示了孔子这一思想。周朝君子对华夏文明有高度的自觉和自信，孔子就是这样的君子。

近代学者经常批评孔子想恢复西周奴隶制，其实孔子只是想恢复社会秩序而已。孔子甚至想利用蛮夷之国的平台，治理天下；子贡说，孔子运气不好，如果他老人家运气好，甚至可以称王，也就是自己来统一天下（《子张篇》19.25）。这些都说明，孔子早就明白，周天子已经不可能再统一天下了。至于西周是否为奴隶制，这是一个老问题，本书不方便展开论证，我的意见是，西周没有实行奴隶制。

9.15 子曰：“吾自卫反鲁，然后乐正，《雅》《颂》各得其所。”

【题旨】

本章记载孔子校正《雅》《颂》的音乐。

【译文】

孔子说：“我从卫国返回鲁国，才把《诗》的音乐整理好，让《雅》归《雅》、《颂》归《颂》，各得其所。”

【简析】

《诗经》可诵、可歌、可舞，均涉及音律问题。孔子的祖先正考父，曾经找周天王的乐官，做过按照“雅言”（周朝的普通话）校正《商颂》字音的工作；孔子则做过校正《雅》《颂》音乐的工作。

孔子“自卫返鲁”，在鲁哀公十一年（参阅《左传·哀公十一年》）。

9.16 子曰：“出则事公、卿，入则事父、兄[①]，丧事不敢不勉，不为酒困，何有[②]于我哉？”

【题旨】

本章孔子谈自己能够自然而然遵守周礼。

【注释】

① 出、入：古今均相对而言。《学而篇》1.6“入则孝，出则悌”，以回到父母房中为“入”，以到兄长房中为“出”。本章则以上“公朝”（诸侯之朝）“家朝”（公卿之朝），服事诸侯公卿为“出”，以回到父母兄长身边为“入”。公卿：两个词，并列关系词组，很容易误解为一个词。为了防止误读，我特意将“公、卿”“父、兄”都点开。公：诸侯，华夏大国诸侯周代均泛泛称“公”“侯”；卿：华夏大国之上大夫，也称公卿（本义是“公之卿”）。父兄：泛泛之词。孔子年幼其父即已去世。其兄孟皮年长孔子很多，孔子曾经为孟皮之女主婚，想必去世亦早。孔子说自己侍奉公、卿、父、兄均无问题，只是说，自己能够自觉遵守礼制而已，不必字字考据。

② 何有：不难之词，周代口语。

【译文】

孔子说：“出外则侍奉诸侯、公卿，入门则侍奉父母、兄长，有丧事不敢不勉力尽礼，不为酒所困扰，这些事，这对我来说有什么难的呢？”

【简析】

中国最晚从西周初期开始，正式实行嫡长子继承制，余子分封制，即所谓宗法制，一直实行到清末。因此，大夫与士，伦理上是父子，政治上是君臣；或伦理上是兄弟，政治上是君臣。诸侯与大夫，天王与诸侯，亦然。因此，父兄常常就是君，子弟常常就是臣，所以周人常将“侍奉父兄”与“侍奉君（天王、诸侯）”相提并论。所谓“家国同构”“忠孝一体”，原因就在这里。

君父的丧礼无比重要，涉及君臣父子大统，臣子不可不尽礼。

本章特别强调“不为酒困”，《乡党篇》10.8也说孔子“唯酒无量，不及乱”，都把不贪杯、不醉酒作为君子的要求之一。酗酒是贪图安逸生活的表现，而君子有远大理想需要实现，万般艰难，不能贪图安逸，故不能酗酒。

周礼无比复杂，本章孔子只谈了自己的两个特点：自然而然事父事君（“出则”三句），自然而然不贪图安逸。孔子这番话，说得轻轻松松，却说明孔子遵守周礼，已经达到了化境。孔子说自己“七十从（纵）心所欲不逾矩”，孟子称赞孔子“动容周旋中礼，圣德之至也”，与本章是一个意思。

9.17 子在川上，曰：“逝者如斯夫，不舍[①]昼夜！”

【题旨】

孔子感叹时光易逝。

【注释】

① 舍：居住，停留。

【译文】

孔子在河边，感叹道：“消失的时光如同这河水啊，日夜不停地流去！”

【简析】

《孟子·离娄下》8.18：“仲尼亟称于水，曰：‘水哉，水哉！’”或有称赞水至柔至刚之义。“水哉，水哉”别为一章，《论语》未收，《孟子》以外的传世文献亦未收，想必孔子语录失传者不少。

9.18 子曰：“吾未见好德[①]如好色者也。”

【题旨】

本章批评卫灵公贪色误国。

【注释】

① 德：指仁德，重点是治国平天下，与宋代以来重点指个人修养行为规

范不同。

【译文】

孔子说："我没见过喜欢道德如同喜爱美色的人。"

【简析】

《史记·孔子世家》载，鲁定公十五年，孔子在卫国，被迫见卫灵公夫人南子。卫灵公与南子同车，让宦者雍渠参乘，使孔子次乘，招摇过市。孔子叹曰："吾未见好德如好色者也。"并深以为耻，离开卫国。本章亦记作："已矣乎，吾未见好德如好色者也。"（《卫灵公篇》15.13）这说明本篇9.18与《卫灵公篇》15.13应是同一件事，有两位随侍弟子作了记录。

9.19 子曰："譬如为山，未成一篑，止，吾止也。譬如平地，虽覆一篑，进，吾往也。"

【题旨】

本章以盖房为比喻，其本体应该是"仁者要坚定信仰，坚定前行，不得半途而废"之类，应与《子罕篇》9.21"进而不止"说同义。随侍弟子只记录了喻体，没有记录前面的本体。这大概是因为本体孔子常讲，弟子们很熟悉，所以未记；而喻体很新鲜，才被记录下来。

【译文】

孔子说："好比堆土为山，只要再加一筐土就成山了，如果这时停下来，这是我们自己停止的。又好比平整洼地，即使只倒下了一筐土，如果坚持填下去，这是我们自己要坚持的啊！"

【简析】

古人在潮湿的地方盖房，要先填上打木桩，上铺木板树棍，木板树棍上再盖上层，上层住人，下层养牲畜，故上古房子均称“宫”（上下两层），今湖南谓之“吊脚楼”（但已不人畜混居）。但在干燥的地方盖楼房，因为没有起重设备，则需一边积土成山，一边盖房，待楼房盖好后，再清除周边的土山。本章讲积土为山，《荀子·劝学》也讲积土为山，都与古人盖楼房的习俗有关。

9.20 子曰：“语之而不惰者，其回也与！”

【题旨】

本章称赞颜回学习认真。

【译文】

孔子说：“听我说话而从不懈怠的，大概只有颜回吧！”

【简析】

孔子给弟子上课，有时在堂上讲课，讲完了，弟子们在堂上自己学习讨论，孔子则退回到内室，准备答疑，《论语》中的许多“子曰”云云，大都是孔子答疑的记录。《为政篇》2.9：“吾与回言终日，不违，如愚。退而省其私，亦足以发。回也不愚。”可知颜回听老师讲学时，一直都在认真听，认真想，分析总结，进而组成自己理解掌握的知识体系，非常紧张，所以颜回听课从不懈怠。

9.21 子谓颜渊，曰：“惜乎！吾见其进也，未见其止也。”

【题旨】

本章称赞颜回追求仁德，永不停步。

【译文】

孔子谈到颜渊，说："可惜呀（回）！我只看见他（不断地向仁德）进步，从没看见他停下来。"

【简析】

从语气来看，孔子说这番话时，颜回已经去世。《雍也篇》6.12批评冉求在求仁的道路上还没有开步走。《子罕篇》9.19说，希望在求仁的道路上已经开步走的不要中道而废。《雍也篇》6.7称赞"回也，其心三月不违仁"，本章又说颜回在求仁的道路上只知前行而不知停步。几章可以互相参考。

孔子曾经说，孔门只有自己与颜回才可以"用之则行，舍之则藏"（《述而篇》7.11），可见有机会就"行"（实行仁道，兼善天下），与没有机会就"藏"（把道德学问都藏起来，独善其身），都是君子实行仁道的方式。颜回始终不肯做官，宁愿"一箪食，一瓢饮，在陋巷"（《雍也篇》6.11），这是"舍之则藏"，也是在实行仁德的道路上"进"而不"止"的一种方式。

9.22 子曰："苗而不秀者有矣夫，秀而不实者有矣夫。"

【译文】

孔子说："庄稼长了而不开花的是有的，开花而不结果的是有的。"

【简析】

很显然，庄稼之事只是喻体，本体是什么，古来学者有很多猜测，其实大可不必。随侍弟子当年只记喻体而不记本体，不仅是因为书写艰难，还可能是因为，本体他们都很熟悉，记了本体，反而限制了孔子这番话的普遍意义。弟子们记录孔子语录，经常只记录喻体，不记录本体。

9.23 子曰："后生可畏，焉知来者之不如今也？四十、五十[①]而无闻焉，斯[②]亦不足畏也已。"

【注释】

① 四十、五十：周朝官员四十、五十开始做官，七十岁退休。君子如果到了做官的年龄，尚无道德学问名望，自然不可能做官，实现理想就完全不可能，一生也就完了。

② 斯：这。

【译文】

孔子说："少年令人敬畏，怎么知道后来者不如现在的人呢？（不过）一个人到了四五十岁还没什么名望，这也就不值得敬畏了。"

9.24 子曰："法语之言，能无从乎？改之为贵；巽与之言，能无说[①]乎？绎之为贵。说而不绎，从而不改，吾末如之何[②]也已矣。"

【题旨】

本章告诫有国有家者，不可不克制自己人性的弱点。

【注释】

① 说：同"悦"。

② 如之何：周人俗语，如之奈何。

【译文】

孔子说："严肃而合乎原则的话，能不听从吗？改正错误才可贵；顺从己意的话，能不高兴吗？分析一下才可贵。（对顺从己意的话）盲目高兴而不加分析；（对严肃而合乎原则的话）表面听从而实际不改，（这种人）我是拿他没办法了。"

【简析】

本章并非泛泛而论。诸侯治国，公卿治家，都应该察纳雅言，远离奸佞。但是，人性有天生的弱点，喜欢别人顺从自己，讨厌别人忤逆自己；喜欢听好话，不喜欢听批评自己的话。只有真正以治国平天下为己任的诸侯公卿，才能克服人性的这一弱点，否则就不可救药。

9.25 子曰："主忠信，毋友不如己者。过则勿惮改。"

【简析】

本章与《学而篇》1.8重复，而少三句。这说明孔子讲学时，当时至少有两位随侍弟子作了记录。《论语》中这类重复的例子很多。

9.26 子曰："三军①可夺帅也，匹夫不可夺志也。"

【题旨】

孔子之意，三军固不可无帅，匹夫更不可无志，这是极言"志"之重要。

【注释】

① 三军：指一国之军队。周礼规定，天子设置六军，华夏大国设置三军。具体设置情况则很复杂。

【译文】

孔子说："一国军队可以让它丧失主帅，但一个男子汉却不可能让他放弃主张。"

【简析】

春秋时代华夏各大国先后设置中军、右军、左军，故"三军"作国家军队的通称。三军统帅指挥国家所有军队，并且亲统中军主力。

9.27 子曰："衣敝缊袍，与衣狐貉者立，而不耻者，其由也与？'不忮不求，何用不臧！'①"子路终身诵之。子曰："是道也，何足以臧？"

【题旨】

本章孔子先称赞子路具有不羡慕富贵的私德，后又批评他缺乏平定天下的公德，可见孔子更加重视君子的公德。

【注释】

① 不忮（zhì）不求，何用不臧：见《诗经 · 邶风 · 雄雉》。臧：善。

【译文】

孔子说："穿着用乱麻布做的破袍子，与穿着狐貉裘皮衣的人一起站着，而不觉得惭愧的，恐怕只有（仲）由吧！（《诗经》上说：）'不嫉妒别人不贪求财物，何行而不善？'"子路（因此）老是念叨（这两句诗）。孔子（见他这样）又说："仅仅这个样子，怎么能够好起来呢？"

【简析】

在汉代棉花传入中国以前，贵族夏天多穿丝绸，冬天多穿裘皮丝绵。平民则穿用麻布或葛布做的衣裳，冬天为了保暖，将乱麻做成"缊"（絮），外以麻布葛布为布套，这便是"袍"，布衣与袍子，都是平民百姓所穿。

人之天性，贵富而贱贫，贵贵而贱贱。子路（仲由）不以贫困为耻，说明他腹有诗书，不图安逸，底气十足，私德高尚，具备了做君子的基本条件。但若仅此而已，缺乏公德，没有平治国家天下的强烈愿望和终身实践，则不能成为真正的仁德君子。这就是孔子先赞赏他，后又批评他的原因。

子路仅小孔子九岁，是孔子的早期弟子之一，几乎终身追随老师，性格直爽，没有城府，司马迁《仲尼弟子列传》说他"性鄙（粗鄙之意）好勇"，可谓得之。孔子经常批评他，也非常信任他，喜欢他。

9.28 子曰："岁寒，然后知松柏之后凋也。"

【题旨】

本章称赞真正的仁德君子意志坚定。

【译文】

孔子说："天冷了，才知道松柏是最后落叶的。"

【简析】

本章只记录了喻体，没有记录本体，不过本体不难理解。《论语》中这样的案例很多。

9.29 子曰："知者不惑，仁者不忧，勇者不惧。"

【题旨】

本章称赞仁德君子。

【译文】

孔子说："聪明的人不迷惑，仁德的人不忧愁，勇敢的人不畏惧。"

【简析】

三句互文，实际上是说，"智者仁者勇者"这些仁德君子，都"不惑不忧不惧"。《颜渊篇》12.4："君子不忧不惧。"与本章意思接近。"不惑"，明其道理，故不迷惑。

《礼记·礼运》记载，孔子认为，至大至公的尧舜才是真正的纯粹的仁者；聪明智慧，为了自己巨大而长远的利益，对天下利益取之有度，认真实现仁政的禹汤文武成王周公"六君子"才是智者。至于勇者，周代君子无不认为，为了私利好逞匹夫之勇者并不是真正的勇敢者，只有像圣人那样，"一怒而安天下之民”者，才是真正的勇者。

9.30 子曰：“可与共学[①]，未可与适道；可与适道，未可与立；可与立，未可与权。”

【题旨】

本章全面论述了君子“学”（学“文”学“行”）与“行”（实行仁政理想，平定天下，使天下秩序井然）的四重境界。

【注释】

① 学：周朝君子所讲的“学”，一般包含两层含义：学“行”，即学习圣人践行仁道，实行仁政，躬行君子，主旨是“仁”，终极目标是治国平天下；学“文”，即学习尧舜以来的历史文献，主要是“六艺”，主旨是“礼”。周朝君子从理论上对所“学”的“仁学”和“礼学”做出高度总结的，只有孔子一人，其他君子只是偶有所得而已。孔子总结的“仁学”和“礼学”，是中华民族几千年思想文化的精髓和总纲，迄今仍然如此，将来还将如此。如今无数人自觉自愿为中华民族效命，无怨无悔，不为名利，根本的原因就在这里。

【译文】

孔子说：“（有的君子）可以与他一起学习仁道，却未必可以与他一起去追寻仁道，实现仁道；（有的君子）可以与他一起追寻仁道，实现仁道，却未必可以与他一起立于礼，依礼而行；（有的君子）可以与他一起立于礼，依礼而行，却未必可以与他一起通于权变（从而达到礼的最高境界）。”

【简析】

本章文字极其简短，但内容却极其丰富，极其重要。孔学的理论体系，也就是尧舜夏商周春秋六代之学的理论体系，其实也是影响中华民族几千年的思想文化理论体系，就是“仁学”和“礼学”，本章将“仁学”“礼学”并而论之。孔子讲了与君子打交道的四重境界，也就是君子实现理想，成其为君子的四重境界：

第一重境界是“共学”（仁道），即与君子一起学习“道”，“道”这个宾语被直接省略了。夫子之“道”，即圣人之“道”，仁德君子之“道”，也叫“德”“道德”“圣”“仁”“善”等，就是孔子终生追求终生奋斗的人生理想、政治理想：天下大治，各级贵族各安其位，平民百姓休养生息。

第二重境界是“适道”，即与君子一起去追寻“道”，实现“道”，实现治国平天下的伟大理想。要达此目的，“任重而道远”，必须“死而后已”（《泰伯篇》8.7）。但是，正如《尚书》所谓“知易而行难”，那些“共学”“道”的君子，学习时意气风发，却未必都真正愿意为了实现“道”“死而后已”。

第三重境界是“立”，即君子都要“立于礼”，君子要依礼而行，依礼而立。要治国平天下，实现这样的“道”，不按照“礼”来行事，那可不行。孔子讲的“礼”，即广泛吸收了先代思想文化精华以后形成的周礼，内容很复杂，但其核心是“君君，臣臣，父父，子子”（《颜渊篇》12.11）。周代君子普遍认为，君子只有明礼知礼，找到自己的位置，履行自己的责任，才能安身立命，此所谓“立”也。

第四重境界是“权”，即权变，既讲原则性，也讲灵活性，这是最高境界。孟子说：“执中无权，犹执一也。所恶执一者，为其贼道也，举一而废百也。”（《孟子·尽心上》13.26）“立于礼”是原则性，根据实际情况灵活处理，但又不违反礼制的基本精神，最终达到符合礼制的目的，这就是“权”。例如孔子认为人无信不立，这是“礼”，但“言必信，行必果”，这是小人，不是君子，君子是否言而有信，要看是否符合“仁”与“义”，符合的就兑现，不符合的就不兑现（《子路篇》13.20）。孟子的看法完全相同（《孟子·离娄下》8.11）。孔子是公卿，不能用诸侯之礼（《子罕篇》9.12），这是依礼而“立”。但贵族男子的礼帽是用麻线编织还是用丝线编织，这无关紧要，可以权变（《子罕篇》9.3），这就是孔子讲的“从（纵）心所欲不逾矩”（《为政篇》2.4），孟子讲的“动容周旋中礼者，盛德之至也”（《孟子·尽心下》14.33）。

以上四重境界，表面上看是君子之间互相打交道的四重境界，实际上是实现仁道的四重境界：欲学仁道者众，但欲“死而后已”实现仁道者少；欲实现仁道者众，但依礼而行，明君臣父子之分，辨夫妇长幼之别，从而使天下国家长久安宁者少；依礼而行者众，洞悉礼的真谛而通权变之道，“从（纵）心所欲不逾矩”“动容周旋中礼”者，那是少之又少！

孔子是人类文明史上极其罕见的真正伟大的学者，所以只用几句话，就把尧舜夏商周春秋六代思想文化的精华说得清清楚楚，明明白白。

9.31 “唐棣之花，偏其反而。岂不尔思，室是远而。”子曰：“未之思也，夫何远之有？”

【题旨】

孔子评诗。

【译文】

古诗道：“唐棣树的花，翩翩地摇摆。难道不想你吗？你家住得太远。”孔子说：“并不真想，要是真想，有什么远的呢？”

【简析】

这四句诗为《诗经》逸诗，应该是爱情诗，从以花起兴来看，似乎是男子的口吻。他思念恋人而不去见她，说她家住得太远。

孔子分析这位男主人公的心理，可能只是就诗论诗，并无深意。也可能是借诗论事，表示“仁远乎哉？我欲仁，斯仁至矣”（《述而篇》7.30）。晚周君子有“赋诗断章”的风气，也有泛政治化的风气，后一种可能性不能完全排除。

乡党篇第十

一章二十七节

本篇原为一章，现分为二十七节，均记录孔子的生活细节，当为若干随侍弟子在孔子晚年所记，或孔子去世后所追记，或二者皆有之，史料极其可靠。孔门认为，君子要“学”“行”并重。“学”既包括学习“六艺”等古代文献，也包括学习古今圣贤的善行美德；“行”即身体力行，像古今圣贤那样，谨守礼制，终生为治国平天下而奋斗。本篇主旨是记录孔子的“行”，通过描述孔子的若干生活片段，为后人留下了一位谦谦君子和仁德君子的生活影像资料，弥足珍贵。

10.1 孔子于乡党，恂恂如也，似不能言者。其在宗庙、朝廷[①]，便便言，唯谨尔。

【题旨】

本节记载孔子说话的两种例外情况：在家乡木讷，在庙堂谨慎，当然是与孔子周游列国、游说诸侯、教导弟子时的常态相比较而言的。

【注释】

① 宗庙、朝廷：此指鲁国宗庙、朝廷。人类远古无不实行政教合一的治理方式，因此天王、诸侯、卿大夫不仅分别是天下、国家、采邑的政治领导人，也分别是各自统治地区的宗教领袖，他们同时采取政治、宗教两种方式治理自己的统治区域。据《礼记·明堂位》等传世文献，

可知西周初期，祖庙和朝廷合二为一，谓之“明堂”。不久祖庙和朝廷开始分开，例如鲁国朝廷门口另外建设了周公太庙，尽管宗庙朝廷相距很近，但毕竟已经是两座建筑物。春秋时代进一步世俗化，最晚至战国时代中晚期，当欧洲人还在神神道道的时候，中国就已经发展成为一个几乎完全世俗化的国家。故汉代以后，宗庙距离朝廷越来越远，表示宗教鬼神在治理天下国家地方中的作用，已经几乎完全淡化了。

【译文】

孔子在本乡本土，非常恭顺，好像不会说话的样子。

他在宗庙里、朝廷上，说话流畅，只是非常谨慎。

【简析】

按照周礼，家族之中，本乡本土，以辈分、年齿为序，不以官爵、学识、财富等为序，所以孔子在本乡说话非常恭顺，这就是伦理规矩，当时称“礼”。宗庙、朝廷，以官爵为序，孔子曾为鲁国公卿，辞职以后也是鲁国国老，轮到他说话时，他必须依据自己的政治身份和政治责任，把话说清楚；轮不到他说话时，他就不能说话，这就是政治规矩，当时也称“礼”。

上述两种“礼”，至今亦然。

10.2 [①]朝，与下大夫言，侃侃如也；与上大夫[②]言，訚訚如也。君[③]在，踧踖如也，与与如也。

【题旨】

本节描写孔子上朝时彬彬有礼、中规中矩的样子。

【注释】

① 本篇记录孔子生活诸事，各节的主语自然是孔子。《论语》的记录

者、编辑者为了语言简洁，常常直接把主语给省略了，这也是孔子所说的“辞，达而已矣”的意思。为了方便今天的读者阅读学习，我翻译时，将省略的主语都一一补上。

② 下大夫、上大夫：上大夫是公卿，也简称卿；下大夫级别较低，地方长官也叫邑大夫，乡邑大夫，孔子的父亲叔梁纥就是，相当于后世的县长。乡邑大夫不需要也不可能上朝，在朝的下大夫则需要上朝。下大夫如果得到诸侯宠信，祸害国家，周朝人就讽刺他们是“嬖大夫”或“嬖”，把他们比作诸侯争宠得逞的妾。

③ 君：只有天王、诸侯才能称君。此指鲁侯。

【译文】

（孔子）上朝，（当国君还没上朝时，他）与下大夫说话，温和而快乐的样子；与上大夫说话，正直而恭敬的样子。国君上朝了，孔子则恭敬而不安的样子，行步安详的样子。

【简析】

任何人在朝廷上都要讲政治规矩，古今皆然。孔子在鲁国做过“相”（类似外交部长兼礼宾司长）、“司寇”（最高司法官）、“中都宰”（中都市长）等，是公卿上大夫，不过要比“三桓”（季孙氏、孟孙氏、叔孙氏）的政治地位低。他与鲁侯有君臣之别，所以对国君恭敬至极；与“三桓”有上下级之别，所以对上大夫亦表示恭敬；孔子政治级别比下大夫高，所以对下大夫则显示出俯就的温和礼貌。朝廷秩序以爵不以齿，孔子一举一动都符合自己的政治身份。

10.3 君召使摈，色勃如也，足躩如也。揖所与立，左右手。衣[①]前后，襜如也。趋进，翼如也。宾退，必复命曰：“宾不顾矣！”

【题旨】

本节并非具体记录某次接待某宾客，而是概写孔子接待外宾时彬彬有礼的情况。

【注释】

① 衣：上衣。春秋时代贵族穿衣服，上曰衣，下曰裳（裙子）。战国时代，井田制几乎被完全破坏，车战极其不便；加上周边游牧民族没有车兵，只有骑兵，华夏各国被迫逐步放弃车兵，改为骑兵作战，贵族穿裙子骑在马背上，很容易把大腿的皮磨破，所以赵武灵王开始学习胡人穿裤子，逐步影响天下。

【译文】

国君召他接待外国宾客，（孔子）面色庄重，脚步很快。向（两边）一起站立的官员作揖，或向左拱手作揖，或向右拱手作揖。上衣一俯一仰，很整齐。快步向前，像鸟儿展翅一样。宾客辞别后，孔子必定（向国君）复命说：“客人走远了，已经不回头了！”

【简析】

据《史记·孔子世家》，孔子曾参与接待齐景公、晏婴，想必还接待过其他外国宾客。春秋时代，各国之间互相聘问，使者往来不绝于道。孔子在朝为官，又熟谙周礼，所以鲁君常命他接待外国宾客。

10.4　入公门，鞠躬如也，如不容。

立不中门，行不履阈。

过位，色勃如也，足躩如也，其言似不足者。

摄齐升堂，鞠躬如也，屏气似不息者。

出，降一等，逞颜色，怡怡如也。

没阶，趋进，翼如也。

复其位，踧踖如也。

【题旨】

本节描写孔子上朝时彬彬有礼的样子，按上朝奏事的顺序记录孔子的一举一动，谓其无不中节。

【译文】

孔子一进朝廷的“外门”（到了“外朝”），谨慎恭敬的样子，好像无处容身。

他站着，不站在（人来人往的）“中门”那里，走路不踩门槛。

经过群臣的座位时，他便脸色庄重，脚步也快，说话时好像中气不足的样子。

提起下裳向堂上的“燕朝”走，恭敬谨慎的样子，屏住气好像不能呼吸的样子。

（奏事毕）从“燕朝”退出来，降了一级台阶，脸色才放松，很轻松的样子。

走完了“燕朝”的台阶（回到“治朝”），趋身向前，好像鸟儿展翅一样。

回到“治朝”自己的席位，恭敬而内心不安的样子。

【简析】

周代天子、诸侯的朝廷，均有“三朝”“三门”。群臣从“外门（库门）”进入“外朝”，就算进入朝廷了。“外朝”是君上断狱之所，亦偶然询问非常之事，故不常视。群臣需要再从“外朝”往里走，经过“中门（雉门）”，就进入“治朝（正朝）”了。“治朝”是君臣日常议政之所，群臣进入“治朝”后，君上才从“燕朝”（内朝）经过“寝门（路门）”出来，会见“治朝”中的群臣，君上遍揖群臣，朝礼即毕。然后君上再从“治朝”经“寝门”退回到“燕朝”听政。群臣奏事时，要从“治朝”进入“燕朝”。奏事毕，再退回到“治朝”自己的席位上。朝毕，群臣经“中门”，路经“外朝”，再从“外门”退出公门，就是退朝了。《左传·成公六年》有晋国君臣上朝的案例，可以参考。

周朝公卿也有朝，叫家朝，那就简单多了。公卿早上先主持家朝，与属大夫、家臣简单商议家族之事，然后与属大夫一起去上诸侯的公朝。

10.5 执圭，鞠躬如也，如不胜。上如揖，下如授，勃如战色。足蹜蹜如有循。

享礼，有容色。

私觌，愉愉如也。

【题旨】

本节写孔子出使他国行聘问之礼时一丝不苟谨守礼仪的情况。

【译文】

（孔子奉命出使他国，举行典礼时）拿着圭，恭敬谨慎的样子，好像不胜其重的样子。他拿着圭“授玉”时，先将圭高高举起，像要作揖一样，再向下将圭授予主人，面色庄重如同作战。脚步快而步幅窄，径直向前如有所遵循。

献上礼物时，他满脸和气。

当他（行完国礼办完公事）以私人身份会见外国君臣时，则显得轻松愉快。

【简析】

古人问好必以礼品，国际交往亦然。“上如”三句写“授玉”“受玉”之礼。周代宾主相见，宾客有向主人“授玉”（圭亦玉也）、主人有先“辞玉”然后“受玉”的礼仪。“授玉”者要把玉高高举起，“受玉”者一般会把手放低一些，以示慎重其事，也方便接受玉。此礼毕，客人还要将其他礼物摆在主人的庭院中，谓之“享礼”。具体的“授玉”“受玉”礼仪，可以参阅《左传 · 文公十二年》秦使访鲁案例，《成公三年》齐侯访晋案例，《定公十五年》

邾子访鲁案例以及子贡观礼后的评论。

行完国礼，办完公事之后，宾客有的还可“私觌”，亦称“私面”“私覿”，即以私人身份会见到访国的君臣，这就比较轻松了。《左传·昭公六年》楚公子弃疾“私面”郑国三卿，《昭公十六年》晋国上卿韩宣子“私覿”郑国亚卿子产，都是这方面的案例。

10.6 君子[1]不以绀緅饰，红紫不以为亵服。

当暑，袗絺绤，必表而出之。

缁衣，羔裘；素衣，麑裘；黄衣，狐裘。

亵裘长，短右袂。

必有寝衣，长一身有半。

狐貉之厚以居。

去丧，无所不佩。

非帷裳[2]，必杀之。

羔裘玄冠不以吊。

吉月，必朝服而朝。

【题旨】

本节写孔子的衣着。

【注释】

① 君子：在此特指孔子，并非泛指。《阳货篇》17.24、《子张篇》19.12、《礼记·儒行》之“君子”，均特指孔子。

② 裳：裙子。古代男女本来都穿裙子，战国时代男子逐步改穿裤子，汉代至今男子则全部穿裤子。

【译文】

孔子不用青色和灰色的布给衣裳镶边，不用华贵的大红色和紫色作居家的衣服。

在暑热天，穿葛布单衣，但一定外穿衬衫，使它露在外面。

黑上衣，配羔裘；白上衣，配麑裘；黄上衣，配狐裘。

居家穿的裘皮上衣较长，但右边的袖子会短一些（以方便做事）。

睡觉一定要有被子，长度比身高另长一半。

用厚厚的狐皮貉皮作坐垫。

丧服满了，什么饰物都可以佩带。

只要不是做（上朝和祭祀的）礼服（做日常起居的裙子），一定会裁掉一些布。

紫羔和黑色的礼帽（都是吉服）都不戴着去吊丧。

大年初一,一定穿着上朝的礼服去朝贺。

【简析】

孔子衣着，无论何时何种场合，都中规中矩。

10.7 齐[①]，必有明衣，布[②]。

齐必变食[③]，居必迁坐。

【题旨】

本节记录孔子斋戒情况。

【注释】

① 齐：同“斋”，斋戒沐浴。古人祭祀之前，有时在觐见重要人物之前，都会斋戒沐浴，具体要求很复杂，主要是不随便吃荤腥和口气太重的食物，不与妻妾同房。

② 布：布衣，用麻和葛的纤维纺织制作而成，平民百姓所穿。孔子是鲁国公卿，即使辞职了，也是国老，朝廷仍然给他俸禄和马车，他平日穿着，一般不会穿布衣，而会夏天穿丝绸，冬天穿裘皮。但在斋戒并

祭祀鬼神时，要穿着俭朴，这个规矩至今仍然如此。

③ 变食：改变饮食，具体指不饮酒，不吃味重口气重的食物，如葱蒜之类，不吃肉鱼禽类等荤腥。

【译文】

孔子齐（斋）戒沐浴时，一定要有浴衣，用（麻布葛布做的）布衣。

齐（斋）戒时一定改变平日的饮食，居住也会换地方（不与妻妾同房）。

10.8 食不厌精，脍不厌细。

食饐而餲，鱼馁而肉败，不食；色恶，不食；臭恶，不食；失饪，不食；不时，不食；割不正，不食；不得其酱，不食。

肉虽多，不使胜食气。

惟酒无量，不及乱。

沽酒市脯，不食。

不撤姜食，不多食。

【题旨】

本节记载孔子饮食很讲究，也很克制。

【译文】

（孔子）吃饭不嫌米舂得精，鱼和肉不嫌切得细。

粮食霉烂发臭，鱼和肉腐败，不吃；食物颜色难看，不吃；食物气味恶臭，不吃；烹调不当，不吃；不到进餐的时候，不吃；不按常规切割的肉，不吃；没有调味的酱，不吃。

肉虽多，吃肉不超过主食。

只有喝酒不限量，但不喝醉。

（随便）买来的酒和肉干，不吃。

（吃完了饭）姜不撤掉，但也不多吃。

【简析】

“割不正”，不顺纹理，胡乱切割。“乱”，醉酒则神志不清，故云乱。

10.9 祭于公[①]，不宿肉。祭肉不出三日，出三日，不食之矣。

【注释】

① 公：此指鲁国。周朝诸侯的爵位设置，华夏大国诸侯一般尊称“公”“侯”，称霸则称“伯”，华夏小国和蛮夷戎狄之国诸侯，则贬称“子”“男”（可参阅《孟子 · 万章篇下》10.2）。春秋时代随着钢铁文明的发展，政治经济均进一步私有化，出现了完全“天下为家”的思想观念，所以本指华夏大国鲁国诸侯的“公”，指鲁国。

【译文】

孔子参加国家祭祀典礼，不把（带回家的）祭肉留到第二天。别的祭肉留存不超过三天。超过了三天，就不吃了。

【简析】

鬼神接受子孙祭祀，其实只享用香气，实实在在的酒肉之类，最终还是子孙吃了。国家祭祀典礼耗时两天，祭肉第三天一拿回去就要吃。如果“宿”即再过一夜，祭肉第四天才能吃，时间太长，可能变质。孔子自家的祭肉也不留存三天以上，超过三天就不吃了。

10.10 食不语，寝不言。

【译文】

（孔子）吃饭时不与人交谈，睡觉时不说话。

10.11 虽疏食、菜羹、瓜，祭，必齐①如也。

【题旨】

本节记录孔子平日饭前祭神。

【注释】

① 齐：同“斋”。

【译文】

（孔子平日吃饭）即使是吃糙米饭、小菜汤、瓜，也必定会先祭神，（祭神时）必定像斋戒了一样（恭恭敬敬的）。

【简析】

“瓜”，近百年学者均怀疑为“必”之误，我以前也一样，因此断句、标点、翻译均与本书不同。其实“瓜”字本不误。据《礼记·玉藻》记载，古人即使吃瓜，也必定要先祭祀祖先。方法是，将瓜一分为三，两头用手拿过的部分不做祭品，只用中间最干净最好的部分做祭品，以表示对祖先的孝心。《左传·襄公二十八年》：“叔孙穆子食庆封，庆封氾祭。”庆封饮食前首先要祭祖，这是百年以前中国几千年不变的礼俗。活着的子孙只要开口吃饭，必先祭神，请祖宗先吃，这是孝道。

10.12 席不正，不坐。

【译文】

布席不合礼制，孔子不坐。

【简析】

古人席地而坐，周礼关于布席的礼制，极其繁杂，如席的层数，天子五，诸侯三，大夫二，士一；席的种类，日常起居用席、国家大典用席、婚礼丧礼用席、一年四季用席等，均有不同；席的方位，华夏以北为至尊，西次之，东再次，东夷又不同，无比繁杂。这些礼制的核心，是要确定君臣父子在政治上、伦理上的尊卑关系，使之井然有序。本篇10.18亦谈及正席问题。

10.13 乡人饮酒，杖者出，斯出矣。

【题旨】

本节记录孔子尊老。

【译文】

行完“乡饮酒礼”后，孔子要等拄拐杖的老年人都出去了，这才出去。

【简析】

在本乡本土，依据辈分、年齿确定尊卑。

10.14 乡人傩①，朝服而立于阼阶②。

【题旨】

本节记载孔子迎神。

【注释】

① 傩（nuó）：一种驱赶妖魔鬼怪的宗教仪式，十分古老，中国部分地方至今仍几乎原样保存，大部分地方则早已演化为舞龙、舞狮等娱乐活动。在要过年过节或家有病人时，古人便用各种面具装扮为厉鬼，手持火把和各式象征性的武器，歌唱、喊叫、跳跃，象征性地将妖怪赶到某处之后，将所有面具、火把、武器等物，连同妖怪一并焚

烧，中有竹篙，叭叭作响，以示将小鬼一并烧死，活人得到健康安宁幸福。

② 阼阶：东边的台阶，这是男主人迎接客人的地方。

【译文】

本乡人举行驱赶妖魔鬼怪的“傩”礼时，孔子穿上朝服，站在东边主人的台阶上（迎神送神）。

【简析】

孔子当过鲁国公卿，故有朝服。他上朝、祭神时，必穿朝服；平时在家则穿亵服（常服，参阅本篇10.6）。“傩”也是宗教活动，与祭神相同，所以孔子也要换掉亵服，穿上朝服，出门迎接。

远古先民无不崇拜太阳，太阳从东边升起，到西边落下。因此按照华夏诸国的文化心理，东边是新生命诞生的地方，西方才是死鬼的去所。乡人举行傩礼时，必定从东往西驱鬼。孔子要迎接驱鬼的乡人，所以要站在“阼阶”即东边的台阶上，这是房主人站的位置。如今乡下舞龙、舞狮驱鬼时，每家的主人也要站出来迎送，仍然保留着上古宗教礼俗的部分遗影。

10.15 问人于他邦，再拜而送之。

【译文】

（孔子）托人给身在外国的朋友问好并送礼，向受托者拜谢两次而为之送行。

【简析】

“问”，问好并送礼。《左传·哀公十一年》“问弦多以琴”，即问候弦多（人名）并赠之以琴。今人则既有仅仅问好者，亦有问好并送礼者，后者保存着古礼。

10.16 康子[①]馈药，拜而受之，曰："丘[②]未达，不敢尝。"

【题旨】

本节记载孔子用药谨慎。

【注释】

① 康子：季康子。据《左传》记载，季桓子鲁哀公三年去世，其庶子季康子同年嗣位为执政上卿。

② 丘：孔子自称其名。古人自称名，不自称字。

【译文】

季康子给孔子送药，孔子拜谢而接受了，但说："我对这药的药性还不是很了解，不敢试服。"

【简析】

《述而篇》7.13："子之所慎：齐（斋）、战、疾。"孔子不敢服药，与他对疾病一向谨慎有关。

10.17 厩焚。子退朝，曰："伤人乎？"不问马。

【题旨】

本节记载孔子马厩失火故事，说明老师的确以人为本。

【译文】

（孔子的）马厩失了火。孔子退朝回来，问道："烧伤了人吗？"没有问到马。

【简析】

孔子是公卿，出入要坐马车。古时一辆青铜马车配四匹马，即所谓"驷马”。四马一车为一“乘”，这在当时是很大的一笔财产。齐国只有千乘，鲁国八百乘，邾国六百乘。马厩失了火，很可能会烧伤烧死马，孔子不问马，只问“伤人乎”，这让弟子明白：夫子平日常讲“仁者，人也”，他不仅这样说，也这样想，这样做。所以，弟子把这事记了下来。“人”，此用其广义，泛指所有的人。另据《礼记》记载，孔子马厩失火后，其家乡来人问候孔子，想必损失不小。

《左传·哀公三年》，鲁国发生火灾，季桓子“命救火者伤人则止，财可为也”，其理念与孔子相同。鲁国史官做此记录，与孔子弟子做此记录，原因相同。

10.18 君[①]赐食，必正席[②]先尝之；君赐腥，必熟而荐之；君赐生，必畜之。

侍食于君，君祭[③]，先饭。

【题旨】

本节记载孔子在朝廷上中规中矩。

【注释】

① 君：此指鲁侯。周朝只有天王、诸侯才可称君。

② 正席：这个正席的含义很简单。孔子离开席位去接受国君赏赐的食物，难免挪动席子，故返回时正之，使之不至于偏移原来的位置和朝向。

③ 君祭：国君饭前祭祀，与10.11所言相同。

【译文】

（孔子上朝时）如果国君赐他熟食，他（离席受赐回到自己的席位后）必定摆正席位才坐下，先尝尝；如果国君赐他生肉，必定（拿回去）煮熟了而先进贡给祖先神；如果国君赐他活物，必定养着它。

陪国君一道吃饭，当国君举行饭前祭礼时，孔子先吃饭（不吃菜）。

【简析】

国君赐熟食，孔子必离席受赐，垫席难免挪动不正，所以孔子回到席位上后，先要把垫席摆正，使其四边完全对应东南西北四方，不得稍有偏移，然后再坐到垫席上，品尝国君所赐熟食。如此，才完全合乎礼制。国君赏赐活物，朝堂上只需表示谢恩即可，无须离席，等到退朝后再去领取所赐活物。

10.19 疾，君[①]视之。东首[②]，加朝服，拖绅[③]。

【题旨】

本节记载孔子病中亦恪守礼制。

【注释】

① 君：此指鲁侯。

② 东首：古人一般采取头南脚北的睡位。《战国策·赵策三》："天子巡守，诸侯避舍。"贾谊《新书·礼》："天子适诸侯，诸侯不敢有其宫，不敢为主人，礼也。"同理，诸侯到公卿孔子家，孔子亦不能为主人。鲁侯以主人自居。那么原来的主人孔子则以客人身份出现。孔府东边的阼阶，本来是主人孔子迎接客人的地方，客人应从西边的门进来。可是国君到访孔府，以主人自居，所以从东边的阼阶主人的位置上进门，孔子当然要赶紧调整睡位，头朝着东边，迎接鲁侯。

③ 孔子上朝、祭祀时，必穿"朝服"，但平时在家则穿"亵服"（常服）。国君来探望他，他有病，不能穿朝服，所以把朝服"加"即披在身上。穿朝服，腰间要束大夫以上官员才有的布带（绅），这次没办法束带，只能象征性地把布带放在腰间，所以"拖"了一大截。

【译文】

（孔子）病了，国君来看望他。他于是头朝东（迎接从东面台阶进来的国君），身上披上朝服，腰间拖着大带子。

【简析】

君臣之礼是大礼，涉及国体政体，所以孔子尽管生病，也尽可能遵守这一大礼，体现自己作为大臣的政治身份。

10.20 君命召，不俟驾行矣。

【题旨】

本节记载孔子应召，遵守礼制。

【译文】

国君召唤,（孔子）不等仆夫驾好马车，就先步行了（让马车追上来再上车）。

【简析】

《孟子·公孙丑下》4.2：“《礼》曰：‘父召，无诺；君命召，不俟驾。’”《荀子·大略》:“诸侯召其臣，臣不俟驾，颠倒衣裳而走，礼也。《诗》曰：‘颠之倒之，自公召之。’天子召诸侯，诸侯辇舆就马，礼也。”古人上曰衣，下曰裳（裙子），“颠倒衣裳”，极言行动之快而慌乱。“辇舆就马”，平日用车，自然是“马就辇舆”，天子召唤，诸侯慌乱，竟然急急忙忙拉着马车往马厩跑。可见，国君召唤，孔子“不俟驾”即行，这是符合礼制的举动。

10.21 入太庙，每事问。

【简析】

本节与《八佾篇》3.15重复。

10.22 朋友死，无所归[①]，曰：“于我殡。”

【题旨】

本节记载孔子安葬无依无靠的朋友。

【注释】

① 归：女子嫁人，生人死亡归葬祖坟，均称归。

【译文】

朋友死了，（无人安葬）找不到归宿，孔子说："我来办丧事。"

【简析】

《左传·昭公七年》："鬼有所归，乃不为厉，吾为之归也。"父母、天地是我们最终的归宿，是我们灵魂的安顿之所，是我们侍奉父母、接受祭祀、生命循环的地方。这一信仰今称"人穷返本"，"返本"即"归"。按人类信仰，没有比"人穷"不能"返本"，人死而灵魂无所归更惨痛的事。孔子安葬无人安葬的朋友，让其有所"归"，这是仁道而且符合宗教礼制的事。

10.23 朋友之馈，虽车马，非祭肉，不拜①。

【题旨】

本节记载孔子重礼。

【注释】

① 拜：古人席地而坐，行礼分为几种：臀部不离开脚后跟，合手朝对方作揖，礼最轻；臀部离开脚后跟，上身与合拢的双手都从上朝下打躬作揖，谓之拜，礼较重；臀部离开脚后跟，双手分开着地，臀部朝天，头部朝地，顿首叩头，礼最重，只有儿子拜见父母，公卿大夫朝觐诸侯，诸侯朝觐天子，方行此大礼。

【译文】

朋友的馈赠，即使是昂贵的车马，只要不是祭肉，（孔子）就不行拜谢之礼。

【简析】

一车驷马谓之一“乘”（音剩），也叫“驷马”，这是很大一笔财产，很重的礼。祭肉，祭祀鬼神的肉。鬼神只享用香气，祭祀完毕，则分而食之。祭肉虽价值微薄，但因涉及对鬼神的尊敬，所以必行拜谢之礼。车马虽十分贵重，但因不涉及礼制，孔子就不行拜谢之礼。

10.24 寝不尸，居不客。

【题旨】

本节描写孔子闲居情况。

【译文】

（孔子）睡觉不像死尸一样（直挺挺地躺着）。平日在家，不像做客或见客那样跪坐。

【简析】

战国以前男子不穿裤子，而是上衣下裳（裙），裆里扎一布带。其坐姿主要考虑雅观因素，坐法有三：一是“客”，见客或做客时，为表示恭敬，双膝着席，臀部落在脚后跟上，裙子正好遮蔽下体，这叫“客”，叫“坐”，也叫“危坐”，就是“跪坐”。（参阅《孟子·公孙丑下》4.11）二是“蹲”，也叫“居”，即双脚脚板着席，双膝耸起，臀部自然下垂，裙子上遮膝盖。《说文》:“居，蹲也。”三是“箕踞”，臀部着席，双腿叉开着地，形状似箕。第一种坐法最文雅有礼但最累，第三种坐法最粗野无礼但最轻松，孔子家居应“蹲”。

10.25 见齐衰者，虽狎，必变。见冕者与瞽者，虽亵，必以貌。

凶服者式之。式负版者。

有盛馔，必变色而作。

迅雷风烈必变。

【题旨】

本节记录孔子若干生活细节。

【译文】

孔子看见穿“齐衰”（zīcuī）孝服的人，即使平日与他亲密随意，也一定改变态度（以示对死者的尊敬和对生者的同情）。看见戴礼帽的贵族和朝廷的鼓师，即使平日常见，也一定以礼相见。

（孔子坐在马车上）遇到送死人衣物的人，便手扶马车前的横木“轼”（以示对死者的尊敬和对生者的同情）。遇到背负国家图籍的人，也手扶“轼”（以示敬意）。

如有丰盛的菜肴，必定神色变动，跪了起来（以示感恩）。

遇到雷电大风，一定改变态度（以示敬天）。

【简析】

孔子礼遇穿孝服的人、戴礼帽的贵族和盲人鼓师（可参阅《子罕篇》9.10）。“作”，孔子此前必跪坐，见到美食，为了表示感谢，臀部离开脚后跟，上身与大腿垂直，但双膝仍在席位上，所以我译作“跪”。“瞽”，周代乐师均用盲人，“师”为乐师之长，“瞽”为鼓师，“钟”为钟师。周人相传舜帝的父亲为“瞽叟”，即鼓师。

10.26 升车，必正立，执绥①。

车中，不内顾，不疾言，不亲指。

【题旨】

本节记录孔子乘坐马车。

【注释】

① 绥：一端固定在马车上，一端下垂，供人拉着以便上马车的绳子。

【译文】

（孔子）上车时，一定先端正地站好，拉着扶手带（然后上车）。

在车中，他不回头看，不高声说话，不指指点点。

【简析】

孔子坐马车中规中矩，非常沉稳。

10.27 色斯举矣，翔而后集。曰："山梁雌雉，时哉时哉！"子路共[①]之，三嗅[②]而作。

【注释】

① 共：同"拱"。

② 嗅：当作狊（jú），张翅貌。

【译文】

（孔子）脸色动了一下，野鸡飞了一会又停在一处。孔子说："山上的雌雉，得其时啊！得其时啊！"子路向它们拱拱手，它们又振翅飞走了。

【简析】

本节何意，不甚了了，或有脱文。

先进篇第十一

共二十六章

11.1 子曰："先进于礼乐[1]，野人[2]也；后进于礼乐，君子[3]也。如用之，则吾从先进。"

【题旨】

本章孔子评价两种官员，表示先学礼乐再当官者更加优秀。

【注释】

① 礼乐：借代《诗》《书》《礼》《乐》《易》《春秋》"六艺"。"六艺"是尧舜夏商周春秋六代最重要的文献，也是周朝贵族及其子弟终身学习的政治学教材。他们都通过学习"六艺"，学习当官治国平天下的本事。周朝的贵族子弟和官员，大都从八岁左右开始上"家学"（卿大夫家族举办的学校，类似如今之小学），十五岁左右上"乡学"（诸侯举办的学校，类似如今之中学），但只有部分成绩特别优秀者才能考上"国学"（周天王举办的学校，类似如今之大学）。可能在春秋晚期，周天王的"国学"因为王室经济贫困和政治上不需要培养那么多的王臣而停办了。于是孔子最早举办民办"国学"，为天下培养人才。

② 野人：在野的士人，虽然出身贵族，但已经开始被边缘化，不能继承父亲的官爵，必须读书学习，的确学有所成，才能做官。"野"，与"朝"相对而言。当官者在朝，未当官者在野。

③ 君子：贵族，有官爵者，此特指直接继承父亲官爵者。

【译文】

孔子说："先把礼乐学到家然后当官的，是原本在野的士人；先当官后学礼乐的，是直接嗣位在朝的公卿大夫。如果选用人才，那么我主张选用先学礼乐的士人。"

【简析】

按照几千年来的宗法制，一般情况下，卿大夫去世后，其嫡长子直接继承父亲的爵位和官职。嫡长子因为生理心理等各种原因不能嗣位，不愿嗣位的，则依次选用嫡次子等，无嫡子则选用庶长子，谓之"世禄"，就是世世代代享受爵禄。这些直接嗣位的公卿大夫，年少时虽然多少学了一点礼乐（至少读了"家学"，有的还读了"乡学"），但是没有把礼乐学到家，因为必须直接嗣位，只有一边当官一边学习礼乐。其他儿子则成为普通士人，必须先把礼乐真正学到家，学有所成，才能做官。例如，鲁国公卿孟僖子有一对双胞胎庶子，孟僖子临终遗言，要求两个儿子都跟着孔子学习礼乐。但是，孟僖子没有嫡子，其庶长子孟懿子必须直接继承孟僖子的官爵，直接做鲁国的公卿；庶次子南容才做了孔子的学生。南容学有所成，才去做官；孟懿子学问还不到家，就先做官了。那么，弟子南容就是"先进于礼乐"者（后世简称"先进"），孟懿子就是"后进于礼乐"者（后人简称"后进"）。

孔子发现那些先把礼乐学到家然后当官的士人，比那些先当官然后再学礼乐的公卿，更能体察民情，更有上进心，当官更加称职。因此他才主张选用那些先学礼乐后当官的士人。古人经常称颂孤臣孽子，孤臣要在万般艰难的情况下保全国家，已经被边缘化的孽子要通过社会流动重新进入上层，所以孤臣孽子往往比他人更加勤奋努力，更加奋发向上，因此能力也更强，这大概是规律。

11.2 子曰："从我于陈蔡[①]者，皆不及门[②]也。"

【题旨】

孔子想念现已远去的患难与共的弟子。

【注释】

① 陈蔡：陈国是舜帝子孙之国，蔡国是周文王之子、周武王之幼弟蔡叔度的子孙之国，两国均在今河南。春秋时代，齐桓公死后，楚国即强大起来，今河南境内的许多华夏小国，都被楚国灭掉，楚国也反复灭亡陈国、蔡国（灭国之后又恢复，如此反复循环），所以陈蔡两国都非常害怕孔子去帮助楚国进一步发展。

② 门：师门。

【译文】

孔子说："当年跟着我被围困在陈蔡之间的弟子，如今都已不在我门下（都当官去了）。"

【简析】

鲁哀公四年，为了防止孔子被楚国所用，危及陈蔡二国，二国大夫发兵将孔子围困在陈蔡之间。后来子贡出使楚国，游说楚昭王兴师迎孔子，然后得免。详见《史记 · 孔子世家》，本章与《卫灵公篇》15.2 亦有所记录。

孔子的弟子，早先一般都已经"乡学"毕业（据《左传 · 哀公八年》记载推测，有若跟着孔子读书时，还是鲁国乡学的学生，这是特例），他们跟着孔子学习深造，所学课程都是天王"国学"高年级的课程，孔子从来不给他们讲文字学、音韵学、训诂学，直接讲授"六艺"的理论，所以他们一般只需要跟着孔子读书三年，就把做官的本事学到了家，只要愿意，就可以去做公卿大夫了（参考《泰伯篇》8.12）。这就是弟子们离开老师的原因。

人总是这样，患难之交，感情更深。所以孔子感叹一起落难的弟子都已离开自己，有些伤感。

11.3 德行[①]：颜渊，闵子骞，冉伯牛，仲弓。言语[②]：宰我，子贡。政事[③]：冉有，季路[④]。文学[⑤]：子游，子夏。

【题旨】

本章评价同学们。

【注释】

① 德行：德，也称道、道德、圣、仁、善等等，其核心有二：一、治国平天下的伟大理想和终身实践；二、治国平天下，无比伟大，无比崇高，也无比艰难，因此君子不能贪图安逸。行，指亲自实行治国平天下的伟大理想，包括两种实行方式："用之则行，舍之则藏"，政治清明，有诸侯重用，就干起来；政治黑暗，没有诸侯重用，就藏起来。颜回躲"在陋巷"里，这就是"藏"。唐朝以前的"德行"，主要是平治天下的公德；宋朝至今所谓"德行"，主要是君子洁身自爱的私德，不足以论。

② 言语：能言善辩，巧舌如簧。

③ 政事：治理国家。

④ 季路：即子路。古人有五十而称行第的习俗，称他季路，表示他已经年满五十了。此礼至今犹存。

⑤ 文学：文献之学。

【译文】

（同学们各有所长）德行好的：颜渊、闵子骞、冉伯牛、仲弓。善言辞的：宰我、子贡。善理政的：冉有、季路。熟悉文献的：子游、子夏。

【简析】

本章记录者应是孔子弟子，是在综合了孔子对同学们的评论，并结合了自己的观察之后，自己归纳出来的。

11.4 子曰："回也非助我者也，于吾言无所不说[①]。"

【题旨】

本章评价弟子颜回。

【注释】

① 说：同"悦"。

【译文】

孔子说："颜回并非对我有所帮助的弟子，他对我的话，没有不喜欢的。"

【简析】

颜回听孔子讲学，总是默而记之，慢慢体会，举一反三（《公冶长篇》5.9），理解老师的理论体系，从无不同意见（《为政篇》2.9）。但孔子其实希望弟子反诘老师，促使老师思考新问题，创造新学问，所以孔子认为，颜回对老师没有什么帮助。后世常有"教学相长"说，道理与本章相通。

11.5 子曰："孝哉闵子骞[①]！人不间于其父母昆弟之言。"

【题旨】

本章盛赞闵子骞的孝道。

【注释】

① 闵子骞：孔子弟子，姓闵氏，名损，字子骞。按照周礼，孔子应该称弟子"损""闵损"，不应该称"子骞""闵子骞"，因为称字含有敬意，没有老师对学生表示敬意的道理。孔子称弟子之字，说明闵损的孝行，已经赢得了老师的尊敬。这是传世文献中，孔子唯一称弟子表字的例子。闵子骞孝顺父母的故事很多，历代山东地方志中都有记载。

【译文】

孔子说："闵子骞真孝顺啊！对他父母兄弟（称赞他）的话，人们并无异议。"

【简析】

中国古代实行宗法制，天王（皇帝）与诸侯、诸侯与大夫、大夫与士、士与平民百姓之间，经常具有双重关系，政治上是君臣，伦理上是父子兄弟或姻亲。这样的社会政治结构，在全世界都是唯一的特例。概括起来说，就是"家国同构"（家族组织架构与天下国家的组织架构一样）。所以"忠孝一体"（忠与孝是一回事）。中国最近几千年特别重视孝道，形成所谓"百善孝为先"的道德观念，汉朝"举孝廉"（曹操就是这样做官的），除了与中国文明发展程度很高，彻底摒弃了弃杀老人的野蛮习俗有关以外（至今大多数国家都保存了这一礼俗），重要原因之一就在"家国同构""忠孝一体"这里。

11.6 南容三复"白圭"①，孔子以其兄之子②妻之。

【题旨】

本章记载孔子看重弟子南容。

【注释】

① 白圭：《诗经·大雅·抑》："白圭之玷，尚可磨也。斯言之玷，不可为也。"白圭的污点，尚可磨掉。君子言而无信的污点（没有办法去掉，因此）不可乱说。"白圭"，乳白色的玉器。"玷"，玉之瑕疵。

② 兄之子：孔子兄长孟皮之女。孔子父亲叔梁纥一妻二妾，嫡妻生九女，无子；两位庶妾各生一子，长子孟皮，幼子仲尼。孟皮想必比孔子年长许多，早死，故孔子为侄女主婚。子：周朝男女均可称子，而且均可称兄弟。

【译文】

南容把“白圭”这几句诗读了又读，孔子就把自己兄长的女儿嫁给了他。

【简析】

南容是鲁国公卿孟僖子之子，孟懿子之弟，是孔子最早的弟子之一。孔子鲁昭公二十四年五月开始设帐授徒时，南容就是孔子的弟子。他反复诵读这几句诗，应该是在反复体会君子要不可轻言，言则有信这层意思。孔子从弟子的举动中，看到了弟子的君子之德。孔子多次称赞南容是道德高尚的君子（《公冶长篇》5.2、《宪问篇》14.5），他把侄女嫁给南容，当然并非仅仅因为南容读了这几句诗。盖因南容读诗在前，孔子嫁侄女在后，随侍弟子便做了这样的记录。

11.7 季康子[①]问：“弟子孰为好学？”孔子[②]对曰：“有颜回[③]者好学，不幸短命[④]死矣！今也则亡[⑤]。”

【题旨】

本章叹惜弟子颜回“好学”而早夭。

【注释】

① 季康子，鲁国上卿，鲁哀公三年嗣位，地位比孔子高，故记录孔子答话用“对”字。

② 季康子、孔子都是华夏大国鲁国的公卿（即使孔子辞职，其政治地位也没有变化），都可以尊称为“子”，但这可能引起认知混乱，所以记录者干脆“季康子”“孔子”分得清清楚楚，而不将孔子称为“子”。“康”是谥，原始记录应该记作“季子”。

③ 颜回：孔子在帐下，总是只称弟子之名，不称姓名。在帐外与他人谈起弟子，则常常称姓名，如果只称名，人家可能不知道弟子是谁。

④《史记·仲尼弟子列传》说，颜回小孔子三十岁，后世学者考证小四十岁，可从。颜回鲁哀公十五年去世，年仅三十二岁，故孔子叹惜其短命。次年，孔子去世。

⑤ 亡：同“无”。

【译文】

季康子问：“你的弟子中谁最勤奋好学？”孔子答道：“有个名叫颜回的最勤奋好学，不幸短命死了！现在再也没有了。”

【简析】

孔子师徒所说的“学”，有时指学“行”，即学习圣人善人仁人治国平天下的善行；有时指学“文”，即学习文献，主要是学习“六艺”；有时兼指二者。本章没有具体说明“学”什么，应该兼指二者。

11.8 颜渊死，颜路①请子之车②以为之椁③。子曰：“才不才，亦各言其子也。鲤④也死，有棺而无椁。吾不徒行⑤以为之椁，以吾从大夫之后⑥，不可徒行也。”

【题旨】

本章通过安葬颜回的故事，体现了孔子节约办丧事的主张。

【注释】

① 颜路：颜回之父亲，孔子早期弟子。

② 车：颜路的本意，可能是请老师卖一匹拉车的马，而不是卖青铜马车，但他说成了请老师卖马车。据《礼记》记载，孔子在卫国时，曾让子贡卖掉一匹马，帮助自己经常借住的私馆馆主办丧事。一辆马车配四匹马，即使卖掉一匹马，也还可以用，如果卖掉马车，孔子就无车可坐，只能步行了。当时华夏贵族还没有形成骑马的风气，战国时

代才开始骑马。

③ 椁：古代贵族安葬，有装殓尸体的内棺，还有套棺，谓之椁，级别越高，套棺越多，天子棺椁共有八层。颜氏家族或许已经没落，加上颜回不肯做官，家里自然贫困。但颜氏做派还是贵族的做派，所以要买椁。

④ 鲤：孔子之子，字伯鱼。伯鱼五十岁去世，那时孔子七十岁。伯鱼之子孔伋，字子思，是曾参的学生，孟子的祖师爷。

⑤ 徒行：步行。

⑥ 从大夫之后：忝列大夫之班位，即做了大夫，这是周人形象而又客气的套话。孔子为鲁国公卿，是上大夫。

【译文】

颜渊死了，颜路请孔子卖掉马车为他置办外椁。孔子说："有才也好没才也好，终归是自己的儿子。鲤死后，也只有内棺而无外椁。我不能步行为他（指孔鲤）置办外椁，因为我也曾当过大夫，是不可以步行的。"

【简析】

孔子说"才不才，亦各言其子也"，说明孔子承认颜回有才，而孔鲤不才。孔鲤虽不才，终究是亲子，连亲儿子都有棺无椁，老师不为颜回置办外椁，颜路当然无话可说。

春秋时代经济大发展，贵族生活奢靡，大都厚葬，但主张薄葬的人也开始多起来。不仅墨家主张薄葬（《墨子》有《节葬篇》，今存《节葬篇下》），孔子早就主张薄葬（《先进篇》11.11）。这才是孔子不同意厚葬儿子和弟子的原因。

11.9 颜渊死，子曰："噫！天丧予！天丧予！"

【译文】

颜渊死了，孔子悲叹道："噫！老天爷要我的命啊！老天爷要我的命啊！"

11.10 颜渊死，子哭之恸。从者曰："子恸矣！"曰："有恸乎？非夫人之为恸，而谁为？"

【译文】

颜渊死了，孔子哭得很伤心。随侍弟子说："您太伤心了！"孔子道："真的太伤心了吗？我不为这样的人伤心，还为谁伤心呢？"

11.11 颜渊[①]死，门人[②]欲厚葬之。子曰："不可。"

门人厚葬之。子曰："回也视予犹父也，予不得视犹子也。非我也，夫二三子也！"

【题旨】

孔子欲薄葬颜回而不可得，故感叹之。

【注释】

① 颜渊：本章记录者应是颜渊的门徒，不可能称自己的老师为"颜渊"，只可能尊称"先生"（颜渊从未做官故），如果僭越礼制，则会记作"颜子"。但子孙不可能知道"先生"是谁，所以《论语》编辑者改称"颜渊"；如果原始记录尊称"颜子"，则明显僭越礼制，编辑者也要改为"颜渊"。

② 门人：颜回之门徒、本章记录者自称（参阅《里仁篇》4.15）。

【译文】

我们的老师死了，我们都想厚葬他。祖师爷说："不可以。"

我们还是厚葬了他。祖师爷说："回呀，你视我如父，我却无法视你如子。这事不是我干的，是他们几位干的呀！"

【简析】

本章是颜回之弟子所记录。孔子如能“视（回）犹子”，则应像薄葬儿子孔鲤那样薄葬颜回。想必颜回在世时，赞成老师的薄葬主张，理解并且支持老师薄葬孔鲤的举动，在知道自己将死时，颜回甚至有可能要求将来薄葬自己。如今徒孙们一定要厚葬他们英年早逝的老师，孔子身为祖师爷，隔了一辈，诸多不便，只有徒唤奈何而已。

战国有“颜氏之学”，当为颜回所传。《孟子·离娄下》8.29敬称颜回为“颜子”，《滕文公上》5.1引有颜子语录（《论语》遗简），《论语》9.11应为颜子语录，为颜回门徒所记。这些证据说明，颜回曾经设帐授徒。

11.12 季路[①]问事鬼神。子曰：“未能事人，焉能事鬼？”曰：“敢问死。”曰：“未知生，焉知死？”

【题旨】

本章孔子教导子路，莫侍奉鬼神，多关注苍生。

【注释】

① 季路：子路。古人五十而称行第，故亦称季路。

【译文】

季路问侍奉鬼神之事。孔子道：“还没有侍奉活人，怎能侍奉鬼神？”

季路又道：“请问死是怎么回事。”孔子道：“生的道理还没弄明白，怎能明白死？”

【简析】

人类文明发展，必然如此：最早没有鬼神，五万多年前先人创造鬼神，最终一定会完全世俗化。华夏文明早熟，大约从西周时代就开始逐步世俗化的历史进程，至战国中晚期基本世俗化。西周早期圣贤即已主张“天心自我民心"，重苍生而不重鬼神。春秋时代，"国有道，听于民；国无道，听于神"，更是君子的共识。孔子并非不知"鬼"和"死"，只是教导子路多问苍生莫问鬼神而已。

孔子师徒都本是政教合一的古儒，为人家办丧事，侍奉鬼神，这是他们的职业。《礼记》中保存了他们侍奉鬼神，操办丧事的大量语录。随着春秋时代天下世俗化的不断发展，随着苍生的问题迫切需要君子们解决，孔子改造了自己和学生，使孔门变为更加关注社会人生的"君子儒"。曾子的门徒编辑《论语》时，有意识地淘汰了孔子师徒大量的宗教活动记录，就是为了突出孔子师徒世俗思想家政治家的特点。这是中国文明史世家文明史的重大问题，不可轻轻放过。

11.13 闵子（骞）①侍侧，訚訚如也；子路，行行如也；冉有、子贡，侃侃如也。子乐，"若由也，不得其死②然！"

【题旨】

孔子半开玩笑半认真地批评子路鲁莽"好勇"。

【注释】

① 闵子：闵子骞之弟子尊称闵子骞，若如此，本章语录则为子骞之门徒所记录。闵子骞、颜回、原宪三位弟子终身未出仕，按照尊称华夏大国公卿为"子"的周礼，子骞不可尊称为"某子"。这说明，春秋末期，即使孔门也出现了礼制松弛的现象。但是，曾子门徒编辑《论语》时，为什么不把"闵子"改为"子骞""闵子骞"呢？我推测，要么原始记录记作"闵子骞"，那么记录者就是孔子的某位随侍弟子，而不是子骞的弟子，后世反复抄写刊刻致误，漏掉了"骞"字；要么是子骞门徒记录本章，他们违反周礼，尊称"闵子"，而曾参门徒没有改，忘了改。本章记录孔子与几位弟子一起谈话，闵损之弟子在场的可能性很小；若子骞之弟子在场，孔子说子路不得好死的可能

性更小。所以我推测，应是孔子的某位随侍弟子记录了本章，原始记录为“闵子骞”，“骞”字被后人刊刻抄写遗漏了。

② 得其死、得死、得保首领以没：均谓得善终，得享天年。不免、不得其死：即得不到善终，死于非命。都是周代俗语，周代文献随处可见。

【译文】

闵子骞陪侍在老师旁边，恭敬而正直的样子；子路陪侍，刚强的样子；冉有、子贡陪侍，温和快乐的样子。（看见弟子们的样子）老师乐了，（半开玩笑半认真地说：）“像由啊，恐怕不得好死！”

【简析】

《史记·仲尼弟子列传》说子路“性鄙好勇”，《论语》中孔子常常批评子路“好勇过我”，“暴虎冯（凭）河”（赤手空拳打老虎，不用工具去渡河），鲁莽无礼，不知谦让，常常担心他得不到善终。《左传·哀公十五年》记载，当弟子高柴从卫国逃回到鲁国，报告老师，子路已经参与卫国内乱时，孔子说：“柴也来矣，由也死矣！”不幸一语成谶，子路果然战死。

11.14 鲁人①为长府②。闵子骞曰：“仍旧贯，如之何？何必改作？”子曰：“夫人不言，言必有中。”

【题旨】

闵子骞的意思是，政府能节约就节约。孔子肯定了弟子的这一想法。

【注释】

① 鲁人：“国名+人”，当时指相关国家的卿大夫，那么“鲁人”当指鲁国卿大夫，此指“长府”的长官“府人”。周代还有“地名+人”的用法，指该地的长官、大夫，如孔子的父亲叔梁纥，为鲁国郰邑大

夫，即被称为“陬人”。

② 长府：鲁君宝库名，收藏宝物，其长官职务名曰“府人”，姓名表字不详。负责翻修“长府”者就是“府人”。周朝文献，大夫以上贵族，史官要记录其姓名表字，未有官爵者则不记录，而以“某”字代之。《论语》中记录官员时，偶然有不记录其姓名表字者，如“陈司败”（《述而篇》7.31）、“仪封人”（《八佾篇》3.24）、“鲁人”，可能是因为孔子的随侍弟子不是史官，没有受到严格的专业训练的缘故。

【译文】

鲁国长府的长官府人（准备）翻修长府。闵子骞（对他）说：“还是老样子，怎么样？何必重新翻造？”孔子（对府人）道：“他这个人平日不大说话，一说话必定中肯。”

【简析】

春秋时代进入钢铁文明时代，经济发展很快，贵族生活普遍变得奢靡起来。孔子一派人，无论是主张节约办丧事，还是主张节约行政，都有校正贵族奢靡风气的考虑。

11.15 子曰：“由之瑟，奚为于丘之门？”门人[①]不敬子路。子曰：“由也升堂矣，未入于室[②]也。”

【题旨】

本章记载孔子先批评子路，后又为他打圆场。

【注释】

① 门人：此指子路的门徒，也是本章记录者之自称，与《子罕篇》9.12相同（参阅《里仁篇》4.15）。子路一生最大的官职，是做鲁国上卿季康子、卫国上卿孔悝的总管，即使同时做朝廷大夫（下大夫，与

今县长同级），也达不到公卿(上大夫)的级别，按照周礼，不能被尊称“仲子”（参阅《学而篇》1.1），当然也断无弟子称其表字“子路”之理。他的门徒称呼他，只有三种可能：一、老老实实尊称“先生”（子路未做官时）；二、尊称“夫子”（卿大夫均可笼统尊称夫子）；三、僭越礼制尊称“仲子”。因此“门人不敬子路”，本应记作“门人不敬先生”，或“门人不敬夫子”，或“门人不敬仲子”。称“先生”“夫子”后人不知是谁，称“仲子”僭越礼制，故曾参师徒编辑《论语》时，一律改称“子路”。因此本章应该译为：“祖师说：‘由弹瑟，为什么要在我这里弹呢？’我们不再尊敬老师。祖师说：‘由呀，学问已经不错了，只是还不够精深罢了。’”

② 升堂入室：孔子设帐授徒，求学者被孔子选上，能够在老师厅堂上听老师讲课，与同学们一起讨论，这叫“升堂”。老师讲课完毕，从堂上退回到内室，弟子们自主在堂上学习讨论，不懂者则进入老师的内室请教，老师则教导之，随侍弟子记录之（《论语》语录大多记录孔子答疑），这叫“入室”。不过，弟子能否提出有价值的问题，很难说。聪明弟子才能提出有价值的问题，才是“入室”弟子；一般弟子没有这个水平，则只是“升堂”弟子。由于春秋末期周天王停办“国学”，天下只有孔子举办民间“国学”（诸子百家此时都没有办学，老子虽然年长于孔子，但是《老子》只是假托他之名而已，未必与他有什么关系），能够“升堂”者已经非常优秀，“入室”弟子就更加卓越了。

【译文】

孔子说：“由弹瑟，为什么要在我这里弹呢？”我们这些门徒（因此）看不起子路。孔子（打圆场）道：“由呀，学问已经不错了，只是还不够精深罢了。”

【简析】

仲由（字子路）长期担任孔子侍卫，他在老师门下弹瑟，本很正常。子路设帐授徒，门徒跟着他，在祖师爷这里，也能理解。而且乐教是孔门“六艺”之一，弹瑟本无不可。孔子不知何故怪罪仲由在他这里弹瑟，而且当着子路门徒的面批评子路，子路的门徒因此小看自己的老师。孔子意识到自己伤了子路，又连忙肯定子路学问不错。明显有补救调和打圆场，挽救子路威信的意思。

本章语录记录者记下这一故事，含有自我批评，不该“不敬”老师的意思。孔子骂过宰我、冉求，他们都记录下来，记录者都含有自我批评、自我检讨的意思。

11.16 子贡问：“师与商①也孰贤？”子曰：“师也过，商也不及。”曰：“然则师愈与？”子曰：“过犹不及。”

【题旨】

本章评价弟子颛孙师和卜商，在遵守礼制上，都还没有达到“中”的境界。

【注释】

① 师与商：师，颛孙师，字子张；商，卜商，字子夏，都是孔子晚年弟子，高足弟子，设帐授徒的弟子。周礼，上称下称名不称字，同学之间称字不称名。孔子称学生名，符合礼制，子贡称同学名，则不合礼制。可能是因与老师长时间交谈，子贡不知不觉之间就顺着老师的口吻，称了同学的名。本篇11.22公西华称同学名，11.26曾皙称仲由的名，原因相同。

【译文】

子贡问：“（在遵守礼制的问题上）师与商，谁强一些呀？”孔子道：“师呀有点过分，商呢有些赶不上。”

子贡又问：“那么师强一些吗？”孔子道：“过分如同赶不上。”

【简析】

《礼记·仲尼燕居》记载：

仲尼燕居，子张、子贡、言游侍，从（纵）言至于礼。子曰：“居，女三人者，吾语女礼，使女以礼周流，无不遍也。”

子贡越席而对曰：“敢问何如？”子曰：“敬而不中礼谓之野，恭而不中礼谓之给，勇而不中礼谓之逆。”子曰：“给夺慈仁。”子曰：“师，尔过；而商也，不及。子产犹众人之母也，能食之，不能教也。”

可见这一原始记录比《论语》收录的这个原始记录要长得多，说明当时有两位弟子做了记录。曾子门徒编辑《论语》时，选择了文字更少的语录，目的是方便周朝人背诵，古人读书全靠背诵。从《礼记》收录的原始记录来看，孔子评价弟子“过”与“不及”，都是就他们遵守礼制的情况而言，并无他意。

据战国文献记载，孔子死后，子张模仿舜帝大禹的样子走路，好像老师死了，现在天下只有他子张才是圣人，这就是“过”吧；子夏虽然崇拜老师的道德学问，老师死后，他却做了魏文侯的老师，教魏文侯采取被后世称为法家的那一套办法治理国家，成为法家的祖师爷，这就是“不及”吧。知子莫如父，知生莫如师，这就是一个案例。

11.17 季氏①富于周公②，而求③也为之聚敛而附益之。子曰：“非吾徒也！小子鸣鼓④而攻之，可也。”

【题旨】

孔子骂冉求为季康子聚敛财富，记录者是冉求自己，说明冉求承认老师骂对了。

【注释】

① 季氏：这个季氏具体指季康子，他在鲁哀公三年嗣位为鲁国执政上卿。冉求做他的总管，同时也是朝廷大夫。春秋时代，华夏大国上卿

的总管，一般都是朝廷大夫。

② 周公：周代文献大多指文王之子、武王之弟姬旦，即周朝历史上的第一位周公，但本章则指鲁国公室。鲁为周公之后，故“鲁公”亦可称为“周公”。《左传·昭公二十五年》鲁国大夫，《哀公二十二年》晋国使者，也均以“周公”指鲁侯，可见华夏当时有此说法。

③ 求：孔子弟子冉求。本章语录乃冉求自己的亲笔记录，故自称其名。

④ 鸣鼓：古代行军打仗，击鼓进军，鸣金收兵。此言“鸣鼓而攻之”，乃类比之词。

【译文】

季氏比鲁国公室都富有，而我还为他聚敛财富，使之更多。老师（对同学们）说：“（求）不是我的门徒，你们大张旗鼓地攻击他，都是可以的。”

【简析】

据《左传·哀公十一年》《哀公十二年》、《国语·鲁语下》21、《孟子·离娄上》7.14记载，鲁国上卿季康子想收十分之二的税，如此则税率提高了一倍。冉求为季氏“宰”（总管），季康子曾让冉求去征求孔子的意见，孔子明确反对。但冉求还是支持季氏加了税。本章所载孔子骂冉求事，应在鲁哀公十一年季氏加税之后。

冉求做季康子家臣时，也没有阻止季康子伐颛臾，为此也挨了孔子的骂（《季氏篇》16.1）。

按照礼制，孔门只有孔子和冉求自己可以称其名“求”；冉求的同学以及同学的弟子则只能称其字“子有”“冉（子）有”；冉求的弟子只能尊称“夫子”，《论语》编辑者要改，只能将“夫子”改为“子有”或“冉有”。那么本章的记录者就只可能是冉求自己了，所以译文如上。

冉求记录本章，说明他接受了老师的批评，承认了错误。这与《雍也篇》6.12情况相同。

11.18 [①]柴也愚，参也鲁[②]，师也辟[③]，由也喭。

【题旨】

本章孔子评价几位弟子。

【注释】

① 本章直接称高柴等四人之名，而不称字，应是孔子原话。同学间互相评价，不应至此，且不当称名，而应称字。那么，本章就是孔子语录，前面应该有“子曰”二字，后人辗转抄写遗漏二字。

② 鲁：当同“驽”。

③ 辟：偏激之意。

【译文】

（孔子说：“高）柴愚笨，（曾）参迟钝，（颛孙）师偏激，（仲）由莽撞。”

【简析】

高柴，字子羔，卫国人，古今学者都说他小孔子三十岁。恐误。孔子哀公十六年去世，虚岁七十三。《左传·哀公十七年》称子羔为“季羔”，古人五十而称行第，则高柴本年至少五十矣。若高柴小孔子三十岁，则哀公十七年孔子当八十余岁。或许高柴小孔子二十，古人误作三十耳。

我以前考证孔子设帐弟子，没有注意到高柴。后来细读《礼记》，方知高柴也是设帐弟子，现予纠正。

11.19 子曰：“回也其庶乎，屡空[①]。赐不受命，而货殖焉，亿[②]则屡中。”

【题旨】

孔子评价颜回、子贡。

【注释】

① 空：兼有“贫”（财货少）和“穷”（没出路）两层意思。此从杨伯峻先生《论语译注》。

② 亿：同“臆”，猜测。

【译文】

孔子说：“（颜）回（的道德学问）应该差不多了，（可惜）常常太贫困。（端木）赐不受节制，而去囤积投机，猜测行情，竟每每猜中。”

【简析】

颜回家贫，又不肯做官，《雍也篇》6.11、《先进篇》11.8均有记载。

西周官商一体，百工生产的器物，全由官府垄断经营。春秋晚期民间也可倒卖商品，因此出现了郑国的弦高、越国的范蠡、卫国的子贡（端木赐）这样的大商人。估计当时仍有官府垄断商业利益的制度，但子贡“不受命”。子贡、范蠡除有商业天赋外，又都是春秋晚期著名的外交家，有本事有地位笑傲公卿，故都“不受命”而至巨富。可参阅《吴越春秋》。

孔子在自己帐下称弟子，称名而不称姓，帐外对他人说起弟子，才称姓名。译文加上姓氏，是为了方便今天的读者。

11.20 子张问善人[①]之道。子曰：“不践迹，亦不入于室[②]。”

【题旨】

孔子教导弟子子张，学习圣人，方可让自己也成为圣人。

【注释】

① 善人：《论语》中的“善人”均指“圣人”（《述而篇》7.26、《子路篇》13.11），而孔子心中的“圣人”仅指尧舜禹汤文武成王周公，孟子则另加孔子为“圣人”。

② 入室：用法如同《先进篇》11.15，比喻道德学问到家。

【译文】

子张问怎样才能当善人。孔子道："不踏着古代善人的足迹前行，道德学问恐怕也难到家啊！"

【简析】

孔子之意，是要学习圣人的道德学问，后来者才可能也成为圣人。这与孟子的看法一致。《孟子 · 尽心下》14.38说，大禹、皋陶、商汤都学习了尧舜之道，伊尹、莱朱、周文王都学了商汤之道，太公望、散宜生、孔子都学了文王之道，而孟子本人则学了孔子之道。这与孔子"践"圣人之"迹"而"入于室"的思想相通，都是说，学习圣人才可能成为圣人。

11.21 子曰："论笃是与①，君子者乎？色庄者②乎？"

【题旨】

本章批评假君子。

【注释】

① 论笃是与：是"与论笃"的倒装句。"与"，推许、赞许，与"吾与点也"（《先进篇》11.26），"吾与女"（《公冶长篇》5.9）同例。"论笃"，言论笃定者，此指那些轻下断言的人。

② 色庄者：面色庄重，强不知以为知，而妄下断语者，与"君子"相对而言，所以意译为"假君子"。

【译文】

孔子说："（人们总是）赞许那些言论笃定的人，（那些言论笃定的人）是真君子呢？还是假君子呢？"

【简析】

春秋晚期可能已经诸子蜂起，多派学者互相诘难，其间或有强不知以为知的“论笃者”。孔子主张“知之为知之，不知为不知”（《为政篇》2.17），故对轻下断语的“论笃者”有所批评。

11.22 子路问：“闻斯行诸[①]？”子曰：“有父兄在，如之何[②]其闻斯行之？”

冉有问：“闻斯行诸？”子曰：“闻斯行之！”

公西华曰：“由也问‘闻斯行诸’，子曰‘有父兄在’；求[③]也问‘闻斯行诸’，子曰‘闻斯行之’。赤[④]也惑，敢问。”子曰：“求也退[⑤]，故进之；由也兼人[⑥]，故退之。”

【题旨】

君子学到了仁道，知道该如何治国平天下了，是否应该马上去实行呢？孔子鼓励生性谦让的冉求，而压制生性鲁莽的子路，体现了孔子因材施教的教育思想和教育方法。

【注释】

① 闻斯行诸：闻、行的宾语都是“道”，都指治国平天下的仁道。宾语当时人所共知，故周代文献经常直接省略。诸：之乎的合音字。

② 如之何：《论语》四章共五个“如之何”，都是怎么办的意思。参阅《颜渊篇》12.9、《卫灵公篇》15.16、《微子篇》18.7。

③ 由、求：公西华是仲由、冉求的同学，按周礼不应称其名，而应称其字，以示尊重。他们师徒谈话时间一定很长，所以公西华顺着老师的口吻，也称呼同学之名。这类案例《论语》中不少。参阅《先进篇》11.16、11.26。

④ 赤：公西华名赤，故自称其名。

⑤ 退：遇事谦让，退让。

⑥ 兼人：胆子有几个人大。

【译文】

子路问（老师）："学到了道就去实行道吗？"孔子说："你有父母兄长健在，怎么能自作决断，学到了道就去实行道呢？"

冉有问（老师）："学到了道就去实行道吗？"孔子说："学到了道就去实行道！"

公西华道："（仲）由问'学到了道就去实行道吗'，您说'有父母兄长健在'（不能这么鲁莽自专）；（冉）求问'学到了道就去实行道吗'，您说'学到了道就去实行它'。我很迷惑，冒昧地问问。"孔子道："（冉）求胆子小爱退缩，所以我激励他；（仲）由的胆子有几个人大，所以我要压压他。"

【简析】

本章所记乃孔子因材施教的范例之一。"求也退"四句，《史记·仲尼弟子列传》《集解》引郑玄语："言冉有性谦退，子路务在胜尚人，各因其人之失而正之。"郑说可从。子路"好勇""不让"而被老师打压的例子，可参阅《先进篇》11.26。冉求"谦退"因而被老师激励的例子，可参阅《雍也篇》6.12。

11.23 子畏于匡①，颜渊后。子曰："吾以女为死矣！"曰："子在，回何敢死？"

【题旨】

本章记载孔子、颜回师徒仓皇之中的故事，显示师徒感情至深。

【注释】

① 匡人曾经被阳货抢掠。不久孔子师徒来到匡地，孔子长得很像阳货，匡人以为阳货又来了，所以将孔子师徒拘禁起来。可参阅《子罕篇》

9.5。《史记·孔子世家》有详细记载。

【译文】

孔子被囚禁在匡这个地方，颜渊最后才来。孔子道："我以为你死了！"颜渊道："您还健在，我怎么敢死呢？"

【简析】

本章所记，是非常时期孔子师徒的非常故事，令人感佩。仓促之中，孔子误以为弟子死了，其深厚感情由此可知。颜回视师如父（《先进篇》11.11），父在，言老尚且不敢，"何敢死"？

11.24 季子然[①]问："仲由、冉求可谓大臣与？"子曰："吾以子为异之问，曾由与求之问。所谓大臣[②]者，以道事君，不可则止。今由与求也，可谓具臣[③]矣。"

曰："然则从之者与？"子曰："弑父与君，亦不从也。"

【题旨】

本章评价弟子子路（仲由）冉求（字子有）。

【注释】

① 季子然：当为鲁国上卿季孙氏的家人。他大大咧咧地称呼孔子弟子的姓名，也符合他的身份。他只要稍稍客气一点，就应该称"子路"或"季路"（仲由）"子有"或"冉有"（冉求）。《仲尼弟子列传》："子路为季氏宰，季孙问曰：'子路可谓大臣与？'孔子曰：'可谓具臣矣。'"所记与本章有同有异。

② 大臣：周礼，天王之臣叫王臣，诸侯之臣叫大臣，卿大夫之臣叫家臣。孔子则将诸侯之臣又分为大臣和具臣。

③ 具臣：在大臣手下，做具体事情的臣属。

【译文】

季子然问："仲由、冉求可以说是大臣吗？"孔子道："我以为你是问别的人，竟问由和求啊。所谓大臣，要用仁道来侍奉国君，行不通就辞职不干。如今由和求，可以说是有相当才能的臣下了（但不是大臣）。"

季子然又问："那么，（他们）会顺从上级吗？"孔子道："（底线他们还是会守住的）弑父弑君这种大逆不道的事，（他们）也是不会顺从的。"

【简析】

季氏问孔子时，子路在当季康子的总管，冉求也应在侍奉季氏（参阅《季氏篇》16.1）。故季氏问孔子弟子可谓大臣否，似含无君之意。孔子说弟子只是"具臣"，不是"大臣"，只是说，两位弟子都没有平定国家天下的大志。孔子说弟子不会顺从季氏"弑父与君"，不仅有客观评价弟子之意，还有暗中敲打季氏犯上企图的意思。

11.25 子路使子羔为费宰[①]。子曰："贼夫人之子！"

子路曰："有民人[②]焉，有社稷焉，何必读书，然后为学？"

子曰："是故恶夫佞者！"

【题旨】

本章批评子路，说他让子羔做官，这是误人子弟。

【注释】

① 子羔：孔子弟子高柴，字子羔，身高五尺（一说六尺），约今一米左右，"孔子以为愚"（《仲尼弟子列传》）。所以，当子路让子羔去当费县县长时，孔子说你这是在害子羔。"贼"，用作动词，杀害。子路为季氏总管，而费为季氏采邑（参阅《季氏篇》16.1），所以子路可以安排子羔当费县县长。"宰"，县宰，县长，位列大夫。

② 民人：相当于如今之"人民群众"。《论语》中仅此一例，"民"指平

民，“人”指上等人，君子。

【译文】

子路让子羔当费县县长。孔子道：“（你这是）害人家儿子啊！”

子路道：“（费县）有平民和君子，有土地和五谷，何必一定要读书，然后做学问呢？”

孔子道：“所以我讨厌强嘴利舌的人！”

【简析】

《左传·哀公十四年》，子路离开鲁国并在卫国公卿孔悝家族任职；《哀公十五年》，子羔、子路都在卫国做官。卫出公辄与他父亲蒯聩兵戎相见，争夺卫君之位，高柴立即辞职逃回鲁国孔子身边，子路则参与战乱被杀。孔子从高柴那里得知子路参与卫国内乱时，说：“柴也其来，由也死矣！”说明高柴并未接受子路的安排，出任费宰。《哀公十六年》，孔子去世。《哀公十七年》，鲁侯会盟齐侯，孟武伯相，高柴随行，说明老师去世后，高柴年逾五十，又在鲁国出仕。

11.26 子路、曾皙[1]、冉有、公西华侍坐。子曰：“以吾一日长乎尔，毋吾以也。居[2]则曰：‘不吾知也！’如或知尔，则何以哉？”

子路率尔而对曰：“千乘之国[3]，摄乎大国之间，加之以师旅，因之以饥馑，由也为之，比及三年[4]，可使有勇，且知方[5]也。”夫子哂之。

“求，尔何如？”对曰：“方[6]六七十，如五六十，求也为之，比及三年，可使足民。如其礼乐，以俟君子。”

“赤，尔何如？”对曰：“非曰能之，愿学焉。宗庙之事，如会同，端章甫，愿为小相[7]焉。”

“点，尔何如？”鼓瑟希，铿尔，舍瑟而作[8]，对曰：“异乎三子者之撰。”子曰：“何伤乎？亦各言其志也。”曰：“莫春者，春服既成，冠者五六人，童子六七人，浴乎沂，风乎舞雩[9]，咏而归。”夫子喟然叹曰："吾与[10]点也！"

三子者出，曾皙后。曾皙曰："夫三子者之言何如？"子曰："亦各言其志也已矣。"曰："夫子何哂由[11]也？"曰："为国以礼，其言不让，是故哂之。""唯求则非邦也与？""安见方六七十如五六十而非邦也者？""唯赤则非邦也与？""宗庙、会同，非诸侯而何？赤也为之小，孰能为之大？"

【题旨】

本章按夫子问志、弟子言志、夫子评志展开，主旨是"为国以礼"，而"礼"要"让"。"让"，在遵守礼制的前提下，君子间互相谦让，达到和谐的目的。

【注释】

① 曾皙：名点，字子皙，孔子早期弟子，曾参之父。

② 居：平日。

③ 千乘之国：春秋晚期是大国。当时唯一的超级大国晋国，勉强四千乘，齐国千乘，鲁国八百乘，郑国六百乘。子路以千乘之国为小国，好为大言而已。

④ 三年：周朝治国，以治军为龙头，《左传·隐公五年》："三年而治兵，入而振旅。"周朝诸侯治国，每年农闲都会训练军队，一般以三年为一个周期，三年期满，在郊外大讲武，即可对外用兵。

⑤ 方：常也，指各种规范规矩。《左传·隐公三年》《国语·周语下》均称"义方"，《成公十八年》称"方"。百姓懂规矩，才好使唤。

⑥ 方：纵横。

⑦ 小相：华夏诸侯有"相"，类似如今的外交部长兼礼宾司长，负责外交，位列公卿。"小相"则是在"相"（孔子本章称"大"即"大相"，《左传·定公十年》等大多数文献称"相"）手下，负责具体司仪者。公西华说自己愿意做一个"小相"，是自谦之词，孔子知道，

他可以做“相”，即华夏大国负责外交事务的公卿。

⑧ 作：站起来。

⑨ 舞雩（yú）：远古遗留土台之名，古人求雨所用。

⑩ 与：赞同之意。

⑪ 由：仲由，字子路。同学之间，曾皙本不当称子路之名“由”，此乃顺着老师的口吻而称之。

【译文】

子路、曾皙、冉有、公西华陪侍孔子坐着。孔子说：“因为我比你们年长一点，没有人用我了。你们平日里常说：‘人家不了解我呀！’如果有人了解你们，（让你们为官治国）那你们怎么办呢？”

子路不假思索地答道：“一个中等国家，即使局促地处在几个大国之间，外有军队侵犯，内有灾荒饥馑，我去治理，等到三年，可使人人有勇气，而且懂得常规。”孔子不以为然地笑笑。

孔子问道：“求，你怎么样？”冉有回答道：“纵横各六七十里，或者各五六十里的地方，我来治理，等到三年，可使民众富足。至于礼乐教化，那要等待高明君子来。”

孔子又问道：“赤，你怎么样？”公西华回答道：“不是说我有本事，我只是愿意学习。祭祀宗庙的事，或与外国盟会，我愿意穿着礼服，戴上礼帽，当一个小小的司仪者。”

孔子又问道：“点，你怎么样？”他鼓瑟的声音慢慢稀疏起来，最后“铿”的一声停止鼓瑟，把瑟放下，站了起来，回答道：“我的志向与三位所讲的有所不同。”孔子道：“有什么关系呢，只是各人谈谈自己的志向而已。”曾皙道：“暮春时节，春装已经穿定了，五六个大人，六七个孩子，在沂水边洗一洗，在舞雩台上吹吹春风，一边唱着歌，一边回家。”孔子长叹一声道：“我赞同点啊！”

子路、冉有、公西华三个人都出去了，曾皙后走。他问道：“那三位同学的话怎么样？”孔子道：“也不过是各言其志罢了。”曾皙又问：“您为什么要嘲笑由呢？”孔子道：“治理国家要讲礼让，他说的话一点都不礼让，所以笑笑他。”曾晳道：“难道求所讲的就不是国家吗？”孔子道：“怎么见得纵横各六七十里或者五六十里的地方就不够一个国家呢？”曾晳道：“赤所讲的就不是国家吗？”孔子道：“有宗庙，有国际盟会，不是国家是什么？如果赤都只能做一个小司仪，谁又能做大司仪呢？”

【简析】

古今官员治国，无非是富民、教民、保民。仲由（子路）直言可治理“千乘之国”，且可富民、教民、保民，孔子认为他一点都不懂治国之“礼”，一点都不“让”，所以“哂之”。冉求（子有）说只可治理纵横各六七十里或五六十里的地方，而且只能富民，没本事教民，其实是委婉地说也可治国，因为上古纵横各六七十里或五六十里，就是一个小国的面积，而且治理国家富民是核心，富民之后，教民保民都很简单。公西赤（子华）更谦虚地说，我没本事治国，只想学着祭祀宗庙、与外国人盟会，而这两件事正是治国大事，“国之大事，在祀与戎”。曾点（晳）则颇有浪漫气息，引起孔子共鸣。

颜渊篇第十二

共二十四章

12.1 颜渊问仁。子曰："克己复礼为仁。一日克己复礼，天下归[①]仁焉。为仁由己，而由人乎哉？"

颜渊曰："请问其目[②]。"子曰："非礼勿视，非礼勿听，非礼勿言，非礼勿动。"

颜渊曰："回虽不敏[③]，请事斯语矣。"

【题旨】

1—3章均教导弟子当仁人，弟子个性不同，境遇不同，孔子回答亦不同。颜渊不肯当官，孔子就教他以礼为仁，"独善其身"。仲弓当官，孔子便教导他"己所不欲，勿施于人"，讲究恕道。司马牛"言多而躁"，孔子便教导他先"行"仁德之事而后"言"仁德之语。

【注释】

① 归：朱熹《论语集注》："归犹与也。"与，称许。朱熹说可从。

② 目："纲"是渔网上的粗绳，"目"是网眼。仁是总纲，仁的具体要求则是目。

③ 不敏：不才，周人习惯用语，自谦之词。

【译文】

颜渊问怎样做个仁人。孔子道："克制自己，使自己的言行符合礼制，就是仁人了。一旦你的言行都合乎礼制了，天下人都会称许你是仁人。实现仁德全由自己，还由别人吗？"

颜渊又问道："请问仁的条目。"孔子道："不合礼制的不看，不合礼制的不听，不合礼制的不说，不合礼制的不做。"

颜渊道："我虽不才，也要实行您这话。"

【简析】

做仁人，行仁政，有上限和下限，上限是平治天下，下限则是做正人君子，孔子称之为"用之则行，舍之则藏"。能否平治天下，由不得自己；但能否做正人君子，则完全由自己。孔子说"为仁由己"，就是这个意思。《孟子·尽心上》13.9："得志，泽加于民；不得志，修身见于世。穷则独善其身，达则兼善天下。"这是对孔子这一仁道思想最准确最精练的解释，也是几千年来中国官员和读书人的座右铭。

12.2 仲弓[①]问仁。子曰："出门如见大宾，使民如承大祭。己所不欲，勿施于人[②]。在邦无怨，在家[③]无怨。"

仲弓曰："雍虽不敏，请事斯语矣。"

【题旨】

孔子说"雍也可使南面"（《雍也篇》6.1），说他可以当长官，或许他此时正在为官，所以孔子只针对他为官这一特点，来谈怎样当仁人。

【注释】

① 仲弓：姓冉氏，名雍，字仲弓，孔子弟子。

② 己所不欲，勿施于人：孔子的本意是，做仁德君子，平治天下，虽然无比伟大，也无比艰难。如果自己不想做仁德君子，就不能要求别人

做仁德君子，含有鼓励弟子带头做仁人的意思。曾子把孔子这层意思称为“恕”。

③ 家：指公卿大夫。

【译文】

仲弓问怎样当仁人。孔子道：“出门（服侍国君）要像接待贵宾一样，使唤民众要像承担祭祀大典一样（都要有恭敬之心）。如果自己不想实行仁道治国平天下，就不要强求他人。（如果这样）服侍诸侯就不会招致怨恨，服侍公卿也不会招致怨恨。”

仲弓道：“我虽不才，也要实行您这话。”

【简析】

《左传·僖公三十三年》“出门如宾，承事如祭”，与孔子“出门”二句意思完全相同。

12.3 司马牛[①]问仁。子曰：“仁者，其言[②]也讱。”

曰：“其言也讱，斯谓之仁已乎？”子曰：“为之难，言之得无讱乎？”

【题旨】

12.3—12.5均记录弟子司马牛事。

【注释】

① 据《仲尼弟子列传》，孔子弟子司马耕，字子牛，宋国人。其兄桓魋为宋国司马。司马牛“言多而躁”，所以本章教他“其言也讱”；桓魋将为难于宋，子牛常常忧惧不安，12.4便教导他，只要你本人问心无愧，不必忧惧；12.5子夏便劝他“四海之内，皆兄弟也”，不必为亲兄之事烦恼。

② 言：本义是言志，宾语省略了，而不是一般的说话，所以我将“言”翻译为“表达雄心壮志”。周代君子经常谈论治国平天下，但是治国平天下谈何容易！想必当时有不少志向高远，壮怀激烈，高谈阔论，而行动迟缓，甚至毫无作为者。故孔子经常教导弟子，君子实行仁政，要先做了再说。如果说了再做，或者做的赶不上说的，甚至只说不做，那就不是真正的仁德君子。《论语》中孔子这类语录很多。

【译文】

司马牛问怎么做个仁人。孔子道：“真正的仁人，他表达雄心壮志比较慢（因为他要先去做仁德之事，做了才能说）。”

司马牛道：“表达雄心壮志慢一点，这样的人就是仁人吗？”孔子道：“实行仁政任重而道远，万般艰难，表达雄心壮志能不慢一点吗？”

【简析】

周朝君子明白，实行仁政，平治天下，无比伟大，无比光荣，但也万般艰难，不是嘴上功夫，因此普遍鄙视巧言令色者，“言”不及“行”者，“言”而不“行”者。而读书人又偏偏特别喜欢雄辩滔滔，高谈阔论，嘴上功夫好生厉害，实际行动却常常跟不上，所以孔子经常为此教导弟子。

12.4 司马牛问君子①。子曰：“君子不忧不惧。”

曰：“不忧不惧，斯谓之君子已乎？”子曰：“内省不疚，夫何忧何惧？”

【题旨】

本章劝解弟子。

【注释】

① 君子：孔子曾说：“君子而不仁者有矣夫，未有小人而仁者也。”（《宪问

篇》14.6）所以弟子所问君子，必为仁德君子。身为官员，却无意于治国平天下，就是“君子而不仁者”。老百姓只求生存，不可能治国平天下。

【译文】

司马牛问怎样做个仁德君子。孔子道：“仁德君子不忧愁，不恐惧。”

司马牛道：“不忧愁，不恐惧，这样就可以说是仁德君子吗？”孔子道：“自己问心无愧，有什么可以忧愁恐惧的呢？”

【简析】

孔子认为：“知者不惑，仁者不忧，勇者不惧。”（《子罕篇》9.29）“仁者不忧，知者不惑，勇者不惧。”（《宪问篇》14.28）君子“仰不愧于天，俯不怍于人”（《孟子·尽心上》13.20），有什么可以忧惧的呢？

但司马牛的忧惧，可能与他兄长桓魋“为难于宋”有关，所以孔子还话中有话：“耕啊，你自己问心无愧就行了。兄长如何，恐怕你管不了，也与你没多大关系，犯不着为他而忧惧。”

12.5 司马牛忧曰：“人皆有兄弟，我独亡。”子夏①曰：“商闻之矣：死生有命，富贵在天。君子敬而无失，与人恭而有礼。四海之内，皆兄弟也，君子何患乎无兄弟也？”

【题旨】

本章记录子夏劝告同学司马牛。

【注释】

① 子夏：卜商，字子夏。本章为卜子语录，记录者是卜商的弟子，原始记录称呼卜商，只可能是：卜商未做官时，称“先生”；卜商在鲁国做大夫时，称“夫子”；卜商做了魏国公卿，称“卜子”。事后子夏之弟子整理老师语录，只可能通称“卜子”。根据官员后来最大的官

职，称呼早先的官员，这一周礼至今未变，只是今人司空见惯罢了。曾参之门徒在编辑《论语》时，如果子夏弟子未改，必须改掉“先生”“夫子”，因为后人不知是谁；也必须改掉“卜子”，因为卜商在孔子死后，给魏文侯一套法家的治理方法，实际上有些背叛老师，因此不能继续受到特别的尊敬，于是《论语》的编辑者改称“子夏”。孔子弟子语录，如何称呼这类弟子，经常与此类问题相关。

【译文】

司马牛忧愁地说：“人人都有兄弟，偏偏我没有。”子夏（卜子）道：“我听说，是死是生都凭命运，富贵与否全在老天。君子做事谨慎小心而无所缺失，待人恭敬而礼数周全（就可以了）。天下到处都是好兄弟，君子何必担忧没有好兄弟呢？”

【简析】

本章为卜子的语录，记录者为子夏之门徒。司马牛的兄长“为难于宋”，这让他忧惧不已，故子夏劝他。春秋初期，郑庄公的母亲武姜，居然帮助庄公之母弟公叔段，进攻首都，进攻庄公。庄公极其无奈，故对臣下说自己没有母亲。司马牛有兄而称无兄，犹郑庄公有母而称无母（《左传·隐公元年》），皆无奈之词。

12.6 子张问明。子曰：“浸润之谮，肤受之愬，不行焉，可谓明也已矣。浸润之谮，肤受之愬，不行焉，可谓远①也已矣。”

【题旨】

本章论如何做才能叫作见事明白。

【注释】

①“明”即“明”，“远”则更“明”矣。

【译文】

子张问怎样做才能叫见事明白。孔子道："不管是悄然润饰的谗言，还是切身感受的诬告，（在你这儿）都行不通，你就可以说见事明白了。不管悄然润饰的谗言，还是切身感受的诬告，（在你这儿）都行不通，你就可以说看得远了。"

【简析】

无论何时何地，官场都很复杂，没有例外，"肤受之愬"易感，而"浸润之谮"难防。"浸润"三句两次出现，谓之反复，意在强调。

12.7 子贡问政。子曰："足食，足兵，民信之矣。"

子贡曰："必不得已而去，于斯三者何先？"曰："去兵。"

子贡曰："必不得已而去，于斯二者何先？"曰："去食。自古皆有死，民无信不立。"

【题旨】

本章论民众对政府的信任，意义无比重大。

【译文】

子贡问怎样行政。孔子道："粮食充足，军备充足，民众信任政府。"

子贡又问道："如果迫不得已而去掉一项，在这三项当中先去掉哪一项？"孔子道："去掉军备。"

子贡又问道："如果迫不得已而去掉一项，在这两项当中先去掉哪一项？"孔子道："去掉粮食。自古以来都有亡国之事（但只要民众信任政府，国家就会存续）。如果民众不信任政府，那国家就完了。"

【简析】

《左传·昭公七年》："不信，民不从也。""不信"，政府不讲信誉。

12.8 棘子成[①]曰："君子质而已矣，何以文为？" 子贡[②]曰："惜乎，夫子之说君子也，驷不及舌！文犹质也，质犹文也。虎豹之鞟犹犬羊之鞟。"

【题旨】

本章为端木子语录，强调后天的学识风采很重要。

【注释】

① 棘子成：卫国大夫，所以子贡称之为"夫子"。

② 子贡：本章是子贡语录，记录者自然是子贡之弟子。原始记录称呼子贡，子贡未做官时必称"先生"，子贡做鲁国大夫时必称"夫子"，但子贡后来做了卫国上卿，按照至今未变的周礼，应该改称"端木子"。曾子门徒在编辑《论语》时，考虑到子贡在孔子死后，做了纵横家的祖师爷，没有继承孔子的衣钵，认为子贡不能再受到特别的尊敬，所以改称"子贡"。

【译文】

棘子成问道："君子只要有天生的质朴道德就行了，为什么还要有后天的学识风采呢？" 子贡（端木子）道："可惜呀！夫子这样谈论君子，而且你一言既出，驷马难追（你说的话收不回去了）！后天的学识风采如同先天的质朴道德（一样重要），先天的质朴道德如同后天的学识风采（一样重要）。如果把虎豹皮的毛和犬羊皮的毛都拔掉，那么这两种皮就差不多了。"

【简析】

孔子非常注重正确处理"文质"关系，认为"质胜文则野，文胜质则史。文质彬彬，然后君子"（《雍也篇》6.18）。子贡以皮喻"质"，以毛喻"文"，旨在说明质朴道德和学识风采同等重要。

12.9 哀公[①]问于有若[②]曰："年饥，用不足，如之何[③]？"

有若对曰："盍彻[④]乎？"

曰："二，吾犹不足，如之何其彻也？"

对曰："百姓足，君[⑤]孰与不足？百姓不足，君孰与足？"

【题旨】

本章主旨是反对鲁公加税，是有若自己记录的自己的语录，极其特殊。

【注释】

① 哀公：鲁哀公，春秋时代鲁国最后一位国君。谥号为哀。当时记录，自然不可能称"哀公"，而只会称"公"。曾子弟子编辑《论语》时，哀公已死，谥号为哀，故改之。这是文献通例。

② 有若：字子有。本章为有若自己所记录，所以自称姓名。

③ 如之何：本章、《先进篇》11.22、《卫灵公篇》15.16、《微子篇》18.7都有"如之何"，均为"如之奈何"之义。

④ 彻：税率之名，十分抽一。

⑤ 君：周朝称天王、诸侯为君，此指鲁侯。

【译文】

哀公（公）向我问道："年成不好，百姓饥馑，国家用度不够，应该怎么办？"

我答道："为什么不实行'彻'这种十分抽一的税率呢？"

哀公（公）道："十分抽二，我还不够，怎么能十分抽一呢？"

我答道："百姓富足，国君怎么会不够？百姓用度不够，国君怎么会够？"

【简析】

《孟子·滕文公上》5.3说夏商周三代农业税的税率都是十分抽一。但到春秋中晚期，统治者繁衍过度且生活奢靡，战争不断耗费巨大，多国先后提高税率，于是陷入了百姓穷，税基小，税源少，税率高的恶性循环。有若所论，是一种培养税基根本解决问题的办法。

当时鲁国还有一个特殊情况。实际控制鲁国将近两百年的“三桓”季孙氏、孟孙氏、叔孙氏，此前先后两次瓜分鲁国土地，从经济上完全掌控鲁国。鲁侯虽然只是名义上的国君，毕竟需要巨大的开销，这也是鲁哀公想提高税率的重要原因。

12.10 子张问崇德、辨惑。子曰：“主忠信，徙义，崇德也。爱之欲其生，恶之欲其死。既欲其生，又欲其死，是惑也。”（诚不以富，亦祇以异。）①

【题旨】

本章答弟子子张问。

【注释】

①“诚不”二句是《诗经·小雅·我行其野》中的诗句，与本章内容无关。宋人程颐认为是“错简”所致，其说可从。

【译文】

子张问（君子）如何提高道德水平，辨别迷惑。孔子道：“以诚信为主，但要唯义是从，这样就可以提高道德了。爱他就想让他生，厌恶他又想让他去死。既想让他生，又想让他死，这就是迷惑。”

【简析】

“主忠信，徙义”，君子讲诚信，但必须合乎道义，合乎道义的诺言才兑现，否则就不能兑现。孟子把这层意思叫作“唯义是从”。

12.11 齐景公问政于孔子①。孔子对曰："君君，臣臣，父父，子子。"公曰："善哉！信如君不君，臣不臣，父不父，子不子，虽有粟，吾得而食诸？"

【题旨】

孔子告诉齐侯，要以礼治国，而礼的核心是"君君，臣臣，父父，子子"。

【注释】

① 孔子：孔子大约于鲁昭公二十五年至鲁定公元年期间，在齐国做高昭子的家臣，不仅没有担任齐国公卿，恐怕连下大夫都不是（高昭子的总管即家臣之长才是下大夫，而孔子只是普通家臣），实际上没有官职，弟子不可以尊称他为"某子"，甚至不可以尊称他为"夫子"（包括公卿在内，所有大夫均可笼统尊称夫子），只可能尊称为"先生"。曾子的门徒在编辑《论语》时，考虑到孔子早已做过鲁国公卿，而且尊称"先生"后人不知是谁，所以改称"孔子"。根据后来的政治身份称呼先前的官员，这是古今文献的通例。

【译文】

齐景公向孔子（先生）问治国之道。孔子（先生）答道："国君要像国君，臣下要像臣下，父亲要像父亲，儿子要像儿子。"景公道："对呀！如果真的君不像君，臣不像臣，父不像父，子不像子，即使有粮食，我能吃得着吗？"

【简析】

中国最晚从周初开始实行宗法制，天子、诸侯、卿大夫之间往往具有伦理和政治双重关系：父亲是君，儿子是臣；或宗子是君，余子是臣。贵族君臣父子兄弟各归其位，则政治秩序井然，国家安宁，百姓就可以休养生息了。

孔子教齐景公治国之道，但齐景公因为贪恋国君的奢华生活，所以答话极其粗鄙。

《左传》记载，鲁昭公于昭公二十五年至三十二年期间，被驱逐至齐国做寓公，最后客死齐国。我推测，孔子到齐国，给高昭子做家臣的时间，与昭公行程大体相当。《孔子世家》推测本章对话发生在鲁昭公二十五年，当时孔子三十四五岁，刚刚来到齐国。这番谈话未必发生在昭公二十五年，但说它发生在孔子滞留齐国期间，则完全没有问题。

12.12 子曰："片言[①]可以折狱者，其由也与？"

子路无宿诺。

【题旨】

本章称赞子路。

【注释】

① 片言：打官司，原告、被告都要拿出自己的说辞来，古代叫"片言"，也叫"单辞"。长官审理案件时，原告被告双方的"片言"都要听，还要双方质证清楚，方可"折狱"即判决案件。

【译文】

孔子道："仅仅根据诉讼双方某一方的说辞就断案（而不出错）的，大概只有（仲）由吧？"

子路从不拖延兑现诺言。

【简析】

弟子仲由（字子路）为人诚实，性情直爽，大概他当官断案时，人家不忍心骗他，于是"片言"实话实说。仲由便只根据诉讼双方中某一方的"片言"断案。

“子路无宿诺”一句，似为另章，但也是说子路诚实守信，原简记录者便将两事记于一简。或原为两简，《论语》编辑者将两简合并之。

12.13 子曰：“听讼，吾犹人也。必也使无讼乎！”

【题旨】

本章孔子谈论自己的执法理念。

【译文】

孔子道：“审案决狱，我与别人差不多。（我的不同之处是）一定要消除诉讼产生的根源。”

【简析】

孔子当过鲁国的司寇，要听讼断狱审案子，而审案子无非是弄清案情，分辨是非，然后根据法律作出判决，古今中外莫不如此。所以孔子说，在这一点上，我和别人差不多。

诉讼大多因为利益纠纷，而发生纠纷则与民众活得好不好、民风是否淳朴、民众是否讲理等密切相关。孔子当大法官，不仅考虑案件本身的是非曲直，更考虑这些案件产生的根本原因，力图消除其产生的根源。这就是一般的法官难以企及的，只有真正的政治家才能想到。

《子张篇》19.19记载，曾参有个名叫阳肤的弟子要去当法官，曾参叮嘱他说：“上失其道，民散久矣。如得其情，则哀矜而勿喜。”曾子的法制思想和政治思想与孔子相通。

12.14 子张问政。子曰：“居之无倦，行之以忠。”

【译文】

子张问怎样行政。孔子道：“在官位上不要倦怠，执行政令要忠诚。”

【简析】

孔子教导官员行政，总是告诫大官“政者，正也”（《颜渊篇》12.17），要他们为人正派，公平公正；告诫小官勤勉，如要子张“无倦”，子路“无倦”（《子路篇》13.1）。大官行政的主要任务，一是制定政策，二是用人，一般不做具体工作，所以正派与否至关重要；小官要做具体工作，所以勤勉与否至关重要。孔子自己就是官员，又终身研究治理天下的学问，他办学就是为了培养官员，所以他的相关论述，的确有理，并非一般书生的向壁虚构。

12.15 子曰：“博学于文，约之以礼，亦可以弗畔矣夫！”

【简析】

本章已见《雍也篇》6.27。这说明，孔子讲这番话时，弟子们各有所记，曾子的门徒编辑《论语》时，又因其重要而均收录之。《子罕篇》9.11颜回感叹：“夫子循循然善诱人，博我以文，约我以礼，欲罢不能。”可与孔子“博文约礼”说互证。

12.16 子曰：“君子①成人之美，不成②人之恶。小人③反是。”

【题旨】

本章辨析君子小人。

【注释】

① 君子：此指仁德君子，即地位高道德水平也高的贵族及其子弟，但不包括“君子而不仁”者（《宪问篇》14.6），即只是经济地位政治地位高，而道德水平不高的贵族及其子弟。

② 成：促成人家的坏事也叫“成”。《左传·桓公二年》中记载，宋太宰华父督杀害大臣，而且弑君，诸侯于是“会于稷，以成宋乱”。“成宋乱”，即促成宋国之大乱，此即“成人之恶”。

③ 小人：本指在大夫手下打杂的小吏，政治地位经济地位道德水平人生期许均与平民无异，故孔子常把“使民”“使小人”混用。

【译文】

孔子说：“仁德君子成全别人的好事，而不促成别人的坏事。小人与此相反。”

【简析】

从传世文献来看，周代君子辨析君子小人的语录非常多，他们普遍认为“小人”经济地位政治地位道德水平都很低，故“未有小人而仁者也”(《宪问篇》14.6)。

12.17 季康子[①]问政于孔子。孔子对[②]曰：“政[③]者，正也。子[④]帅以正，孰敢不正？”

【题旨】

本章告诫鲁国上卿季康子，要为人端正公正。

【注释】

① 季康子：季孙肥，鲁哀公三年嗣位为上卿，掌控鲁国实权。“康”是其谥号，当时应记作“季子”，谥号是《论语》编辑者加上去的。鲁国历史上有许多“季子”，不加谥号，后人就不知道是谁。

② 对：下回答上（子回答父，生回答师，下级回答上级），均谓之对。孔子曾经是鲁国公卿，现在是国老，但是季康子是上卿，政治地位比孔子高，故答话称“对”。

③ 政：含义很复杂，主要意思的确如孔子所言，是公正的意思，还有治理天下国家的文献（各种各样的典章制度）的意思。

④ 子：西周本指诸侯，春秋时代兼指华夏大国的公卿，遂有尊敬之意，

所以译作“您”（参阅《学而篇》1.1）。

【译文】

季康子（季子）向孔子问如何治理国政。孔子答道：“‘政’，是端正公正的意思。您自己带头端正公正，谁敢不端正公正？”

【简析】

12.17—12.19都记录季康子与孔子讨论治国之事。

孔子之意是，季氏身为上卿，百官之长，要发挥表率示范作用，使官场风清气正，贵族风气好。如此则民风好转，国家也好治理了。《左传·桓公二年》有“政以正民”之语，可为本章注解。

12.18 季康子患盗，问于孔子。孔子对曰：“苟子之不欲，虽赏之，不窃。”

【题旨】

本章告诫季康子，不要贪得无厌。

【译文】

季康子苦于盗贼太多，问计于孔子。孔子答道：“如果您不贪图钱财，即使奖赏他们，他们也不会盗窃。”

【简析】

季康子本请孔子出计防盗以保全财产，而孔子却教他莫贪不义之财。当个清廉的官员，家里没什么东西可偷，自然不用提防盗贼。

12.19 季康子问政于孔子，曰：“如杀无道①，以就②有道，何如？”孔子对曰：“子为政，焉用杀？子欲善而民善矣。君子之德，风；

小人之德，草。草上之风，必偃。”

【题旨】

本章告诫季康子，不可滥杀无辜，只需带头端正自己，进而端正政风，民风自然会好转。

【注释】

① 无道：无道之人。有道：有道之人。中心词均被省略了。

② 就：接近，靠近，亲近。这种古义，如今湖北等省还有保存。

【译文】

季康子向孔子请教国政，说：“如果杀掉坏人，亲近好人，怎么样？”孔子答道：“您治国，为什么要杀人？您想行善，那么民众就会向善了。君子的品德，就像风；民众的品德，好像草。风向哪边吹，草向哪边倒。”

【简析】

周朝君子普遍认为，君子风清气正，民风自然会好。而君子是否风清气正，又由国君和上卿决定。《尚书·君陈篇》：“尔惟风，下民惟草。”说明孔子这一思想渊源有自。

12.20 子张问：“士[①]何如斯可谓之达矣？”子曰：“何哉，尔所谓达者？”子张对曰：“在邦必闻，在家必闻。”子曰：“是闻也，非达也。夫达也者，质直而好义，察言而观色，虑以下人。在邦必达，在家必达。夫闻也者，色[②]取仁而行违，居之不疑。在邦必闻，在家必闻。”

【题旨】

本章辨析“闻”“达”。

【注释】

① 士：含义很复杂，举凡大夫以下的贵族、尚未做官的贵族子弟，均可称“士”；周天王的臣属，称“卿士”，级别与诸侯相当；诸侯的公卿大夫，也可称士。本章所谓“士”，可以“在邦”做大臣，“在家（卿大夫的家族）”做家臣，则指尚未做官的贵族子弟，读书人。春秋末期，周天王衰弱无比，读书人已经不可能也不需要做王臣了。所以孔子师徒讨论问题，直接将王臣排除在外。

② 色：脸色，表面。

【译文】

子张问道：“读书人怎样做，才可以叫作‘达’？”孔子道：“你所说的‘达’，是什么意思？”子张答道：“做大臣一定有名望，做家臣一定有名望。”孔子道：“这个叫作‘闻’，不是‘达’。所谓‘达’，品质正直而喜好道义，善于对别人察言观色，心里愿意礼让别人。这种人，做大臣必定事事行得通，做家臣也必定事事行得通。所谓‘闻’，表面上喜欢仁道而行动上却违反仁道，却以仁人自居而毫不怀疑。这种人，当大臣必定有名望，当家臣也必定有名望。”

【简析】

本章记录孔子与弟子子张（颛孙师）讨论“达”与“闻”的问题。“达”是真行仁道，所以事事行得通。“闻”是假行仁道，所以只能博取声望。汉末诸葛亮《出师表》“闻达”并称，则已别出新意。

本章“在邦”“在家”，与《颜渊篇》12.2一样，“在邦”指给诸侯当大臣，“在家”指给公卿当家臣。《仲尼弟子列传》直接简化为“在邦及家必达”，“在邦及家必闻”。

12.21 樊迟从游于舞雩[①]之下，曰：“敢问崇德，修慝，辨惑。”子曰：“善哉问！先事后得，非崇德与？攻其[②]恶，无攻人之恶，非修慝与？一朝之忿，忘其身，以及其亲[③]，非惑与？”

【注释】

① 舞雩:《先进篇》11.26即已出现，古代祭神祈雨之土台。据《水经注》，该台在今山东曲阜之南。

② 其：此处与“人”（他人）相对而言，则指代自己。

③ 亲：父母。

【译文】

樊迟陪侍孔子在舞雩台下闲游，说：“请问怎样提高自己的品德，怎样消除别人的怨恨，怎样辨别哪些事是糊涂事。”孔子道：“问得好！先做好事情而后有所得，不是提高道德了吗？批评自己的坏处，不批评别人的坏处，不就消除别人对你的怨恨了吗？忍不住一时的愤怒，以致舍生忘死，连累父母，不是很糊涂吗？”

【简析】

在《里仁篇》4.2、《礼记·礼运》（孔子答弟子言偃问）等文献里，孔子都把“仁人”分为“仁者安仁，知（智）者利仁”，有罪者“强仁”（不情不愿，勉勉强强实行仁政）三种人。第一种仁人“安人”就是目的，不是获利的手段，他们才是真正的纯粹的仁人，代表性人物就是尧舜。第二种仁人“安人”只是获利的手段，他们很聪明智慧，明白只有实行仁政，自己和子孙才能获得巨大而且长远的利益，所以也非常认真地实行仁政，代表性人物就是禹汤文武成王周公，孔子经常称他们是“六君子”。第三种仁人，都是有罪之人，他们本想独吞天下，占尽所有的利益，因为吃了亏，才明白做不到，这才勉勉强强实行仁政。不过，客观上对天下也有好处，孔子对他们评价也不低，代表性人物就是春秋霸主。

本章只要求樊迟“先事后得”，《雍也篇》6.22也只要求樊迟“先难而后获”，孔子可能认为樊迟只是“知（智）者”。当下民间把“仁者”叫“厚道人”，把“智者”叫“聪明人”，见解与孔子完全一致。

“攻其恶，无攻人之恶”，《公冶长篇》5.23说“伯夷、叔齐，不念旧恶，恕是用希”，《卫灵公篇》15.15又说“躬自厚（责）而薄责于人，则远怨矣”，可见孔子一向认为，君子对别人多用“恕”道，就“远怨”了。

12.22 樊迟问仁。子曰：“爱人①。”问知②。子曰：“知人。”

樊迟未达。子曰：“举直错③诸枉，能使枉者直。”

樊迟退，见子夏曰：“乡④也吾见于夫子而问知，子曰‘举直错诸枉，能使枉者直’，何谓也？”

子夏曰：“富哉言乎！舜有天下，选于众⑤，举皋陶，不仁者远矣。汤有天下，选于众，举伊尹，不仁者远矣。”

【题旨】

本章谈“仁”与“知（智）”，重点在“知”。

【注释】

① 人：用其狭义，指官员，不包括平民百姓。下文子夏举例，也可证明“人”的含义。

② 知：同“智”。

③ 错：同“措”，置也。

④ 乡（鄉）：同“向（嚮）”。

⑤ 众：《论语》大多指平民百姓，但本章则用其“许多人”之意。

【译文】

樊迟问仁。孔子道：“爱护官员。”又问智。孔子道：“认识官员，了解官员。”

樊迟不明白（什么叫“知人”）。孔子道：“提拔正直者使之位居邪曲者之上，能使邪曲小人变得正直起来。”

樊迟退了出来，见到子夏，说：“刚才我去见老师，问他怎样做才算聪明智慧，他说‘把正直者提拔起来使之位居邪曲小人之上，可使邪曲小人变得正直起来’，这是什么意思啊？”

子夏道：“（老师）这话含义多么丰富啊！舜帝有了天下，在众人中选拔仁人，把皋陶提拔起来，不仁不义的邪曲小人就只有远去了。商汤有了天下，在众人中选拔仁人，把伊尹提拔起来，不仁不义的邪曲小人就只有远去了。”

【简析】

直者、枉者都是上等人。孔子用“举直”解释“知人”，子夏用舜举皋陶、汤举伊尹的案例具体解释“举直”，思路十分清晰。

本章是子夏语录，记录者是子夏的门徒。孔子与樊迟的对话，自然是樊迟转告子夏的。本章原始记录必然不称“子夏”，而应称“先生”（子夏未做官时）“夫子”（孔子在世时，子夏做鲁国乡邑大夫），但不可能称“卜子”（孔子死后，子夏才做魏国公卿）。曾子的门徒在编辑《论语》时，改称“子夏”。按照中国至今都未改变的政治传统，应该按照子夏最大的官职，改称“卜子”。因为子夏做了法家的祖师爷，曾子一派人就认为，子夏至少部分背叛了孔子，所以不能继续受到特别的尊敬而称“卜子”。编辑这么一改，客观上形成了子夏弟子称自己老师的表字“子夏”，对老师不够尊敬的情况。这类案例，《论语》中很多。

12.23 子贡问友。子曰：“忠告而善道之，不可则止，毋自辱焉。”

【题旨】

孔子论交友之道。

【译文】

子贡问交友之道。孔子道：“真心地劝告他，好好地引导他，不听就算了，不要（没完没了）自取其辱。”

【简析】

《里仁篇》4.26："事君（指诸侯）数，斯辱矣；朋友数，斯疏矣。"对待诸侯和朋友，如果太烦琐，就会被疏远，并招致侮辱。可与本章互证。

12.24 曾子曰："君子以文①会友，以友辅仁。"

【题旨】

本章为曾子语录，论交友之道。记录者是曾参的门徒。

【注释】

① 文：古代文献，故可转指学问。

【译文】

曾子说："君子以文章学问来聚会朋友，借助朋友的帮助培养自己的仁德。"

【简析】

孔门讲究交友之道，主张"事其大夫之贤者，友其士之仁者"（《卫灵公篇》15.10），"无友（仁德）不如己者"（《学而篇》1.8，《子罕篇》9.25），因为仁德君子可以影响我们，培养我们的道德，最终会使我们也成为仁德君子。

子路篇第十三

共三十章

13.1 子路问政，子曰："先之[1]，劳之。"请益，曰："无倦。"

【题旨】

本章教导子路行政。

【注释】

① 之：本章两个"之"字都指民众。

【译文】

子路问如何行政，孔子道："自己给百姓带头做正派人，然后才能让百姓劳作。"子路请孔子多讲些，孔子道："做官不要倦怠。"

【简析】

孔子总是教导大官为人正派，小官工作勤勉。孔子教鲁国上卿季康子"政者，正也。子帅以正，孰敢不正？"（《颜渊篇》12.17）；教季康子家臣子路"无倦"，子张"居之无倦"（《颜渊篇》12.14）。

13.2 仲弓为季氏宰[1]，问政。子曰："先有司，赦小过，举贤才。"

曰："焉知贤才而举之？"子曰："举尔所知。尔所不知，人其舍诸？"

【题旨】

本章教导仲弓如何行政。

【注释】

① 季氏：具体应指季康子，《左传》记载，他在鲁哀公三年嗣位为鲁国上卿，实际掌控鲁国。宰：总管，天王、诸侯、公卿的臣属之长，均可称"宰"。春秋时代，华夏大国上卿的总管，一般也是朝廷的大夫。上卿有庞大的采邑，有许多的属大夫，权力很大，子路在做季康子的总管时，甚至准备直接提拔自己的同学高柴做县长（《先进篇》11.25）。所以做上卿的总管，管理上卿家族的事务，也是行政。

【译文】

仲弓当了季康子家族的总管，问孔子如何行政。孔子道："（做什么事都要）在有关人员做之前做，赦免人家的小过错，提拔贤才。"

仲弓问道："怎么知道谁是贤才因而提拔他呢？"孔子道："提拔你所了解的贤才。你不了解的人，别人难道会舍弃他吗？"

【简析】

本章亦论中下级官员如何行政。子路原来也当过季康子的总管，大约在鲁哀公十四年或十五年，子路到卫国当了卫国上卿孔悝的总管。或许就在此后，弟子仲弓（冉雍）当了季康子的总管。"先有司"三句，只是告诉仲弓如何对待自己的管理团队，不涉及其他人和事。

13.3 子路曰："卫君[①]待子而为政，子将奚先？"

子曰："必也正名[②]乎！"

子路曰："有是哉，子之迂也！奚其正？"

子曰："野哉，由也！君子于其所不知，盖阙如也。名不正，则言[③]不顺；言不顺，则事不成；事不成，则礼乐不兴；礼乐不兴，则刑罚不中；刑罚不中，则民无所错[④]手足。故君子名之必可言也，言之必可行也。君子于其言，无所苟而已矣。"

【题旨】

本章主旨是为政之道，必先"名正言顺"。

【注释】

① 卫君：特指卫出公辄。卫灵公夫人南子不守妇道，搅乱朝纲，世子蒯聩杀南子未果，遂逃离卫国，但其世子储君身份始终保留。灵公卒，卫立蒯聩之嫡长子辄为君，是谓出公。辄不让其父，于是父子多年争夺君位。子路于鲁哀公十五年（卫出公十三年，卫庄公元年）到卫国，做了上卿孔悝的总管。孔子大约也在此后不久来到卫国，所谓"卫君待子而为政"，大约就在此时。子路认为，老师居然还要为当了十几年国君的卫出公"正名"，简直太"迂"了。但孔子却认为，卫灵公去世，按照礼制，应由储君蒯聩继位，而卫国直接立蒯聩之子辄为君，这违反了礼制；辄不礼让父亲，也违反了礼制。师徒争论便由此而来。

② 正名：使其名分正，即获得合法性。

③ 言：此当指发号施令，与储君守丧期间"三年不言"的"言"含义相同，并非指一般的说话。

④ 错：同"措"。

【译文】

子路道："卫君等着您去治理国政，您将先做什么？"

孔子道："那一定要为卫君正名吧！"

子路道："您竟迂腐到如此地步吗？（国君就是国君）有什么名分需要正的？"

孔子道："由啊，你如此粗鄙不明白事理！君子对他所不懂的，大概采取保留态度（而不会不懂装懂）。（国君的）名分如果不合礼法，那么发号施令就不顺畅；发号施令不顺畅，那么国事就办不成；国事办不成，那么礼乐教化就办不起来；礼乐教化办不起来，那么刑罚就不会得当；刑罚不得当，那么民众就会手足无措。所以君子依靠名分必定是能顺顺当当发号施令的，国君的号令必定是可以实行的。君子对自己说的话，要一点都不马虎才行。"

【简析】

"名正"，名分符合礼法。《左传·成公二年》引孔子语："'唯器与名，不可以假人'，君之所司也……若以假人，与人政也。"《庄公十八年》："王命诸侯，名位不同，礼亦异数，不可以礼假人。"《昭公三十二年》："慎器与名，不可以假人。"可见君子的名分、礼器均不可以假借他人，否则就会搅乱朝纲。卫君辄越过健在的亲生父亲直接继位，而且不愿意礼让父亲，他的国君名分的确不正，的确不符合礼制礼法。

"言顺"，发号施令具有合法性。按照周礼，嫡长子继位，无嫡立长；太子死，方可立太孙，如此则"顺"，反之则"逆"。卫君嗣位既然不正，其号令卫国自然也不可能顺。

在孔子所有弟子中，只有子路敢于直接顶撞老师。子路为人憨直，对老师无比感佩，所以经常直接顶撞老师。孔子虽然经常骂子路，其实是很喜欢子路的。

13.4 樊迟请学稼，子曰："吾不如老农。"请学为圃，曰："吾不如老圃。"

樊迟出[①]。子曰："小人哉，樊须[②]也！上[③]好礼，则民莫敢不敬；上好义，则民莫敢不服；上好信，则民莫敢不用情。夫如是，则四方之民襁负其子而至矣，焉用稼？"

【题旨】

本章骂樊迟忘记了君子的职责本分。

【注释】

① 出：樊迟"入室"向老师请教完毕，从老师所在的"室"里退出来，回到"堂"上。

② 樊迟，名须，字子迟。孔子对外人介绍弟子，称姓名；在帐下称弟子，称名而不称姓名。帐下称弟子姓名，颇有拒人于千里之外的意思，表示孔子非常恼火。这种社会心理和语言习惯，至今未变。

③ 上：上等人，贵族及其子弟，其终身任务是治国平天下，而种田、加工手工业品、经商，都是"小人"，即平民百姓的事情。

【译文】

樊迟请求学种庄稼，孔子道："我不如稻农。"又请求学种蔬菜，孔子道："我不如菜农。"

樊迟退出。孔子道："樊须真是个小人！君子讲究礼制，平民就不敢不恭敬；君子讲究道义，平民就不敢不服从；君子讲究诚信，平民就不敢不说实话。像这样，那么四方的平民百姓就都会背负着小孩来投奔了，为什么要自己种庄稼呢？"

【简析】

周代君子认为，君子有君子的事，小人有小人的事，应各司其职。孔子说"君子不器"（《为政篇》2.12），"君子谋道不谋食。耕也，馁在其中矣；学也，禄在其中矣。君子忧道不忧贫"（《卫灵公篇》15.32）。孟子也说："有大人之事，有小人之事……或劳心，或劳力；劳心者治人，劳力者治于人；治于人者食人，治人者食于人，天下之通义也。"（《孟子·滕文公上》5.4）可见周人认为，君子"谋道"不"谋食"。近代学者经常因为本章而斥责孔子轻视劳动和劳动人民，真是冤枉。今天的市长每天扫大街，当网红，不做市长的事情，能行吗？孔子只是强调，君子小人各尽其责而已。

13.5 子曰："诵《诗》三百，授之以政，不达；使于四方，不能专对。虽多，亦奚以为？"

【题旨】

本章以学习《诗经》为例，论士人读书当学以致用。

【译文】

孔子说："熟读《诗经》三百篇，交给他治理国家的政务，却办不通；叫他出使外国，又不能独立地谈判应酬。（这种人）即使书读得再多，又有什么用呢？"

【简析】

《诗经》内容丰富，对内政外交都有参考作用。春秋时代，外交场合无一例外，都要赋诗言志，《左传》所记诸侯卿大夫借助《诗经》处理内政外交事务的例子，比比皆是。本章只是以《诗经》为例，说明读书人要学以致用而已，并非表示读书人只需学习《诗经》。

读书要学以致用，有道理。但是不能强调过分，不能片面强调都要立即有用。无用之书，常常才有大用，这一点是中国文化传统非常缺乏的。

13.6 子曰："其身正，不令而行；其身不正，虽令不从。"

【题旨】

本章要求大官为人正派。

【译文】

孔子说："（当权者）他本身行为正当符合礼制，不发命令事情也行得通；

他本身行为不当不合礼制，即使发布命令民众也不会听从。”

【简析】

“正”，合乎礼制。《左传·隐公十年》：“君子谓郑庄公于是乎可谓正矣，以王命讨不庭，不贪其土，以劳王爵，正之体也。”郑庄公用周平王之命“讨不庭”，名正言顺。《颜渊篇》12.17，孔子曾对鲁国正卿季康子说：“政者，正也，子帅以正，孰敢不正？”《子路篇》13.13：“苟正其身矣，于从政乎何有？不能正其身，如正人何？”孔子总是要求大官（诸侯、执政上卿）“正”，为人为官都要正派，符合礼制；总是要求小官工作勤勉，因此本章应是对大官的要求。

13.7 子曰：“鲁卫之政，兄弟也。”

【题旨】

本章称赞鲁卫两国政治不错。

【译文】

孔子说：“鲁国卫国的政治，像兄弟一样差不多。”

【简析】

孔子这番话大意有三：一、周家称同姓之国为兄弟，如《左传·成公二年》：“晋与鲁、卫，兄弟也。”鲁为周公之国，卫为康叔之国，二人均为周武王母弟，周朝历史上两国关系一直很好。二、谓鲁卫两国的政治很接近。鲁卫均谨守周礼，又多仁德君子，所以孔子有此评价。三、谓鲁卫两国的政治都很接近仁政。孔子说：“齐一变，至于鲁。鲁一变，至于道。”（《雍也篇》6.24）“道”，仁道仁政。孔子认为，鲁国的政治离真正的仁政不远。本章又说鲁卫两国的政治差不多，那么鲁卫两国的政治应该都非常接近仁政。当然这只是孔子的判断，是否符合历史事实，又当别论。

司马迁《孔子世家》说，孔子说这番话，是在卫出公四年（鲁哀公六年）孔子返卫之后，不知何据。

13.8 子谓[①]卫公子荆[②]：“善居室。始有，曰：‘苟合矣。’少有，曰：‘苟完矣。’富有，曰：‘苟美矣。’”

【题旨】

本章称赞卫国公卿公子荆非常廉洁，不贪财。

【注释】

① 谓：评价之意。“子谓某某”，后无“曰”字，“谓”都是评价的意思。

② 公子荆：卫国公子，朝廷公卿。华夏大国诸侯均可称“公”“侯”，其嫡长子一般嗣位为君，余子均可尊称“公子”，孙子均可尊称“公孙”。“公孙”后来成为姓氏，战国秦汉唐宋直至如今均有复姓“公孙”者。

【译文】

孔子谈到卫国的公子荆，说：“他善于居家过日子。家里刚有点东西，就说：‘差不多够了。’稍微增加一点，就说：‘差不多完备了。’多有一点，就说：‘差不多富丽堂皇了。’”

【简析】

《左传·襄公二十九年》记载，卫国六位公卿蘧瑗（字伯玉）、史狗（史朝之子文子）、史鳍（字子鱼）、公子荆、公叔发（公叔文子）、公子朝（此为“卫公子朝”，“宋公子朝”亦称“宋朝”则为宋国公子），均为仁德君子。《论语》中孔子称赞了卫国的四位仁德君子：本章称赞公子荆，《宪问篇》14.13、14.18称赞公叔文子，14.25称赞蘧伯玉，《卫灵公篇》15.7称赞史鳍。

春秋时代，很多公卿大夫都削弱公室，攫取财富，生活奢靡，如齐国的管仲（《八佾篇》3.22），鲁国的季康子（《颜渊篇》12.18），晋国的赵文子、韩宣子、魏献子（《左传·襄公二十九年》）。本章盛赞公子荆居家节俭，清正廉洁，孔子应为有感而发。

13.9 子适卫[①]，冉有仆[②]。子曰："庶矣哉！"

冉有曰："既庶矣，又何加焉？"曰："富之。"

曰："既富矣，又何加焉？"曰："教之。"

【题旨】

本章孔子谈论应该如何治理卫国。

【注释】

① 卫：古人国名和首都名不分，以情理而论，此当指卫国首都帝丘。古代除了首都等大城市人口较多以外，其他地方人口都不多。

② 仆：驾驭马车。

【译文】

孔子到了卫国，冉有为他驾车。孔子道："（帝丘）好稠密的人口！"

冉有问道："人口已经很多了，再怎么办呢？"孔子道："让他们富裕起来。"

冉有又问道："已经富裕了，再怎么办呢？"孔子道："教育他们。"

【简析】

据《孔子世家》，孔子"自楚返乎卫"，在卫出公四年（鲁哀公六年），孔子大约六十三岁时。当时孔子有很多学生在卫国做官，冉求（字子有）当时或许也在卫国做官，所以老师"自楚返乎卫"，冉求便为老师驾车。

古今治国无非是富民、教民、保民，尤以富民为先。本章孔子谈治国，就是要"先富后教"。

13.10 子曰："苟有用我者，期月[①]而已可也，三年有成[②]。"

【题旨】

孔子感叹没有诸侯用自己。

【注释】

① 期（jī）月：一年。

② 三年有成：周代治国以治军为龙头，从而带动整个国家的治理，通常以三年为期。国家每年都要利用农闲时间，把贵族（军官）和民众（士兵）集中到首都郊外，训练打仗，通常以三年为一个训练周期。训练三年，国家和军队的贵贱少长都理顺了，能够令行禁止了，就说明可以打仗了，国家和军队都治理好了，即所谓"有成"。《左传·隐公五年》，臧僖伯曾经总结这一礼制："三年而治兵，入而振旅，归而饮至，以数军实，昭文章，明贵贱，辨等列，顺少长，习威仪也。"这番话正好作本章的注脚。

【译文】

孔子说："假如有诸侯用我，（让我主持国政）一年便可以了，三年就会把国家治好。"

【简析】

《孔子世家》记载，卫灵公"怠于政，不用孔子"，所以孔子有此感叹。

13.11 子曰："'善人[①]为邦百年，亦可以胜残去杀矣。'[②]诚哉是言也！"

【题旨】

本章表示不应滥用杀戮之刑。

【注释】

① 孔子很少用“善人”的概念，只有《述而篇》7.26、《先进篇》11.20、《子路篇》13.29、《尧曰篇》20.1及本章使用，除《尧曰篇》20.1外，均与“圣人”的概念相当。

② 从本章语气来看，“善人”两句话应为古语或当时俗语，出处无考。

【译文】

孔子说：“‘善人治国百年，也就可以战胜残暴之人，使之不再为恶，因此就可以免除杀戮之刑了。’这话说得很对呀！”

【简析】

孔子不主张治国者轻用杀戮之刑，他对季康子说：“子为政，焉用杀？子欲善而民善矣。”（《颜渊篇》12.19）认为治国者自己带头向善，影响所及，民众自然就会向善，因此民众善心生，残暴之人就很少，甚至不再为恶，国家也就可以免用杀戮之刑了。《左传·襄公二十六年》：“善为国者，赏不僭而刑不滥。”“胜残去杀”，就是“刑不滥”的意思。

古今治理国家，一般都使用四种方法，按照强制性由弱到强，依次为德治、礼治、政治、刑治（法治）。孔子一向主张以德治为主，慎用刑法。

13.12 子曰：“如有王者，必世[①]而后仁。”

【题旨】

本章论治理天下之难。

【注释】

① 世：三十年。

【译文】

孔子说："假如有圣王出现，一定要经历三十年才能真正实行仁政。"

【简析】

周人心中的"王者"，是尧舜禹汤文武成王周公这样的圣人。孔子说"求仁得仁"，"我欲仁，斯仁至矣"，是指自己当仁人。自己当仁人，只要真心实意，比较容易。而要行仁政，治国家，定天下，富苍生，则要困难得多，需要的时间也长得多。

13.13 子曰："苟正其身矣，于从政乎何有①？不能正其身，如正人何？"

【题旨】

本章论君子先端正自己，然后才可端正他人，治理国家。

【注释】

① 何有：春秋时代俗语，不难之词。

【译文】

孔子说："如果端正了自己，治理国政有什么困难呢？如果不能端正自己，怎么去端正别人呢？"

【简析】

孔子对小官，一般只要求他们勤勉工作；对诸侯、上卿这类大官，才要求他们先正己，再正人。可见本章是对大官讲的，可与《颜渊篇》12.17、《子路篇》13.6合读。

13.14 冉子[①]退朝。子曰："何晏也？"对曰："有政。"子曰："其事也。如有政，虽不吾以，吾其与闻之。"

【题旨】

本章辨析国家政务、事务。

【注释】

① 冉子：尊称冉求（字子有）。孔门只有冉求之门徒才会尊称"冉子"，所以本章记录者自然是冉求的门徒。

【译文】

老师退朝。祖师道："怎么晚了啊？"老师回答道："有政务。"祖师道："那只是事务罢了。如有政务，虽然不用我了，我也会知道的。"

【简析】

"政"指国家大政，"事"指具体事务，通称"政事"。孔子曾为公卿，虽已辞职，尚为"国老"，国有大事自会事先咨询。此礼古今皆然。《左传·哀公十一年》，冉求为季康子"宰"，并统领过鲁军左师（当副统帅），可知他同时也是国家大臣，因此要上朝。

本章和《雍也篇》6.4均尊称冉求为"冉子"，说明两章均为冉有之门徒所记录。今之学者常将"冉子"译为"冉有"，误，冉求门徒不可能称老师之字。

13.15 定公[①]问："'一言而可以兴邦'，有诸[②]？"

孔子[③]对曰："言不可以若是其几也。人之言曰：'为君[④]难，为臣不易。'如知为君之难也，不几乎'一言而兴邦'乎？"

曰："'一言而丧邦'，有诸？"

孔子对曰："言不可以若是其几也。人之言曰：'予无乐乎为君，唯其言而莫予违也。'如其善而莫之违也，不亦善乎？如不善而莫之违也，不几乎'一言而丧邦'乎？"

【题旨】

本章论国君应该慎言，而且慎用权力。

【注释】

① 定公：鲁定公。"定"是谥，原始记录应称"公"。

② 诸："之乎"的合音字。

③ 孔子：鲁定公必然在朝廷问孔子，朝廷上至少有几位公卿，均可尊称为"某子"，为了指代明确，随侍弟子老老实实将老师记作"孔子"，而不能记作"子"。传世文献，只要记录孔子与诸侯对话，均记作孔子，就是这个道理。据《左传·定公十年》，孔子做过鲁定公的公卿。

④ 君：周代本指天王、诸侯。春秋中晚期，天王几乎完全丧失了政治地位经济地位，所以文献往往仅仅指诸侯。

【译文】

鲁定公问："（人们常说）'一句话就可以让国家兴盛'，有这回事吗？"

孔子答道："说话不可以像这样简单。君子们常说：'做国君很难，做臣下不易。'如果知道做国君的艰难，（国君就不会随便说话）不就近乎于'一句话就让国家兴盛起来'吗？"

定公又问："（人们常说）'一句话而丧失国家'，有这回事吗？"

孔子答道："说话不可以这样简单。诸侯们常说：'我做国君没什么乐趣，只是我说了话没人敢违抗我。'如果说话正确而没人违抗，不也很好吗？如果说话不正确而没人敢违抗，不是接近于'一句话就会使国家丧亡'吗？"

【简析】

"一言兴邦""一言丧邦"，应是周代君子俗语。《春秋》一字一句均有讲究。外交场合，的确常常是“一言兴邦”“一言丧邦”，《左传》中有许多这样的案例。例如，郑国竟然未经霸主晋国同意而入侵陈国。晋人质问，郑人回答“辞顺”，晋人便接受了这一事实，没有惩罚郑国。孔子评论此事说：“晋为伯（霸主），郑入（入侵）陈，非文辞不为功。慎辞哉！”（《左传·襄公二十五年》）鲁定公可能觉得这样的话说得太过头，所以问孔子。孔子答话的核心意思，不是泛泛地说注意言辞，而是劝鲁定公敬畏权力，慎用权力，说话谨慎。如果国君用权正确，可能“一言兴邦”；如果滥用权力，则可能“一言丧邦”。

13.16 叶公①问政。子曰：“近者说②，远者来。”

【题旨】

本章告诉楚国叶公如何行政。

【注释】

① 叶公：“叶”是楚国的县，春秋中晚期，楚君既然僭称“王”，故县长均称“公”或“尹”。“叶公”即叶县公沈诸梁，字子高，楚庄王之后，《述而篇》7.19、《子路篇》13.18和《左传·定公四年》《哀公十六年》《国语·楚语下》第九章均记载其事迹。

② 说：同“悦”。

【译文】

叶公问政治。孔子道：“让境内的人高兴，让境外的人来归顺。”

【简析】

孔子一向主张“远人不服，则修文德以来之”（《季氏篇》16.1），文德教化施于自己的臣民，则臣民喜悦，仁声远播，故“远者”羡慕王化而来归顺。

叶县的土地人民与中等国家无异，叶公又是贤者和楚国王室成员，所以孔子对他的要求与对国君的要求并无不同，比对鲁国正卿季康子的要求都高（《颜渊篇》12.17）。所谓“近者说（悦），远者来”，实际上就是实行王道仁政。孔子去世后，子贡说：“夫子之得邦家者，所谓立之斯立，道之斯行，绥之斯来，动之斯和。”（《子张篇》19.25）就是“近者悦，远者来”。

13.17　子夏为莒父宰①，问政。子曰：“无欲速，无见小利。欲速，则不达；见小利，则大事不成。”

【题旨】

本章教导弟子子夏，治理地方，要从长计议。

【注释】

① 莒父宰：鲁国莒父县长。宰：天王、诸侯、公卿的总管称宰，县长也称宰。

【译文】

子夏做了莒父的县长，问政于孔子。孔子道：“不要图快，不要只顾小利。图快，反而不能达到目的；只顾小利，就办不成大事。”

【简析】

很多人都向孔子请教过政治，孔子给出的建议也多不相同。本章孔子告诉弟子，要做长久打算，希望子夏真正把莒父治好。孔子曾说：“善人为邦百年，亦可以胜残去杀矣。”（《子路篇》13.11）又说：“如有王者，必世而后仁。”（《子路篇》13.12）“世”是三十年。可见，要把一个地方真正治理好，是需要花很长时间的。

孔子去世后，子夏与同学们为老师守孝三年，然后就到西河魏国，当魏文侯的老师去了。

13.18 叶公[①]语孔子曰："吾党[②]有直躬[③]者，其父攘[④]羊，而子证之。"孔子曰："吾党之直者异于是：父为子隐，子为父隐，直在其中矣。"

【题旨】

本章孔子与叶公讨论何为直率。

【注释】

① 叶公：即13.16的叶公，名叫沈诸梁，字子高，楚国的叶县公，楚庄王之后。

② 党：乡党。

③ 躬：身。直躬：直身而行。

④ 攘：盗。

【译文】

叶公告诉孔子道："我们那里有个直率的人，他父亲偷了羊，儿子就证实其事。"孔子道："我们那里的直率人与此不同：父亲为儿子隐瞒，儿子为父亲隐瞒，直率就在其中了。"

【简析】

叶公讲的"直"与孔子讲的"直"含义完全不同。前者只重事实而不顾伦常关系，只重公理而不徇私情；后者只重父子关系而不顾事实，只重伦常而不顾公理。孔子讲鲁国风俗为"父为子隐，子为父隐"，可能部分是事实，但"直在其中"的评价，则只是周礼价值观的表现。《左传·僖公七年》管仲尝云："子父不奸之谓礼。""奸"，犯也。可见周礼认为，君臣父子，人之大伦，因此维持父子关系，比按照客观事实判断是非曲直更加重要。换言之，伦常才是最大的公理。孟子尝言，如果舜帝的父亲瞽叟杀人被抓，舜帝就会毫不犹豫抛弃帝位，偷偷地背起父亲逃到海边，快乐地生活，把曾经做过天子的事情忘得干干净净（《孟子·尽心上》13.35）。管子、孟子所言，与本章孔子之意相同。

13.19 樊迟问仁。子曰："居[①]处恭，执事敬，与人忠。虽之夷狄[②]，不可弃也。"

【题旨】

本章论仁德通行天下。

【注释】

① 居：平日。《先进篇》11.26"居则曰"云云，用法与本章相同。

② 夷狄：蛮夷戎狄，野蛮之人，蛮荒之地，与"华夏"相对而言。

【译文】

樊迟问仁。孔子道："平日端庄有礼，做事严肃认真，待人诚心实意。（这样的仁德）即使到了野蛮人生活的地方，也是不能废弃的。"

【简析】

孔子教导子张："言忠信，行笃敬，虽蛮貊之邦，行矣。"（《卫灵公篇》15.6）与本章教导樊迟，思想、用语均相同，均称仁德可行天下。

13.20 子贡问曰："何如斯可谓之士[①]矣？"子曰："行己有耻，使于四方，不辱君命，可谓士矣。"

曰："敢问其次。"曰："宗族称孝焉，乡党称弟焉。"

曰："敢问其次。"曰："言必信，行必果，硁硁然小人哉！抑亦可以为次矣。"

曰："今之从政者何如？"子曰："噫！斗筲之人[②]，何足算也？"

【题旨】

本章论“士”即读书人的品德修养。

【注释】

① 士：含义很复杂，王臣称“卿士”，大臣、家臣称“士”，尚未做官正在读书的贵族子弟亦可称“士”。本章泛指读书人，其中有君子，有小人。孔子曾经叮嘱子夏要做“君子儒”，不要做“小人儒”，“士”的含义与“儒”相近。

② “斗”是量具，用以量米；“筲”今称筲箕，竹子编制，用以装饭。孔子用寻常物件以喻小人，所以“斗筲之人”即没有理想没有道德的寻常小人。

【译文】

子贡问道：“怎样做才可以叫‘士’？”孔子道：“实行自己的仁道，耻为不善之事，出使外国，能很好地完成国君赋予的使命，这样的人，就可以称之为‘士’了。”

子贡道：“请问次一等的。”孔子道：“宗族称赞他孝顺父母，乡里称赞他恭敬尊长。”

子贡又问道：“请问再次一等的。”孔子道：“说话一定信实，行为一定果决，这是不问是非只顾兑现诺言的小人啊！或许也可以算是再次一等的‘士’了。”

子贡道：“现在的执政者怎么样？”孔子道：“咳！这般小人算得了什么？”

【简析】

本章将“士”分为三等：上等的士服侍诸侯，位居公卿大夫，不辱使命，可谓国士（周朝的“国士”则仅仅指在乡学的读书人，见《左传·哀公八年》）；中等的士虽无政绩可言，但讲孝悌，而忠孝一体，说明对朝廷尚有忠心，可谓高士；下等的士“言必信，行必果”，虽比毫无信誉的平民百姓稍好一点，但不讲道义，只顾践诺，实为“小人”，勉强可称为“士”，可谓下士。

《卫灵公篇》15.37：“君子贞而不谅。”君子讲大信誉，不讲小信誉。孟子说：“大人者，言不必信，行不必果，惟义所在。”（《孟子·离娄下》8.11）符合道义的诺言才兑现，否则就不兑现。

13.21 子曰：“不得中行而与之，必也狂狷乎！狂者进取，狷者有所不为也。”

【题旨】

本章论士。

【译文】

孔子说：“得不到中庸之士而与之交往，那就一定要与狂士、狷士交往吧！狂士肯于进取，一心向前；狷士但求退隐，但也不做坏事。”

【简析】

本章论及三种士：一是“中行”者，即言行均合乎中庸之道，知所进退者。二是“狂者”，追求善道，不断进取，但知进而不知退者。三是“狷者”，守节无为，知退而不知进者。孔子对颜回说过，君子应该“用之则行，舍之则藏”，知所进退。

孔子本想与“中行”之士打交道，但不可得，只得退而求其次，与“狂士”“狷士”打交道。孟子学习此章，深得孔子之心：“孔子岂不欲中道哉？不可必得，故思其次也。”（《孟子·尽心下》14.37）

13.22 子曰：“南人[①]有言曰：‘人[②]而无恒[③]，不可以作巫医，’善夫！”

“不恒[④]其德，或承之羞。”子曰：“不占而已矣。”

【题旨】

本章论君子要有恒久不变的高尚道德，否则将一事无成。

【注释】

① 南人：华夏诸国称南方楚国人。春秋时代华夏诸国常将楚人的帽子称为“南冠”（《左传·成公九年》），楚人的音乐称为“南音”（《成公九年》）“南风”（《襄公十八年》），楚人的方言称为“楚言”（《庄公二十八年》），因此我认为“南人”即华夏诸国所称之楚人。楚本蛮夷，孔子解脱陈蔡之困后，虽曾一度想去楚昭王朝做官，但孔子等华夏君子仍然保存着对楚人巨大的文化心理优势：你们看，不能糊弄别人的道理，连人家楚国人都知道。

② 人：君子，贵族，与“民”（平民百姓）相对而言。

③ 无恒：没有德行。恒：恒德。

④ “不恒”前或逸“《易》曰：”。

【译文】

孔子说：“南方楚国人有句俗话说：‘君子要是没有恒久的德行，连巫医都不可以做。’这话说得好啊！”

（《易经·恒卦》的爻辞上说：）“君子要是没有恒久的德行，或许会招致羞辱。”孔子道：“这话只是叫那些没有恒久德行的君子不要去占卜罢了。”

【简析】

古时巫医都是小贵族，他们必须求助于鬼神方可为人治病祈福。巫医向鬼神祈祷时，必须要讲“恒德”，即每一句话都是实话，不能真一句假一句，糊弄鬼神，否则鬼神不佑，病人肯定好不了，巫医也就白忙乎了。久而久之，巫医也就当不成了。从本章所引楚人的俗语来看，大概到春秋时代，已经有巫医信口胡说糊弄鬼神的风气了。这种风气，晏婴称之为“善祝”（《左传·昭公二十年》），孔子称之为“史”（《雍也篇》6.18），以致楚人和孔子都说，要是信口胡说，不讲德行，连鬼神你都哄不了。如今有人信口胡说，世人便斥之为“哄鬼”，这是方言存古。

13.23 子曰：“君子和而不同，小人同而不和。”

【题旨】

本章辨析“和”与“同”。

【译文】

孔子说：“君子用不同的意见来完善别人的意见，以成人之美，而不随声附和，以成人之恶；小人随声附和，以成人之恶，而不提不同意见，以完善别人的意见，成人之美。”

【简析】

“和”与“同”具有多方面的含义，古来论述汗牛充栋。春秋君子饮食上以五味调和为“和”，以“以水济水”为“同”；音乐上以八音克谐为“和”，以“琴瑟专壹”为“同”；政治上以宽严相济为“和”，以“以宽济宽”为“同”；政治伦理上以用不同意见完善他人意见为“和”，以随声附和成人之恶为“同”。本章应与《颜渊篇》12.16合读。

13.24 子贡问曰：“乡人皆好之，何如？”子曰：“未可也。”

“乡人皆恶之，何如？”子曰：“未可也。不如乡人之善者好之，其不善者恶之。”

【题旨】

本章论仁者应“善者好之，不善者恶之”。

【译文】

子贡问道："全乡的人都喜欢他，这个人怎么样？"孔子道："还不行。"

子贡又问道："全乡的人都厌恶他，这个人怎么样？"孔子道："也不行。不如全乡的好人都喜欢他，坏人都厌恶他。"

【简析】

孔子认为："唯仁者能为好人（喜欢仁人），能恶人（厌恶不仁不义的人）。"（《里仁篇》4.3）因此真正的"仁者"不可能"皆好之"，也不可能"皆恶之"。他要求："众恶之，必察焉；众好之，必察焉。"（《卫灵公篇》15.28）"众恶之"，恐怕是众口铄金，积毁销骨，所以"必察"。"众好之"，恐怕是"乡愿"（《阳货篇》17.13），即今日所谓"好好先生"，所以也"必察"。孔子认为，真正的仁人，应该是"善者好之"，"不善者恶之"。

13.25 子曰："君子易事而难说①也。说之不以道，不说也；及其使人也，器之。小人难事而易说也。说之虽不以道，说也；及其使人也，求备焉。"

【题旨】

本章论当官的君子、小人之不同。

【注释】

① 说：同"悦"。

【译文】

孔子说："在君子手下容易做事，但难以用妄说取悦于他。不用正道讨他欢心，他不会喜欢。等到他用人时，会量才使用。在小人手下很难做事，却很容易取悦于他。即使不用正道取悦于他，他也会很高兴。等到他用人时，则会求全责备。"

【简析】

本章所说的“小人”应包括两类人：一是本为平民，但后来当了官。春秋时代有少数平民经商致富后用钱买官的（参阅《阳货篇》17.15）。二是本为君子，但道德水平很低，与小人无异，即“君子而不仁者”（参阅《宪问篇》14.6）。

13.26 子曰：“君子泰而不骄，小人[1]骄而不泰。”

【题旨】

本章辨析君子小人。

【注释】

① 小人：本指在官府打杂的下等人，其身份本是农民，劳动所得按照农民收成多少给付。这样的小人，政治地位、经济地位、文化水平、道德水平都与农民无异，而与君子差异巨大，周人自然不需要反复辨析。包括本章在内，周代文献反复辨析的小人，都是指孔子所说的“君子而不仁者”（参阅《宪问篇》14.6）。他们的政治身份是贵族，本应该有高尚的道德、崇高的追求，却为了一己私利，而损害国家他人。周代君子反复辨析的小人，就是这些身为贵族而心理猥琐的人。

【译文】

孔子说：“君子坦荡荡，所以气定神闲，安详舒泰，而不盛气凌人；小人常戚戚，所以唯恐见轻，因此骄横跋扈，而不安详舒泰。”

【简析】

周代贵族实行宗法制，一般情况下，诸侯的嫡长子嗣位为诸侯，余子下降一档封为卿大夫；卿大夫的嫡长子嗣位为卿大夫，余子下降一档成为士。士在春秋早期还是贵族，因为贵族总是过度繁衍，也因为大贵族兼并土地，所以春秋中晚期的士与平民百姓差异不大。许多下大夫为了防止自己的家族被进一步边缘化，维持甚至提高自己家族的政治地位、经济地位，让子孙后代继续做贵族，便做出许多龌龊不堪的事情。孔子等周代君子经常批评辨析的“小人”，就是这样的“君子而不仁者”，周史经常称之为“嬖大夫”“外嬖”（受宠的小妾称“内嬖”），讽刺他们与争宠的小妾无异。可与《述而篇》7.37、7.38合读。

13.27 子曰：“刚、毅、木、讷，近仁。”

【题旨】

本章论仁者的修养。

【译文】

孔子说：“刚强、勇毅、质朴、慎言，（这四种品德）近乎仁德。”

【简析】

仁者志在天下，而平治天下极其艰难，需要刚强、勇毅、质朴、慎言，不能像弟子冉求那样，在实行仁政的道路上还没有开步走就投降了，也不能巧舌如簧而行动迟缓。

13.28 子路问曰：“何如斯可谓之士矣？”子曰：“切切偲偲①，怡怡②如也，可谓士矣。朋友③切切偲偲，兄弟怡怡。”

【题旨】

本章论士人的品行。

【注释】

① 切切偲偲（sī）：相互责善貌。

② 怡怡：和顺貌。

③ 朋友：读书人志同道合而且互相责善，故互称朋友（参阅《学而篇》1.1）。

【译文】

子路问道："怎么做才可以叫'士'呢？"孔子道："互相批评，和谐相处，可以叫作'士'了。朋友之间互相批评，兄弟之间和睦相处。"

【简析】

弟子是"士"，因此孔子常讲"士行"。可与《子路篇》13.20合读。

13.29 子曰："善人[①]教民七年，亦可以即戎[②]矣。"

【题旨】

本章论治国。

【注释】

① 善人：与圣人、仁人含义相同。参阅《述而篇》7.26、《先进篇》11.20、《子路篇》13.11、《尧曰篇》20.1。

② 即戎：参加打仗。古代治国以治军为龙头，军队治理好了，可以打仗了，国家就治理好了。

【译文】

孔子说："善人教导民众七年，也就可以叫他们作战了。"

【简析】

孔子深知治国不易，所以有"善人为邦百年，亦可以胜残去杀矣"（《子路篇》13.11），"苟有用我者，期月而已可也，三年有成"（《子路篇13.10），"世而后仁"（《子路篇》13.12，"世"，三十年），以及本章"教民七年"的说法。

古代官员治国治军，三年为期。所以除了“三年有成”是确指之外，其他时间均为泛指。

儒者治国，均以富民、教民、保民三事为要务。至于具体论述，常为语言简洁而不会一一说到。本章虽然只说“即戎”即打仗保国，实际上兼指富民、教民。富民是基础，先富而后方可教，先教而后方可使“即戎”。所以本章实际上是说，善人治国，七年有成。

13.30 子曰：“以不教民①战，是谓弃②之。”

【题旨】

本章论教育人民。

【注释】

① 不教民：不教之民。考虑到周代军事训练，不仅训练平民百姓（战时做士兵），也训练各级贵族（战时做军官），这个“民”字应该包括“人”（贵族）与“民”（百姓），所以我将“民”字译作“人民”。

② 弃：杀也。古人常用抛弃的办法，杀死那些病残多余的子孙和垂死无用的老人，谓之“弃杀”。

【译文】

孔子说：“用未经教育训练的人民去作战，这叫作弃杀他们。”

【简析】

治理国家，无非是富民、教民、保民。周代国君必须先对贵族平民进行长时间多方面的教育训练，既包括军事训练，又包括道德品行方面的教育培训。一个训练周期为三年。没有训练好甚至根本没有训练，就驱使他们打仗，无异于弃杀他们。《孟子·告子下》12.8：“不教民而用之，谓之殃民。”与孔子之意相同。

宪问篇第十四

共四十四章

14.1 宪[①]问耻。子曰："邦有道[②]，谷[③]；邦无道，谷，耻也。"[④]"克、伐、怨、欲不行焉，可以为仁矣？"子曰："可以为难矣，仁则吾不知[⑤]也。"

【题旨】

本章答弟子原宪问，论"耻"与"仁"。

【注释】

① 宪：孔子弟子原宪，字子思。按照周礼，孔门只有孔子和原宪自己才可以称"宪""原宪"，孔子自然不会记录自己的语录，可知本章"宪"是子思自称，本章语录的记录者就是子思自己。所以我将"宪"翻译为"我"。《论语》《礼记》《大戴礼记》所录孔子语录，绝大多数都是记录孔子答弟子问，记录者都是孔子的随侍弟子，而不是发问弟子，但也有发问弟子自己记录的少量情况，吴天明《〈论语〉的九位记录者》有详细介绍，载《理论月刊》2019年第12期。

② 有道：政治清明；无道：政治黑暗。

③ 谷：当官拿俸禄。古代当官的俸禄，大多以粮食计算。例如孔子在鲁国做公卿的俸禄是"六万"，汉代以来学者经过计算，估计相当于汉唐四千石谷物。

④ 这里本来还有一个“宪问”，为了语言简洁而省略之。为了方便读者理解，译文将省略部分补上。朱熹认为后面的一问一答是另外一章，不够准确。

⑤ 仁则吾不知：是不认为其仁的婉辞，《公冶长篇》5.5、5.8、5.19均有其例。

【译文】

我问什么叫耻辱。老师道：“国家政治清明，就当官领俸禄；国家政治黑暗，仍然当官领俸禄，这就是耻辱。”

（我又问道：）“好胜、自夸、怨恨、贪欲都不曾有过，可以说是仁人了吗？”老师道：“可以说是难得了，至于是不是仁人，那我就不知道了。”

【简析】

孔子认为“仁”主要不是道德修养，而是为治国平天下的人生理想、政治理想奋斗终生。宋代至今讲“仁”，主要指君子的个人修养，不足为训。

本章谈了两个问题，故朱熹《论语集注》将其分为两章。但若分两章，论仁的一章又不知是何人所问。《仲尼弟子列传》认为本章两问都是原宪所问，有道理，本书即按此翻译。

14.2 子曰：“士而怀居①，不足以为士矣。”

【题旨】

本章论“士行”，即仁德君子志士仁人的修行品行。

【注释】

① 居：安居，在此借指安逸生活，不仅仅指安居。孔子说：“士志于道，而耻恶衣恶食者，未足与议也。”（《里仁篇》4.9）“君子食无求饱，居无求安。”(《学而篇》1.14)志士仁人要治国平天下，必然历尽千

辛万苦，因此不能贪图安逸，贪图安逸者就不可能做志士仁人，也不配做志士仁人了。

【译文】

孔子说："志士仁人如果留恋安逸生活，就不配做志士仁人了。"

【简析】

春秋时代晚期，"士"的含义比较模糊，包括尚未做官的读书人，也包括已经做官的读书人，他们都是贵族或贵族子弟，所以也可称为"君子"。孔子说"士"不可"怀居"，就不指一般的君子，而指有道德有理想的君子，即志士仁人了。曾子说："士不可以不弘毅，任重而道远。仁以为己任，不亦重乎？死而后已，不亦远乎？"（《泰伯篇》8.7）也以"士"指志士仁人，可以佐证。

周代对仁德君子的要求主要有两条：一、要有治国平天下的伟大理想，并矢志不渝，终生奋斗，无论成败。二、不能贪图安逸。因为治国平天下无比伟大也无比艰难，君子如果贪图安逸，就不可能真正为理想而奋斗终生，就不可能是仁德君子。宋代以后对君子的道德要求，不注重公德，更注重洁身自爱的私德，变得无比烦琐，反而助长了假道德，培养了许多伪君子。

14.3 子曰："邦有道，危①言危行；邦无道，危行言孙②。"

【题旨】

本章论君子之言行。

【注释】

① 危：有"高""正"二义，此作"正"理解更加圆通。

② 孙：同"逊"。"危言"必直，直则言行难免不逊，"邦有道"时言行不逊问题不大，"邦无道"时言行正直而不逊，则恐见害矣。

【译文】

孔子说：“国家政治清明，就言语正直，行为正直；国家政治黑暗，就行为正直，但言语谦逊。”

【简析】

春秋时代政治大多黑暗，许多名士隐居，有三种隐法：大隐隐于朝，中隐隐于市，小隐隐于野。隐于朝者，例如“愚不可及”的卫国君子宁武子，对实现理想尚存一线希望，故尚在做官，风险极大，言行均要小心。

14.4 子曰：“有德者必有言，有言者不必有德。仁者必有勇[①]，勇者不必有仁。”

【题旨】

本章辨析仁者和不仁者的“言”和“勇”。

【注释】

① 勇：周代君子普遍认为，仁者都有大勇，“一怒而安天下之民”，如禹汤文武成王周公莫不如此。而匹夫虽也勇敢，却并没有安定天下的仁德。

【译文】

孔子说：“有道德的人必有善言，有善言的人不一定有道德。仁人必定勇敢，勇敢的人不一定有仁德。”

【简析】

本章四句互文，论有仁德者必有善言，且必勇敢，但仅有善言而无善行的伪善者，“暴虎冯（凭）河”的鲁莽者，睚眦必报的匹夫，却并非真正有仁德的人。

14.5 南宫适[①]问于孔子曰："羿[②]善射，奡荡舟[③]，俱不得其死[④]然。禹稷躬稼[⑤]而有天下。"夫子不答。

南宫适出[⑥]，子曰："君子哉若人！尚德哉若人！"

【题旨】

本章称赞弟子南容崇尚道德，是仁德君子。

【注释】

① 南宫适：复姓南宫，名适，字子容，鲁国公卿孟僖子之子，孟懿子之弟，孔子弟子。孔门只有孔子和南容本人可以称"适""南宫适"，同学以及同学的弟子都只能称"南（'宫子'二字省略）容""子容"，可知本章是南容自己的亲笔记录，故将"南宫适"翻译为"我"。

② 羿：古代传说有三个羿，都善射。一为帝喾的射师，二为唐尧时射落九日者，三为夏代有穷国国君。三个羿应为夷羿族三个时期的酋长。古代神话传说，酋长名常作氏族名甚至子孙之名。如黄帝也是黄帝族名、黄帝子孙之名，故《山海经》中多有黄帝。仰韶文物证明，七千年前就进入了黄帝时代，但近年学者又在河南发现了五千三百多年前的黄帝古城。寒浞之子"奡"，《襄公四年》作"浇"，《说文》作"敖"，相传力大无比，为夏后少康所杀。

③ 荡舟：顾炎武《日知录》认为"荡舟"为率舟师飞速冲锋之意。其说可从。

④ 不得其死：不得善终，"得其死"谓得善终，均为周代俗语。

⑤ 禹稷躬稼：古代传说，后稷亲自耕种庄稼，大禹亲自治理洪水。南容说"禹稷躬稼"，本意是称赞后稷，而连言大禹。连言这种方法，周代文献很常见。如孟子称"禹、稷当平世，三过其门而不入"（《孟子·离娄下》8.29），只有大禹才有"三过家门而不入"故事，孟子称赞大禹，而连言后稷，即其例。杨树达先生《汉文文言修辞学·私名连及例》："三过不入，本禹事而亦称稷。"

⑥ 出：南容必然从厅堂入室请教老师，问毕从老师的内室退出，回到厅堂上。孔子夸奖的话，必然是南容刚刚退出时听到的。

【译文】

我问老师道："羿善于射箭，奡（ào）善于水战，但都没有得到善终。后稷亲自下地种庄稼，却得到了天下。（这是为什么呢？）"老师不回答。

我退了出来。老师道："这个人，好一个君子！这个人，多么崇尚道德！"

【简析】

南容之意，是崇尚暴力者不得善终，崇尚仁德者终得天下，所以孔子称赞弟子是仁德君子。

弟子入室请教，孔子为何不答，古人颇多猜测，均无实据。其实，周人对这类故事隐含的道理十分熟悉，南容学习文献，发现了这个规律，于是请教老师。但他请教老师时已知答案，颇有若有所悟，自问自答之意。孔子明白弟子已有答案，故无须回答，学者不必附会。

14.6 子曰："君子①而不仁者有矣夫，未有小人②而仁者也。"

【题旨】

本章辨析不仁不义的君子和根本谈不上仁义的小人。

【注释】

① 君子：包括贵族和正在读书即将做官成为贵族的贵族子弟。

② 小人：本指在官府打杂的下人，其地位与农民相当，报酬就按农民所得计算。在此指代所有的平民百姓，主要包括农民、手工业者、商人、在官府打杂的下人。所以周代文献中，"小人""民""众"等等往往是同义语。平民百姓政治地位、经济地位都很低，不可能想到去

实行仁政，平定天下，所以孔子说“未有小人而仁者”。

【译文】

孔子说：“君子中不仁的人是有的，没有小人讲仁德的。”

【简析】

包括孔子在内，周朝君子将所有的人分为“人”“民”两个阶级。“人”是贵族阶级，“民”是平民阶级。本章之“小人”就是“民”。

从传世文献来看，周代君子都认为，平民百姓中没有仁人，贵族阶级都是仁人。但孔子却说“君子”（贵族）中也有不仁者，使古来学者颇感迷惑。例如邢昺《论语注疏》以管仲为例，说他九合诸侯，一匡天下，是仁；他在国内贪财，则是不仁。邢昺误读了孔子。孔子判断君子是否“仁”，从不看其个人修养等小节，只看他是否真心治国平天下。孔子之义，并非君子身上有仁有不仁，而是君子中有仁德君子，也有不仁不义的君子。以《论语》所记“君子”为例，郑国的子产、卫国的史鱼、蘧伯玉等就是“仁者”；国君如齐景公、卫灵公、鲁昭公，公卿如季康子、季平子等，就是“不仁者”。这才是夫子之本意。

14.7 子曰：“爱之，能勿劳乎？忠焉，能勿诲乎？”

【题旨】

本章论君子要用“劳”和“诲”的办法来教育平民。

【译文】

孔子说：“关爱他们，能不使唤他们吗？真心待他们好，能不教诲他们吗？”

【简析】

周代君子使唤百姓“劳”，办法主要有三：劳役，如修筑宫殿、道路、水渠等；战争，包括打仗之前的训练；耕种公田，每井田九块，中间一块是公田，其余八块是八户农民各自耕种的私田，八户农民耕种公田，公田所得归贵族所有，私田所得归农民。

周代君子教诲平民百姓的办法，主要是通过提高贵族的道德水平，从而影响平民百姓，使之真心向善。孔子这方面的论述很多。

14.8 子曰："为命，裨谌草创之，世叔讨论之，行人子羽修饰之，东里子产①润色之。"

【题旨】

本章赞许郑国四君子互相合作，制作外交文书，勤劳国事。

【注释】

① 裨谌、世叔、行人子羽、东里子产：均为郑国卿大夫。行人：官名，春秋时代的外交家，均称行人。东里：地名，在今河南郑州境内，子产居住地。

【译文】

孔子说："（郑国）制作（外交）文书，裨谌起草，世叔琢磨，行人子羽再加修饰，东里子产最后润色。"

【简析】

郑为中等国家，又地处要冲必争之地，晋楚两强谁都不能得罪。但子产在上卿子皮的支持下实际执政后，内修国政，外与晋楚周旋，不仅确保了郑国的利益，还让郑国在国际上不失尊严，所以《春秋》《论语》《左传》对子产的评价都很高。子产去世之后，孔子曾经伤心落泪，称赞子产是"古之遗爱"。

《左传·襄公三十一年》："子产之从政也，择能而使之……郑国将有诸侯之事，子产乃问四国之为于子羽，且使多为辞令，与裨谌乘以适野，使谋可否，而告冯简子使断之。事成，乃授子太叔使行之，以应对宾客，是以鲜有败事。”可知他们合作制作的文书，是外交文书。

《左传》全文保存了子产等人一起制作的很多堪称范本的外交文书，此外全文保存者只有臧文仲、叔向、王子朝各一篇文章。《左传》此例，可以佐证本章孔子所述。

14.9 或问子产。子曰：“惠人①也。”

问子西②。曰：“彼哉！彼哉！”

问管仲③。曰：“人④也。夺伯氏骈邑三百，饭疏食，没齿无怨言。”

【题旨】

本章评价春秋三君子子产、子西、管仲。

【注释】

① 人：这个“人”字，指“人”与“民”。子产之前，郑国大贵族巧取豪夺，掠夺了中小贵族和平民百姓的大量土地。子产实际执政之后，恢复井田制，将大贵族掠夺的土地收回，重新公开公平分配。子产执政之后，发展经济，在国际上巧妙周旋，保护郑国：所以子产所惠及者，有“人”（贵族）也有“民”（平民百姓）。

② 子西：春秋时代有三个子西，一是子产的同宗兄弟公孙夏，二是楚国的斗宜申，三是楚国的公子申。郑国的子西当过执政大臣，治国不错，子产就是接他的班，孔子不当轻视。那么孔子所轻视者应是楚国两位子西中的某一位。

③ 管仲：管仲是春秋初期齐桓公的国相，帮助齐桓公成就霸业。《宪问篇》14.16、14.17，《孟子·公孙丑上》3.1，《史记·管晏列传》等，都充分肯定他打击蛮夷戎狄，扩大华夏文化圈的伟大功劳，但对他的私德和内政政策都有所批评。

④ 人：人才，与《雍也篇》6.14“女得人焉耳乎”之“人”，《左传·昭

公十二年》“有人矣哉”之“人”含义相同。

【译文】

有人问孔子，子产这个人怎么样。孔子道：“他是对人民有恩惠的人。”

又问子西怎样。（孔子不屑地）说：“他呀！他呀！”

又问管仲怎样。（孔子）道：“他是个人才。他剥夺了伯氏的采邑三百户，让伯氏只能吃粗粮，但人家到死都没有怨言。”

【简析】

孔子虽然批评管仲私德有亏（《八佾篇》3.22），但称赞管仲“仁”（《宪问篇》14.16，14.17）；他称赞子产“有君子之道四焉：其行己也恭，其事上也敬，其养民也惠，其使民也义”（《公冶长篇》5.16），其实也是称赞子产“仁”。这都是崇高评价。

14.10 子曰：“贫而无怨难，富而无骄易。”

【题旨】

本章论贵族之贫富。

【译文】

孔子道：“（君子）贫困而无怨恨，这很难；富裕而不骄横，则容易。”

【简析】

贵族分封，土地、人口、税负、车马自然不同，财富自然有贫富之异。财富少者很容易抱怨诸侯分封不公，财富多者谦恭有礼则并不困难。

14.11 子曰：“孟公绰[①]为赵、魏老[②]，则优；不可以为滕、薛[③]大夫。”

【题旨】

本章评价鲁国大夫孟公绰，认为他才能平平。

【注释】

① 孟公绰：鲁国大夫。《史记 · 仲尼弟子列传》说孔子尊敬孟公绰，可能因他清廉之故（参阅《宪问篇》14.12）。

② 老：天子之王臣称“王老”，诸侯之大臣称“大老”，公卿之家臣称“室老”，均可简称“老”。“赵魏老”，即晋国公卿赵氏、魏氏的室老。晋国从晋文公开始称霸天下，时间长达近两百年，其赵氏和魏氏的权力、财富远远超过许多国家。春秋末期，韩赵魏“三家分晋”成为三个大国，魏国更是战国初期天下第一强国。

③ 滕薛：均为纵横各几十里的小国，其地均在鲁国附近，故孔子言之。战国时代薛国被田齐所灭，滕国被宋国所灭。

【译文】

孔子道：“孟公绰这个人，如果让他当赵氏、魏氏的室老，就会很优秀；他却不可以当滕国、薛国的大夫。”

【简析】

晋国当时是天下唯一的超级大国，其公卿赵氏、魏氏都富而且贵，在国际上也有很大的影响力。周礼，大国公卿相当于小国之君（《左传 · 昭公二十三年》），同理，公卿的家臣或其致仕的室老相当于小国滕国、薛国的大夫。赵宣子、魏献子先后执政，实际控制天下诸侯，所以当他们的家臣，即使才能平平如孟公绰者都没有问题。但要当滕国、薛国这样小国的大夫，诸事艰难，左支右绌，如果没有子产那样的才能智慧，则恐怕不行。

14.12 子路问成人①。子曰：“若臧武仲②之知，公绰③之不欲，卞庄子④之勇，冉求⑤之艺，文⑥之以礼乐，亦可以为成人矣。”曰：“今之成人者何必然？见利思义，见危授命，久要[⑦]不忘平生之言，亦可以为成人矣。”

【题旨】

本章论完美无缺的君子。

【注释】

① 成人：完人。

② 臧武仲：臧文仲（《公冶长篇》5.18）之孙，鲁国公卿臧孙纥。周人以料事常中为“圣”，为“知”（智），《左传》中有许多臧武仲料事得中的故事，《襄公二十二年》因此说他“圣”。

③ 公绰：即14.11之孟公绰。他虽才不出众，但没有贪欲，为人廉洁，所以孔子称其“不欲”。

④ 卞庄子：鲁国勇士，《荀子·大略篇》《韩诗外传》卷十均有其事迹。

⑤ 冉求：孔子弟子，字子有。从《论语》《仲尼弟子列传》中看不出他有多大学问。《左传·哀公十一年》载有其担任鲁国副主帅打败齐军之事。孔子称他“艺”，或许指他多有才艺。

⑥ 文：文饰，此做动词。

⑦“久要”一句：“要”有“约”义，（如同“美”有“好”义，“徒”有“步”义）而“约”有贫困之义。“不忘平生之言”，犹言不忘平生之志。长久贫困而不忘平生之志，宁可过俭约的生活，如颜回“一箪食，一瓢饮，居陋巷”，而“不改其乐”（《雍也篇》6.11），即属此类。

【译文】

子路问什么样的君子才是完人。孔子道：“如果智慧像臧武仲，清廉像孟公绰，勇敢如卞庄子，多才多艺如冉求，再用礼乐来文饰他，也就可以说是完人了。”孔子又道：“现在的完人哪里一定要这样？能够见到利益先想想该不该要，遇见危险肯豁出性命，长久贫困而不忘平生之志，也可以说是完人了。”

【简析】

孔子提出了完人的两套标准，第一套是理想标准，第二套标准较低，弟子子张有所继承（《子张篇》19.1）。

14.13 子问公叔文子①于公明贾，曰：“信乎，夫子不言、不笑、不取乎？”

公明贾对②曰：“以告者过也。夫子时③然后言，人不厌其言；乐然后笑，人不厌其笑；义然后取，人不厌其取。”

子曰：“其然？岂其然乎？”

【题旨】

本章评论卫国君子公叔文子之美德。

【注释】

① 公叔文子：卫国公卿公叔发，谥“贞惠文子”，简称“文”。《左传·定公六年》《襄公二十九年》《礼记 · 檀弓上》《檀弓下》均记载其事迹。《定公六年》说“卫多君子”，就包括公叔文子。古时公卿大夫均可尊称“夫子”，故孔子尊称公叔文子为“夫子”。公叔文子是贤卿，又比孔子年长（《定公六年》即称“公叔文子老矣”，孔子本年不到五十岁），坊间或有不少关于他的传闻，所以孔子问卫国人公明贾，核实这些传闻。

② 公明贾：卫国大夫。周代文献惯例，大夫才记录姓名，大夫以下者不记录姓名，以“某”字代替之。孔子曾经是鲁国公卿，上大夫，地位当比公明贾高，所以公明贾答话，称“对”。

③ 时：犹“学而时习之”（《学而篇》1.1）之“时”，合适时。

【译文】

孔子向公明贾询问关于公叔文子的传闻，说："听说夫子不说话，不笑，不取利益，是真的吗？"

公明贾答道："这是传话的人传错了。夫子到该说话时才说话，所以别人不厌烦他说话；开心了才笑，所以别人不讨厌他笑；应该获取才获取，所以别人不厌恶他获取。"

孔子（听了，自言自语）道："如此吗？难道真的如此吗？"

【简析】

信息传播中，好人传得更好，坏人传得更坏，故事越传越玄，这是从古到今的规律。"其然"二句，应是孔子若有所思时自言自语的话，并非否定之词。

14.14 子曰："臧武仲以防求为后[①]于鲁，虽曰不要[②]君，吾不信也。"

【题旨】

本章评论鲁国公卿臧孙纥（谥"武"）的小聪明，对其颇为不屑。

【注释】

① 后：夏商周春秋时代，以贵族子孙有封地，有祖庙，为"有后"，否则就是"无后"。三代无不封赏古代圣人之后，谓之"赏善"，就是为了让圣人"有后"。孟子尝云"不孝有三，无后为大"，则仅仅以没有子嗣为"无后"，可见战国时代之"后"，已与今日之含义相同，而与古义不同。

② 要：要挟。

【译文】

孔子说："臧武仲（从鲁国逃到邾国后）凭借防邑，求立臧氏子弟嗣位为卿，即使有人说他不要挟鲁君，我是不信的。"

【简析】

《左传·襄公二十三年》载，臧武仲卷入鲁国权臣季氏、孟氏立嗣之争，废长立幼，“季孙怒，命攻臧氏”，臧武仲出奔邾国。

臧武仲的父亲臧宣叔起初娶妻于铸，曰穆姜，生臧贾、臧为二子而死。又娶穆姜之姨侄女为妾，生武仲。按照周礼，臧贾、臧为为嫡子，武仲为庶子，臧贾应立为嗣子，将来继承宣叔的官爵，担任公卿，而臧为、臧纥则均为普普通通的士，必须学有所成，才可能当官做贵族。但是宣叔却废嫡立庶，废长立幼，立臧纥，嗣位为鲁卿。如今臧纥失败，出奔邾国，遂派使者告诉其嫡长兄臧贾，想凭借防邑，请求鲁侯另立臧氏子弟为卿，目的是将防邑继续留作臧氏采邑，让臧氏祖先有人祭祀。鲁侯考虑到，臧氏毕竟是公室子孙（臧氏始祖臧僖伯是鲁隐公之叔父），臧纥祖父臧文仲（《公冶长篇》5.18）、父亲臧宣叔（《襄公二十三年》），又有功于国家，于是没有因为臧纥有罪而剥夺臧氏采邑，遂立臧为。（按周礼本应立嫡长子臧贾，臧为用计得立）此后臧纥逃到齐国，齐侯赏赐他土地，他预料到齐侯自己性命难保，害怕齐侯死后遭到报复，于是急急忙忙退回了土地，巧妙地躲过了齐国之祸。

臧武仲如此聪明，为何败亡于鲁国？孔子说：“有臧武仲之知（智），而不容于鲁国，抑有由也，作不顺而施不恕也。”（《襄公二十三年》）臧武仲参与季氏、孟氏立嗣之争，违反周礼，“作不顺而施不恕”，倒行逆施，废长立幼，以致招祸，纵有万般聪明，也无济于事。

14.15 子曰：“晋文公谲①而不正，齐桓公正而不谲。”

【题旨】

本章评价齐桓公晋文公两位霸主。

【注释】

① 谲（jué）：诡诈。

【译文】

孔子道："晋文公行事诡诈而不正派，齐桓公作风正派而不诡诈。"

【简析】

齐桓、晋文都是春秋霸主，《春秋》多有其故事，但不知孔子何以得出本章这样的结论。

14.16 子路曰："桓公杀公子纠，召忽死之，管仲不死[①]。"曰[②]："未仁乎？"子曰："桓公九[③]合诸侯，不以兵车，管仲之力也。如[④]其仁，如其仁。"

【题旨】

本章论管仲之"仁"。

【注释】

① 春秋初期，齐襄公荒淫无道，其弟公子小白、公子纠，怕受牵连被杀，便和各自的师傅出逃到各自的外婆家。公子小白与师傅鲍叔牙逃亡到莒国，公子纠与师傅管仲、召忽逃亡到鲁国。襄公被杀，公子小白抢先回国，被立为君，是为齐桓公。桓公兴兵伐鲁，逼迫鲁国杀了公子纠。召忽自杀殉职，管仲不肯自杀殉职，最后还做了桓公的国相，并辅佐齐桓公称霸。事见《左传·庄公八年》《庄公九年》《诗经·齐风》。这个故事，春秋君子都很熟悉。所以子路跟老师说这个故事时，孔子不知何意，没有接话。

② 曰：这个"曰"的主语还是子路。他跟老师说了管仲的故事，等待老师接话，可是老师不接话。等了一会，子路只有接着自己再"曰"。

③ 九：古代"三五七九"及其倍数常作概数，表示很多，不表示具体数目。

④ 如：犹"乃"。

【译文】

子路道："齐桓公杀了他兄长公子纠，召忽因此自杀殉职，管仲没自杀。"过了一会又问道："管仲应该没有仁德吧？"孔子道："齐桓公多次主持诸侯盟会，且并未使用武力达此目的，都是管仲的力量。这就是他的仁德，这就是他的仁德。"

【简析】

春秋初期，王室衰微，华夏无主。于是协调华夏诸国打击蛮夷戎狄，保护华夏的重担，就落到了齐桓公身上。

孔子称赞管仲"仁"，并非因为他有高尚的私德。公子纠自杀，管仲却不以身殉职，为官又不检点（《八佾篇》3.22），这些都是他的污点。但因他有"九合诸侯""一匡天下"之功，保护并且扩大了先进的华夏文明圈，故孔子称其"仁"。可见孔子的"仁"，就是"立人达人"（《雍也篇》6.30）的人生理想和政治理想，而并非宋代至今道学先生仅仅洁身自爱的"私德"。

14.17 子贡曰："管仲非仁者与？桓公杀公子纠①，不能死，又相之。"子曰："管仲相桓公，霸诸侯，一匡天下，民②到于今受其赐。微③管仲，吾其被发左衽④矣。岂若匹夫匹妇之为谅也，自经⑤于沟渎⑥而莫之知也？"

【题旨】

本章与14.16内容相同，亦论管仲之"仁"。

【注释】

① 齐桓公逼迫鲁国杀了公子纠，故说齐桓公杀之。

② 民：多指平民百姓，不包括"人"。但"到于今受其赐"，免于"被（披）发左衽"的，不仅有平民，还有"吾"等上等人，因此本章这个"民"字，应该包括平民和上等人，所以我译作"人民"。

③ 微：假若没有。

④ 被发：上古华夏不剪发但会清洗梳理头发，南蛮断发文身，西北戎狄不剪发也不清洗梳理头发，故“被（披）发”。孔子说若无管仲，我等皆为披头散发的野蛮人。左衽：衣襟向左开，戎狄野蛮习俗。华夏衣襟对开。

⑤ 自经：自缢。

⑥ 沟渎：山沟。古人弃杀老弱病残者，常将他们遗弃于山沟，令其冻饿而死。亦有先人死去，子孙无力以礼安葬，将先人尸体弃之于山沟者。

【译文】

子贡问道：“管仲应该不是仁人吧？齐桓公杀了公子纠，管仲不能以身殉职，又辅佐桓公。”孔子道：“管仲辅佐桓公，让齐国称霸于诸侯，使天下得到匡正，人民至今还承蒙他的好处。要是没有管仲，我们都会披头散发，衣襟向左边开（成为野蛮人）了。他难道要像小人那样守着小节小信，自缢于沟壑之中还无人知道吗？”

【简析】

孔子认为，公子纠自杀后，管仲如果不顾齐国人民和天下苍生而自杀，那不过是小人的小节小信，不是“大人”的大节大信。孔子评判君子“仁”“不仁”，只看大节大德，即看其是否心系天下国家，是否“立人安人”，不看小节私德，因此认为管仲“仁”。而子路、子贡说管仲“非仁者”，则明显拘泥于小节私德。孔子的见解，直接影响了孟子对管子的评价和司马迁的《史记·管晏列传》，为后世几千年的管子研究和评价定了基调。

14.18 公叔文子[①]之臣、大夫僎，与文子同升诸公[②]。子闻之，曰：“可以为‘文’[③]矣。”

【题旨】

本章称赞卫国公卿公叔文子以国事为重，推荐自己的家臣与自己同朝为臣。

【注释】

① 公叔文子：卫献公之后，名“发”，谥“贞惠文子”，其中“子”是对华夏大国公卿的尊称（参阅《学而篇》1.1）。“文”是其谥号的简称。据《左传》记载推测，此人应卒于鲁定公十四年，本章孔子既称其谥号，则谈话发生在公叔发去世之后。

② 升诸公：升之于公堂，即同朝为官。诸：之于的合音字。公：周代华夏大国诸侯，均称“公”“侯”，此指卫国诸侯。

③ 可以为“文”：周礼，君子出生命名，成年命字，去世命谥。这一系列的活动，均可称“名”。命谥，由生者根据死者生前的人品事迹而决定,《春秋》《左传》记录君子去世，去世之月均无谥，安葬之月方有谥，就是因为生者要商议给死者命谥。“贞惠文”都是美谥。

【译文】

公叔文子的家臣、大夫僎,（因为文子的推荐而）与文子同朝为官。孔子听说这事，说：“他可以命谥为‘文’了。”

【简析】

公叔文子是卫国大臣，朝廷公卿，又是其家臣僎的上司。他推荐家臣当大臣，与家臣同朝为官，固然与僎（家臣之名）有德有才相关，也当与文子勤劳国事，心胸开阔，为国举荐贤才有关。所以孔子称赞公叔文子。

春秋时代华夏大国上卿家臣之长（宰），同时也是朝廷大夫的，还有如孔子弟子冉求既是鲁国上卿季康子的家臣，又是朝廷大夫（《左传·哀公十一年》）；卫国子伯季子做了上卿孔悝的家臣不久，就做了卫庄公的臣（《哀公十六年》）。但从本章孔子的口吻来看，公卿之宰要做朝廷大夫，并非必然如此，尚需公卿推荐。

14.19 子言卫灵公之无道也，康子①曰："夫如是，奚而不丧？"孔子曰："仲叔圉治宾客②，祝鮀治宗庙③，王孙贾④治军旅。夫如是，奚其丧？"

【题旨】

本章评论卫灵公，谓其荒淫无道，幸有贤臣辅佐，才不至于很快败亡。

【注释】

① 康子：鲁国上卿季康子，鲁哀公三年嗣位为执政上卿。《乡党篇》10.16 亦简称为"康子"。"康"是谥号，原始记录必然尊称"季子"，曾子门徒编辑《论语》时，季子已死，谥号为"康"，而且春秋史上鲁国有很多"季子"，不改则指代不明，故改称"康子"，这是文献编辑整理的通例。

② 仲叔圉（yǔ）：即孔文子，卫国公卿。"治宾客"即负责外交事务。

③ 祝鮀：《雍也篇》6.16 称其有口才，《左传 · 定公四年》说他是"社稷之常隶"，即具体负责祭祀社稷者（国君是大祭司）。春秋时代政教一体，祭祀是管理国家的宗教手段。

④ 王孙贾：即《八佾篇》3.13 之王孙贾，《定公八年》有其帮助卫灵公的事迹。

【译文】

孔子谈起卫灵公荒淫无道的事，季康子道："既然如此，怎么不败亡？"孔子道："他有仲叔圉接待宾客，祝鮀管理祭祀，王孙贾统率军队。像这样，怎么会败亡？"

【简析】

卫灵公贪恋女色，废嫡妻，立庶妾，宠幸夫人南子，南子搅乱朝政，世子蒯聩被迫出奔。灵公去世，卫国朝廷违反周礼，在世子健在的情况下，立世子之子辄为君，是为卫出公，辄不让其父蒯聩，亲生父子遂争夺君位，引发卫国长期动乱。《春秋 · 哀公二年》、《子路篇》13.3、《史记 · 卫康叔世家》记载甚详。

14.20 子曰："其言之不怍，则为之[①]也难[②]。"

【题旨】

本章批评巧言令色者。

【注释】

① 为之：指君子实行仁道，平治天下。《论语》等周代文献一般简称为"行（道）"，如"三人行"。

② 难：不可能的婉辞。

【译文】

孔子说："那个人如果大言不惭，那么实行仁道起来就很难了。"

【简析】

实行仁道，平治天下，何等艰难，怎么可能只是嘴上功夫？故夫子判断，嘴上功夫厉害者，不可能真正去治国平天下。

14.21 陈成子[①]弑简公。孔子沐浴[②]而朝，告于哀公曰："陈恒[③]弑其君，请讨之！"公曰："告夫三子[④]。"

孔子曰："以吾从大夫之后[⑤]，不敢不告也。君曰：'告夫三子者[⑥]！'"

之三子告，不可。孔子曰："以吾从大夫之后，不敢不告也。"

【题旨】

本章记载孔子请求讨逆之事。

【注释】

① 陈成子：齐国世卿陈恒，亦作陈常、田常。《春秋》《左传》记载，陈恒于鲁哀公十四年弑君。

② 沐浴：斋戒沐浴以示慎重。

③ 陈恒：齐国公卿。正常情况下，孔子会称他“陈子”。因为陈恒弑君，孔子直接称呼其姓名，表示义愤。

④ 三子：实际掌控鲁国实权的三位公卿，是鲁桓公三房子孙，即季孙氏、孟孙氏、叔孙氏，鲁史亦称“三桓”“三桓之子”等。

⑤ 从大夫之后：随大夫之班位，即担任过大夫，《先进篇》11.8也有此用法。孔子是鲁国公卿，是上大夫。

⑥ 者：犹楚人之“些”，今人之“沙”，语尾语气词，且读音一致。

【译文】

陈恒犯上杀了齐简公。孔子斋戒沐浴而后上朝，报告鲁哀公道：“陈恒犯上杀了他的国君，请您出兵讨伐他！”哀公道：“你报告三位世卿吧！”

孔子（退了出来）道：“因为我曾忝为大夫，不敢不报告。但国君说：‘你报告三位世卿吧！’”

孔子又报告三位世卿，他们不肯出兵。孔子道：“因为我曾忝为大夫，不敢不报告。”

【简析】

周礼，华夏诸国均有讨逆之责。西周时代由周天子号令讨逆，春秋则先后由齐桓公、晋文公等霸主主持讨逆。但大国弑父弑君，小国根本无力讨伐，孔子只是表明态度而已。

14.22 子路问事君[1]。子曰："勿欺也，而犯之。"

【题旨】

本章论事君之道。

【注释】

① 君：周代特指天王和诸侯。由于春秋中晚期天王被无视，"事君"实际上仅仅指服侍诸侯。

【译文】

子路问事君之道。孔子道："不要欺骗他，但可以当面触犯他。"

【简析】

这番话很抽象，不好理解。事师如事君，试以子路服侍孔子之事言之。卫灵公夫人南子淫乱专权，孔子见之，子路"犯"孔子（《雍也篇》6.28）；卫出公即位多年，孔子还要为他"正名"，子路认为老师"迂"，"犯"孔子（《子路篇》13.3）；孔子师徒"在陈绝粮"，子路认为老师"迂"，"犯"孔子（《卫灵公篇》15.2）；两个叛臣都招孔子，孔子都曾想去，子路都直言"犯"之（《阳货篇》17.5、17.7）。此皆"勿欺而犯"也。

14.23 子曰："君子上达，小人下达。"

【题旨】

本章辨析君子小人。

【译文】

孔子说："君子上达（仁义），小人下晓（财利）。"

【简析】

“达”，通晓。“君子”，指天子、诸侯、卿大夫等贵族。“小人”本指卿大夫下面的小吏，但是春秋战国已经常常与“民”即平民百姓混在一起了。“上达”“下达”后面的宾语，当时人所共知，故直接省略。今人已较陌生，故译文按照周礼之意补充了宾语。

14.24 子曰：“古之学者为己，今之学者为人。”

【题旨】

本章论古今读书人学习目的的差异。

【译文】

孔子说：“古代学者读书做学问是为了自己去治国平天下，今之学者读书做学问是为了让人家大人赏识（从而使自己获得做官和治国平天下的机会）。”

【简析】

西周至春秋初期（参阅《左传·隐公元年》《隐公五年》）读书人都“有国有家”，再不济也有几井田，他们学了本事，自己去治国齐家即可，此所谓“为己”也。

周代实行的土地公有的“井田制”，有一个天生的缺陷，人口总是不断变化的，因此需要每隔若干年，就重新分配土地（与今天土地承包责任制遇到的问题相似），这就给手握实权的大贵族掠夺土地以可乘之机。由于大贵族利用重新划分田界的机会巧取豪夺，大量掠夺小贵族的土地，春秋中晚期的“士”于是由贵族变成了普普通通的读书人。他们既不是贵族也不是平民，只有读书做学问，学有所成，然后争取赢得诸侯公卿的赏识，才可能当官（参阅《学而篇》1.1），从而取得俸禄和采邑，也赢得治国平天下的机会。此所谓“为人”也。“人”非泛指他人，乃特指诸侯公卿这些可以给读书人官帽子的“大人”。

14.25 蘧伯玉[1]使人于孔子。孔子与之坐[2]而问焉，曰："夫子[3]何为？"对曰："夫子欲寡其过而未能也。"

使者出，子曰："使乎！使乎！"

【题旨】

本章称赞蘧瑗使者的礼貌机智，也间接称赞了蘧瑗的品德修养。

【注释】

① 蘧伯玉：名瑗，字伯玉，卫国公卿。

② 与之坐：周礼，长者赐座方可坐。坐，同"座"，名词。

③ 夫子：周代华夏大国的公卿大夫均可笼统尊称"夫子"，但只有公卿才可以尊称"某子"，"某"为姓氏。蘧伯玉是卫国公卿，又比孔子年长，故孔子尊称他为"夫子"。

【译文】

蘧伯玉派使者拜访孔子。孔子赐座，而后问道："夫子在忙什么呀？"使者答道："夫子想减少过错但还没能做到。"

使者告辞出去，孔子道："好一位使者！好一位使者！"

【简析】

《史记·孔子世家》载，孔子在卫国时，曾"入主蘧伯玉家"，即借住在蘧伯玉家的私馆。孔子问"夫子何为"，寒暄而已。使者答话，避实就虚而不失礼貌，既为蘧伯玉言善，又对孔子表示了足够的尊敬，所以孔子夸他。蘧伯玉使者尚且如此，蘧伯玉的君子之风可以想见。

14.26 子曰："不在其位，不谋其政。"

曾子曰："君子思不出其位。"

【题旨】

本章论君子不可僭越礼制。

【译文】

祖师说："（君子）不在那个职位上，就不考虑那方面的政务。"

（我们不懂祖师何意）老师解释道："君子考虑问题，不超出自己的职位。"

【简析】

孔子一生总是不在其位而谋其政。孔子还常与弟子们讨论治国大政，教弟子们不在其位而谋其政。因此本章之义，可能只是要君子不僭越礼制而已，曾参的解释并不准确。

孔子本次谈话，《泰伯篇》8.14为他人所记，本章则为曾参门徒所记，故尊称祖师为"子"，老师为"曾子"。门徒不懂祖师的话，孔子走后，曾子就解释给门徒听，门徒便一并记下。

14.27 子曰："君子耻其言而过其行①。"

【注释】

① 言行：都是动词，其宾语都是"道"。周代人所共知，所以直接省略了宾语。

【译文】

孔子说："说了过头话，行为跟不上，君子以为耻。"

【简析】

读书人谈论平定天下，实行仁政，难免气势如虹，但真正实行仁政，却非常艰难。可与《宪问篇》14.20合读。

14.28 子曰："君子道者三，我无能焉：仁者不忧，知者不惑，勇者不惧。"

子贡曰："夫子自道也。"

【题旨】

孔子自谦无仁德君子之道。

【译文】

孔子说："君子之道有三，我皆不能：仁德的人不忧愁，智慧的人不迷惑，勇敢的人不畏惧。"

子贡道："这是他老人家在说自己呢。"

【简析】

本章用了互文之法，谓君子应为"仁者智者勇者"，应当"不忧不惑不惧"。《子罕篇》9.29："子曰：'知者不惑，仁者不忧，勇者不惧。'"与本章几乎完全相同。《颜渊篇》12.4："君子不忧不惧"，与本章大体相同。

本章应为端木子语录，"夫子自道"应是子贡解释给自己的门徒听的，记录者是其门徒。"子贡"原应记作"夫子"，因为孔子死后，子贡做了纵横家的祖师爷，没有继承孔子的衣钵，曾参的门徒在编辑《论语》时，就将其改为"子贡"。

14.29 子贡方人①。子曰："赐也贤乎哉？夫我则不暇。"

【题旨】

本章批评子贡品评人物，有失恕道。

【注释】

① 方人：郑玄解释为"谤人"，可从。"谤"是评价、评论之义，"方人"

即评论人。评论人难免有褒贬，从下文“赐也贤乎哉”一句来看，子贡大概有讥讽他人不贤之类的话，因此孔子批评他。

【译文】

子贡品评人物（说到人家不贤），孔子道：“你就贤明吗？我是没这样的闲工夫（在背后议论别人）的。”

【简析】

孔子有时也批评人家不贤。但是孔子认为，“己所不欲，勿施于人”，自己不想（实行仁道），就不要（把实行仁道的重任）施加在别人身上，要求他人去实行仁道，这就是孔子的“恕”道。孔子一生为实行仁道理想不懈奋斗，到死方休，所以他批评那些不实行仁道的君子，并不为过。子贡虽然聪明绝顶，颇善言辞，擅长经商，但明白那个时代已经没有可能实行仁道了，所以很早就放弃了仁道理想（孔子因此批评子贡只是个“器”），但却经常用仁德君子的标准评价他人，这就是孔子批评他没有“恕”道的原因。

14.30 子曰：“不患人之不己知，患其不能也。”

【题旨】

本章鼓励弟子学有所成。

【译文】

孔子说：“（读书人）不用担心人家大人不了解自己，只需担心自己没有（做官的）本事。”

【简析】

晚周读书人学到本事，大多要去做官，一者解决生计问题，二者实现人生理想，谓之“学而优则仕”。但他们能否当官，一与自己有无本事相关，二与“大人”（诸侯、公卿）“知不知”，赏识不赏识，用不用相关。所以本章中的“人”不是普通人，而是有权让读书人当官的“大人”。可与《学而篇》1.16、1.1及《卫灵公篇》15.19合读。

14.31 子曰：“不逆[1]诈，不亿[2]不信，抑亦先觉者，是贤乎！”

【题旨】

本章称赞君子不凭空推断他人之恶，却能很早发现实情。

【注释】

① 逆：逆料，预判。

② 亿（億）：“臆”之假借，悬想，猜测。

【译文】

孔子说：“不预先揣度别人欺诈，不凭空猜测别人不诚实，但能先于他人发现实情的人，这是贤人吧！”

【简析】

春秋君子经常称赞三种人是圣人：道德高尚者，如他们经常称尧舜禹汤文武成王周公为圣人，这一观点没有任何争议；富有学问者，如孔子弟子以及帐外诸侯公卿经常称孔子是圣人；料事如神者，如臧武仲也经常被称为圣人。本章孔子亦称第三种人是“贤人”，可能就与这种时代风气有关。从传世文献来看，孔子只有本章称赞第三种人。

14.32 微生亩[1]谓孔子曰：“丘何为是栖栖者与？无乃为佞乎？”孔子曰：“非敢为佞也，疾固也。”

【题旨】

本章孔子解释，自己为什么长期周游列国，游说诸侯。

【注释】

① 微生亩：邢昺《论语注疏》称之为隐士，不知何据。《公冶长篇》5.24有微生高，微生应是复姓。他称孔子的名“丘”，那么其年辈、地位、声望或应高于孔子。

【译文】

微生亩对孔子说：“你为什么这样栖栖惶惶、忙忙碌碌到处游说呢？该不是要逞你的口舌之快吧？”孔子道：“我不敢逞口舌之快，而是讨厌那些冥顽不化的人。”

【简析】

孔子晚年奔走列国，四处游说，推销自己的政治学说，所以微生亩有此问。

14.33 子曰：“骥，不称其力，称其德也。”

【题旨】

本章借物喻人，托物言志，称赞弘毅君子。

【译文】

孔子说：“良马称为‘骥’，并不是赞美它们（日行千里）的气力，而是赞美它们（不达目的，决不罢休）的品质。”

【简析】

孔颖达《正义》认为，晚周尚力不尚德，本章应有所指。可备一说。

14.34 或[①]曰："以德报怨，何如？"子曰："何以报德？以直报怨，以德报德。"

【题旨】

本章论待人之道。

【注释】

① 或：按照鲁《春秋》显示的礼制，大夫以上官员应记录姓名表字，无官爵者则以"某"字代之；按照《论语》《礼记》《大戴礼记》所显示的孔门习惯，孔子弟子请教，也应记录姓名表字。本章记录者用不定代词代指请教者，这种案例很少见。这样记录并不是为了语言简洁，或许是因为记录者事后追记，忘记了发问者是谁。

【译文】

有人说："用恩惠报答怨恨，怎么样？"孔子道："那用什么报答恩惠呢？应该用公平正直报答怨恨，用恩惠报答恩惠。"

【简析】

《左传·僖公十五年》："以德为怨。"《老子》："大小多少，报怨以德。"《礼记·表记》："以德报德，则民有所劝；以怨报怨，则民有所惩。"看来，如何"报怨"，如何"报德"，是当时人们常常讨论的问题。

14.35 子曰："莫我知也夫！"子贡曰："何为其莫知子也？"子曰："不怨天，不尤人，下学而上达，知我者其天乎！"

【题旨】

本章感叹长期无人任用，政治理想落空，暗含怨天尤人之意。

【译文】

孔子说："没有大人了解我呀！"子贡道："为什么没大人了解您呢？"孔子道："（我这一生）不怨恨老天，不责备大人，下学人事而上达天命，了解我的只有老天吧！"

【简析】

孔子三十多岁在齐国做高昭子家臣时，齐景公拟重用而终不用。五十多岁担任鲁国公卿，因正卿季桓子沉溺酒色，荒废朝政，愤然辞职，游说列国十四年之久！其间卫灵公、楚昭王、卫出公均欲任用而未及任用。七十岁返回鲁国，鲁哀公终不能任用（季康子违反父亲季桓子重新任用孔子的遗命，不欲任用孔子，见《左传·哀公三年》）。七十二三岁，郁郁而终。孔子有经邦济世之才，长期无人任用，始终缺乏平台，以致抱憾终生，故有此沉重感叹。孔子去世后，弟子子贡曾经深深感叹，老师一生运气很不好，要是有平台，老师可以平定天下（《子张篇》19.25）。孟子七十余岁被迫离开齐宣王时，想起孔子这番话，也有沉重感叹："夫天未欲平治天下也，如欲平治天下，当今之世，舍我其谁也！"（《孟子·公孙丑下》）

14.36 公伯寮①愬②子路于季孙③。子服景伯④以告，曰："夫子固有惑志于公伯寮⑤，吾力犹能肆诸市朝⑥。"

子曰："道之将行也与，命也；道之将废也与，命也。公伯寮⑦其如命何！"

【题旨】

本章公伯寮记录老师和同学严厉对待自己的故事，表示自己真心悔过。

【注释】

① 公伯寮：字子周，孔子弟子，见司马迁《仲尼弟子列传》。孔门只有

孔子和公伯寮自己才可以称他姓名，则本章为公伯寮的亲笔记录，因此译文将“公伯寮”翻译为“我”。

② 愬：同“诉”，告状。

③ 季孙：与下文之“夫子”，均指季康子。康子哀公三年嗣位为鲁国上卿，实际掌控鲁国，见《左传·哀公三年》。

④ 子服景伯：名何，鲁国下大夫。《左传·哀公十四年》子路尚在鲁国为官，《哀公十五年》子路已到卫国任职。可知本章所记故事应该就发生在鲁哀公十四年。

⑤ 子服景伯与公伯寮同辈，按照周礼，他应该称公伯寮为“子周”“公伯（子）周”。他之所以怒气冲冲地连姓带名称“公伯寮”，表示对公伯寮的态度极其严厉。

⑥ 市朝：集市和朝廷。周代罪犯被杀，大夫以上尸体在朝廷示众，士以下尸体在集市示众。公伯寮是季氏家臣，若未同时出任朝廷大夫，其有罪被杀，尸体应在集市示众。

⑦ 孔子不称“寮”而连姓带名称“公伯寮”，说明对公伯寮的态度已经非常严厉。这种心理活动、语言习惯，至今犹存。

【译文】

我向季康子告子路的状。子服景伯把这事告诉老师，并说：“夫子（季康子）的确已被公伯寮所迷惑，但我仍有力量（证明子路无罪，从而让季氏杀死公伯寮）让他的尸体在集市上示众。”

老师道：“我的理想主张将实现吗？听之于命运。我的理想主张将被废弃吗？也听之于命运。公伯寮能把我的命运怎么样？”

【简析】

孔子弟子公伯寮、子路都给鲁国正卿季康子当家臣。子路可能遭遇不测，与孔子之“道”能否实现有何联系？季康子哀公三年开始掌握鲁国实权。孔子可能是想通过子路影响季康子，进而影响鲁国朝政，如此孔子之“道”则可能在鲁国实现。若子路因公伯寮谗言被杀，孔子之“道”必被季康子所废弃。

本章是公伯寮自己所记，故叙述语自称其姓名“公伯寮”，并称同学子路之字。子服景伯不称他“子周”或“公伯子周”，而称其姓名“公伯寮”者，表示对子周的态度极其严厉。孔子本应称弟子之名“寮”，连姓带名称“公伯寮”者，也表示对弟子的态度极其严厉。子周记录本章者，盖表示接受老师和子服景伯的批评教育，有真诚悔过之意。这与冉求记录老师骂自己的语录（《雍也篇》6.12、《先进篇》11.17），出于完全相同的考虑。

公伯寮能够记录子服景伯对孔子说的话，也能够记录孔子的话，可能他们两位同时拜见孔子，子服景伯的话，是当着公伯寮的面对孔子说的。

14.37 子曰：“贤者辟世，其次辟地，其次辟色，其次辟言。”子曰①：“作者七人矣。”

【题旨】

本章评论隐士。

【注释】

① 子曰：本章孔子两句话，可能是分两次说的。或者虽然是一次说的，中间有较长的停顿（参阅《阳货篇》17.1）。按《论语》记录惯例，后一个“子曰”应该是“曰”，多了一个“子”字，不够简洁。

【译文】

孔子说：“贤明的人逃避恶世而隐居，次一等的另外择地而隐居，再次一等的避看君主的脸色，再次一等的避听君主的恶言。”

孔子又说：“像这样做的已经有七个人了。”

【简析】

“七人”，包咸认为指长沮（《微子篇》18.6）、桀溺（《微子篇》18.6）、荷篠丈人（《微子篇》18.7）、石门晨门（《宪问篇》14.38）、荷蒉（《宪问篇》14.39）、仪封人（《八佾篇》3.24）、楚狂接舆（《微子篇》18.5）。王弼认为是指《微子篇》18.8列举的七位“逸民”：伯夷、叔齐、虞仲、夷逸、朱张、柳下惠、少连。（二说均见邢昺《论语注疏》），包说可能更接近孔子本意。

孔子师徒对天下之事，是明知其不可为而为之；隐士则是明知其不为而退隐之。孔门虽然理解隐士的行为，但是总体上对隐士的评价不高。

14.38 子路[①]宿于石门[②]。晨门[③]曰：“奚自？”子路曰：“自孔氏[④]。”曰：“是知其不可而为之者与？”

【题旨】

本章记录鲁国城门看护者称孔子“知其不可为而为之”。

【注释】

① 子路：本章不可能是孔子的随侍弟子所记。其记录者若为子路，则必然自称“由”“仲由”，指代明确，《论语》编辑者没有必要改动；若为子路之门徒所记，原始记录必然尊称“先生”（子路未做官时）或“夫子”（子路做官时），《论语》编辑者如不改为“子路”，后人就不知是谁。《论语》编辑者不可能改为“仲子”。因为子路一生最大的官职，是做鲁国上卿季康子的总管，卫国上卿孔悝的总管，按照春秋惯例，只可能兼做朝廷下大夫，不够资格尊称为“某子”。

② 石门：鲁国城门。古代城门早开晚闭，各有其时。前一天子路欲进城，而城门已关，故在城外住了一宿，次日早早进城。

③ 晨门：看门人，亦称“阍”，“晨门”早晨开门，“阍”黄昏关门，名称虽异，职守则一。古代经常让官员犯罪用刑致残者看守城门，这些人不是今天常见的那种看门人，他们本是官员，犯罪被残，而看守城门。所以看门人说孔子是“知其不可为而为之者”，这种见识不是一般人所能有。

④ 奚自、自孔氏：后面均省略了动词谓语。《左传·昭公五年》“自西门”亦然，可见周代有此句法。自孔氏：《微子篇》18.6子路回答楚国隐士“执舆者为谁”时，则明确答曰“为孔丘”，这是因为担心楚国人对孔子不很熟悉；本章子路答曰“自孔氏”，因为鲁国人对孔子很熟悉。孔子做过鲁国公卿，辞职后仍然设帐授徒，鲁人皆知之。

【译文】

子路在石门住了一宿（次日早早进城），看门人问他道：“从哪里来的呀？”子路道：“从孔家来。”看门人道：“就是那位明知做不到却要努力去做的人吗？”

【简析】

孔子曾任鲁卿，看门人自然知道孔子，但说孔子“知其不可为而为之”，就不简单了，故《论语正义》称他为“隐士”，可从。

孔子一生都想恢复“君君，臣臣，父父，子子”的政治秩序和社会秩序，使天下重新安定下来，但当时已经完全没有可能了，孔子对此也心知肚明。但不恢复秩序，天下就完了，孔子这才“知其不可为而为之”。

隐士评价孔子“知其不可为而为之”，未必没有讽刺的意思；子路之门徒记录祖师爷“知其不可为而为之”，则对祖师爷充满崇敬之情。

本章应为子路语录，记录者应是子路的随侍弟子。

14.39 子击磬于卫，有荷蒉而过孔氏之门者，曰：“有心哉，击磬乎！”既而曰：“鄙哉，硁硁乎！莫己知也，斯己而已矣。‘深则厉，浅则揭’①。”

子曰：“果哉！末之难矣。”

【题旨】

本章记载“荷蒉而过孔氏之门”的隐士讥讽孔子，劝孔子随波逐流。

【注释】

① 深则厉，浅则揭：见《诗经·邶风·匏有苦叶》。

【译文】

孔子在卫国，一天正敲着磬，有个挑着草筐的人经过孔子门口，说："敲磬颇有深意啊！"过了一会儿又说："这硁硁的磬声，很可鄙啊！没人了解自己，这就罢了。'水深就蹚过去，水浅就撩起下裳走过去。'"

孔子道："好果决，没办法说服他了。"

【简析】

隐士大约从磬声中听出了孔子"莫己知"的感叹，所以说"莫己知"也就罢了。隐士引用《诗经·邶风·匏有苦叶》中"深则厉"两句诗，意在劝孔子随波逐流。如同过河，水深就连人带裳（裙子）蹚过去，水浅则撩起下裳走过去。大家都这样，你也应当如此。孔子见隐士说话，必然停手。他见隐士如此消沉，反欲劝他振作。可是隐士根本不等孔子开口，便扬长而去。孔子便自言自语道，无法说服他了。

春秋末期，华夏霸主晋国式微，于是天下出现了许多大大小小的霸主，战火不断，而且由于钢铁得到广泛使用，经济加速发展，私有化程度加深，诸侯卿大夫都将自己的地盘当作自家的产业，为了争夺私利，贵族之间大多不择手段，因此政治普遍黑暗，许多君子被迫隐居。孔子周游列国时，经常遇到隐士，原因就在这里。

孔子虽然有时也怨天尤人，发发牢骚，但终究不肯放弃理想。隐士们对现实社会完全绝望，所以孔子与他们总是谈不拢。

《诗经》中的《邶风》《鄘风》《卫风》都是卫风，卫国隐士以卫诗为喻，劝告身在卫国的孔子，符合当时"赋诗断章"的风气。

14.40 子张曰："《书》[①]云：'高宗谅阴，三年不言'，[②]何谓也？"子曰："何必高宗？古之人[③]皆然。君薨[④]，百官总己以听于冢宰[5]三年。”

【题旨】

本章孔子论“三年之丧”为古代贵族通用丧期，但这不是历史事实。

【注释】

①《书》:《尚书》，是尧舜夏商周（仅仅指西周）的历史文献汇编。

② 高宗谅阴，三年不言：见传世《尚书·周书·无逸篇》。高宗：殷高宗。谅阴：居丧守孝时住的草棚子，也叫“凶庐”。三年不言：即“三年无改于父之道”（《学而篇》1.11，《里仁篇》4.20），“不改父之臣与父之政”（《子张篇》19.18），储君守孝期间不主政，不发号施令，并非不说话或不主动说话，后世学者经常做过度解读，可参阅吴天明《息妫“未言”并无特定含义》，《文史知识》2020年第9期。

③ 古之人：文字上指古代贵族，实际上仅仅指天王、诸侯。孔子所举的“人”的例子就是国君。

④ 君薨：天王、诸侯称“君”。据传世文献，天王去世称“崩”，诸侯去世称“薨”，亦可通称“卒”。孔子此称“君薨”，不称“君崩”“王崩”，盖因春秋晚期，天王已经被无视很久之故。

⑤ 冢宰：天王、诸侯的总管，即执政上卿。

【译文】

子张问道：“《尚书》上说：‘殷高宗守孝，三年不主政。’这是什么意思啊？”孔子道：“不仅仅殷高宗如此，古代国君都这样。国君驾崩了，储君三年不亲政，文武百官都听命于宰相。”

【简析】

据《尚书》《左传》等文献记载，舜为尧实行“三年之丧”（守丧二十五个月，三个年份），商朝继承了这一古礼。夏人普遍实行“七七之丧”，可参阅吴天明《七夕五考》,《中南民族大学学报》(人文社会科学版),2003年第3期。周人改革丧礼,天子丧期七月,诸侯五月,卿大夫三月,士两月(均为月份,并非足月),也称“三年之丧”。以上都是至亲至尊之丧,非至亲至尊之丧,则丧期递减。“古之人”明明并未“皆然”,孔子为何要说“皆然”?孔子是想托古改制,通过倡导恢复舜帝、商朝的“三年之丧”,提倡忠道孝道,以恢复“君君,臣臣,父父,子子”的政治秩序、伦理秩序乃至整个社会秩序。

孔子弟子深知老师之意,所以孔子去世后,弟子们按照先周时代的古礼,为他守孝三年。

孟子也倡导实行“三年之丧”,不过只是倡导实行周朝的丧期短得多的新的“三年之丧”。

14.41 子曰:“上好礼,则民易使也。”

【题旨】

本章论君子之风正,则民风自然会正。

【译文】

孔子说:“上等人如果凡事依礼而行,那么下民就好使唤了。”

【简析】

“礼”要义有二:人与神的关系,人与人的关系。人际关系则主要包括华夷关系、人民关系、上等人内部的君臣父子关系等等。孔子认为,贵族道德水平高了,就会提高平民的道德水平,那么使唤平民就方便了。《尚书·周书·君陈篇》:“尔惟风,下民惟草。”孔子曾对鲁国正卿季康子说:“君子之德,风;小人之德,草。草上之风,必偃。”(《颜渊篇》12.19)都是说贵族如果尊礼,平民必然守法,故而“易使”。

14.42 子路问君子。子曰：“修己以敬。”

曰：“如斯而已乎？”曰：“修己以安人[①]。”

曰：“如斯而已乎？”曰：“修己以安百姓——修己以安百姓，尧舜其犹病诸！”

【题旨】

本章孔子论述了君子的三种境界：仅仅洁身自爱的正人君子；不仅洁身自爱，而且立人安人的仁德君子；洁身自爱，立人安人，而且安定苍生的伟大圣人。

【注释】

① 安人、安百姓：安人是安定上等人，使贵族都“君君，臣臣，父父，子子”，政治秩序井然；安百姓是使他们休养生息，明白道理，又好管理，社会秩序井然。

【译文】

子路问怎样做一个君子。孔子说：“好好修身，好好工作。”

子路问：“像这样做就够了吗？”孔子道：“好好修身，以安定上等人。”

子路又问：“像这样做就够了吗？”孔子道：“君子好好修身养性，以安定平民百姓——不过，君子自己修身养性，又能安定平民百姓，恐怕连伟大的尧舜都没有真正做到哇！”

【简析】

本章孔子论“君子”的三种境界：最低境界，“修己以敬”，即修身养性，做好分内之事，这样的人只是洁身自爱的正人君子，但不是仁德君子，不是仁人。孔子对仅仅洁身自爱，而对平治国家天下不上心不努力者，从来就评价不高。他常说，自己的某些弟子，帐外的许多诸侯公卿，“仁则不吾知”，我不知道他是仁人，即他尚不是仁人。较高境界，“修己以安人”，自己修身养性，始终以平治国家天下为己任，以安定贵族，使之政治秩序井然为目标，这样的君子才是仁德君子，即仁人。最高境界，“修己”且“安百姓”。不过孔子认为，恐怕连伟大的尧舜都没有真正做到“安百姓”，因此当个仁人就很好了。

根据传世文献，周朝君子无不认为，尧舜不仅安定了“人”（贵族），还安定了“民”（平民百姓），只有孔子认为，尧舜“安百姓”是不可能做到的。孔子将自己终生的奋斗目标确定为“安人”，就是出于这种理性认知。

14.43 原壤夷①俟。子曰：“幼而不孙弟②，长而无述焉，老而不死，是为贼。”以杖叩其胫。

【题旨】

本章批评朋友原壤无礼太甚。

【注释】

① 春秋时代男子上穿衣，下着裳（裙子），裆里扎一布带，因此特别注意坐姿是否文雅。坐姿有三：一、“正襟危坐”，“危坐”，就是跪坐。双膝着席，臀部落在脚后跟上，上身挺直。这种坐姿最文雅，也最累，一般只有在做客或接待客人或上朝时才如此，所以也叫“客”。二、蹲坐，也叫“居”，居家时经常如此。坐法是，双脚着席，臀部自然下垂，累了可以斜靠在“几”上。这种坐姿比较文雅，也比较舒适。三、“箕”坐，双腿着席，自然分开，形似兜箕。这种坐法最舒服，但也最无礼，蛮夷戎狄如此坐之，所以也叫“夷”。原壤母亲去世，亲友吊丧，他自然应该正襟危坐。

② 孙弟：同“逊悌”。

【译文】

（在自己母亲的丧礼上）原壤箕踞而待孔子。孔子骂道：“你小时不懂礼节，长大无所述作，老而不死，真是个坏蛋！”用拐杖敲他的小腿。

【简析】

原壤可能是个隐士。春秋后期出现隐士之风，行为古怪，以发泄不满，原壤或亦如此。

本章记载的故事，《礼记》记录更为完整，篇幅也长很多，这说明孔子说话时，至少有两位弟子做了记录。《论语》编辑者选择短章，舍弃长篇，是为了方便周人记诵。古人读书全靠记诵。

14.44 阙党[①]童子[②]将命。或问之曰："益者与？"子曰："吾见其居于位也，见其与先生[③]并行也。非求益者也，欲速成者也。"

【题旨】

本章记载孔子判断家乡的一个年轻人。

【注释】

① 阙党：据《荀子·儒效篇》、顾炎武《日知录》，阙党为孔子家乡之地名。

② 童子：长辈称年轻男子。

③ 先生：此为孔子自称。孔子是老年教学者，故称"先生"。

【译文】

家乡阙党的一个年轻人给孔子带了个信来（孔子接待了他）。有人问孔子道："这个年轻人是求上进的人吗？"孔子道："我看他（未经长者赐座就）坐在位子上，又见他与长辈并肩而行。看来他不是一个求上进的人，只是一个急于求成的人。"

【简析】

华夏礼制，尊者坐北朝南，卑者站在尊者身后。尊者赐座，则卑者坐于尊者之东西两侧。尊者前行，卑者在后面或侧后随行。这类礼制，如今部分被保留。孔子未赐座，童子竟然“居于位”；孔子前行，童子竟与“先生并行”，孔子从中看出了他“欲速成”的心理。“欲速成者”，将来有机会都会犯上作乱，弑君弑父。看来，孔子对这个年轻人的判断是极其严厉的。

卫灵公篇第十五

共四十二章

15.1 卫灵公问陈[1]于孔子。孔子对曰："俎豆之事[2]，则尝闻之矣；军旅之事，未之学也。"明日遂行。

【题旨】

本章记载，孔子对卫灵公绝望，只有离开卫国。

【注释】

① 陈：同"阵"，此指排兵布阵用兵打仗之事，即"军旅之事"。

② 俎豆之事："俎"与"豆"，都是宗教礼仪用品，故借以表示宗教礼仪。

【译文】

卫灵公问孔子布阵打仗的事。孔子答道："宗教礼仪的事，曾听说过；打仗的事，不曾学过。"次日便离开了卫国。

【简析】

周代读书人大多文武双全。《左传·哀公十一年》，鲁齐大战，孔子弟子冉求率鲁国偏师打败齐军。《史记·孔子世家》采用了这一史料，并记载了战争结束后，鲁国执政上卿季康子与冉求的对话。季康子问："子之于军旅，学之乎？性之乎？"冉求答："学之于孔子。"《孔子世家》还记载，楚国令尹子西反对楚王重用孔子，理由之一便是，孔子师徒都会用兵，而且天下少有敌手。可见孔子本来就会用兵打仗，那么卫灵公请教孔子用兵之事，并无不妥，孔子为什么生气并离开卫国呢？

卫灵公荒淫无道，废嫡妻，立庶妾，宠信年轻夫人南子，搅乱朝纲（《宪问篇》14.19），逼走世子蒯聩，欲另立世子而不可得。自己老迈，行将就木，灵公一死，卫必大乱。如此险象，灵公竟浑然不知，而问用兵！所谓“危邦不入，乱邦不居”（《泰伯篇》8.13），如此昏君，孔子亦无可奈何，只有一走了之。

鲁国始封君周公，卫国始封君康叔，都与周武王是同母兄弟。鲁卫两国与周王室一向亲近，又都是华夏大国，遵守周礼一向最严。孔子弟子中来自鲁卫两国的最多，在鲁卫两国做官的也最多。所以孔子对鲁卫最为倚重，对利用鲁卫的平台治理天下的希望也最大，往来鲁卫也最多。卫灵公竟然如此昏聩，迫使孔子离开卫国，对孔子的打击是很大的。随侍弟子记录孔子“明日遂行”，自然明白老师是多么绝望。

15.2　在陈绝粮[①]，从者病，莫能兴。子路愠见，曰：“君子亦有穷乎？”子曰：“君子固穷，小人穷斯滥矣。”

【题旨】

本章论君子固穷。

【注释】

① 孔子师徒准备到楚国去寻找发展机会，陈国蔡国害怕孔子为楚国所用，使楚国更加强大，遂将其围困在陈蔡之间。后来子贡游说楚昭王兴兵迎接孔子，方才脱困。齐桓公死后一百多年，陈国、蔡国一直反复被楚国灭国然后复国，因此两国特别害怕楚国。孔子师徒被围困在陈蔡之间的事，《孟子·尽心下》14.18、《史记·孔子世家》均有详细记载。

【译文】

（我们）在陈国断绝了粮食，随侍老师的同学们都病倒了，没人能爬起来。子路恼怒地见孔子，说："君子也有穷途末路的时候吗？"孔子道："君子固然也有穷途末路的时候，（但仍然是君子）小人一到穷途末路，就会无所不为了。"

【简析】

子路长期做孔子的侍卫，性情直爽，没有心计，由他问孔子以发泄不满，既符合他的身份，也符合他的性格。《宪问篇》14.22："子路问事君。子曰：'勿欺也，而犯之。'"事师如事君，本章所记，就是子路"犯"师的例子。

孔子将"君子"分为"仁者"和"不仁者"（《宪问篇》14.6），守得住底线的是仁德君子，守不住底线的是"不仁"的"君子"（后者只有贵族的身份地位，却没有高尚的道德，没有治国平天下的打算）。"小人"（这里包括"不仁"的"君子"和平民百姓两种人）从来没有底线，何况还在穷困之时。

15.3 子曰："赐也，女以予为多学而识之者与？"对曰："然。非与？"曰："非也，予一以贯之。"

【题旨】

本章孔子论自己"学"有所统，是研究孔子的极其重要的史料，需要认真体会。

【译文】

孔子说："赐啊，你以为我博学而且都能记住吗？"子贡答道："是的。难道不是这样吗？"孔子道："不是这样的，我用一个基本理念来贯穿它。"

【简析】

《里仁篇》4.15记载，孔子告诉弟子曾参，自己的"道"有个东西"一以贯之”。“道”也叫“德”“道德”“仁”“圣”“善”，是孔子治国平天下的伟大政治理想和人生理想，其“一以贯之”的是“仁”，分而论之，即“忠恕”。“忠”即自己忠诚地实行这一伟大理想，到死方休；“恕”则是，如果自己不想去治国平天下，那就不能要求别人去治国平天下。这是孔子的仁学理论体系。

本章孔子告诉弟子子贡，尧舜夏商周春秋六代那么丰富复杂的知识学问，我怎么可能都记得住呢？我有个东西，把这些知识学问“一以贯之”，这个东西就是“礼”。子贡是孔子的高徒，自然一听就明白了，所以没有再问，孔子的随侍弟子自然就没有什么可以再记录的。

汉代至今，学者总是把孔子的仁学和礼学两大理论混为一谈，以为孔子的道德学问只有一条主线，现在应该尊重孔子本人之意，还原孔学的本来面目了。

《史记·孔子世家》引本章，说是记载孔子被困陈蔡时事，不知有何根据。

15.4 子曰：“由，知德者鲜矣！”

【题旨】

本章孔子对弟子子路感叹，真正愿意平治天下的仁德君子太少了。

【译文】

孔子说：“（仲）由啊，懂得仁德的人很少了！”

【简析】

孔子等周代君子讲的“道”“德”“道德”“仁”“圣”“善”，说法不同，含义相同，主要含义有二：有时指君子的修养（君子的修养很简单，主要是不能贪图安逸），但重点始终是指仁德君子、志士仁人治国平天下的伟大理想和终身实践，重点始终是公德，是功业。这种情况一直到唐朝，都基本没有发生什么大的变化。宋代以来的君子所讲的“道”“德”“仁”等等，有时指君子治国平天下的理想，但重点始终是指君子洁身自爱的个人修养行为规范，也就是私德。重点不同，高下立判。

15.5 子曰：“无为而治者，其舜也与？夫何为哉？恭己正南面①而已矣。”

【题旨】

本章赞美舜帝得贤人辅佐，故可无为而治。

【注释】

① 南面：远古西北羌戎发展到中原，到西周春秋时代成为华夏民族主体，其礼制设计以祖先崇拜为核心。其祖先葬在西北，故以北为至尊，西为次尊，东为再次，君主生前坐北朝南，死后朝北而葬。所以古代文献中常有“南面”“南面称孤”“当阳”“君子当阳”之类的记载,“当阳”说至今民间犹存。舜帝本是南蛮（此采用徐旭生先生《中国古史的传说时代》说。但孟子称他是东夷，东夷南蛮古人常常分不清），不可能有“南面”礼制，孔子乃以周礼言之。用周礼讲述解释尧舜禹汤故事，这是周代君子的习惯。详见吴天明《上左上右礼制对中华民族的深远影响》,《理论月刊》2017年第12期。

【译文】

孔子说：“自己从容安静而天下又安宁太平的君主，大概只有舜帝吧？他做了什么呢？不过是庄严端正地坐在朝廷上罢了。”

【简析】

中国文化传统，主张君主重用贤人，而君主本人则可“无为而治”“垂拱而治”甚至“卧治”，古代文献中这类记载非常多。舜帝有大禹、皋陶等贤臣辅佐，故可“无为而治”。所谓“舜有臣五人而天下治”（《泰伯篇》8.20），与本章含义相同。

15.6 子张问行①。子曰：“言忠信，行笃敬，虽蛮貊之邦②，行矣。言不忠信，行不笃敬，虽州里③，行乎哉？立则见其参④于前也，在舆则见其倚于衡⑤也，夫然后行。”子张书诸绅⑥。

【题旨】

本章论君子“言忠信”“行笃敬”，方可实现伟大理想。

【注释】

① 行：周代文献中，“行”一般做动词使用，指君子实行仁道仁政，实现治国平天下的人生理想、政治理想。因为“行”的宾语“道”人所共知，所以经常被直接省略，如“三人行，必有我师焉”（《述而篇》7.22）。子张所谓“行”，亦当如此。

② 蛮貊之邦：指华夏之外的蛮夷戎狄国家。周代按照经济文化的发展水平，适当考虑血缘，将天下诸侯之国大体划分为华夏之国和蛮夷戎狄之国两大类。

③ 州里：本乡本土。孔子之意是说，如果言不忠信，行不笃敬，不仅华夏之国治理不好，就连本乡本土都治理不好。孔子使用了对比兼夸张的论证方法。

④ 参：若与“倚”并言之，理解为动词即可，上面即按此翻译。亦可理解为数词“叁”（三），则“忠信”“笃敬”这类美德可与天地并列为三，只是译文要做调整。

⑤ 立、在舆、衡：子张既然已经做官，是绅士，出行必然要坐马车，所以“立”即刚上马车时站在马车上；“在舆”即上车以后坐在马车的车厢里。舆：马车车厢。衡：同“横”，马车上的横木，站立时以手扶之，坐在车厢时横木则在眼前。

⑥ 绅：古代大夫以上官员，腰间系一条宽布带，其下垂部分谓之绅，子张便把老师这番话写在上头，以便经常看看。子张此时或已做官，故有绅。孔子那些已经做官的弟子，经常回来请教老师，案例甚多。老师平常比较重要的话，弟子们自然会记录在预先准备好的空白竹简上，然后保存好，以便将来一代代传述（参阅《阳货篇》17.19）。但是已经记录老师语录的简牍，因为要保存好，不可能每天随身携带，而绅却要每天系在腰间，所以子张把老师的这番话记录在布带子上，以便每天学习。

【译文】

子张问，君子怎么做才能实行仁道，治理国家天下。孔子道："说话忠诚信实，做事严肃认真，即使到了蛮夷戎狄国家，那也可以实现治理国家的理想。说话不忠诚信实，做事不严肃认真，即使在（华夏之国的）本乡本土，能实现治理本地的理想吗？站在马车上就好像看见'忠信''笃敬'在眼前，坐在车厢里就好像看见'忠信''笃敬'在前面的横木上（时时刻刻都不能忘记），这样才能实现理想。"子张把老师这话写在衣带上。

【简析】

"言忠信"四句，极而言之，论"忠信""笃敬"之无比重要，与"居处恭，执事敬，与人忠。虽之夷狄，不可弃也"（《子路篇》13.19），表达方式相同，含义亦相近。

"言不忠信"四句，亦极而言之，说如果"不忠信""不笃敬"，不要说较好治理的华夏之国治理不了，即使是本乡本土熟人社会也治理不了。

"立则"两句，亦极而言之，谓无论何时何地都不可忘记"忠信""笃敬"。

15.7 子曰："直哉史鱼！邦有道，如矢；邦无道，如矢。君子哉蘧伯玉！邦有道，则仕；邦无道，则可卷而怀之。"

【题旨】

本章称赞卫国君子史鱼和蘧伯玉。

【译文】

孔子说："好一位为人正直的君子史鱼！国家政治清明，他像箭矢一样正直；国家政治黑暗，他也像箭矢一样正直。好一位（聪明智慧的）君子蘧伯玉，国家政治清明，就做官；国家政治黑暗，就把本事藏起来。"

【简析】

《左传·襄公二十九年》记载，卫国当时有蘧瑗、史狗、史鳍、公子荆、公叔发、公子朝（卫公子朝，非宋公子朝）六位仁德君子。蘧瑗，字伯玉；史鳍，字子鱼，本章称为史鱼（犹如颜回字子渊而称为颜渊，子张被称为张，子字均被省略）。孔子辞职后周游列国时，常到卫国，常常借住在蘧伯玉家，有不少学生来自卫国并在卫国做官，与诸位君子都很熟悉，也很认可这些仁德君子。

据《左传》记载，鲁襄公十四年，卫国大夫孙氏驱逐卫献公，蘧伯玉从近关出境，离开卫国，表示与犯上作乱者决裂；鲁襄公二十六年，卫国大夫宁喜弑殇公，迎接流亡十二年的卫献公回国，蘧伯玉又从近关出境，又离开卫国，表示与弑君者决裂。所以孔子说伯玉"邦无道，则可卷而怀之"。

15.8 子曰："可与言而不与之言，失人[①]；不可与言而与之言，失言。知者不失人，亦不失言。"

【题旨】

本章论君子挑选人才，包括挑选官员和学生。

【注释】

① 人：特指人才。

【译文】

孔子说："可以与他交谈却不与他交谈，很可能失去人才；不可与他交谈却与他交谈，很可能浪费言语。聪明人既不失去人才，也不浪费言语。"

【简析】

孔子一向认为，天王、诸侯、卿大夫，得到人才的帮助、辅佐十分重要。例如，他说正是因为得到了人才的辅佐，舜帝才能够"恭己正南面"（15.5）；弟子言偃在做鲁国武城大夫时，孔子一见面就问"女得人焉耳乎"（《雍也篇》6.14）；孔子办学，就是要培养治国平天下的人才。春秋晚期人才争夺已很激烈，但滥竽充数者也不少。如何挑选真正的人才，成为君子的挑战。

15.9 子曰："志士仁人，无求生以害仁，有杀身以成仁。"

【题旨】

本章论仁德君子。

【译文】

孔子说："真正的志士仁人，没有贪生怕死而损害治国平天下的伟业的，只有舍生忘死而成全这一伟业的。"

【简析】

"仁"，是周代对君子的基本道德要求之一，其核心内涵就是治国平天下。只有真正的仁德君子，才会舍生取义，成全治国平天下的伟大事业。那些假借"仁"之美名，牟取私利的，并不是真正的仁德君子。孔子这番话，含有根据这一标准，排除"君子而不仁者"（不仁不义的贵族，《宪问篇》14.6）的意思。

15.10 子贡问为仁。子曰："工[①]欲善其事，必先利其器。居是邦也，事其[②]大夫之贤者，友其士[③]之仁者。"

【题旨】

本章教导弟子子贡与仁者为伍，以便使自己最终也成为仁者。

【注释】

① 工：百工。加工玉器、青铜器、弓箭、马车等工业品的手工业者，其工具必须十分锋利好使。中国远古时代手工业就极其发达，先人上万年前就开始制作陶器，七千年前的仰韶彩陶至今仍然光彩如新。《史记·五帝本纪》记载，舜帝时代就有负责管理天下手工业的长官，名叫"垂"（亦作"倕"）。据《左传》记载，西周初期，周天王分封诸侯时，给天下几百个诸侯每个都分配五至七个手工业氏族。周朝每个诸侯国都有负责管理百工的长官，类似后世的工业部长。后世许多姓氏的起源都与百工有关，例如张氏与制作弓箭有关，陶氏与制作陶器有关，索氏与纺织有关，等等。

② 事其两句：互文见义，则"贤者"即"仁者"。

③ 士：周朝的"士"含义很复杂，本章既然与"大夫"相对而言，则应仅仅指贵族子弟，而不是指贵族。例如孔子弟子南容，其兄长孟懿子嗣位为卿，就是贵族；南容不能继承爵位，只能做士，必须学有所成，才能做官当贵族。孔子自己的情况也与南容相似，其兄长孟皮直接继承了父亲的官爵，孔子只能做一个士，学有所成，鲁定公十年五十三四岁才真正开始做官。由于正在读书的士，大都是未来的贵族，所以周朝对士的要求与对贵族的要求完全一致。

【译文】

子贡问怎样做一个真正的仁德君子。孔子道："百工如果想做好自己的事，必定首先磨利自己的工具（同样的道理，你想做真正的仁德君子，就要与仁者为伍)。住在一个国家,就要敬事大夫中的贤人,结交士人中的仁人。”

【简析】

子贡是士,而欲行仁德,成仁人,孔子便以百工之事类比,教育他要与仁者贤者为伍,在仁者贤者的砥砺帮助下,使自己最终也成为仁人贤人。

子贡发自内心地认可老师的主张,崇拜老师,也发自内心地想做仁德君子。但是老师去世后,子贡出于现实利益的考虑,最终背弃了老师,背弃了儒学,做了纵横家的祖师爷。

15.11 颜渊问为邦。子曰:“行夏之时[①],乘殷之辂[②],服周之冕[③],乐则《韶》《舞》[④]。放郑声,远佞人。郑声淫,佞人殆[⑤]。”

【题旨】

本章论治国之道,要采用尧舜夏商周五代之长处。

【注释】

① 夏之时:即夏历,今称“阴历、农历、古历”,民间使用四千年之久,方便农村、农民、农业。官方则有“三正”:夏以农历正月为正,与实际时令相同,方便“三农”;商以农历十二月为正,周以农历十一月为正,则商周官方之春,实际上都是冬,均不合于实际时令,均不方便“三农”。

② 殷之辂(lù):亦作“大路”“大辂”,商朝贵族的马车仅用木头,无任何装饰,简洁质朴,节省财力。春秋时代贵族的马车,则覆之以皮革,饰之以美玉,耗费财力,极其奢靡。

③ 周之冕:周代贵族的礼帽,编织或用丝或用麻,用度有限,都很节俭。

④《韶》是舜帝时代的音乐,《舞》即《武》,周武王时代的音乐。这些音乐在周朝都在被演唱演奏,所以被统称为“周乐”,详见《左传·襄

公二十九年》。《左传 · 昭公五年》:“先王之乐，所以节百事也。”乐在古代不仅可以愉悦身心，陶冶性情，还是治理国家天下的工具。

⑤ 郑声：春秋时代郑国的流行音乐。淫：本指雨水太多，转指没有节制。古今中外所有的艺术作品，从来都不主张抒情无节制。《左传·襄公十五年》，郑国乐师师慧自称“淫乐之矇”，则郑人亦自知“郑声淫”也。《襄公二十九年》，吴公子季札批评郑国音乐“细”，“细”犹“淫”也，或郑国乐曲固如是也。孔子认为“郑声淫”，主张“放郑声”，古来学者有“放郑乐”和“兼放郑诗”两种意见。《昭公十六年》，晋国上卿韩宣子访郑，郑国六卿赋郑诗而言志，所赋之诗皆《郑风》之爱情诗，韩宣子均给予很高评价，说明晚周君子对郑诗评价不错。《郑风》今存，孔子并未“放”掉。可见孔子要“放”的仅仅是“郑乐”，不包括郑诗的歌词。

【译文】

颜渊问怎么治理国家。孔子说:“用夏朝的历法，坐殷朝的马车，戴周朝的礼帽，音乐就用《韶》和《武》。要放弃郑国的乐曲，斥退小人。郑国的乐曲淫荡，小人危险。”

【简析】

孔子说:“周监（鉴）于二代（夏商两代），郁郁乎文哉，吾从周。”（《八佾篇》3.14）充分肯定周朝的礼制文化博采众长，郁郁乎文，表示自己“从周”。本章教导弟子颜渊，治理国家天下，要广泛学习，博采众长。孔子的观点一以贯之。

本章孔子论证治理国家要博采众长，用了举例之法，并非穷尽之词。例如，周朝官方广泛使用的“周乐”，包括古帝时代的音乐和周朝（汉朝以前仅仅指西周）、春秋时代的音乐，而古帝时代的音乐并非只有《韶》《武》,《左传·襄公二十九年》对“周乐”记载甚详；孔子不仅多次严厉批评“郑声淫”，也经常批评卫声淫。

15.12 子曰："人[①]无远虑，必有近忧。"

【注释】

① 人：用其狭义，指贵族及其子弟。

【译文】

孔子说："君子没有长远的考虑，必定会有眼前的忧患。"

【简析】

《左传·哀公十一年》冉求曰："君子有远虑，小人何知？"《襄公二十九年》子服惠伯曰："君子有远虑，小人从迩。"可见春秋君子认为，君子要有"远虑"，"小人"都只顾眼前利益。因此本章用"人"的狭义，仅指"君子"。

15.13 子曰："已矣乎[①]，吾未见好德如好色者也。"

【题旨】

本章批评卫灵公贪恋美色而轻视道德。

【注释】

① 已矣乎：绝望之叹。《公冶长篇》5.27："已矣乎，吾未见能见其过而内自讼者也。"《左传·昭公十二年》："已乎已乎！非吾党之士乎！"《楚辞·离骚》："已矣哉！国无人莫我知兮，又何怀乎故都。"皆其成例。

【译文】

孔子说："算了吧，我没见过像喜欢美色一样喜欢美德的人！"

【简析】

卫灵公荒淫无道，贪恋美色，其年轻夫人南子不守妇道，又搅乱朝纲，卫国大乱迫在眉睫。《史记 · 孔子世家》载，孔子“居卫月余，灵公与夫人同车，宦者雍渠参乘出，使孔子为次乘，招摇市过之”，孔子故有此叹。

本章与《子罕篇》9.18重复，而多“已矣乎”三字。当因弟子当时各有所记之故。

15.14 子曰：“臧文仲[①]其窃位者与！知柳下惠[②]之贤而不与立[③]也。”

【题旨】

本章批评臧文仲不举贤任能。

【注释】

① 臧文仲：鲁国公卿，鲁隐公叔父臧僖伯之后，历仕鲁庄公、闵公、僖公、文公四朝。僖公十六年季友去世，臧文仲开始长期执政。孔子批评他不给柳下惠官位，就是因为他是执政上卿，手握权柄。

② 柳下惠：本名展获，字禽，又名展季，《论语》《左传》《孟子》均称其为柳下惠。“柳下”可能是其住地名。“惠”，据《列女传》，可能是其妻子给他的私谥。周礼，贵族去世，谥号必须公议，最后由诸侯确认。但是根据春秋文献，鲁国君子普遍认可柳下惠的私谥，说明柳下惠做官，的确对百姓有恩惠。或其谥号由其妻子提出，鲁侯最终认可之故。

③ 立：俞樾《群经平议》认为同“位”，俞说可从。《左传 · 文公二年》中记载，孔子批评臧文仲“下展禽”，使柳下惠屈居下位，就是“不与立（位）”的意思，可以证成俞说。

【译文】

孔子说："臧文仲大概是个尸位素餐的人吧，他明知柳下惠贤明却不给他官位。"

【简析】

为官之道，重在得人，臧文仲明知柳下惠贤而故意不用，所以被孔子批评。

15.15 子曰："躬自[①]厚[②]而薄责于人，则远怨矣。"

【注释】

① 躬自：双音节副词，用法与《诗经·卫风·氓》"静言思之，躬自悼矣"相同。

② 厚：后面本应有"责"字，探后省之。此从杨伯峻先生《论语译注》。

【译文】

孔子说："重重地责备自己，轻轻地责备别人，那就远离怨恨了。"

15.16 子曰："不曰'如之何，如之何'者[①]，吾末如之何也已矣。"

【题旨】

本章论遇事当多动脑筋。

【注释】

①《颜渊篇》12.9："年饥，用不足，如之何？"《微子篇》18.7："君臣之义，如之何其废之？"《先进篇》11.22："有父兄在，如之何其闻斯行

之？”“如之何”都是怎么办、为什么之类的意思。那么“不曰‘如之何’”者，就是遇事不动脑筋，不知道凡事多问几个为什么的人。

【译文】

孔子说：“对那些遇事不想想‘怎么办，怎么办’的人，我也不知道拿他们怎么办了。”

15.17 子曰：“群居终日，言不及义，好行小慧，难矣哉！”

【题旨】

本章批评君子（贵族）中的小人，即“君子而不仁者”（参阅《宪问篇》14.6）。

【译文】

孔子说：“整天聚在一起，说话不合道义，只喜欢卖弄小聪明（这种小人），难办啊！”

【简析】

周代君子认为，“言，身之文也”（《左传·僖公二十四年》），“君子一言以为知，一言以为不知，言不可不慎也”（《子张篇》19.25）。君子本来应该“言思忠”（《季氏篇》16.10），而有些人却“言不及义”，“言不忠信，行不笃敬”（《卫灵公篇》15.6），皆小人所为，而非真正的君子所为。

15.18 子曰：“君子义以为质[①]，礼以行之，孙[②]以出之，信以成之。君子哉！”

【题旨】

本章论君子只能以是否符合道义作为自己是否兑现承诺的标准。

【注释】

① 质：有诚实守诺，言而有信之意。古代有所谓“质子”（以儿子为质押），如今有所谓“质押”（以财产为质押），均此意。

② 孙：同“逊”。

【译文】

孔子说：“君子以兑现合乎道义的诺言为信守承诺，（然后）按照礼制去实行它，谦逊地说出它，诚实地完成它。这才是真正的君子啊！”

【简析】

夫子之意，只有符合道义的诺言，君子才能“礼以行之，孙以出之，信以成之”，才是言而有信，否则不能做，不做不算无信。

15.19 子曰：“君子病无能焉，不病人之不己知也。”

【题旨】

本章勉励随侍弟子发奋学习，告诉弟子，只要学有所成，当官没有问题。

【译文】

孔子说：“君子只应惭愧自己没有才能，不应抱怨大人不了解自己。”

【简析】

“君子”本指两种人：“大人”，即诸侯、公卿；“志于道”的读书人，即贵族子弟。本章用后一义，指随侍自己尚未做官的弟子。“人”，用狭义，指“大人”，即诸侯、公卿。“大人”“知”你用你，读书人才能当官。

15.20 子曰：“君子疾没世而名不称焉。”

【译文】

孔子说："一直到死，名声都不被人家所称述，君子引以为遗恨。"

【简析】

《子罕篇》9.23："后生可畏，焉知来者之不如今也？四十、五十而无闻焉，斯亦不足畏也已。""四十、五十而无闻"，与"没世而名不称"含义相近。

15.21 子曰："君子求诸己，小人求诸人。"

【题旨】

本章辨析君子儒和小人儒。

【译文】

孔子说："（读书人都想当官，但）君子儒求助于自己（让自己有才能，凭本事当官），小人儒求助于大人（祈求大人赏个官位）。"

【简析】

据《左传·哀公八年》，当时鲁国"乡学"（诸侯主办，学历层次类似如今的初中和高中）在读的学生，大约有三百位，均被称为"国士"。周天王的"国学"（学历层次类似如今的大学）已经停办了，民间似乎只有孔子主办的"国学"。"乡学"要为诸侯培养大臣，为公卿培养家臣。很显然，鲁国不可能有这么多的官职，学生明显供大于求了。于是不可避免地会出现"小人儒"求官的情况。鲁国如此，他国亦当如此。这就是孔子说这番话的时代背景。

15.22 子曰："君子矜而不争，群而不党。"

【译文】

孔子说："君子持重而不纷争，合群而不闹宗派。"

【简析】

“矜”不仅指容貌、仪表、做派持重端庄，亦含有对相关问题具有自己独立的见解，不肯随声附和谄媚取容之类的意思。

15.23 子曰：“君子不以言举人，不以人废言。”

【译文】

孔子说：“君子不能仅凭善言就举荐他当官，也不因人不好而废弃他的善言。”

15.24 子贡问曰：“有一言而可以终身行之者乎？”子曰：“其恕乎！己所不欲，勿施于人。”

【题旨】

本章论述仁道包含恕道，内容极其重要。

【译文】

子贡问道：“有一句可以终身奉行的话吗？”孔子道：“大概是恕吧！自己不想要的，就不要强加给别人。”

【简析】

曾参认为，孔子的仁道包含忠道和恕道（《里仁篇》4.15）。忠道是“己欲立而立人，己欲达而达人”（《雍也篇》6.30），这是孔子终生奋斗的治国平天下的伟大理想，是“仁”的上限；恕道则是“己所不欲，勿施于人”，这是“仁”的下限，即使穷途末路也会守住这个底线。“己所不欲，勿施于人”，就是自己不想实行治国平天下的伟大理想，就不能要求别人去为治国平天下而奋斗。

孔子为什么说“恕”可“终身行之”，而不说“忠”可“终身行之”

呢？治国平天下的理想虽然无比崇高无比伟大，但你得长时间当大官，才可能“立人达人”。这不是自己可以控制的。而“己所不欲，勿施于人”，守住做人的底线，却是自己可以控制的。所以“忠”难以“终身行之”，而“恕”可“终身行之”。

15.25 子曰：“吾之于人也，谁毁谁誉？如有所誉者，其有所试矣。斯民①也，三代②之所以直道而行③也。”

【题旨】

本章孔子说自己论人论事，均言而有据，从不妄下断语。

【注释】

① 民：本章及《雍也篇》6.29、《微子篇》18.8、《尧曰篇》20.1诸章中的“民”字，均同“人”，不仅不指平民，而且仅指上等人，这种用法在《论语》中很少见。

② 三代：指夏商西周。春秋战国时代所谓的周，仅仅指西周；汉代至今的周，则指西周、春秋、战国三个时代。

③ 直道：正道，仁道。行：实行（仁道）。“直道而行”，行正道，行仁道。

【译文】

孔子说：“我对别人，诋毁了谁？赞誉了谁？假如我有所赞誉，都是有所验证的。这些人，三代时都能按正道而实行之。”

【简析】

孔子称赞的圣贤，《尚书》《诗经》均有记载，人间亦有遗存（如尧都以及尧之子孙刘国，舜之子孙陈国，禹之子孙杞国，殷之子孙宋国等）；虞舜商周四代的音乐，如舜乐《韶》、禹乐《九歌》、文王音乐《文王操》、武王音乐

《武》等等，春秋时代列国乐师都还在演奏（详见《左传·襄公二十九年》），此其所谓“有所试”也。孔子称赞的春秋君子如管仲、子产、蘧伯玉、宁武子等等，列国《春秋》均有记载，人间亦有遗存，有的君子孔子还曾经与之直接交往过，此亦“有所试”也。同代君子，孔子与之常有来往，此亦所谓“有所试”也。孔子批评的人，当代国君如齐景公、鲁定公、鲁哀公、卫灵公、卫出公，公卿如季康子，“陪臣”（臣之臣）如阳货，孔子与他们均有来往，此亦“有所试”也。

《左传·昭公八年》：“君子之言，信而有征，故怨远于其身；小人之言，僭而无征，故怨咎及之。”可与本章互证。“僭”与“信”相对而言，则为不信也。

15.26 子曰：“吾犹及史之阙文也。有马者借人乘之，今亡矣夫！”

【简析】

本章不知何义，疑乱简所致。

15.27 了口：“巧言乱德。”①“小不忍，则乱人谋。”

【注释】

① 小不忍，则乱大谋：前面或亡佚“曰”字，盖古人辗转抄写所致。

【译文】

孔子说：“花言巧语败坏道德。”（又说：）“小事不忍耐，就会坏了大事。”

【简析】

本章可能原为两简，前批小人，后嘱君子，似无内在联系。弟子们编书时或误把两简并为一章了。或原为两章，弟子记载时录于一简。

“大谋”应指“立人安人”的伟大事业。君子在实行这一伟大理想的过程中，会遇到小屈辱、小挫折，也会遇到小名声、小利益，如“不忍”，都必然影响伟大理想的实现。

15.28 子曰：“众恶之，必察焉；众好之，必察焉。”

【题旨】

本章论为人君者如何识人用人。

【译文】

孔子说：“众人都厌恶他，一定要考察他；众人都喜欢他，也一定要考察他。”

【简析】

“众恶之”，恐怕是众口铄金，积毁销骨；“众好之”，恐为“乡愿”（《阳货篇》17.13），即好好先生。真正的君子，应该是“善者好之”,“不善者恶之”（《子路篇》13.24）。

15.29 子曰：“人能弘道，非道弘人。”

【译文】

孔子说：“志士仁人能够发扬光大崇高理想，而不能假借崇高理想来扩大自己。”

【简析】

孔子所说的“仁”“道”“德”，大都主要指治国平天下的人生理想、政治理想，并非泛指行为规范品德修养，本章亦然。两个“人”字，都指“君子人”，即仁德君子。

15.30 子曰："过而不改，是谓过矣。"

【译文】

孔子说："犯了过错而不改正，这就是真正的过错了。"

【简析】

《左传·宣公二年》："人谁无过，过而能改，善莫大焉。"《韩诗外传》卷三引孔子语："过而改之，是不过也。"《子张篇》19.21："君子之过也，如日月之食焉：过也，人皆见之；更也，人皆仰之。"《学而篇》1.8："过则勿惮改。"（《子罕篇》9.25重录）可见春秋君子认为，君子有过，改了就好，不改才是真正的过错。

15.31 子曰："吾尝终日不食，终夜不寝，以思，无益，不如学也。"

【题旨】

本章论学习与思考的关系。

【译文】

孔子说："我曾整天不吃饭，整夜不睡觉，以冥思苦想，但没用，不如去学习。

【简析】

《为政篇》2.15："学而不思则罔，思而不学则殆。"《荀子·劝学》："吾尝终日思之矣，不如须臾之所学也。"先民的学识积累到晚周时期已经发展成为高深复杂的学问，所以孔门常有"学思"关系的讨论。

15.32 子曰："君子谋道①不谋食。耕也，馁在其中矣；学也，禄在其中矣。君子忧道不忧贫。"

【题旨】

本章鼓励君子干大事业。

【注释】

① 谋道：谋求治国安邦。道：治国安邦的办法，并非泛指学问。《里仁篇》4.8"朝闻道，夕死可矣"，即其例。忧道：忧虑治国安邦的理想。道：人生理想、政治理想。

【译文】

孔子说："君子应该谋求治国安邦之道，而不应仅仅谋求衣食。耕田，也常饿肚子；学习治国平天下，俸禄就在其中了。君子只担忧治国安邦的理想不能实行，不用担忧贫困。"

【简析】

君子只要奋发有为，邦国安宁，君子自然有官位，衣食自然无忧。孔子一向主张"君子不器"（《为政篇》2.12），不要去做"鄙夫"的事（《子罕篇》9.8）、"老农""老圃"的事（《子路篇》13.4）和百工的事（《子张篇》19.4），只需要学会治国平天下，并为此目标去奋斗，个人的官位和衣食问题自然会解决。孟子则把这种社会分工称为"劳心者治人，劳力者治于人"（《孟子·滕文公上》5.4）。

15.33 子曰："知及之，仁不能守之，虽得之，必失之。知及之，仁能守之，不庄以莅之，则民不敬。知及之，仁能守之，庄以莅之，动之不以礼，未善也。"

【题旨】

本章论述君子如何得到邦国，得到邦国以后又当如何治理。

【译文】

孔子说："（邦国啊，你的）智慧足以得到它，（要是）仁德不能保持它，即使得到它，也会失去它。智慧足以得到它，仁德也足以保持它，（要是）不严肃认真地治理百姓，那么百姓做事也不会认真。智慧足以得到它，仁德也足以保持它，也能严肃认真地治理百姓，（要是）不按礼法来动员百姓，那么就还没有达到至善的境界。"

【简析】

"及之、守之、得之、失之"诸"之"，均指邦国。此用杨伯峻先生《论语译注》说。"莅之、动之"的"之"，均指平民，为官者要治国理民。"动之"，《尚书·说命中》："虑善以动，动惟厥时。"子贡说："动之斯和。"（《子张篇》19.25）《尚书》之"动"泛指君主的一举一动；孔子、子贡所说的"动"，均特指动员老百姓。动员百姓要依礼而行，具体要求很多，如不能耽误农时、要少收税等等。

15.34 子曰："君子不可小知而可大受也，小人不可大受而可小知也。"

【题旨】

本章辨析君子、小人。

【译文】

孔子说："君子不可用小事考验他，但可用大事考验他；小人不可用大事考验他，却可用小事考验他。"

【简析】

孔子认为“君子”的使命是“安人”，可用愿否能否“安人”即安邦定国来考验他。但“君子”不会在意小节，不会“言必信，行必果”(《子路篇》13.20)，因此不能用这些小事来考验他。小人则与此相反。

15.35 子曰：“民之于仁也，甚于水火。水火，吾见蹈而死者矣，未见蹈仁而死者也。”

【题旨】

本章论仁政对百姓的重要意义。

【译文】

孔子说：“平民百姓之需要仁政，甚于水火之互相需要。水与火，我见过互蹈而死了的，但没有见过百姓实行仁政而死了的。”

【简析】

《孟子·尽心上》15.23：“民非水火不生活。”杨伯峻先生《论语译注》据此将本章译为：“百姓需要仁德，更急于需要水火。往水里火里去，我看见因而死了的，却没有看见践履仁德因而死了的。”说民众需要水火，又因水火而死，终究不太圆通。

《左传·昭公九年》：“火，水妃(配)也。”《昭公十七年》：“水，火之牡也。”“水火所以合也。”可见周人认为，水火阴阳相配，不可须臾离开。因此本章亦可理解为，以水火天生相合比喻民众天生需要仁政，所以翻译如上。水火互蹈而死，指水大而灭火，或火大而烧干水。

15.36 子曰：“当仁，不让于师。”

【题旨】

本章鼓励君子努力践行仁德。

【译文】

孔子说:“面临仁德,(君子都要努力实行)就是老师,也不跟他谦让。”

15.37 子曰:“君子贞而不谅。”

【译文】

孔子说:“君子只讲大信用,而不讲小信用。”

【简析】

《子路篇》13.20:“言必信,行必果,硁硁然小人哉!”《孟子·离娄下》8.11:“大人者,言不必信,行不必果,惟义所在。”孔孟都认为,君子只讲符合仁义的大信用,而不讲不符合仁义的小信用。大信用是公德,小信用是私德。孔子说,管仲没有为失败的故主自杀,不拘小节,辅佐齐桓公,“九合诸侯,一匡天下”,保卫华夏文明,人民至今受其赐,难道管仲要像“匹夫匹妇之为谅”,而去为故主自杀吗?(《宪问篇》14.17)。

15.38 子曰:“事君[①],敬其事而后其食。”

【注释】

① 君:周代指天王、诸侯。考虑到春秋中晚期周天王已经被天下完全无视,此当仅仅指诸侯。

【译文】

孔子说:“服事君主,先认真工作,把食俸禄的事放在后头。”

15.39　子曰："有教无类。"

【题旨】

本章孔子谈论自己的教育思想。

【译文】

孔子说："人人我都教育，没有区别。"

【简析】

"类"，包括先进（先学习礼乐然后当官）、后进（先直接嗣位做官然后学习礼乐）、国别、贫富、出身等等。古今学者围绕这个字有许多分析研究。《述而篇》7.7："自行束脩以上，吾未尝无悔焉。"可与本章合读。就因为孔子讲了这两句话，后世学者便认为，孔子有全民教育思想。这个判断并不严谨。孔子对贵族及其子弟，既教道德，又教学问；对平民，则仅通过教育上等人教其道德，不教其学问。而且即使是贵族子弟，孔子也要挑选。挑选上的，孔子的确人人都教育。但没有挑选上的，孔子就不可能教育他们了。

15.40　子曰："道不同，不相为谋。"

【译文】

孔子说："人生理想、政治理想不同的，不互相商议。"

【简析】

孔子的"道""德""仁"，均主要指治国平天下的人生理想、政治理想和终身实践。

15.41　子曰："辞，达而已矣。"

【译文】

孔子说："言辞文辞，只要达意便罢了。"

【简析】

"辞"做名词，是言辞、文辞之意，可以翻译如上。《左传 · 襄公二十七年》，孔子说，弭兵会盟的文献"多文辞"，说言辞文辞达意即可，不宜"多"。《仪礼 · 聘礼》："辞多则史，少则不达。辞苟足以达，义之至也。"都可以做本章的注脚。

"辞"作动词，除了有推辞等意义外，还有辩解、责让之意，本章译文则需略加调整。《左传 · 宣公十一年》记载，楚庄王怪罪申叔时不祝贺自己灭掉陈国，申叔时说："犹可辞乎？"我还可以为自己辩解吗？《僖公四年》记载，晋太子申生被君夫人陷害，或劝太子曰："子辞，君必辩焉。"太子曰："我辞，姬必有罪。""姬"指晋献公夫人，两个"辞"字都是辩解的意思。《襄公五年》记载，前年晋侯邀吴君会盟，吴君不与会，故吴国使者本年访问晋国，"辞不会于鸡泽之故"，这个"辞"是辩解、解释之意。《襄公七年》："季武子如卫，报子叔之聘，且辞缓报，非二也。"以上五个"辞"字都作动词，且均为辩解、解释之意。《昭公九年》："王使詹桓伯辞于晋。"这个"辞"字则为责让怪罪之意。

本章的具体语境不得而知，故两说皆存之。

15.42 师冕[①]见，及阶，子曰："阶也。"及席，子曰："席也。"皆坐，子告之曰："某[②]在斯，某在斯。"

师冕出，子张问曰："与师言之道与？"子曰："然，固相师之道也。"

【题旨】

本章记载孔子礼遇盲人乐师的故事。

【注释】

① 师冕：鲁国乐官，名冕。古代乐官，一般由盲人即“师氏”担任。盲人主要依靠耳朵感知世界，具有“生理补偿效应”，所以感知音乐特别敏感。

② 某：指代没有官爵者。按照周礼，史官记录史实时，诸侯要直书国名、爵位名，如“曹伯”“鲁公”，亦有在国名、爵位名后称名或字者，如“卫侯衎”；卿大夫或只书国名，不书爵位，如“鲁人”“齐人”“晋人”，或在国名之后书其名或字，如“郑良霄”；大夫以下，因其位卑，史官记录时只用“某”字代之，《春秋》《左传》多有其例。如《左传·成公十六年》，“行人”对子重说：“（栾鍼）使某摄饮。”“行人”位卑，故不敢自通姓名，而以“某”字代之。又如《襄公二十六年》，宋平公夫人弃（夫人名“弃”）让“圉人”（马倌）给左师送礼，史官即称“圉人”为“某”。孔子弟子为公卿大夫者，必不能经常随侍左右；常侍左右者，应为暂无官爵的弟子。孔子口头介绍弟子时，应该一一道出弟子姓名（不称字，对外人要称姓名，不能只称名），但弟子记录时，因为被孔子介绍者位卑，故依周礼以“某”字代之。后世至今常有自称“某”或“张某”“李某”“赵某”者，即源于这一周礼。

【译文】

师冕来见孔子，走到台阶前，孔子说：“这是台阶。”走到坐席旁，孔子说：“这是坐席。”大家都落座了，孔子告诉他说：“某人在这里，某人在这里。”

师冕辞别出去了，子张问道：“这是与盲人讲话的方式吗？”孔子道：“是的，这本来就是帮助盲人的方式。”

季氏篇第十六

共十四章

16.1 季氏[①]将伐颛臾[②]。冉有、季路见于孔子[③]，曰："季氏将有事[④]于颛臾。"

孔子曰："求，无乃尔是过与？夫颛臾，昔者先王以为东蒙主[⑤]，且在邦域之中矣，是社稷之臣也，何以伐为？"

冉有曰："夫子[⑥]欲之，吾二臣者皆不欲也。"

孔子曰："求，周任[⑦]有言曰：'陈力就列，不能者止。'危而不持，颠而不扶，则将焉用彼相矣？且尔言过矣，虎兕出于柙，龟玉毁于椟中，是谁之过与？"

冉有曰："今夫颛臾，固而近于费。今不取，后世必为子孙忧。"

孔子曰："求！君子疾夫舍曰欲之而必为之辞[⑧]。丘也闻，有国有家者[⑨]，不患寡（贫）而患不均，不患贫（寡）[⑩]而患不安。盖均无贫，和无寡，安无倾。夫如是，故远人不服，则修文德以来之。既来之，则安之[⑪]。今由与求也，相夫子，远人不服，而不能来也；邦分崩离析，而不能守也；而谋动干戈于邦内。吾恐季孙之忧，不在颛臾，而在萧墙[⑫]之内也。"

【题旨】

本章严厉批评鲁国权臣季康子毫无人臣之礼，斥责弟子未尽家臣之责，让季氏"谋动干戈于邦内"。

【注释】

① 季氏：具体指季康子，《左传》记载，他于鲁哀公三年嗣位为鲁国上卿。

② 颛臾：太昊之后，早已华夏化（见《左传 · 僖公二十二年》），而且已是鲁国附庸，其地靠近季氏采邑“费”，季氏贪其地而欲攻占之，所以孔子严词批评。

③ 季路：尊称子路。古人五十而称行第，子路年满五十而被记录本章的同学尊称为“季路”。冉求、子路同时做季氏家臣时，正是季康子执政。弟子拜见孔子，谈及季氏伐颛臾之事，与当时国有大事，必定事先询问国老的礼制有关。孔子虽已辞职，尚为鲁国国老。参阅《子路篇》13.14、《国语 · 晋语八》第5章。此礼至今犹存。

④ 有事：有战事，指季氏将对颛臾用兵。

⑤ 先王以为东蒙主：名山大川，必有祭祀。天王祭祀天下名山大川，诸侯祭祀境内名山大川。蒙山遥远，天王祭祀不便，故托付颛臾代为主持祭祀。至于哪代天王托付之，传世文献阙如。

⑥ 夫子：本章中的几个“夫子”，均指季康子。

⑦ 周任：古代史官。周人常引他的话，如《左传 · 隐公六年》《昭公五年》，古称“良史”。

⑧ 疾夫舍曰欲之而必为之辞：“疾夫”，做谓语；“舍曰欲之而必为之辞”：做宾语。“疾夫舍曰欲之而必为之辞（之人）”，宾语的中心词被省略了。讨厌那些口里不说想要，却要为得到找托词的人。

⑨ 有国有家者：有邦国者是诸侯，有采邑者是卿大夫。卿大夫称家。

⑩ “不患寡”当作“不患贫”，“不患贫”当作“不患寡”，古人抄写刊刻致误。

⑪ “远人不服”几句：华夏君子认为，仁德君子应该用王道教化治理好自己的国家，蛮夷戎狄被王化吸引，自当归顺来投。既然来归顺了，华夏就要安顿好他们。这就是华夏统一天下的基本路径。《子张篇》19.25子贡对此有论述。

⑫ 萧墙：周代天子、诸侯的朝廷门口，均建有屏蔽大风的矮墙，天子建于朝廷大门的外侧，诸侯建于朝廷大门的内侧。天下通名称“屏”，各国名称则往往不同，鲁国称“萧墙”。鲁国大臣进了大门，过了“萧墙”，就进了“外朝”，就算正式上朝了。君臣在“外朝”相见后，国君退回“治朝”听政，大臣留在“外朝”，有事则上“治朝”上奏，上奏毕退回“外朝”。朝臣至矮墙处必肃然起敬，故鲁国称“萧墙”。“萧”，肃也。“萧墙之内”，指朝廷，并非专指诸侯。

【译文】

季康子将进攻颛臾。冉有、季路拜见孔子，说：“季氏将对颛臾有战事。”

孔子说：“求，这要怪你吧？颛臾，过去天王让他代做东蒙山的主祭者，而且早在国家疆域之中了，这是国家的藩臣，为什么要攻打它呢？”

冉有说：“夫子想这么干，我们两个做家臣的都不想。”

孔子说：“求，周任有句话说：‘出力就当官，不出力就辞职。’好比盲人遇到危险不去扶持，将要倒了不去搀扶，那何必要那个助手呢？而且你的话错了，老虎、犀牛从兽笼里跑出来了，龟甲、玉石在匣子里被毁坏了，这是谁的过错啊？”

冉有说：“如今那颛臾，城郭坚固，而又靠近（夫子的采邑）费，如今不攻取，以后必定成为（夫子）子孙的忧患。”

孔子说：“求！君子讨厌那些口里不说想要而又为得到找托辞的人。我听说，诸侯卿大夫不担心财富少而担心财富不平均，不担心人口少而担心境内不安宁。如果财富平均就无所谓贫困，境内和睦就无所谓人少，四境安宁国家就不会倾覆。做到这样，所以远方的人不归服，就加强（内部的）文德教化以使他们来归服。他们来归服了，就使他们安心。如今由和求，辅佐季氏，远方人不归服，你们不能让他们来归服；国家分崩离析，你们不能保全；反而想在国家内部动武用兵。我看恐怕季孙氏的忧虑，不在颛臾那里，而在萧墙里头的朝廷内部呢！”

【简析】

季氏专权，已经几代，鲁侯只是名义上的国君而已。所以季康子想吞并颛臾之地，根本不需要征得鲁哀公同意。

冉求和子路都没有阻止季氏讨伐颛臾，夫子为什么只骂冉求，不骂子路呢？子路为人直爽憨厚，容易得到谅解。冉求鬼点子多，而且曾经帮助季氏成倍提高税收（将十分之一提高到十分之二，《先进篇》11.17），估计孔子联想到此事，所以才这样骂他。

16.2 孔子曰："天下有道[①]，则礼乐征伐自天子出；天下无道[②]，则礼乐征伐自诸侯出。自诸侯出，盖十世希不失矣；自大夫出，五世希不失矣；陪臣[③]执国命，三世希不失矣。天下有道，则政不在大夫。天下有道，则庶人不议。"

【题旨】

本章总结历史发展规律，旨在说明，无父无君者最终都没有好下场。

【注释】

① 天下有道：应指西周时代。

② 天下无道：应指春秋时代。

③ 陪臣：臣之臣。例如阳货是季氏之臣，季氏是鲁侯之臣，阳货就是鲁侯的陪臣。又如管仲是齐桓公之臣，齐桓公是周天子之臣，管仲在天子面前就自称陪臣。

【译文】

孔子说："政治清明，天下安宁，那么制作礼乐、出兵征伐的决定都由天子做出；政治混乱，天下不安，那么制作礼乐、出兵征伐的决定都由诸侯做出。由诸侯做出决定，大概传到十代就很少还能不失去权势的；由大夫做出决定，传到五代就很少不失去权势的；大夫的家臣执掌国家大权，三代就很少不失去权势的。政治清明，天下安宁，那么国家的政权就不在大夫之手。政治清明，天下安宁，那么庶民百姓就不会议论纷纷。”

【简析】

按照周礼，周天子才是华夏共主，礼乐征伐只能由天子决定，但从鲁庄公十三年齐桓公以诸侯身份主持天下盟会开始，礼乐征伐的决定完全出自诸侯。杨伯峻先生《论语译注》：“齐自桓公称霸，历孝公、昭公、懿公、惠公、顷公、灵公、庄公、景公、悼公、简公十公，至简公而为陈恒所杀，孔子亲身见之；晋自文公称霸，历襄公、灵公、成公、景公、厉公、平公、昭公、顷公九公，六卿专权，也是孔子所亲见的，所以说‘十世希不失’。鲁自季友专政，历文子、武子、平子、桓子而为阳货所执，更是孔子所亲见的，所以说‘五世希不失’……当时各国家臣有专政的，孔子言‘三世希不失’，盖宽言之。”杨氏考据精审，其说可从。孟子说“春秋无义战”（《孟子·尽心下》14.2），就是因为“礼乐征伐”的决定不是出自周天子，而是出自诸侯。

春秋至秦汉统一之前，天下权柄不断下移，开始从天子手里落到诸侯手里，故有“春秋五霸”；后又从诸侯手里落到卿大夫手里，故有“三家分晋”“田氏代齐”；甚至落到家臣手里，故有“陪臣执国命”。秦汉重新恢复中央集权。

本章可与《季氏篇》16.1、16.3两章合读。

16.3 孔子曰：“禄①之去公室五世矣，政逮于大夫四世矣，故夫三桓之子孙②微矣。”

【题旨】

本章叙述鲁国公室失去国家政权，而由卿大夫专权甚至“陪臣执国命”的历史。

【注释】

① 禄：祭神以祈福，转指主祭权；政：主政权。上古政教一体，鲁君兼任鲁国大祭司，主鲁祀亦主鲁政。因此“禄之去公室”与“政逮于大夫”互文，兼指主祭权与主政权均离开了鲁君，而落入了“三桓”之手。《左传·僖公二十四年》：“主晋祀者，非君而谁？”“主晋祀”，即兼指主晋祀和主晋政。

② 三桓之子孙：《宪问篇》14.21 简称“三子”，指鲁桓公的三房子孙季孙氏、孟孙（仲孙）氏、叔孙氏，他们长期把持鲁国朝政。

【译文】

孔子说：“国家的主祭权主政权离开鲁君已经五代了，落入大夫手中已经四代了，所以桓公的三房子孙也该开始衰微了。”

【简析】

据《左传·昭公三十二年》总结，鲁文公卒，执政东门襄仲杀嫡立庶，鲁君于是失国，鲁宣公、成公、襄公、昭公、定公、哀公六君，均无实权，政在季氏。孔子此言“去公室五世”者，盖孔子说这番话时，尚在鲁定公时代。“四世”，《昭公二十五年》“政在季氏三世矣，鲁君丧政四公矣”，“三世”杜注“文子、武子、平子”，盖平子之父悼子早死，未及为卿，昭公二十五年季平子执政，季桓子尚未为卿。“四公”杜注“宣、成、襄、昭”，鲁定公时代尚未到来。季氏把持朝政，历经季文子、武子、平子、桓子、康子五世，孔子此言“四世”者，盖因鲁定公时代季康子尚未执政，季康子哀公三年才执政，所以本章说三桓子孙专权鲁国已经四代，也该衰微了。《季氏篇》16.2说“礼乐征伐”如“自大夫出，五世希不失矣”，所以本章用了一个“故”字。这说明孔子笃信卿大夫专权“五世希不失”的规律，还可能说明本章呼应上章。上章是孔子先说的，本章是孔子后说的。

16.4 孔子曰："益者三友[①]，损者三友。友直，友谅[②]，友多闻[③]，益矣。友便辟[④]，友善柔[⑤]，友便佞[⑥]，损矣。"

【题旨】

本章告诫君子要交仁德君子为友，不要与小人交友。

【注释】

① 友：周代读书人互相赏善匡过，故互称朋友，参阅《学而篇》1.1。

② 谅：诚信者。但《卫灵公篇》15.37、《宪问篇》14.17 中的"谅"均表示小信誉，含贬义，与本章不同。

③ 多闻：博学者。

④ 便辟："辟"同"避"，避人所忌以求容媚者。

⑤ 善柔：当面和颜悦色而心中不满者。

⑥ 便佞："便"同"辩"，巧舌如簧，花言巧语，能言善辩者。

【译文】

孔子说："有益的朋友三种，有害的朋友三种。与正直的人交友，与诚信的人交友，与博学的人交友，就有益了。与谄媚奉承的人交友，与当面恭维的人交友，与花言巧语的人交友，就有害了。"

【简析】

本篇这类语录，应该都是孔子教导随侍弟子的话。

16.5 孔子曰："益者三乐，损者三乐。乐节礼乐，乐道人之善，乐多贤友，益矣。乐骄乐，乐佚游，乐宴乐，损矣。"

【题旨】

本章告诫君子寻求高尚有益的快乐，拒绝有害的快乐。

【译文】

孔子说："有益的快乐三种，有害的快乐三种。以得到礼乐的调节为快乐，以宣扬别人的长处为快乐，以结交了许多仁德朋友为快乐，就有益了。以骄横跋扈为快乐，以游荡忘返为快乐，以饮宴荒淫为快乐，就有害了。"

16.6　孔子曰："侍于君子[①]有三愆：言未及之而言，谓之躁；言及之而不言，谓之隐；未见颜色而言，谓之瞽。"

【注释】

① 君子：上等人，贵族，前有"侍"字，则"君子"指长官。

【译文】

孔子说："陪着君上说话有三种过失：没轮到他说话就说了，叫作急躁；轮到他说话却不说，叫作隐瞒；不看看君上的脸色（是否让他说）就说，叫作盲动。"

16.7　孔子曰："君子有三戒：少之时，血气未定，戒之在色；及其壮也，血气方刚，戒之在斗；及其老也，血气既衰，戒之在得。"

【译文】

孔子说："君子有三件事要警戒：年轻时，血气未定，要警戒贪色；壮年时，血气方刚，要警戒好斗；等到年老，血气已衰，要警戒贪财。"

【简析】

《淮南子·诠言训》化用此章，曰："凡人之性，少则猖狂，壮则强暴，老则好利。"可谓得之。

16.8 孔子曰："君子有三畏：畏天命①，畏大人②，畏圣人③之言。小人不知天命而不畏也，狎大人，侮圣人之言。"

【注释】

① 天命：上天的安排，命运。孔子很少讨论这一问题。《述而篇》7.23："天生德于予"，"天"指上天，上帝。《宪问篇》14.36："道之将行也与，命也；道之将废也与，命也。公伯寮其如命何？"三个"命"字，都是天意、命运的意思，与本章相同。《诗经·周颂·我将》："畏天之威，于时保之。"古人畏天是普遍心理。

② 大人：地位很高的人，指天子、诸侯、公卿。《礼记·礼运》："大人世及以为礼。"《论语》中常以"人"字代之，如《学而篇》1.1："人不知而不愠，不亦君子乎？"

③ 圣人：春秋时代有以博学多闻者为圣人的（如有人以孔子为圣人），有以料事常中者为圣人的（如有人以臧武仲为圣人），有以道德崇高者为圣人的。孔子只以道德崇高者为圣人。如，他认为"安人"的是"仁人"，"安人"且"安百姓"的才是"圣人"。孔子称赞过的"圣人"，只有尧舜禹汤文武成王周公。这些人讲的话，才叫"圣人之言"。

【译文】

孔子说："君子有三件敬畏的事：敬畏天命，敬畏（天子诸侯公卿这些）大人，敬畏圣人的话。小人不知天命所以不怕，轻视（天子诸侯公卿这些）大人，轻侮圣人的话。"

【简析】

"君子"畏"天命"，畏"圣人之言"，好理解。为什么畏"大人"？仁德君子、志士仁人，必先广泛学习，多有学问，然后经"大人"发现，得到"大人"赏识，授以官爵，才可一解决温饱问题，二解决理想问题，故而畏之。

16.4—16.8五章，都是告诫随侍弟子的格言警句。曾子的弟子们在编《论语》时，应做了初步的编辑工作。

16.9 孔子曰："生而知之者，上也；学而知之者，次也；困而学之，又其次也；困而不学，民斯为下矣。"

【题旨】

本章以是否有道德，以及道德水平的高低为依据，把天下人分为两大类，四等。孔子等周代君子所谓的道德，指仁道，即治国平天下的伟大理想和坚定行动。

【译文】

孔子说："生来就知道仁道的，是真正上等的仁者；学了然后知道仁道的，是次一等的仁者；因为受困而不得不去学习仁道的，是再次一等的仁者；受困还不学习仁道的，平民百姓就是这样最下等的了。"

【简析】

在《礼记·礼运》等文献中，孔子多次明确地说明，在"天下为公"的时代，尧舜是"生而知之"的仁者，他们实行仁政，不是为了给自己谋取任何利益，实行仁政就心安，否则就心中不安；在"天下为家"时代，禹汤文武成王周公"六君子"是"学而知之"的智者，他们实行仁政，原本只是想为自己及其子孙后代谋取巨大而且长远的利益，他们都是聪明人，明白只有实行仁政，才能达到自己的目的，所以都非常认真地实行仁政；在春秋时代，霸主们本想独吞天下，掠夺所有的财富，但是做不到，迫不得已也认真地实行仁政，客观上对天下有利。前三种人都是上等人，是第一类人。第二类第四等的"民"，即平民百姓，经济地位、政治地位都很低，不可能学习如何实行仁政，如何平定天下的道德学问，所以《泰伯篇》8.9说："民可使由之，不可使知之。""不可"，非"不可以"，乃"不可能"之义。

《述而篇》7.20：“我非生而知之者，好古，敏以求之者也。”孔子将自己划入第二等。孔子终身孜孜以求，为实行仁政，平定天下，奋斗至死，因为他像“六君子”一样明白，只有实行仁政，天下才会安宁，仁者的利益也才能最大化。可见孔子笃定实行仁政，这是他的理性选择。

孔子去世后，告子、孟子、荀子乃至汉代以来的学者，继承并发展了孔子的这一思想，并且进一步创造了“性善论”“性恶论”“性无善恶论”“性有善恶论”“性三品论”等许多人性哲学理论，所以孔子才是中国人性哲学的鼻祖。

16.10 孔子曰：“君子有九思：视思明，听思聪，色思温，貌思恭，言思忠，事思敬，疑思问，忿思难，见得思义。”

【译文】

孔子说：“君子遇事应有九种考虑：看的时候想想看明白了没有，听的时候想想听清楚了没有，自己的脸色想想还温和吗，自己的容貌想想庄重恭敬吗，说话想想忠诚老实吗，做事想想严肃认真吗，遇到疑问想想不耻下问吗，愤恨难忍时想想严重后果吗，看见可得到的利益时想想自己应该得到吗。”

16.11 孔子曰：“‘见善如不及，见不善如探汤。’吾见其人矣，吾闻其语矣。‘隐居以求其志，行义以达其道。’吾闻其语矣，未见其人也。”

【题旨】

孔子评价了两种人，两番话，充分肯定了积极入世者，而对隐居者似乎颇有微词。

【译文】

孔子说：“（有人说）‘看见善行努力追求，好像生怕赶不上；看见恶行努力避免，好像用手试探开水。’我见过这样的人，也听过这样的话。（有人说）‘隐居起来以保全其志向，依义而行以贯彻其主张。’我听过这样的话，但并未看见这样的人。”

【简析】

《左传·宣公十七年》：“昔者诸侯事吾先君，皆如不逮。”“如不逮”与“如不及”同义。受此启发，结合本章语气，我认为孔子引用了周代俗语，所以标点翻译如上。

子路认为：“不仕无义。长幼之节，不可废也；君臣之义，如之何其废之？欲洁其身，而乱大伦。君子之仕也，行其义也。道之不行，已知之矣。”（《微子篇》18.7）这虽然只是子路的话，但应代表了整个孔门的观点。

16.12 ①齐景公有马千驷②，死之日，民无德而称③焉。伯夷、叔齐④饿于首阳之下，民到于今称之。其斯之谓与？

【题旨】

本章论仁德比财富地位更重要。

【注释】

① 本章应为孔子语录，按弟子记录习惯和《论语》体例，开头应佚“子曰”二字。如是孔子设帐弟子的语录，开头则佚“某子曰”几个字。从“其斯之谓与（欤）”一句来看，可能是在阅读讨论文献时说的这番话。伯夷叔齐故事，周代几乎所有文献均有记载。

② 驷：复合量词，与“乘”同义。一辆青铜马车，四匹马，配甲士十人（《左传·昭公十年》“百两必千人”。但据《司马法》，战国时代增配甲士至七十二人），谓之一“驷”或一“乘”。“马千驷”即“千驷”，千辆马车，四千匹马，上万甲士。春秋时代打仗，只有车兵和徒兵（步兵）两个兵种，因此人们习惯于用战车数量衡量一个国家的兵赋

多少、国土大小、国力强弱。春秋后期，“千驷”之国是大国，齐国才是千乘大国，鲁国只有八百乘，邾国六百乘，唯一的超级大国晋国也只能勉强凑数四千乘。（参阅《左传·哀公七年》《昭公十三年》）按照春秋时代已经大大深化了的私有制观念，齐国的兵赋自然就是齐君的兵赋，齐国自然就是齐君之国，所以“齐景公有马千驷”，就是“齐景公有千乘之国”。

③“死之日”两句：据《左传·隐公元年》记载，诸侯五月而葬。那么齐景公死后，丧期五个月，其间宗室朝廷要根据他活着时的为人为事，给他议定个“谥”，也叫“谥号”，这一宗教活动叫作“名”（《孟子·离娄下》7.2：“名之曰幽厉。”），后世民间称之为“盖棺定论”。《春秋》记载华夏诸侯去世和安葬，死之月均无谥，安葬时才有谥，就是因为这个缘故。可是大家回首齐侯的平生，发现他居然“无德”可称。周代文献记载为死者议定谥号时，有“无德而称”和“无得而称”两种说法。前者指死者不仁不义因此无所称道，后者指死者大仁大德让后人无比感佩因此不知怎么称道，犹如后世“语言无力”之义。本章两个“民”字均兼指“人”（贵族）“民”（平民）。《泰伯篇》8.1、8.19，《尧曰篇》20.1中的几个“民”字也如此。

④ 伯夷、叔齐：商朝末期孤竹国国君的两位公子，都不愿意嗣位为君，而逃离孤竹国。武王伐纣，两位公子自认是商朝臣民，耻食周粟，最后饿死于首阳山。两位公子颇负盛名，周代文献多有记载。

【译文】

（孔子说）“齐景公拥有千乘大国，死的时候，人民都觉得他没什么值得称道的。伯夷叔齐（都不要孤竹国，两手空空，又耻食周粟）饿死在首阳山下，人民至今还在称颂他们。那就是这个意思吧？”

【简析】

孔子大约在鲁昭公二十五年至三十二年之间，在齐国给高昭子做家臣，与齐景公直接打过交道，对齐景公相当了解。本章将粗鄙、贪财、富有的齐景公，与因为不愿意继承诸侯爵位而贫困的伯夷、叔齐进行对比，鄙视齐景公，称颂伯夷、叔齐。西周末期春秋时代，中国进入钢铁文明时代，经济飞速发展，私有制更加深入人心，齐景公将齐国视作自家产业，也是时代使然。加上齐景公生性粗鄙猥琐，生活奢靡无度，齐国最后落入田氏之手，他要负主要责任，所以特别为世人所不齿。

16.13 陈亢[①]问于伯鱼[②]曰："子[③]亦有异闻乎？"

对曰："未也。尝独立，鲤趋而过庭[④]。曰：'学《诗》乎？'对曰：'未也。''不学《诗》，无以言。'鲤退而学《诗》[⑤]。他日，又独立，鲤趋而过庭。曰：'学礼乎？'对曰：'未也。''不学礼，无以立。'鲤退而学礼。闻斯二者。"

陈亢退[⑥]而喜曰："问一得三：闻《诗》，闻礼，又闻君子之远其子[⑦]也。"

【题旨】

本章为陈亢所记录，实际上应该视作孔子语录，记载孔子叮嘱儿子学《诗》学礼。

【注释】

① 陈亢，字子禽，《论语》中共出现了三次：《学而篇》1.10、《子张篇》19.25及本章。除了本章自称姓名外，另外两章都称其表字，说明本章是陈亢自己所记录，所以我将"陈亢"翻译为"我"。《仲尼弟子列传》不收陈亢，盖因其对孔子无礼（《子张篇》19.25），而判断他不是孔子弟子。《论语》郑玄注、《檀弓》均称其为孔子学生，可从。

② 伯鱼：孔子之子孔鲤，字伯鱼。伯鱼五十岁去世，其时孔子七十岁。由此可以大体推算出本章记录之事，必在孔子七十岁，伯鱼五十岁之前。陈亢自称姓名，尊称同学伯鱼的表字，符合周礼。

③ 子：此非尊称，而做第二人称代词，你。

④ 趋：卑者见尊者不可昂首阔步，更不可踱步，只能颔首前倾，小步快走，谓之趋。此礼至今犹存。庭：庭院。古代地多人少，稍有钱财者，都会盖一个大院子，建设若干栋独立的房子，成年儿子与父母分开居住，但又都在同一个院子里，所以孔鲤经常在院子里遇到父亲。

⑤《诗》、礼：据《左传·襄公二十九年》，传世《诗经》最晚在鲁襄公时代编辑成书，那时孔子未出生或只是个孩子，所以要用书名号。春秋末期并没有专门的礼学书籍，周礼还是习惯法和成文法的混合体，其周礼规制散见于周朝的许多文献中，所以亦可不用书名号。

⑥ 退：从孔鲤室中退出。

⑦ 君子之远其子：君子，特指孔子。《乡党篇》《礼记·儒行》都有以“君子”特指孔子的案例。远其子：即不特别照顾特别培养自己的儿子，对待儿子如同对待弟子。

【译文】

我问伯鱼道：“你在夫子那里另有所闻吗？”

伯鱼答道：“没有。（他老人家）曾一个人站（在庭院中），我恭敬地走过庭院。他问我：‘学了《诗》吗？’我答道：‘没有。’（他老人家说）‘不学《诗》，就不会说话。’我退回便学《诗》。有一天，（他老人家）又独自一人站（在庭院中），我恭敬地走过庭院。（他老人家）问我：‘学了礼吗？’我答道：‘没有。’（他老人家说）‘不学礼，就无法安身立命。’我退回便学礼。只听到这两件。”

我从伯鱼室中退出来，非常高兴地说：“我问一件事，知道了三件事：知道要学《诗》，知道要学礼，又知道老师并非特别亲近自己的儿子。”

【简析】

春秋时代贵族交往时，尤其是在外交场合，经常赋《诗》，借以表达自己的意思。如果不会赋《诗》，或者人家赋《诗》你听不懂，那是极其丢人的事。所以孔子说“不学《诗》，无以言”。

“礼”极其复杂，核心是确定贵族之间的君臣父子关系，所以不学礼则无以安身立命，也就是找不到自己的位置（周代“立”“位”同字）。

16.14 [①]邦君之妻，君称之曰夫人，夫人自称曰小童，邦人称之曰君夫人，称诸异邦曰寡小君[②]，异邦人称之亦曰君夫人。

【注释】

① 本章与16.12、《先进篇》11.18一样，开头应佚“子曰”二字。《先进篇》11.13“子乐”之后，当佚“曰”字。

② 小君：亦称“少君”，见《左传·定公十四年》。

【译文】

（孔子说）“国君的嫡妻，国君称之为夫人，夫人自称为小童，国人称她为君夫人，但对外国人则称她为寡小君，外国人也称她为君夫人。”

阳货篇第十七

共二十六章

17.1 阳货①欲见孔子②，孔子不见。归③孔子豚。

孔子时④其亡也，而往拜之，遇诸涂。

谓孔子曰⑤："来，予与尔言。"曰："怀其宝而迷其邦，可谓仁乎？"曰："不可。好从事而亟失时，可谓知乎？"曰："不可。日月逝矣，岁不我与。"

孔子曰："诺，吾将仕矣。"

【题旨】

本章记载阳货劝孔子出仕。

【注释】

① 阳货：《左传》亦称阳虎，鲁国上卿季氏的总管。季桓子把持鲁国朝政，阳货反而控制了季氏甚至整个朝廷，鲁国形成了所谓"陪臣执国命"（《季氏篇》16.2）的格局。春秋晚期，华夏大国上卿的总管，一般都同时是朝廷大夫。而当时孔子尚未出仕，只是普通的士。所以阳货能够以大夫之尊，居高临下与孔子说话。子路在做季康子的总管时，可以直接安排同学高柴做县长（见《先进篇》11.25）。同理，阳货也可以直接安排孔子做官，所以阳货劝告孔子做官。按照周礼，大夫有所赐，士应该登门道谢，阳货于是用送礼的方法，迫使孔子上门

道谢，从而会见孔子。阳货失败逃亡大约在鲁定公九年，孔子出仕做鲁相在阳货出奔之后不久，大约就在定公十年，《左传·定公十年》记载孔子为鲁相，就是公卿。由此算来，阳货劝孔子出仕，应在其败亡之前不久。

② 孔子：本章故事发生时，孔子尚未做鲁国公卿，原始记录必然尊称孔子为“先生”。《左传·定公十年》记载，孔子担任鲁国公卿。曾子门徒在编辑《论语》时，孔子已经去世四十多年。而且孔子鲁定公十年就是鲁国公卿，按照周礼，应该尊称为“子”。故一律改称为“孔子”“子”，这是文献编辑整理的通例。根据官员后来最高的官职，称呼早先的人，这一周礼至今没有发生任何变化。

③ 归：假借为“馈”。《左传·闵公二年》“归公乘马”“归夫人鱼轩”，皆其例。

④ 本章第一个“时”，合适时，用法与《学而篇》1.1“学而时习之”之“时”相同。第二个“时”，时机。

⑤ 谓孔子曰，以及后面的三个“曰”字，都是阳货对孔子说话，阳货每次说了话，都等孔子答话，孔子不回答，阳货只有不断地自己说话。记录者用了几个“曰”字，表示阳货说话，中间有很长的停顿。

【译文】

阳货想孔子拜见自己，孔子不去拜见他。（阳货就瞅准孔子不在家的机会，到孔子家里）送了一个蒸熟了的小猪（想让孔子依礼上门道谢，拜见自己）。

孔子也瞅着阳货不在家时而去拜谢他，不料在路上遇见了他。

阳货对孔子说：“来，我和你说话。”（见孔子不搭理，过了会）又说：“自己揣着宝贵的才能却让国家犯糊涂，可以叫仁德吗？”（见孔子不搭理，过了会）又说：“不可以。明明喜欢做官却屡屡失去机会，可以叫明智吗？”（见孔子还是不搭理，过了会）又说：“不可以。时光一去，就不再回来了啊！”

孔子说：“好吧，我将出仕了。”

【简析】

本章记载阳货劝告孔子出仕。这个故事，《孟子·滕文公下》6.7说得很明白：阳货想让孔子拜见自己，孔子又不想见他，所以以豚为道具，演出了这一故事。

鲁昭公耽于游乐，不似国君。昭公二十五年，他在与“三桓”的冲突中被打败，逃到齐国做寓公，一直到三十二年客死齐国，尔后鲁定公嗣位。鲁国既然无望，孔子大约从鲁昭公二十五年至鲁昭公三十二年或鲁定公元年期间，在齐国做高昭子的家臣，谋求获得齐景公的重用，以实现治国平天下的理想，但是计划不成功（详见《孔子世家》）。鲁定公嗣位后，孔子遂回到鲁国寻找发展机会，但这时阳货又专权，实际控制鲁国。孔子于是干脆不做官，一心一意读书教书，这样过了将近十年的时间。所以阳货劝告孔子出仕。

17.2 子曰：“性相近也，习相远也。”

【题旨】

本章论人性。

【译文】

孔子说：“人的天性原本相近，但因后天习染不同，其性情便相去甚远。”

【简析】

孔子生活在中国历史的前哲学时代，战国时代中晚期中国开始进入哲学时代。孔子分析人性善恶，总是根据具体的人做具体的分析，很少谈抽象的人性。墨家弟子告子、孟子、孟子弟子公都子、战国末期荀子，才开始谈论抽象的人性，孟子认为性善（《孟子·公孙丑上》3.6），荀子认为性恶（《荀子·性恶篇》），皆言人性之善恶。

17.3 子曰：“唯上知与下愚不移。”

【题旨】

本章从有无道德的角度，评价了六君子和平民百姓。

【译文】

孔子说："只有上等的智者和下等的愚民是改变不了的。"

【简析】

据《礼记·礼运》《季氏篇》16.9等文献记载，孔子根据有无道德，以及道德水平的高低等标准，将天下所有的人分为四等："生而知之"的仁者是尧舜，他们的仁德与生俱来，并非后天习得；聪明智慧的仁者是夏商周三代的禹汤文武成王周公"六君子"，他们实行仁政，只是为了自己获得巨大而长远的利益，他们明白，只有认真实行仁政，自己的利益才有保障；春秋霸主为了独霸天下，无不碰得头破血流，最后只好实行仁政，方可获得利益；平民百姓为衣食所困，不可能也毫无兴趣去琢磨实行仁政治国平天下的事情。

可见，"上知（智）"即指聪明智慧的"六君子"，他们实行仁政，崇尚仁德，完全是出于理性的选择。"下愚"即"困而不学"的平民百姓。"六君子"这样的"上智"，经过反复比较，最终选定了仁政，明白只有实行仁政，自己的利益才能最大化，不可能选择别的治理方式，所以不可改变；平民百姓对仁政，对如何治理国家天下，完全没有任何兴趣，所以也不可改变。

孔子本章为什么不讨论尧舜和春秋霸主呢？"天下为公"的尧舜时代早已远去，而且一去不复返了。春秋霸主实行仁政，完全是迫不得已。如果有机会，他们可以随时抛弃仁德，不择手段，抢夺天下所有利益。所以霸主们一定会见机行事，随时改变。

17.4 子之武城，闻弦歌之声。夫子莞尔而笑，曰："割鸡焉用牛刀？"

子游[①]对曰："昔者偃也闻诸夫子曰：'君子学道则爱人，小人学道则易使也。'"

子曰："二三子！偃之言是也，前言戏之耳。"

【题旨】

本章记录孔子认错，承认礼乐的教化作用。

【注释】

① 子游：姓言，名偃，字子游，吴国人，孔子晚年弟子。他学有所成，就在鲁国武城做县长。孔子到了武城，看望弟子，于是发生了本章记录的谈话。

【译文】

孔子到了武城，听到弹琴唱歌的声音。孔子微微一笑，说："杀鸡何必用牛刀（治理这么个小地方，还用得着礼乐教化吗）？"

子游答道："以前我曾听老师讲过：'君子学道就有仁德之心，小人学道就容易使唤。'"

孔子（对随侍弟子们）说："各位，（言）偃的话是对的，我前面的话只是开玩笑罢了。"

【简析】

孔子认为，典雅的音乐与"礼"一样，具有教化作用，是治理国家的重要工具，所以常常"礼乐"并称。颜回请教如何治国，孔子说："行夏之时，乘殷之辂，服周之冕，乐则《韶》《舞》（《武》）。放郑声，远佞人。郑声淫，佞人殆。"（《卫灵公篇》15.11）用《韶》《武》这类典雅的音乐教化人民，这就是在教他们"学道"。言偃严格地按老师的教导治理武城。孔子开头觉得，武城只是个弹丸之地，所以才开那种玩笑。当言偃正色以对时，孔子马上认错，承认言偃做得对。

孔子说"当仁，不让于师"（《卫灵公篇》15.36），子游的作为，是对老师这番话最好的解释；孔子教导弟子事君之道，"勿欺也，而犯之"（《宪问篇》14.22），事师如事君，子游当面“犯”师，是对老师教导最好的实践；孔门认为，君子不文过饰非，亦不二过（《里仁篇》4.7、《学而篇》1.8、《子张篇》19.21），孔子有过，立即承认，立即改过，这是君子之德最好的体现。

17.5 公山弗扰①以费畔②，召，子欲往。

子路不说③，曰：“末之也，已，何必公山氏之之也④？”

子曰：“夫召我者，而岂徒哉？如有用我者，吾其为东周乎？”

【题旨】

本章和17.7都记录孔子急于为官。

【注释】

① 公山弗扰：古史亦作“公山不狃”，鲁国上卿季桓子的家臣，字子洩。他反叛季桓子应有两次：第一次在鲁定公八九年间，孔子和子路都还没有做官，本章所记即此事。第二次是在定公十二年，此时孔子已经担任鲁国大司寇，子路担任季氏宰，孔子命人打败了不狃，《左传·定公十二年》即记录后一事。

② 畔：同“叛”。

③ 说：同“悦”。

④ 何必公山氏之之也：是“何必之公山氏也”的倒文，就是何必到公山氏那里去。

【译文】

公山弗扰凭借（季氏的采邑）费邑反叛，叫孔子去，孔子想去。

子路不高兴，说：“没地方去，就算了，何必去公山氏那里呢？”

孔子说：“那个叫我去的人，难道是白白地叫我去吗？如果有人用我，我或许可以在东夏复兴周道呢！”

【简析】

周朝君子想要实现人生理想、政治理想，一定要在大国长期做大官。脚下无平台，手中无利剑，说话不能作数，再美好的理想都会落空。孔子只是乡邑大夫之庶次子，只能做士。政治地位卑微，而理想却很远大，这注定他一生命运坎坷。鲁昭公时代晚期，国君自顾不暇，孔子只有到齐国寻找发展机会。沉寂八年，没有成功。鲁定公嗣位，孔子回国寻找发展机会，鲁国又“陪臣执国命”，孔子只有读书教书，又沉寂十年之久。定公十年，他以庶姓身份直接担任鲁相，做了公卿，这本是实现理想的好机会，可惜上卿季桓子假装中了齐人的美人计和离间计，故意气走孔子。从此孔子周游列国十几年，其间楚昭王、卫出公、鲁哀公都想用他，但最终都没有用成，鲁哀公十六年郁郁而终。

孔子做官，大多数情况下很讲格调，但是也有忍受不了，不加选择的时候。古代经师认为，曾参的门徒将17.5、17.7这两章选进《论语》，有损孔子的圣人形象。也有经师认为，这是孔子试探弟子，这是为尊者讳。其实都想多了。孔子是圣人，也是常人，也会犯错，这，恐怕就是《论语》编辑者要告诉我们的。

17.6 子张问仁于孔子。孔子曰：“能行五者于天下为仁矣。”“请问之。”曰：“恭、宽、信、敏、惠。恭则不侮，宽则得众，信则人任焉，敏则有功，惠则足以使人。”

【题旨】

本章论怎样做仁人。

【译文】

子张问孔子，怎样才能当个仁人。孔子道：“能躬行五种仁德于天下，就是仁人了。”

（子张道：）“请问是哪五种。”孔子说：“庄重、宽厚、诚实、勤敏、恩惠。庄重就不会受到侮辱，宽厚就会得到平民拥护，诚实就有大人任用，勤敏就能立功，恩惠就能使唤平民。”

【简析】

“人任焉”的“人”字指“大人”，因为只有“大人”才能任命官员。“使人”与孔子常说的“使民”“使小人”同义，因此“使人”的“人”字指小人（大夫以下的小吏）和平民（农民、手工业者、商人）。

孔子认为子产是贤人仁人，有“君子之道四”：“恭、敬、惠、义”（《公冶长篇》5.16），与本章所论相近，两章可以互证。

17.7 佛肸[①]召，子欲往。

子路曰：“昔者由也闻诸夫子曰：‘亲于其身为不善者，君子不入也。’佛肸以中牟畔[②]，子之往也，如之何？”

子曰：“然，有是言也。不曰坚乎，磨而不磷；不曰白乎，涅而不缁。吾岂匏瓜也哉？焉能系而不食[③]？”

【题旨】

本章记录孔子急于出仕，甚至到了不加选择的地步。

【注释】

① 佛肸（bì xī）：晋国公卿赵简子的采邑中牟的总管，即中牟县长。中牟，其地在今河北邢台、邯郸之间。佛肸据此反叛赵简子（与公山弗扰占据季桓子采邑费邑而反叛季氏相同），并且叫孔子去，孔子也想去，于是孔子、子路师徒有这番对话。

② 畔：同“叛”。

③ 孔子的话共用了三个比喻。“不曰坚乎”四句用了两个比喻，说明忠奸终究不同，自己并不担心被人误解。“匏瓜”是第三个比喻。甜葫芦适口期才可吃，苦葫芦和过了适口期的葫芦，农民就只能将其晾晒

干，渡黄河时将其系在腰间作腰舟，助人渡河，说明孔子自己很想派上用场。

【译文】

佛肸叫（孔子到中牟去），孔子想去。

子路说："过去我曾听您说过：'亲自做坏事的人那里，君子是不会去的。'佛肸凭借中牟谋反，您却要去，怎么说得过去呢？"

孔子道："对，我有过这样的话。但真正坚固的东西，磨也磨不薄；真正白的东西，染也染不黑。我难道是那种干枯了的葫芦吗，难道只能系在腰间（当腰舟）而不能吃吗？"

【简析】

邢昺《论语注疏》认为孔子只是说说而已，目的是"观门人之意"，恐为悬想臆测之辞，盖为尊者讳。

子路只小孔子九岁，几乎终身追随孔子，长期担任孔子的侍卫，师徒感情很深。子路性情直爽，经常当面冒犯老师，本章就是一个例子。

17.8 子曰："由也！女闻六言六蔽矣乎？"对曰："未也。"

"居①，吾语女。好仁不好学，其蔽也愚；好知不好学，其蔽也荡；好信不好学，其蔽也贼；好直不好学，其蔽也绞；好勇不好学，其蔽也乱；好刚不好学，其蔽也狂。"

【题旨】

本章劝学。

【注释】

① 居：坐下。古人席地而坐，此前仲由必陪孔子坐着，老师有问，弟子必然跪起（只是臀部离开脚后跟，双膝仍然着地，大腿上身挺直而

已）答“未也”，故孔子叫他坐下。

【译文】

孔子道：“由啊，你听说过六句话概括不读书不做学问的六种弊病吗？”子路答道：“没有。”

孔子道：“坐下，我告诉你。爱仁德而不爱学问，其弊病是愚笨；爱智慧而不爱学问，其弊病是只有小聪明而没有真根基；爱诚信而不爱学问，其弊病是为守小信而害人；爱直率而不爱学问，其弊病是说话伤人；爱勇敢而不爱学问，其弊病是容易犯上作乱；爱刚强而不爱学问，其弊病是狂妄胡来。”

【简析】

孔学有两大理论体系，一是道德，也叫仁、道、德、圣、善等等，核心是君子要终身致力于治国平天下；二是学问，就是礼，也叫礼乐，核心是“君君，臣臣，父父，子子”，政治秩序、社会秩序井然。国家天下治理好了，政治秩序、社会秩序就都井然有序了。所以，其两大理论体系之间有密切联系。

孔子之所以特别跟仲由（字子路）讲这番君子要读书做学问的道理，很可能与仲由“性鄙好勇”（《史记 · 仲尼弟子列传》），读书做学问只是“升堂”而未“入室”（《先进篇》11.15）有关，还可能与子路有时轻视读书做学问（《先进篇》11.25）有关。

孔子之意，是说“仁智信直勇刚”虽然都是君子的好品德，但要是没有学问的滋润，则易心智闭塞，不能真正理解很好实行这些美德，容易让人出错。

17.9 子曰：“小子何莫学夫《诗》[①]?《诗》，可以兴，可以观，可以群，可以怨；迩之事父，远之事君；多识于鸟兽草木之名。”

【题旨】

本章论《诗经》的政治作用，鼓励学生学习《诗经》。

【注释】

① 本章中的“诗”，与《泰伯篇》8.8的“诗”一样，可有二解：一、泛指“诗”；二、特指《诗》，即《诗经》。

【译文】

孔子说：“学生们何不学学《诗经》？学习《诗经》，可以培养联想力，可以提高观察力，可以增强合群力，可以学到讽刺方法；近可以教导我们侍奉父母，远可以教导我们服事国君；还可以让我们多多认识鸟兽草木的名称。”

【简析】

中国古代实行宗法制，天子、诸侯、卿大夫之间，往往具有双重关系，伦理上是父子或兄弟或姻亲，政治上是君臣。本章将“事父事君”相提并论，就是因为这个原因。中国文化“家国同构，忠孝一体”的秘密就在这里。

“鸟兽草木”一句，不过是孔子顺便补充言之而已，并无特别含义。“多识于鸟兽草木之名”，其作用当然不可能与“兴观群怨”“事父事君”相提并论。但因夫子顺便讲了这句话，古代经师甚至有人专门研究《诗经》中的“鸟兽草木之名”，其实大可不必。

本章是孔子最重要的“诗论”，后世学者研究者甚众。从这番“诗论”里，已可以看出他将《诗经》政治化道德化，即所谓“思无邪”的倾向。但孔子所言不完全是事实。

17.10 子谓伯鱼[①]曰：“女为《周南》《召南》矣乎？人[②]而不为《周南》《召南》，其犹正墙面而立也与！”

【题旨】

本章教导儿子孔鲤好好学习“二南”，好好体会周道王化，也是孔子的重要“诗论”。

【注释】

① 此称孔鲤为伯鱼，这是记录者的口吻，不是以孔子的身份。孔子称子，自然称名。

② 人：此用狭义，指君子。

【译文】

孔子对伯鱼说："你学过《周南》《召南》了吗？身为君子而不学习《周南》《召南》，就像面对墙壁站着（什么都看不到，寸步难行）罢！"

【简析】

孔子为什么认为"二南"特别重要呢？《左传·襄公二十九年》记载，吴公子季札访问鲁国时，"请观于周乐。使工为之歌《周南》《召南》。曰：'美哉！始基之矣，犹未也，然勤而不怨矣。'"季札说"二南"记载西周早期周公、召公之风化自北而南，泽被江汉流域，为周道王业奠定了基础，但王业尚未建成，民众虽然辛劳而不抱怨。季札的见解对我们理解本章孔子的话很有借鉴意义。春秋时代几乎所有的外交场合都会赋诗言志，而且大多数情况下都赋"二雅""二南"。这一方面是因为"二雅""二南"都是周诗，天下影响大，比"颂"诗"风"诗影响都大；（"二南"虽然编在"国风"中，但地位特殊，所以古人甚至认为"二南"别是一类）另一方面是因为春秋诸侯均以周德周礼为正宗，而"二雅""二南"则是周德周礼最好的体现者。如果人家赋"二南"，你居然听不懂，说明你完全没有文化，完全不懂周礼，是极其无礼极其丢人的事。

明白了"二南"的主旨，知道了孔鲤作为仁德君子的历史使命，本章就好理解了。孔子认为，"二南"记载了周公、召公的丰功伟业，记载了周德王化泽被江汉流域的历史进程，君子若不认真学习"二南"，便不知周德之所以伟大，王业之来之不易，民众之何以不怨，将来如何治理国家？当然如同面墙而立，一无所见，寸步难行。

17.11 子曰："礼云礼云，玉帛云乎哉？乐云乐云，钟鼓云乎哉？"

【题旨】

本章论礼乐的重点不是仪，而是它的本质。

【译文】

孔子说："礼呀礼呀，难道仅指玉帛而说的吗？乐呀乐呀，难道仅指钟鼓而说的吗？"

【简析】

"礼"源于数万年以前的宗教祭祀活动，到了尧舜夏商周春秋时代，逐步形成了一系列成文不成文的制度规定，故称礼俗、礼法、礼制。孔子说，礼并不仅指玉帛等祭祀用品所代表的仪，礼的本质是确定人与神、人与人的宗教关系、政治关系、伦理关系，让天下井然有序，我们要明白自己所处的位置，要"君君，臣臣，父父，子子"。

"乐"也源于宗教祭祀活动。祭祀鬼神时要娱悦鬼神，便有了乐。周人在祖庙和朝廷上必定演奏舜帝大禹时代的古乐和周朝春秋时代的"风雅颂"，统称"周乐"。孔子认为，我们的心思不能仅仅放在乐器和旋律上，而要遥想圣人，领悟王化，心忧天下，恢复王道。

齐国的晏子（详见《孔子世家》），汉初的司马谈（详见《太史公自序》引《论六家之要旨》），都是伟大学者，连他们都经常被孔子儒学复杂的礼仪弄得晕头转向，并因此批评孔子儒学太复杂，穷尽一生都弄不明白。其实孔子对不涉及国体政体的具体的仪，并不是很在意。例如，编织礼帽是用蚕丝还是用麻线，孔子就并不在意；丧葬礼仪具体如何，他也不在意，认为孝子只要真正悲戚就可以了；当时贵族厚葬成风，孔子安葬儿子孔鲤，只有内棺，没有外椁，用实际行动提倡薄葬。孔子只在意涉及君臣父子大统，涉及国家天下政治秩序的礼仪。即使历史发展到今天，当涉及国统政体时，我们仍然是非常讲究礼仪的。

17.12 子曰："色厉而内荏，譬诸小人，其犹穿窬之盗也与？"

【题旨】

本章讽刺伪君子并无真正的勇敢。

【译文】

孔子说："（有些所谓的君子）脸色厉害，而内心怯弱，拿小人来类比，恐怕像个挖洞跳墙的小偷吧？"

【简析】

周代君子认为，像大禹、商汤、周武王这样的仁德君子，"一怒而安天下之民"，这是仁者的大仁大智大勇。孔子认为，仁德君子是"仁者知（智）者勇者"，"不忧不惑不惧"（《宪问篇》14.28）。但那些"不仁"的"君子"（《宪问篇》14.6）并没有"仁智勇"这三种美德，因此就会"忧惑惧"，他们只是伪君子而已。本章即论述这种伪君子无勇的特点。

"小人"有很多种，当然包括"盗"。但"盗"本是明火执仗杀人越货者，故后世称之为"强盗"，如春秋时代的"盗跖"（柳下跖）。而那些胆小懦弱的"盗"，居然只能干些乘人不备小偷小摸的勾当，今人称为"小偷"，不够资格做"盗"。孔子拿那些怯弱的所谓"君子"，与偷偷摸摸的"盗"（小偷）类比，可谓极尽讽刺之能事。实际上是说，这些人貌似"君子"，实为"小人"，是"小人"中的"盗"，而且只是那种胆小如鼠、不能入流的"盗"。

17.13 子曰："乡愿，德之贼[①]也。"

【题旨】

本章批评好好先生。

【注释】

① 贼：动词用作名词，本指杀人者，在此类比败坏道德者。

【译文】

孔子说："那些没有是非的好好先生，是败坏道德的小人。"

【简析】

"乡愿"，孟子称"乡原"，今称"好好先生"。孟子学习了本章孔子语录，对好好先生有十分精彩的描绘："非之无举也，刺之无刺也，同乎流俗，合乎污世，居之似忠信，行之似廉洁，众皆悦之，自以为是，而不可与入尧舜之道，故曰'德之贼'也。"(《孟子·尽心下》14.37)孔子认为，正人君子，理应有正常的是非标准。人们对他的评价，应该是"乡人之善者好之，其不善者恶之"(《子路篇》13.24)，就是好人说他好，坏人说他坏。如果所有的人都说他好，说明他就不是个正派人，只是个"好好先生"。

17.14 子曰："道听而途说，德之弃也。"

【译文】

孔子说："在路上听到什么传言，未经核实，就四处传播，这种风气应该抛弃。"

17.15 子曰："鄙夫[①]，可与事君也与哉？其未得之也，患（不）得之[②]。既得之，患失之。苟患失之，无所不至矣。"

【注释】

① 鄙夫：有时指平民（《子罕篇》9.8），有时称"难事而易说（悦）"的"小人"（《子罕篇》13.25），此当指经商致富而买得官职者。孔子对"不仁"的"君子"还算客气，还不至于称他们为"鄙夫"（《宪

问篇》14.6）。

② 患得之：疑本为“患不得之”，脱一“不”字。古人对此已有共识。

【题旨】

本章批评当官的小人患得患失，难以共事。

【译文】

孔子说：“小人，可与他共同服事国君吗？当他尚未得到官位的时候，担忧得不到。已经得到官位了，又担忧失去官位。如果他担忧失去官位，就会无所不用其极了。”

17.16 子曰：“古者民[①]有三疾，今也或是之亡[②]也。古之狂也肆，今之狂也荡；古之矜也廉[③]，今之矜也忿戾；古之愚也直，今之愚也诈而已矣。”

【题旨】

本章论古今民风的变化，感叹人心不古，世风日下。

【注释】

① 民：与“人”相对而言，指平民百姓，下等人。

② 是之亡（无）：“亡（无）是”的倒文。

③ 廉：器物方正有棱有角，借喻行为端正。

【译文】

孔子说：“古代民众有三种毛病，如今或许都没有了（却有了新的毛病）。古代民众狂妄而放肆，如今民众狂妄而放荡；古代民众矜持而方正，如今民众矜持而暴虐；古代民众愚笨而直率，如今民众愚笨而欺诈，如此而已。”

【简析】

文明社会经常有人感叹人心不古，世风日下，这是因为经济发展，现实利益巨大，传统道德难以制约，必须采取新的治理方法。

夏商西周实行井田制，土地名义上归天王所有，实际上归中小贵族控制。但是平民每户都有宅基地，都有几十上百亩农田的使用权，天下倒也安稳，民风比较淳朴。春秋中期，大贵族利用重新划分田界的机会，巧取豪夺，掠夺小贵族和农民的土地，土地逐步私有化，税收不断提高，民众对财富的追求更甚以往，所以民风不似古代淳朴。经济越发展，民风越不淳朴，这是历史发展规律，也是孔子所不明白的。

17.17　子曰："巧言令色，鲜矣仁。"

【简析】

本章与《学而篇》1.3重复。孔子讲话时，弟子当时各有所记，后均被收录。

17.18　子曰："恶紫之夺朱也，恶郑声之乱雅乐也，恶利口之覆邦家者。"

【题旨】

本章严厉批评贵族搅乱社会政治秩序的行为。

【译文】

孔子说："憎恶紫红色衣裳夺去朱红色衣裳礼法地位的行为，憎恶郑国音乐扰乱雅乐礼法地位的行为，憎恶奸佞小人强舌利口颠覆国家的行为。"

【简析】

周礼，诸侯衣裳的正色是朱红色。春秋时代，诸侯卿大夫甚至家臣都逐步穿紫色的衣裳了。贵族的服装车马要与其身份相符，谓之"称"，不相符谓之“不称”。孔子认为，人服“不称”，是扰乱周礼的表现。

“周乐”包括虞夏商周四代的音乐和“风雅颂”。“雅乐”主要是文武成康时代的音乐。“雅”是西周王畿的方言，王畿是西周的政治文化中心，所以那里的方言成为周朝的普通话“雅言”(《述而篇》7.18)，那里的音乐也称为“雅乐”。而“郑声”则是春秋时代郑国的流行音乐。《郑风》歌词今存，多为情歌，估计情歌音乐“郑声”尽情抒情，毫无节制，所以孔子说它“淫”，季札说它“细”(见《左传·襄公二十九年》)。“淫”谓其毫无节制，“细”谓其格局太小，无法与洪钟大吕相比。音乐在古代具有宣示礼制，陶冶性情，教化人民，治国理政的作用，所以“礼乐”并称。孔子认为“郑声”流行，冲击了“雅乐”的礼法地位，这也是扰乱周礼的表现。

奸佞小人“利口”强舌，不顾事情真相，但求一己私利。《论语》等周代文献中批评这类小人的话很多。孔子认为，这些人都是目无礼法的“小人”。

17.19 子曰:“予欲无言。”子贡曰:“子如不言，则小子何述焉？”子曰:“天何言哉？四时行焉，百物生焉，天何言哉？”

【题旨】

本章记载，孔子想效法天，从此不再说什么。

【译文】

孔子道:“我想不再说什么了。”子贡说:“您如果不说话，那么我们传述什么呢？”孔子道:“天说了什么呢？四季照样更替，百物照样生长，天说了什么呢？”

【简析】

中国的“天”既是人格的天、神格的天，又是自然的天。中国人有时认为天人合一，有时又认为天人两分，古今皆然。本章似乎突出了天的自然属性。

孔子一生“诲人不倦”，以致弟子随侍时，都有随身携带空白竹简以备记录传述的习惯。本章孔子说不想再说什么了，恐系夫子一时之念。

子贡的这个“述”字十分重要，需要细心体会。这说明，孔子教学，是有意识地传述尧舜夏商周春秋六代的思想文化；弟子随时记录夫子的教诲，曾参师徒编辑《论语》，都是出于传述夫子之道的理性行为。他们都明白孔子在华夏文明史上的崇高地位，都明白夫子之道的伟大而深远的意义，都有高度的文化自信和文化自觉。孔子及其徒子徒孙这种自觉理性的行为，从孔子鲁昭公二十四年设帐算起，到孔子去世四十四年曾子去世，《论语》编辑成书为止，至少延续了八十年。《论语》成书后，孔子的一代代徒孙无不认真学习，自己努力实行夫子之道，并且代代传承夫子之道，这在人类文明史上都是极其罕见的。

17.20 孺悲欲见孔子，孔子辞以疾。将命者出户，取瑟而歌，使之闻之。

【译文】

孺悲想见孔子，孔子以有病为由加以推辞。传命的人刚出门，孔子便取下瑟，边弹瑟边唱歌，故意使孺悲听到（让他知道自己没有病，只是不想见他）。

【简析】

孺悲，鲁国人。《礼记 · 杂记》记载，鲁哀公曾让他向孔子学习士丧礼。不知孔子为何故意不见他。

17.21 宰我问：“三年之丧，期已久矣。君子三年不为礼，礼必坏；三年不为乐，乐必崩。旧谷既没，新谷既升，钻燧改火[①]，期可已矣。”子曰：“食夫稻，衣夫锦，于女安乎？”曰：“安。”

“女安，则为之！夫君子之居丧，食旨不甘，闻乐不乐，居处不安[②]，故不为也。今女安，则为之。”

宰我出。子曰：“予之不仁也！子生三年，然后免于父母之怀。夫三年之丧，天下之通丧也，予也有三年之爱于其父母乎？”

【题旨】

本章论述“三年之丧”是“天下之通丧”，但这不是历史事实。

【注释】

① 钻燧改火：周代人工取火之法，有“金燧”和“木燧”，前者用金属凹镜聚集太阳光而取火，故亦名“阳燧”，后者钻木取火。拿来取火的树木，四季不同，春用榆柳，夏用枣杏、桑柘，秋用柞楢，冬用槐檀，不断循环改换，故云“改火”。此从杨伯峻先生《论语译注》说。

② 居处不安：守丧期间另搭草庐，叫作“凶庐”，住在草庐里。丧礼结束才能回家住。

【译文】

宰我问道：“父母死了，为之守丧三年，为期也太久了。君子三年不习礼，礼仪必定废掉；三年不奏乐，音乐必定忘掉。陈谷已经吃完了，新谷又已登场了，打火用的燧木又改换了，（守丧）一年就可以了。”孔子道：“（父母刚死，还不满三年）你就吃白米饭，穿锦绣衣，你心里安宁吗？”宰我道：“安宁。”“你心安，就去做吧！君子守孝，吃美味不知道甘甜，听音乐不觉得快乐，住在家里不以为舒适，所以不这样做。如今你心安，就去做吧！”

宰我退了出去。孔子道：“（宰）予真不仁啊！儿女生下来，三年才能脱离父母的怀抱。替父母守孝三年，是天下通行的丧期。予难道没有从他父母那里得到怀抱三年的爱护吗？”

【简析】

周朝有两种“三年之丧”，丧期长短不一。一是至少二十五个月三个年头的老的“三年之丧”，先周时代实行（但是夏朝实行“七七之丧”），周朝偶然有所残留；二是天子七月、诸侯五月、卿大夫三月、士两个月的新的“三年之丧”，周朝官方正式实行。孔子一向主张实行老的“三年之丧”，本章孔子师徒就是在讨论老的“三年之丧”。

宰我说三年丧期太长，影响了子孙的生计，主张守丧一年。孔子主张守丧三年：一是儿女得到父母三年呵护才能下地走路，如今守丧三年，是报恩。这话有理，但若影响子孙生计，必非父母所愿。二是“三年之丧”是“天下之通丧”，这不是历史事实。参阅《学而篇》1.11，亦可参阅吴天明《孔孟倡导“三年之丧”的政治目的和文化考量》，《湖北社会科学》2017年第8期。

17.22 子曰：“饱食终日，无所用心，难矣哉！不有博弈①者乎？为之，犹贤乎已。”

【题旨】

本章应该批评部分“君子”。平民生计艰难，不可能如此。

【注释】

① 博：掷彩看点数，决定谁先走棋；弈：下围棋。

【译文】

孔子说：“整天吃得饱饱的，什么事都不做，（这种人）就难办了啊！不是有博彩下棋的游戏吗？去干干，也比什么都不干强。”

【简析】

春秋时代进入钢铁文明时代，经济发展很快，贵族生活奢靡，有钱而且有闲，孔子看到这样的贵族，并不奇怪。

17.23 子路曰："君子尚勇乎？"子曰："君子义以为上。君子有勇而无义为乱，小人有勇而无义为盗。"

【题旨】

子路"性鄙好勇"(《仲尼弟子列传》),《论语》多有记载，孔子多次批评他。本章强调以义为上，颇有针对性。如果是生性懦弱的弟子，孔子就可能说，"君子尚勇"。

【译文】

子路问："君子崇尚勇敢吗？"孔子道："君子认为义最尊贵。君子有勇无义就会犯上作乱，小人有勇无义就会做土匪强盗。"

【简析】

孔子认为，仁德君子"仁智勇"，但是周朝君子鄙视睚眦必报、出于私仇的所谓勇，而赞赏出于天下公义的大智大勇，要求君子"一怒而安天下之民"。

17.24 子贡曰："君子①亦有恶乎？"子曰："有恶：恶称人之恶者，恶居下（流）②而讪上者，恶勇而无礼者，恶果敢而窒者。"

曰："赐也亦有恶乎？"③"恶徼以为知者，恶不孙④以为勇者，恶讦以为直者。"

【题旨】

本章记载孔子与子贡讨论各自憎恶的人。

【注释】

① 君子：在此特指孔子。《乡党篇》10.6、《阳货篇》17.24、《子张篇》19.12、《礼记·儒行》均有案例。

②“流”当为衍文。

③ 子贡回答老师的三句话前面，应佚“对曰”二字。

④ 孙：同“逊”。

【译文】

子贡问道：“老师您亦有所憎恶吗？”孔子道：“有所憎恶：憎恶说别人坏话的人，憎恶身居下位而诋毁君上的人，憎恶勇敢而无视礼法的人，憎恶办事果敢但冥顽不化的人。”

孔子问道：“赐，你也有所憎恶吗？”（子贡答道：）“我憎恶剽窃别人成绩却自以为聪明的人，憎恶出言不逊而自以为勇敢的人，憎恶攻讦他人还自以为直率的人。”

17.25 子曰：“唯女子与小人为难养也，近之则不孙，远之则怨。”

【题旨】

本章严词批评不甘其位搅乱朝纲的宠臣和宠妾。

【译文】

孔子道：“只有女子和小人是难以畜养的了，亲近了，他会无礼；疏远了，他又怨恨。”

【简析】

本章文字上只能这样翻译，却没有说清楚孔子的意思。

本章语录，近百年最为经师和世人所诟病，这与女权主义、民粹主义的兴起有关，也与世人因为文化隔膜而产生的误解密切相关。不过本章所说的“女子与小人”，并非泛泛之论，而只是特指那些“嬖”“嬖人”，即天子诸侯卿大夫的宠妾和宠臣。他们的宠妾被称为“内嬖”（《左传·僖公十七年》“内嬖如夫人者六人”，“夫人”为嫡妻，将六位宠妾视如夫人），宠臣则被称为

“外嬖”（如《左传·庄公二十八年》称晋献公宠臣梁五和东关嬖五）。“内嬖”著名者如夏桀之妹喜，商纣之妲己，周幽之褒姒（均见《尚书》），晋献公之骊姬，卫灵公之南子（均见《春秋》《左传》《国语》）等等，其例甚多。“外嬖”则为天子诸侯卿大夫的各种宠臣幸臣，如果是大夫，就称“嬖大夫”；如果是宦官，则大多称“嬖寺”，春秋时代所有的诸侯都有宦官了。这些“女子与小人”常常搅乱君子的心智，甚至搅乱天下国家，因此春秋文献将其统统贬称为“嬖”“嬖人”，说明春秋君子都非常鄙视这些人，并非孔子一人而已。

译文统一用“他”字，这个字本来兼指男女。专指女性的“她”字是近代才出现的晚起字。

17.26 子曰：“年四十而见恶焉，其终也已。”

【译文】

孔子说：“（一个人）到了四十岁还被人厌恶，他这一生算完了。”

【简析】

《子罕篇》9.23：“后生可畏，焉知来者之不如今也？四十、五十而无闻焉，斯亦不足畏也已。”“四十、五十而无闻焉”，更进一层，则是“年四十而见恶焉”；“斯亦不足畏也已”，更进一层，则是“其终也已”。应将两章合读。

微子篇第十八

共十一章

18.1 微子①去之，箕子②为之奴，比干③谏而死。孔子曰：“殷④有三仁焉。”

【题旨】

本章称赞殷商仁人。

【注释】

① 微子：据《尚书》和周代许多典籍记载，微子为商纣王庶兄。其母生微子时，尚为其父王帝乙之妾，故微子为庶子。其母被立为帝乙嫡妻后才生了帝辛，故帝辛为嫡子，得嗣帝位，世人谓之纣。商亡，周封纣子禄父嗣殷，禄父谋反被杀。周封微子为宋君嗣殷，都商丘，即今河南商丘，故微子是天下宋氏始祖，孔子直系祖先。

② 箕子：纣王叔父，纣王无道，箕子进谏不果，便佯狂为奴，逃到今朝鲜半岛自立为王，周天子重封，以示认可。朝鲜半岛至今仍以箕子为神和祖先。

③ 比干：亦为纣王叔父，多次力谏，纣王剖其心而杀之。

④ 殷：族名；商：国号，朝代名。二字周代常常混用。

【译文】

（商纣王荒淫无道）微子离开了他，箕子做了他的奴隶，比干因力谏而被杀死。孔子说："殷商有三位仁人。"

18.2 [①]柳下惠[②]为士师，三[③]黜。人曰："子未可以去乎？"曰："直道而事人[④]，焉往而不三黜？枉道而事人，何必去父母之邦？"

【题旨】

本章所记，不管是孔子所亲述，还是弟子所转述，都反映了孔子一派人的见解：柳下惠是位贤人，他不管服事什么样的国君，都只会以"直道而事人"。孔子曾批评鲁国执政公卿臧文仲"下展禽"（《左传·文公二年》引），使这位贤人屈居下位，或许柳下惠反复被罢黜，与臧文仲有密切关系。

【注释】

① 本章若为孔子语录，则佚"子曰"或"孔子曰"；若为设帐弟子语录，则佚"某子曰"；若为孔门摘录的鲁史，则本来如此，并无佚文。《论语》中窜入了孔门弟子摘录以便记诵的少量古文，被曾参之门徒误作语录而编入，如果证据可靠，本书将一一指出。

② 柳下惠：鲁庄公、闵公、僖公时代的大夫，姓展，名获，字禽，住柳下（或曰食邑于柳下），其妻私谥"惠"，故称柳下惠。春秋战国君子多称颂之，孔子称赞他"贤"（《卫灵公篇》15.14）。

③ 三：汉语里的这类数词，有时做实词使用（如"殷有三仁焉"），大多实词虚化，做概数用，表示多。本章的两个"三"字，即为后一种用法。

④ 人：本指大人，即诸侯、公卿。考虑到柳下惠是大夫，其所服事者，应为诸侯，故译文直接将"人"译为"国君"。

【译文】

柳下惠当法官，多次被罢黜。有人说："您不能离开（鲁国）吗？"柳下惠说："按正道来服事国君，到哪里不会被反复罢黜呢？用歪门邪道来服事国君，何必要离开祖国呢？"

【简析】

柳下惠是春秋时代天下公认的贤人，晚周君子多有称颂，孔门亦然。

18.3 齐景公待孔子①，曰："若季氏，则吾不能②；以季、孟之间待之③。"曰④："吾老矣，不能用也。"孔子行。

【题旨】

本章记载孔子离开齐国之事。

【注释】

① 孔子大约于鲁昭公二十五年至三十二年之间，在齐国做高昭子的家臣，目的是让自己直接为齐景公所用，借助齐国的大国平台，一举实行治国平天下的理想。齐景公一度想重用他，因为晏子反对，加上齐景公年老无意治国而未果，大约在鲁定公嗣位后，孔子返回鲁国寻找发展机会。齐国高氏、国氏都是姜太公的子孙，而且都是周天王直接分封的上卿，虽然未必总有实权，其政治地位却远在管仲、晏子之上。当时孔子只是高昭子的普通家臣，按照春秋惯例，只有高氏的总管才可能是齐国大夫。所以本章原始记录，必然称孔子为"先生"。后来孔子做了鲁国公卿，弟子遂按照周礼，改称"孔子"。

② 鲁国的季氏长期担任上卿。按照周朝的政治传统，齐国的上卿由周天王从姜太公的后代中直接任命，齐侯无权任命上卿，只能任命下卿，即使是齐侯任命的管仲、晏婴，也要排在国氏、高氏之后。所以齐景公说，自己不能让孔子像季氏那样做齐国的上卿。

③ 季、孟之间：鲁国的季氏长期做上卿，孟氏长期做亚卿，则“季、孟之间”，也就是不是上卿的上卿，也就是准备让孔子实际执政。

④ 曰：这个“曰”的主语仍然是齐景公。因为他的两番话中间间隔了较长时间，所以另用一个“曰”字。

【译文】

齐景公在谈到怎么对待孔子时，对孔子说：“要我像鲁君对待季氏那样对你，（让你做上卿）那我做不到；我想用季氏、孟氏之间的待遇来对待你（让你实际做执政公卿）。”（过了些时候，齐景公）又说：“我老了，不能用你了。”孔子便离开了齐国。

【简析】

《孔子世家》考证，孔子三十五岁时，曾因鲁国内乱（季氏驱逐鲁昭公）而到了齐国，当了高昭子的家臣，想借此接近齐景公，做齐国朝廷大臣，从而一举实现治国平天下的理想。但是因为晏子坚决反对重用孔子，加上齐侯年老，无心国政，孔子只好离开齐国，返回鲁国寻找机会。齐景公问政，孔子以“君君，臣臣，父父，子子”对之，景公以为善（《颜渊篇》12.11）。在齐国闻《韶》乐，“三月不知肉味”（《述而篇》7.14），亦发生在这一时期。

18.4 齐人归[①]女乐，季桓子[②]受之，三日不朝，孔子行。

【题旨】

本章记载孔子被迫辞职之事。

【注释】

① 归：同“馈”。

② 季桓子：据《左传》记载，其父季平子于鲁定公五年去世，桓子同年嗣位；桓子于鲁哀公三年去世，康子同年嗣位。桓子临终时，明确告

诉康子，当初故意气走孔子，致使鲁国长期被齐国削弱，现在很后悔，要康子重新重用孔子，以壮大鲁国国力。康子不用命，哀公无实权，故孔子郁郁而终。康子故意不用孔子，主要是因为担忧如果孔子得势，势必将鲁国权力交还给诸侯，“三桓”必然失势。据《孔子世家》记载，楚国令尹子西反对楚昭王重用孔子，也是害怕孔子恢复周天王的实权，让楚国重新做一个蛮夷小国。

【译文】

齐国赠送了女乐，季桓子接受了，连续三天不上朝，孔子便辞职走了。

【简析】

据《孔子世家》，鲁定公十四年，孔子“由大司寇行摄相事”。“大司寇”是最高司法官，“相”是最高外交官，孔子身兼两位公卿之职，实权很大。齐人担忧孔子为政，使鲁国称霸，危及齐国，故用美人计离间鲁人。鲁国上卿季桓子接受了齐人所送的八十位美女，连续三日不上朝，孔子立即辞职，从此开始了长达十四年的周游列国之旅，一直到去世。季桓子鲁哀公三年去世时，后悔当年赶走孔子，致使鲁国不断被削弱，叮嘱季康子重新重用孔子。季康子嗣位，照样不用孔子，孔子只有郁郁而终。从季桓子临终后悔之语来看，当初桓子连续三日不上朝，暗中含有故意气走孔子，担忧孔子削弱“三桓”的考虑。齐国担忧孔子执政让鲁国强大，季桓子担忧孔子执政让公室强大，客观上双方合谋气走了孔子。

18.5 楚狂接舆歌而过孔子，曰：“凤兮，凤兮！何德之衰？往者不可谏，来者犹可追。已而，已而！今之从政者殆而！”

孔子下，欲与之言。趋而辟之，不得与之言。

【题旨】

18.5—18.9诸章，均记载隐士事，与《宪问篇》14.37—14.39相同。

本章记录孔子与“楚狂接舆”打交道的事。

【译文】

楚国有位狂人靠近孔子的马车，一边唱歌，一边走过去，他唱道：“凤凰啊，凤凰啊，为什么周德如此衰微？过去的事不可挽回，未来的光阴犹可追。算了吧，算了吧！如今的从政者危乎其危！”

孔子下马车，想和他谈谈。他却急急避开，没能与他谈成。

【简析】

后世文献常称这位楚国狂人为“楚狂接舆”或“接舆”，但在本章不能做人名。《论语》记载的隐士大多不知真实姓名，即使当时询问，人家也不会告知。孔子被困陈蔡时，楚昭王曾派兵营救孔子到楚国，本章故事就应发生在孔子滞留楚国期间。

凤凰是周人的圣鸟。周代文献记载，周文王时，周道将兴，而凤鸣岐山。岐山，即岐周，文王所治。如今周道已衰，天下大乱，故凤鸟不至，所以这位楚国狂人离开官场，隐居于野，并且佯装癫狂，要孔子也不要为官，远离官场。

18.6 长沮、桀溺[①]耦而耕[②]。孔子过之，使子路问津焉。长沮曰：“夫执舆[③]者为谁？”子路曰：“为孔丘[④]。”曰：“是鲁孔丘与？”曰：“是也。”曰：“是知‘津’矣[⑤]。”

问于桀溺。桀溺曰：“子为谁？”曰：“为仲由。”曰：“是鲁孔丘之徒与？”对曰：“然。”

曰：“滔滔者天下皆是也，而谁以易之？且而与其从辟人之士也，岂若从辟世之士哉？”耰而不辍。

子路行，以告。夫子怃然，曰：“鸟兽不可与同群，吾非斯人之徒与而谁与？天下有道，丘不与易也。”

【题旨】

本章记录子路“问津”，而被隐士抢白讥讽的故事。

【注释】

① 长沮、桀溺：均非真实人名，《论语》记载的隐士大多如此。但随侍弟子记录此事，给这两位隐士编写名字时，应暗含深义：“沮”为古水名，“桀”即夏末暴君夏桀，“长”“溺”均为多水貌，两位隐士必在水边劳作，以此为名，既切合地理和“问津”的事实，又暗含世人长久地为暴政所苦，如同水之深的意思，借以解释两人何以隐居乡野。

② 耦耕：一人扶犁，一人拉犁，用人力耕田。“耦”，两人共作。

③ 执舆：手执马缰。老师坐车，必由子路“执舆”驾车。子路下车问津，故孔子临时“执舆”以控制马车。

④ 子路向隐士介绍老师时，连姓带名称“孔丘”；自我介绍时，连姓带名称“仲由”，显示了对外人的格外尊重，都符合礼制。如果只称名而不称姓名，外人则不容易知道究竟是谁。

⑤ 是知“津”矣：双关语。孔子让子路“问津”，是问渡口。隐士说，不用问了，孔丘知道渡口，是指孔子知道政治社会问题的解决之道。隐士也罢，孔子师徒也罢，其实都知道天下洪水滔滔。不同的只是，隐士知其不可为而隐居之，孔子师徒明知其不可为而为之。

【译文】

长沮、桀溺两位隐士正在合作人力耕田，孔子经过这里，便让子路去问问渡口在哪里。长沮问道：“那手执马缰的是谁呀？”子路道：“是孔丘。”长沮又问道：“是鲁国的孔丘吗？”子路道：“是的。”长沮说：“他呀，早知道‘渡口’在哪里了。”

子路只得问桀溺。桀溺问道：“你是谁呀？”子路道：“我是仲由。”他又问：“是鲁国孔丘的门徒吗？”子路答道：“是的。”桀溺道：“当今天下到处都洪水泛滥，你和谁去改革它呢？而且，你与其跟随孔丘那种躲避坏人的人，为什么不跟随我们这些躲避整个坏世界的人呢？”一边说，一边不停地劳作。

子路回来，把这些报告给孔子。孔子怅然若失，道：“我们既不能与鸟兽同群，若不同人群打交道，又和谁打交道？天下太平，政治清明，我就不会和你们一起从事改革了。”

【简析】

《孔子世家》推测，子路问津处在楚国境内叶、蔡之间（蔡国早已被楚国灭而为县），《正义》则云在叶县西南二十五里之黄城山，下有东流，即子路问津处，后人亦有附会他处者，总之越说得具体越不可靠。

18.7 子路从而后，遇丈人，以杖荷蓧。子路问曰：“子见夫子[①]乎？”丈人曰：“四体不勤[②]，五谷不分，孰为夫子？”植其杖而芸。子路拱而立。止子路宿，杀鸡为黍而食之，见[③]其二子焉。

明日，子路行，以告。子曰：“隐者也。”使子路反见之。至，则行矣。

子路曰：“不仕无义。长幼之节，不可废也；君臣之义，如之何其废之？欲洁其身，而乱大伦。君子之仕也，行其义也。道之不行，已知之矣。”

【题旨】

本章记录子路遇隐士“荷蓧丈人”的故事，批评隐士“不仕无义”。

【注释】

① 夫子：此特指孔子。子路与外人说话，言及孔子，本应称“孔丘”或“鲁孔丘”。对外人称孔子为“夫子”，指代不明。

② 以“四体”称四肢，以“四体勤”为勤奋劳作，可能是周代俗语。参

阅《左传·定公四年》。

③ 见：使之见，使动用法。

【译文】

子路跟随孔子，落到了后面，路遇一位老人，用拐杖挑着除草的农具。子路问道："您看见我的老师了吗？"老人说："你这个人，四肢不劳动，五谷分不清，谁是你的老师呀？"说完，便拄着拐杖除草。子路拱手而恭敬地站着。老人便留子路到他家住宿，杀鸡做饭给子路吃，又引荐其二子与子路相见。

第二天，子路赶上了孔子，禀告了这事。孔子道："这是位隐士。"让子路返回去再看看他。子路到了那里，老人却走了。

子路道："不做官不应该。长幼关系，是不可废弃的；君臣关系，怎么能废弃呢？想自保高洁，而扰乱了君臣关系。君子做官，是为了做其应该做的事。我们的理想不可能实现，早就知道了。"

【简析】

子路明知"道之不行"，但仍要做官，仍然要"行其义"，这与《微子篇》18.6中孔子讲的话是一个意思。可见孔子师徒都是明知其不可为而为之，而隐士则是明知其不可为而隐之。

本章子路的话，涉及中华民族历史上一个重大问题：君子究竟应该看重君臣父子大伦，平治天下的公德，还是应该更加看重洁身自爱的私德？儒者对隐士从来评价不高，可能就是因为隐士把私德看得太重了。

本章或为子路语录，则为子路之门徒所记录（根据《先进篇》11.15，子路也设帐授徒），故尊孔子为"子"。按照周礼，还应尊称子路为"先生"。估计曾参门徒在编辑《论语》时，而将其改为"子路"。子路一生最大的官职，是做鲁国上卿季康子的总管，卫国上卿孔悝的总管，其官爵最大为下大夫，按照周礼，不可尊称"仲子"。如果继续尊称"先生"，后人则不知是谁。

18.8 逸民①：伯夷、叔齐、虞仲、夷逸、朱张、柳下惠、少连。子曰："不降其志，不辱其身，伯夷、叔齐与？"谓②柳下惠、少连，"降志辱身矣，言中伦，行中虑，其斯而已矣"。谓虞仲、夷逸，"隐居放言，身中清，废中权。我则异于是，无可无不可"。

【题旨】

本章评论七位隐士。

【注释】

① 逸民：遗落的人才。《论语》中"民"字多指平民百姓，但本章、15.25、6.29、20.1（"举逸民"）诸章，均指"人"，即上等人。伯夷、叔齐是殷商末期孤竹国君的两个儿子，两人均不愿意继位，逃离孤竹国，最后饿死于首阳山。虞仲，或即吴王泰伯之弟。柳下惠，春秋鲁国贤士，孔子孟子均多次论及。其余无考。

② "谓某某"，后无"曰"字，这个"谓"是评价的意思。"谓某某曰"的"谓"，是对某某说的意思。两类案例，《论语》中都很多。

【译文】

古今被遗落的人才：伯夷、叔齐、虞仲、夷逸、朱张、柳下惠、少连。孔子说："不降低自己的理想，不辱没自己的身份，是伯夷、叔齐吧？"又说柳下惠、少连："降低自己的理想、辱没自己的身份了，但他们的言语合乎法度，行为符合考虑，那也不过如此罢了。"又说虞仲、夷逸："避世隐居，放肆直言，行为廉洁，自我废弃符合其权变。我和这些人有所不同，没什么可以，也没什么不可以。"

【简析】

孔子说："贤者辟世，其次辟地，其次辟色，其次辟言。""作者七人矣。"（《宪问篇》14. 37）本章刚好有七位"逸民"，故有经师以本章七人为隐士。

细读本章，夫子恐非此意。孔子说："用之则行，舍之则藏。"（《述而篇》7.11）这大概就是"无可无不可"吧。

18.9 [①]大师挚适齐，亚饭干适楚，三饭缭适蔡，四饭缺适秦，鼓方叔入于河，播鼗武入于汉，少师阳、击磬襄入于海[②]。

【题旨】

邢昺《论语注疏》谓本章是写"鲁襄公时礼坏乐崩，乐人皆去"，是说可从。

【注释】

① 本章若是语录，应佚"子曰"或"某子曰"；若是摘录的鲁史（孔门经常摘录史书以备记诵），则无佚文。本书译文姑且视作鲁史。

② 海：未必指大海，古代凡大水均可称海，今广东方言犹存此俗。

【译文】

（鲁国礼崩乐坏，乐师纷纷离去）太师挚到了齐国，师亚饭干到了楚国，师三饭缭到了蔡国，师四饭缺到了秦国，师鼓方叔入居黄河之滨，师播鼗武入居汉水之滨，少师阳和师磬襄入居海滨。

【简析】

"挚、干、缭、缺、方叔、武、阳、襄"皆乐师名。"大师"即"太师"，"大师挚"或即《泰伯篇》8.15之"师挚"，太师为乐官之长，负责演奏乐曲的开端。然后鲁君用饭，"亚饭""三饭""四饭"等乐官依次演奏。"鼓"，周代文献多作"瞽"，即盲人鼓师。"播鼗"为摇小鼓者。依周人叙事习惯，"亚饭"以下七位乐师，均应称"师"，如"师亚饭"之类。本章可能承前省略了几个"师"字，故译文补上。

18.10 周公谓鲁公[①]曰："君子不施[②]其亲，不使大臣怨乎不以。故旧无大故[③]，则不弃也。无求备于一人[④]。"

【题旨】

本章记载周公姬旦教导其子鲁公伯禽，或为弟子学习《尚书》时所作的摘录。

【注释】

① 周公鲁公：周朝第一位鲁公是周武王的母弟，周成王的叔父姬旦。周成王嗣位后，封姬旦为鲁公，要他镇守东方诸蛮夷，主要是镇守殷人子孙。但是又需要鲁公留在镐京继续辅佐王朝，于是成王采取权道，在鲁公姬旦健在的情况下，任命鲁公嫡长子伯禽嗣位为鲁公，负责治理鲁国；姬旦则留在镐京辅佐成王，成王封之为周公。以后鲁公每一代嫡长子都嗣位为鲁公，嫡次子都到王朝做周公。本章的周公，特指第一位周公姬旦；鲁公，特指周公之子，第二位鲁公伯禽。

② 施：同"弛"，弓弦放松。"弛亲"比喻对亲族不亲近，往来不紧密。今民间说"亲戚不来往，血脉不周流"，即此义。

③ 大故：犯上作乱之类的大罪。

④《尚书·君陈》："无求备于一夫。"或为"无求"句所本。

【译文】

周公对鲁公说："君子不怠慢自己的亲族，不让大臣抱怨没被任用。故交老臣只要没有恶逆之罪，就不要抛弃他们。不要对人求全责备。"

【简析】

周武王在伐纣二年后即病死，周家天下风雨飘摇，周公必须在王朝执掌大局，而鲁国只能由嫡长子伯禽来治理。这段话，大概是伯禽赴任时周公叮嘱他的话。

18.11 周有八士：伯达、伯适、仲突、仲忽、叔夜、叔夏、季随、季䯄。

【译文】

周朝有八位贤士：伯达、伯适、仲突、仲忽、叔夜、叔夏、季随、季䯄。

【简析】

“八士”均无考。从按照“伯仲叔季”的顺序起名来看，可能是周初的贤士。春秋战国时代所谓“周”，仅指西周。西周时代和春秋初期，华夏诸国卿大夫并以伯、仲、叔、季为称；从鲁隐公四年尊称卫国公卿“石碏”为“石子”开始，华夏大国公卿被尊称为“子”。参阅《学而篇》1.1。

子张篇第十九

共二十五章

本篇收录了孔子晚期五位设帐弟子，在孔子去世后，继续教育各自门徒的语录。他们是子张、子夏、子游、曾参、子贡。本篇所收语录记载的时间，应该都在孔子去世之后，其时间跨度可能长达四十多年，即从孔子去世，到曾参去世前后。其中有些弟子早在孔子去世以前就已设帐授徒，《论语》中也留下了他们在孔子去世前的少量语录，不过全都编到前面的各篇中去了，没有编入本篇。孔子去世后，设帐弟子继续教育各自门徒的语录，除了《泰伯篇》8.4等少数篇章外，大部分都编在《子张篇》中了。《论语》编辑者这样安排，应该是有意保持本篇的特点。

本篇语录的记录者，应该都是这五位设帐弟子各自的门徒。按照周礼和孔门习惯，简牍都应尊称各自的老师为“某子”。如子张门徒尊称他为“颛孙子”，子夏门徒尊称他为“卜子”，等等。但是，当这些简牍被收进《论语》之后，只有曾参的语录才一仍旧贯，继续尊称他为“曾子”，其他四人的语录均已不再尊称为“某子”，而是改为直接称字了。这应该是曾参师徒编辑《论语》时改动所致。而改动的原因，则可能是因为曾参师徒认为，其他四位同学的学问和做派，都已经至少部分背叛了孔子，要维护孔子道德学问的纯洁性，就不能继续尊称他们为“某子”。这样的做法，折射出了孔子去世以后，儒学就开始分化，有的弟子开宗立派的历史情况，已经与战国早期“百花齐放，百家争鸣”的形势密切相关了。

19.1　子张[①]曰："士[②]见危致命，见得思义，祭思敬，丧[③]思哀，其可已矣。"

【题旨】

本章颛孙子教育门徒，谈论对读书人的基本要求。孔子有"见利思义，见危授命"之语（《宪问篇》14.12），颛孙子应有所师承。

【注释】

① 子张：孔子晚年弟子。复姓颛孙，名师，字子张。

② 士：含义很复杂，周天王的公卿称卿士，诸侯的卿大夫也可以称士，尚未做官正在读书的贵族子弟也称士。本章应是颛孙子教育自己门徒的语录，所以译作"读书人"。

③ 祭、丧：父母去世，举办丧礼。父母去世既久，则依礼祭祀之。而且祭祀，不仅祭祀父母，亦祭祀远代先人，祭祀天地众神。故丧礼主哀，祭祀主敬。

【译文】

子张说："读书人看见国有危难肯豁出性命，看到利益就想是否该得，祭祀就想严肃恭敬，守丧就想真心哀伤，这就可以了。"

【简析】

"见危"两句，言忠；"祭思"两句，言孝。士忠孝，则可也。

本篇19.1—19.3均为子张教育自己门徒的语录，均为子张之随侍弟子所记录，原简均应记作"颛孙子曰"云云。《荀子·非十二子篇》记载，孔子去世后，子张居然"禹行而舜趋"，模仿大禹和舜帝等天王那样走路，似乎高不可攀，子张的同学们因此批评他"堂堂乎张"（19.16），"然而未仁"（19.15）。曾参师徒认为，子张并不真正明白圣人的道德学问，只知道学习圣人的皮毛，他的学问和做派，已经不是孔子道德学问的正统，因此他不能继续得到特别的尊敬，故在编辑《论语》时，将所有的“颛孙子曰”统统改为“子张曰”。

19.2 子张曰：“执德不弘，信道不笃，焉能为有？焉能为亡？”

【题旨】

本章颛孙子批评一些君子信仰不坚定不执着，认为他们可有可无。

【译文】

子张说：“（一些君子）秉持仁德却不坚强，信奉理想却不忠诚，（这种君子）活在世上怎么能算有他？不在世上怎么能算无他？”

【简析】

本章也是子张教育自己门徒的语录，记录者也是其门徒，且原简也应记作“颛孙子曰”云云。

“执德”二句互文，“德”与“道”，都本指仁德君子治国平天下的人生理想、政治理想和终身实践；“不弘”“不笃”，都指不能坚定不移地为这样的理想终生奋斗。

19.3 子夏①之门人问交于子张。子张曰：“子夏云何？”

对曰：“子夏②曰：‘可者与之，其不可者拒之。’”

子张曰：“异乎吾所闻。君子尊贤而容众，嘉善而矜不能。我之大贤与，于人何所不容？我之不贤与，人将拒我，如之何其拒人也？”

【题旨】

本章为颛孙子语录，记载子张就交友之道教育子夏的门徒。记录者为子张的门徒，因此第一句本应记作“子夏之门人问交于颛孙子”，后面的两个“子张”也都本记作“颛孙子”，是《论语》编辑者将所有的“颛孙子”改为“子张”。

【注释】

① 子夏：子张、子夏是同门师兄弟，按照周礼，互称表字没有问题。本章记录者为子张之门徒，称呼自己老师的同学的表字子夏，也没有问题。

② 子夏的门徒正常情况下不可能称“子夏”，而应该尊称“先生”（子夏未做官时）“夫子”（子夏在鲁国做县长时）“卜子”（子夏到魏国做公卿后），此称“子夏”者，乃顺着子张的身份和口吻而言之，以表示对子张的尊敬。这类案例《论语》中不少。

【译文】

子夏的门徒问子张如何交友。子张问道：“子夏说了什么？”

子夏门徒回答道：“子夏说：‘可以交往的就与他交往，不可以交往的就拒绝他。’”

子张说：“这与我听到的有所不同。君子尊敬贤人也容纳众人，鼓励有才干的人也可怜无能的人。我是很贤明的人吗，什么人不能容纳呢？我是不贤明的人吗，别人将拒绝我，我怎么去拒绝别人呢？”

【简析】

孔子一向教育弟子交仁德君子为友，不能交不仁的君子为友。子夏的见解接近孔子。子张则认为贤与不贤、能与不能，只要是君子（贵族），都可以相交，与孔子所论不同。

以上三章均为子张语录，记录者均为子张之门徒。

19.4 子夏曰：“虽小道，必有可观者焉，致远恐泥，是以君子不为也。”

【题旨】

本篇19.4—19.13十章均为子夏教育自己门徒的语录，记录者都是子夏的随侍弟子，原本都应尊称“卜子”，记作“卜子曰”云云，是《论语》编辑者将所有的“卜子”一并改为“子夏”。本章论述君子应致力于治国平天下的大道。

【译文】

子夏说：“（百工）即使是小技艺，也必有可取之处，只因恐怕它妨碍远大的事业，所以君子不做。”

【简析】

据《史记·仲尼弟子列传》《索隐》，子夏的学术成就在孔门弟子中恐怕是最高的，孔子终身传授弟子“六艺”。孔子去世后，子夏一人独传其中“四艺”。孔子去世前，子夏在鲁国做县长。据《战国策·魏策》《史记·魏世家》等文献记载，孔子去世后，子夏就带着自己的部分门徒，还有子贡、曾参的部分门徒，教授西河，做了魏文侯的老师，在魏国推行后世被称为“法家”的治国理论和办法，使魏国一跃成为战国初期天下第一强国。这说明从尧舜到孔子的那一套理论和办法，不太适应春秋晚期战国早期的社会现实，必须进行新的探索。但是曾参师徒因此认为，子夏没有继承孔子的道统，至少部分背叛了孔子，不能再被尊称为“子”，所以在编辑《论语》时，将原简中的所有“卜子”统统改为“子夏”。

可以想见的是，本篇只收录了子夏与孔子学说比较接近的部分语录，那些与孔子学说相去甚远的语录，编辑者早已直接将其剔除了。

孔子多次表达过“君子不器”（如《为政篇》2.12）之类的意思，希望弟子们放眼天下，实现治国平天下的伟大理想。“器”，器物，本指百工制作的各种物件。子夏虽然承认百工制作的小物件也“有可观者”，但亦认为，这种技艺和器物的意义十分有限。

19.5 子夏曰："日知其所亡，月无忘其所能，可谓好学也已矣。"

【题旨】

子夏教育自己的门徒，学问要日积月累。

【译文】

子夏说："每天都知道自己早先所未知的，每月都不忘记自己所已能的，可以说是好学了。"

【简析】

"日知"两句互文，是说"日知其所亡，无忘其所能；月知其所亡，无忘其所能"。用了互文法，意义仍然繁复，语言却简洁许多。《论语》中互文的例子很多。

孔门讲"学"，常常兼指学"文"（文献）和学"行"（圣人善行），本章仅指学"文"。

19.6 子夏曰："博学而笃志，切问而近思，仁在其中矣。"

【题旨】

本章论如何学习仁德。

【译文】

子夏说："广泛地学习并坚持自己的志趣，恳切地发问并多多考虑当下的问题，仁德就在其中了。"

【简析】

"博学切问"，即后世所谓"学问"。"志"亦通"识"，那么第一句就是博学强记之意，此说亦通。

孔子从尧舜夏商周春秋六代的学问中悟到了“仁”和“礼”，从而形成了孔学的理论体系。本章说明，子夏从六代学问中悟到了“仁”，即治国平天下的学问。孟子与子夏相同，所以说“三代之得天下也以仁，其失天下也以不仁”(《孟子·离娄上》7.3)。“礼”侧重于理顺君臣父子的政治关系和伦理关系，“仁”侧重于国家天下的治理。

19.7　子夏曰：“百工①居肆以成其事，君子学以致其道②。”

【题旨】

本章以百工类比君子，谓君子应像百工那样，通过互相学习，经常切磋，以获得治国平天下的具体方法。

【注释】

① 百工：泛指所有以血缘为纽带，以氏族为单位，一个氏族在长达几百年甚至上千年的时间里，只生产一种或一类手工业品的“劳力者”。例如，张氏长期做弓箭，陶氏唐氏长期做陶器青铜器，索氏长期纺织丝绸麻布，等等。相传尧舜时代即有主管“百工”的长官，名叫“垂”(亦作“倕”，见《史记·五帝本纪》)。《左传》记载，周天王分封诸侯时，一般都会赏给诸侯五至七个手工业氏族，以帮助诸侯发展工业经济。周代各国都设有管理百工的官员，类似后世的“工业部长”，例如楚国有“工尹”，就是协助上卿令尹管理百工的长官。百工生产手工业品时，祖孙父子兄弟叔侄，一个氏族若干家族的人都聚在一起，互相观摩，互相学习，竞相超越，所以其工艺水平极高。商周两代的青铜器、玉器等都无比精美，至今都令人赞叹不已。

② 道：孔子说：“朝闻道，夕死可矣。”(《里仁篇》4.8)“道”，指平治国家天下的具体方法。本章既以百工之道类比君子之道，故“道”也指平治国家天下的具体方法。

【译文】

子夏说："百工在其制造场所互相观摩，互相学习，从而生产出高水平的手工业品。同样的道理，君子亦应互相学习，互相砥砺，从而获得善道。"

【简析】

究竟应该如何治国平天下，周朝传世文献记载，君子们经常讨论。

19.8 子夏曰："小人之过也必文。"

【题旨】

本章批评小人文过饰非。

【译文】

子夏说："小人对自己的过错，一定会加以文饰。"

【简析】

周代君子认为，君子不文过饰非，亦不二过，有过必改。小人必文过饰非。孔门讨论这一问题的记录很多，观点亦相同，可与《卫灵公篇》15.30、《学而篇》1.8、《子张篇》19.21、《里仁篇》4.7合读。

19.9 子夏曰："君子[①]有三变：望之俨然，即之也温，听其言也厉。"

【题旨】

卜子对自己的门徒描述自己的老师孔子，应该是孔子去世后，卜子对老师的深情回忆。

【注释】

① 君子：此当特指孔子。《乡党篇》孔子弟子尊称孔子为"君子"，《礼

记·儒行》鲁哀公亦尊称孔子为“君子”。

【译文】

子夏说：“我师孔子有三种变化：远远望去，庄重可敬；靠近了他，温和可亲；听他说话，严厉不苟。”

【简析】

周朝有两种“三年之丧”，一是先周时代的“三年之丧”，丧期至少二十五个月；二是周朝官方的“三年之丧”，丧期为天子七月、诸侯五月、卿大夫三月、士两个月，都是至尊至亲之丧。《孔子世家》记载，孔子去世后，弟子们居然实行已经被周朝官方废弃了五百多年的古老的“三年之丧”，为老师守孝二十五个月之久，弟子们对老师的感情之深，感佩之深，由此可见。子夏在如何治国上，采取的方法与老师有所不同，但他对老师的感情，却是无比深厚的。

19.10 子夏曰：“君子信而后劳其民，未信，则以为厉①己也。信而后谏，未信，则以为谤己也。”

【题旨】

本章论卿大夫治国，要下取信于民，上取信于君。

【注释】

① 厉：死后灵魂没有归属，四处害人的恶鬼，在此用作动词，加害。

【译文】

子夏说：“君子要有信誉然后才可以使唤民众，没有信誉，那么民众会认为你在害他们。君子要有信誉而后才可劝谏国君，没有信誉，那么国君会认为你在毁谤他。”

【简析】

本章中的“君子”，下使民，上谏君，应特指卿大夫，并非泛指所有贵族。

19.11 子夏曰：“大德不逾闲，小德出入可也。”

【题旨】

本章论君子之德。

【译文】

子夏说：“（君子）重大节操不能越界，小节小礼有点出入是可以的。”

【简析】

“大德”，指涉及治国平天下的理想、君臣父子的体统；“小德”，指无关紧要的小节。“逾闲”“出入”，均相对礼制礼法而言。

唐朝以前的君子，只要终身为治国平天下奋斗就可以了，至于私德如何，并不在意。如管仲私德毛病很多，但他帮助齐桓公保护了先进的华夏文明，孔子就称赞他“仁”（《宪问篇》14.16、14.17），这是极其崇高的评价。本章子夏的观点，与孔子相同。宋朝至如今，君子由外向而内敛，由重功业而重修身养性，洁身自爱，长期缺乏进取心，伪君子比比皆是，这是君子道德观的历史大倒退。

19.12 子游曰：“子夏之门人小子，当洒扫应对进退则可矣，抑末也。本之则无，如之何？”

子夏闻之，曰：“噫！言游[①]过矣！君子[②]之道，孰先传焉，孰后倦焉？譬诸草木，区以别矣？君子之道，焉可诬也？有始有卒者，其惟圣人乎？”

【题旨】

本章是子夏语录，论学问的传授之道。记录者是子夏之门徒，原简必称“卜子闻之”，是《论语》编辑者改为“子夏闻之”。向子夏传话者，应是子夏之门徒。

【注释】

① 言游：言偃字子游，故称言游。犹颜回字子渊，故称颜渊。同学之间互相称字，以示尊重。

② 君子：本章中的两个“君子”和一个“圣人”，都特指先师孔子。《乡党篇》10.6、《阳货篇》17.24、《礼记 · 儒行》均有其例。

【译文】

子游说：“子夏的门徒，叫他们洒水扫地、接待客人、应对进退，还是可以的，不过这是末节罢了。学问的根基则没有，怎么可以呢？”

子夏听了这话，说：“噫，言游这话说错了！先师的学问，哪先传授（哪后传授），（哪先学习）哪后厌倦，（哪有一定呢？）好比是草木，要去区别分类吗？先师的道德学问，怎么可以歪曲呢？按部就班传授，有始有终的，大概只有先师吧！”

【简析】

孔子教弟子六艺“有始有卒”，这从孔子去世后子夏有能力传授《诗》《易》《春秋》《礼》（详见《史记 · 仲尼弟子列传》《索隐》）中即可看出。孔子在世时，即已有人称他为圣人（《述而篇》7.34）；孔子去世后，鲁哀公写《诔》文追悼他（《左传 · 哀公十六年》）；子贡把他比作天上的日月（《子张篇》19.24）。子夏说这番话时，孔子应已去世。

战国末期学者说孔子去世后，儒学一分为八，子游子夏都是孔子的设帐授徒、开宗立派的弟子。本章所记录的争论，并不涉及学理，仅仅关乎孰高孰低。由此看来，曾参师徒在编辑《论语》时，不容许子夏、子张、子游、子贡等继续被尊称为“某子”（颜回不称“颜子”，因为没做官；子路不称“仲子”，因为官太小），除了与是否继承了孔子的衣钵这一学理问题有关外，还应与孔子去世后，同学之间竞争影响力有关。

19.13 子夏曰：“仕而优则学，学而优则仕。”

【题旨】

本章总结为官者类型，说明礼乐之学是为官者必学的治国本事。

【译文】

子夏说：“当官当得好，有余力，便学习礼乐；礼乐学得好，有能力，被大人赏识，就做官。”

【简析】

我这样翻译，参考了《先进篇》11.1。我认为两个“学”字后面的宾语“礼乐”，因为在周代人所共知，而被子夏直接省略了。人所共知的宾语直接省略，至今仍然如此。以《论语》所记而论，孔子授业弟子，除了颜回、原宪、闵子骞不肯做官以外，绝大多数都“学而优则仕”；许多诸侯卿大夫都向孔子请教过问题，这就是“仕而优则学”。

以上十章均为子夏教育门徒的语录。子夏有授业弟子，19.3、19.12两章说得很明白。《学而篇》1.7也是子夏语录，记录者也是其门徒，也应尊称“卜子”，而不应径称“子夏”。径称“子夏”，也是曾参师徒改动所致。其所以不将1.7编入本篇，可能是因为，本篇语录都是孔子去世后子夏等人的语录，而1.7是孔子在世时，子夏教育门徒的语录。曾参也有类似情况。

19.14 子游曰：“丧，致乎哀而止。”

【题旨】

本章论丧礼的核心是对逝去亲人的悲戚，而不是仪式。

【译文】

子游说："丧礼，只要表达悲哀之情就可以了。"

【简析】

本章和19.15都是言偃（字子游）教育自己门徒的语录，均为子游门徒所记，故均应尊称他为"言子""夫子"或"先生"，曾参师徒编辑《论语》时，将其一律改为"子游"。

周代君子的丧礼，有两种"三年之丧"，都有许多十分繁杂的礼仪规定。孔门一派人认为，关键是"心丧"，而不是各种烦琐的仪式，即孔子所谓"礼，与其奢也，宁俭；丧，与其易也，宁戚"（《八佾篇》3.4）。本章子游论丧礼，就得了孔子礼制思想的精髓。

19.15 子游曰："吾友张①也为难能也，然而未仁。"

【题旨】

本章批评子张不仁。

【注释】

① 友张：朋友子张。孔门弟子都是读书人，周代读书人之间有互相匡过责善的义务，所以互称"朋友""朋""友"。详见《学而篇》1.1。张：子张，与《子张篇》19.16相同。春秋时代尊称华夏大国的公卿为"子"，所以贵族给儿子命名，大多喜欢这样：假如儿子名"甲"，则字"子甲"，或者儿子名"甲"，则字"子乙"，总之表字中间有个"子"字，意思是希望儿子将来做公卿，《左传》中案例极多。子游称"子张"为"张"，就是因为大家的表字里都有"子"字，所以干脆把

"子"字省略了。

【译文】

子游说:"我的朋友子张是难能可贵的了,然而还没有达到仁德的境界。"

【简析】

孔子去世后,子张四处讲学,他模仿舜帝和大禹的样子走路(参阅19.1注释),摆出一副圣人的样子,自以为是圣人仁人,却并不知道,只有那些为治国平天下而终生奋斗的君子才是圣人仁人。

子张有什么"难能"呢?子游未说明,可能是指子张在老师去世后四处讲学吧。

19.16 曾子曰:"堂堂①乎张也,难与并为仁矣。"

【题旨】

本章批评子张只顾模仿舜帝大禹的样子和做派,貌似圣人,自以为了不起。

【注释】

① 堂堂:仪表步态非比寻常,堂堂皇皇。《荀子·非十二子篇》说子张"禹行而舜趋",像大禹和舜帝那样走路,就是"堂堂"的意思。其实尧舜大禹乃至先师孔子的道德学问,核心是治国平天下。子张却只学圣人的威仪,以为老师既已去世,现在只有他才是圣人仁人,天下之人都"难与并为仁"。这是曾参用《春秋》笔法,批评子张的做派有违圣人的初衷和先师的教诲,只学圣人的皮毛,不学圣人的道德学问。

【译文】

曾子说："子张仪表堂堂，（颇似高不可攀）似乎他人难以与之并入仁德之境了（天下只有他才是圣人）。"

【简析】

19.16—19.19都是曾参教育自己门徒的语录。孔子在世时，曾参虽然只有二十多岁，就已设帐授徒（详见《里仁篇》4.15）。孔子去世前曾参的另十章语录，则编于他篇。孔子去世后，曾参继续教育自己门徒的这四章语录，均一仍旧贯，继续尊称曾参为"曾子"。这除了与曾参师徒编辑《论语》，在与同学们争夺影响力的竞争中得了方便以外，还可能与曾参师徒认为，自己才是先师孔子道德学问的忠诚继承者有关。

19.17 曾子曰："吾闻诸夫子①：人未有自致者也，必也亲丧乎！"

【题旨】

本章回忆先师孔子的教诲，父母之丧至悲。

【注释】

① 夫子：此指先师孔子。

【译文】

曾子说："我从先师那里听说过：人没有自动调动至情的，如果有，一定是在父母去世的时候吧！"

【简析】

《孟子·滕文公上》5.2援引本章大意为："亲丧，固所自尽也。""自尽"与"自致"意义相同。

19.18 曾子曰："吾闻诸夫子：孟庄子之孝也，其他可能也，其不改父之臣与父之政，是难能也。"

【题旨】

本章回忆先师孔子称赞鲁国公卿孟庄子严格遵守"三年之丧"的礼制。

【译文】

曾子说："我听先师说过：孟庄子的孝道，其他的别人也可能做到，但他（在守丧期间）留用先父的老臣，不改动先父的政策，这就难能可贵了。"

【简析】

周朝贵族有两种丧制，丧期长短不一，都称"三年之丧"。孟庄子，其父孟献子卒于鲁襄公十九年，按照周礼，其父去世，丧期为三个月，守丧期间，孟庄子不能发号施令。丧期届满，孟庄子即嗣位为卿，即可调整先父任命的官员和制定的政策。孟庄子的身体很可能相当糟糕，所以其父去世仅四年，自己也去世了。因此，孟庄子很可能没有认真执政，而并非如孔子所言大孝。孟献子去世时，孔子尚未出生；孟庄子去世时，孔子刚出生。孟氏父子的故事，孔子或从鲁史，或从当时鲁人的议论中得以知之。孔子对孟庄子孝行的误判，很可能受到鲁史和鲁人的影响。

按照周礼，天王、诸侯卿大夫，君父去世，储君"三年不言"，即守丧期间不能发号施令，君父的行政权暂时移交给总管，以保证天下、国家、采邑的正常运转。等到丧期届满，储君正式嗣位，方可全部获得新君的行政权和宗教权，方可发号施令，调整先父的官员和政策。但是，君父既然已经去世，即使在守丧期间，储君事实上已经大权在握，所以大多数储君，都抑制不住立即行使权力的冲动。所以真正做到"三年不言"的储君，周朝很难得。

19.19 孟氏[①]使阳肤[②]为士师，问于曾子。曾子曰："上失其道，民散久矣。如得其情[③]，则哀矜[④]而勿喜。"

【题旨】

本章曾子叮嘱弟子，要知道平民百姓作奸犯科，是因为贵族道德堕落，既要依法办案，也要可怜百姓。

【注释】

① 孟氏：鲁国公卿孟孙氏，"三桓"之一。

② 阳肤：古代经师都认为是曾子弟子，符合本章曾子说话的语气。如果阳肤是其名，则本章应为阳肤所记录，可以翻译为"我"。如是其字，则记录者为曾子随侍弟子，翻译自然不同。

③ 情：实情。审查案子，必先得实情，再依法断狱，古今皆然。《左传·庄公十年》："小大之狱，虽不能察，必以情。"《僖公二十八年》："民之情伪，尽知之矣。"《国语·鲁语上》："必以情断之。"

④ 矜：哀怜。《僖公十五年》："吾怨其君，而矜其民。"《文公四年》："虽不能救，敢不矜乎？""矜"均为哀怜义。

【译文】

孟孙氏让我去当法官，我向老师请教。老师说："贵族不按规矩办事，平民离心离德已经很久了。如果查得平民犯罪的实情，你要可怜他们，而不要（因为查清了案子而）沾沾自喜。"

【简析】

夏代有"禹刑"，以后各代均有刑法。这些法律，主要是为了治理平民。因此，阳肤当法官，将主要审理平民的案子。孔门认为"君子之德，风；小人之德，草。草上之风，必偃"（《颜渊篇》12.19）；"上好礼，则民莫敢不敬；上好义，则民莫敢不服；上好信，则民莫敢不用情"（《子路篇》13.4）。

曾参说“上失其道，民散久矣”，是说君子不像君子，不讲仁道，堕落已经很久了，民众受其影响，因而道德堕落，作奸犯科，依法应负刑责，但平民百姓犯罪的根源在贵族那里。所以曾子嘱咐弟子，对犯罪现象，既要依法处理，又要可怜平民。孔子也曾说，他当法官，重点是要“无讼”，即清除犯罪的根源（《颜渊篇》12.13）。孔子师徒均有哀怜平民之意，均注意到了平民犯罪的根源在贵族那里。

以上四章均为曾子语录。

19.20 子贡曰：“纣之不善，不如是之甚也。是以君子恶居下流，天下之恶皆归焉。”

【题旨】

本篇19.20—19.25都是孔子去世后，子贡教育自己门徒的语录，记录者都是其门徒。本章子贡教育弟子，商纣王被传闻说得更坏，有“成王败寇”之意。

【译文】

子贡说：“商纣王的坏，不像如今传说的这样过分。因此君子憎恨居于下流，一居下流，天下所有的坏事就都会集中算到他的身上。”

【简析】

子贡长期担任鲁国大夫，孔子去世后，为老师守孝毕，他又担任卫国的“相”，就是公卿。按照周礼，世人和子贡的门徒都本应尊称他为“端木子”（参阅《学而篇》1.1）。但是曾参师徒认为，子贡是“行人”即外交家，就是战国时代的纵横家，与儒学家不是一家。子贡的弟子如田子方都是法家人物，跟着子夏在魏国实行法家的一套。因此，曾参师徒为了维护孔学的纯洁性，不仅很可能剔除了子贡不少与孔子学说相左的语录，还把所收子贡语录中的“端木子”一并改为“子贡”。

信息传播中，好人越传越好，坏人越传越坏，这是规律，无可改变。周代文献的确都说商纣王坏。子贡能有这种见识，很不简单。

19.21 子贡曰：“君子之过也，如日月之食焉：过也，人皆见之；更也，人皆仰之。”

【题旨】

本章子贡论述君子正确对待自己的过错。

【译文】

子贡说：“君子的过错，如同日食月食那样明显：犯错时，人人都能看见；改正时，（如同日月恢复光明）人人都仰望着。”

【简析】

《左传·宣公十二年》：“夫其败也，如日月之食，何损于明？”《卫灵公篇》15.30：“过而不改，是谓过矣。”《子张篇》19.8：“小人之过也必文。”文献可以合读。

19.22 卫公孙朝①问于子贡曰：“仲尼②焉学？”子贡曰：“文武之道③，未坠于地，在人④。贤者识其大者，不贤者识其小者，莫不有文武之道焉。夫子焉不学？而亦何常师之有？”

【题旨】

本章子贡反击卫国大夫公孙朝对先师的轻侮，指出天下所有有道德学问的君子，都是先师的老师，先师的道德学问没有明显的师承，并无任何不妥。

【注释】

① 卫公孙朝：据翟灏《四书考异》，春秋晚期大夫而称公孙朝者，还有鲁公孙朝（《左传·昭公二十六年》），楚公孙朝（《哀公十七年》），郑公孙朝（《列子》）。子贡门徒记录此事时，为了避免混乱，特别注明是卫国的大夫公孙朝。翟氏考据精审，其说可从。按照周礼，周天王太子以外的儿子均称“王子”，孙子均称“王孙”；华夏诸侯世子以外的儿子均称“公子”，孙子均称“公孙”。他们又都是卿大夫，史官必须记录其名字事迹，不能用“某”字代替其名，只要他们名“朝”，史册就记作“王子朝”“王孙朝”“公子朝”“公孙朝”。而华夏各国又特别爱用“朝”字给子孙命名，因此周代文献中有“王子朝”，而“公子朝”“公孙朝”则很多。战国、汉代以后，公孙甚至成为姓氏。

② 卫国大夫不尊称鲁卿孔丘为“孔子”，只尊称其字“仲尼”以略表敬意，当时符合礼制。

③ 文武之道：此用借代之法，代指尧舜禹汤文武成王周公各位圣人之道，此乃孔子平生所学，也是周代大多数君子的平生所学，并非仅学文武二王而已。

④ 人：我特意翻译为“人间”，而不翻译为“民间”，因为圣王之道当时传播到贵族之中才是可能的，传播到平民百姓之中几乎是不可能的。孔子之后，又过了两千多年，经济发展，文化教育普及，不知超过春秋时代多少万倍，圣人之道至今仍然远离平民百姓，这就是证据。

【译文】

卫国的公孙朝向子贡问道：“仲尼的道德学问是从哪里学来的？”子贡道：“六代圣人的道德学问，从来都没有失传，而只是散落在人间。贤明的君子能认识其大处，不贤明的君子也能认识其小节，没有哪个地方没有这些道德学问。我的老师何处不学？为什么一定要有常见的师承呢？”

【简析】

我推测西周末期春秋早期，中国进入钢铁文明时代后，中国教育从零零星星的教育进入体系化教育阶段，贵族儿时上家学，十几岁上乡学，二十多岁经过考试上周天王主办的国学即大学。春秋末期，天王由于经济上极度贫困，政治上也毫无必要培养那么多的王臣，国学应该停办。于是孔子主办私立国学，继续为天下培养人才。这样算起来，周朝成体系的贵族教育，在孔子之前，大约已经有两百年左右的时间，于是学术界开始注重师承，这是公孙朝问孔子师承的原因。

公孙朝当然知道孔子至少没有正儿八经上国学，甚至没有上过乡学，并无名师指点，一辈子主要依靠自学，他问子贡孔子的师承为何，颇有明知故问，鄙视孔子，挑衅子贡之意。而子贡的回击，并不意气用事，公孙朝恐怕很感意外。

子贡是卫国人。老师去世后，子贡与同学们一起为老师守孝三年毕，不久子贡就离开鲁国，回到卫国出任“相”，所以他与卫国卿大夫常有来往。

19.23 叔孙武叔①语大夫于朝曰：“子贡贤于仲尼。”

子服景伯以告子贡。

子贡曰：“譬之宫墙，赐之墙也及肩，窥见室家之好。夫子之墙数仞②，不得其门而入，不见宗庙之美，百官之富③，得其门者或寡矣。夫子④之云，不亦宜乎？”

【题旨】

本章子贡批评无知之徒对先师孔子的攻击，赞美孔子的道德学问无比伟大、无比丰富。

【注释】

① 叔孙武叔、子服景伯：都是鲁国大夫，《左传》定公、哀公诸年均有记载。子服景伯，另见《宪问篇》14.36。当时子贡也是鲁国大夫，

叔孙武叔称子贡和孔子的表字，以示敬意，符合周礼。

② 仞：究竟有几尺几寸，学者有各种解释，总之尺寸越精确越错误。古人有根据成年男子的身高目测高度和深度的习惯，一仞就是一人高（或深），依次类推。

③ 宗庙、百官：叔梁纥只有两位庶子，长子孟皮后被立为宗子，嗣位，方有宗庙（所以嗣位之子方可称为宗子），孔子为余子，并无宗庙。官：房子。宫与官，都指房子。子贡盖将孔子无比宏富的学问比作一座城市。周朝有宗庙者谓之都即城市，无宗庙者谓之邑即村庄。子贡打比方说，自家的围墙只有大半人高，孔子的围墙有几人高，则子贡之墙只是一般院子的围墙，孔子之墙是城市之城墙；自家只有一个院子几栋房子，孔子却有一座城市无数房子。

④ 夫子：此指叔孙氏。

【译文】

叔孙武叔在鲁国朝廷上对大夫们说："子贡比仲尼强。"

子服景伯把这话转告子贡。

子贡说："拿房子的围墙打比方：我家的院墙只有肩膀那么高，可以看到房屋的美好。我老师家的城墙有几人高，找不到城门进去，就看不到里头宗庙的美好，许多房子的丰富多彩，能找到城门（进去）的人或许很少吧。叔孙武叔说这样的话，不也很自然吗？"

【简析】

孔子去世前，子贡自己就是鲁国朝廷的大夫，需要上朝，不至于要子服景伯传话。为老师守丧毕，子贡就离开鲁国回到卫国当官了。所以本章故事，很可能发生在子贡为老师守孝期间，这时子贡虽为鲁国大夫，却不能上朝。

子贡以都市比喻老师的学问十分丰富，远非叔孙武叔之流所能了解。这个比喻很巧妙，在不失礼貌的情况下，暗讽叔孙武叔不学无术，"不得其门而入"，对孔子伟大的道德学问一无所知，竟敢对孔子妄加评论。

孔子的弟子们发自内心地崇拜孔子。宰我说："以予观于夫子，贤于尧舜远矣。"子贡说："见其礼而知其政，闻其乐而知其德，由百世之后，等百世之王，莫之能违也。自生民以来，未有夫子也。"有若说："自生民以来，未有盛于孔子也。"（《孟子 · 公孙丑上》3.2引）

19.24 叔孙武叔毁仲尼。子贡曰："无以为也！仲尼[①]不可毁也。他人之贤者，丘陵也，犹可逾也；仲尼，日月也，无得而逾焉。人虽欲自绝，其何伤于日月乎？多见其不知量也。"

【题旨】

本章记录子贡盛赞先师孔子，反击无知者对先师的诋毁。

【注释】

① 仲尼：子贡是孔子的授业弟子，对老师无比尊敬，无比感佩，平常自然只会尊称老师为"子""孔子""君子"。这里子贡可能是在朝廷说话，总之有孔门以外的人在场，所以与鲁国卿大夫一样也只尊称"仲尼"。称字虽然也含有敬意，但其尊敬的程度不如尊称"孔子""子""君子"。

【译文】

叔孙武叔诋毁仲尼。子贡道："不要这样做！仲尼是不可能诋毁得了的。别的贤人，好比是丘陵，还可以超越；仲尼，好比是天上的太阳和月亮，无法超越。有人即使想自绝于太阳和月亮，他对太阳和月亮有什么损害呢？只能表示他不自量力罢了。"

【简析】

本章所记录的故事，或许也是由子服景伯传话所引起。参考19.23。

19.25 陈子禽[①]谓子贡曰："子为恭也，仲尼岂贤于子乎？"

子贡曰："君子一言以为知，一言以为不知，言不可不慎也。夫子之不可及也，犹天之不可阶而升也。夫子之得邦家者，所谓立之斯立，道之斯行；绥之斯来，动之斯和。其生也荣，其死也哀，如之何其可及也？"

【题旨】

本章子贡反击陈亢对先师的诋毁，盛赞先师之道德学问，本可称王于天下。

【注释】

① 陈子禽：即《学而篇》1.10、《季氏篇》16.13中的陈亢，字子禽。他是齐国陈氏（田氏）贵族，不知是否在鲁国做过官。田氏代齐后，他就回到了齐国。《仲尼弟子列传》很可能就是根据本章不收他，认为他不可能是孔子弟子，因为天下没有弟子如此攻击业师的道理。但是16.13是陈亢自己的记录，若非孔子弟子，这一章不可能收进《论语》，所以郑玄说他是孔子弟子。看来陈亢是孔子帐下一个非常糟糕的奇葩弟子。即以本章而论，陈亢在孔门外，在外人面前，可以称老师为"仲尼"，如果他在子贡帐下也如此称呼先师，是非常无礼，毫无教养的表现。他说同学子贡超过先师，也是没有教养的表现。

【译文】

陈子禽对子贡说："您是谦恭客气吧？仲尼难道比您还强？"

子贡道："君子的一句话，既可以表现他有知，也可以表现他无知，所以说话不可不谨慎。先师不可企及，就像苍天不可用阶梯上去一样。他老人家如果能得到邦国，（能当诸侯）那正如他老人家所说的，他就会让所有的君子都依礼而立，他的伟大理想就会得以实行；他要绥靖远方的人，他们就会来归顺，他要动员所有的人，大家都会和睦。他老人家，生得光荣，死得可惜，怎么可能企及呢？”

【简析】

“邦”本指国，“家”本指卿大夫采邑，但我认为“邦家”在此作偏义复词，仅用“邦”之义。那么“立之”四句就有两层意思：“立之斯立，道之斯行”是一个意思，这是治理国家的第一个阶段，君子各归其位，“君君，臣臣，父父，子子”，国家治理好了，“道”就实行了。然后再“绥之斯来”并“动之斯和”，即用先进的华夏文化吸引远人来归顺，并使已经归顺的远人与本国原有的人民和谐地生活在一起，这就是“远人不服，则修文德以来之。既来之，则安之”（《季氏篇》16.1），这是治理国家第二个阶段的任务。国家治理好了，远人来归顺了，融入华夏了，如此这般，天下就统一于“仁”与“礼”了。可见，子贡实际上是在委婉地表示，先师孔子如果得遂其志，完全可以称王于天下。这是对孔子极其崇高的评价。

曾参师徒把这一章编在这里，当然也是十分认可子贡对孔子的这一评价的，很可能是想拿这一章做孔子之道和《论语》一书的总结。《尧曰篇》三章非常乱，几乎完全看不出做过任何编辑工作的痕迹，很可能原本并不在曾参师徒的编辑计划之列，也不知是哪位后学将其编入《论语》。假若这一推测能够成立，本章就是《论语》的卒章，编辑者当然要“卒章显志”了。《孟子·尽心下》14.38“卒章显志”之意甚明，说明那时编书者已经有此意识，可以略略佐证我的这一推测。

尧曰篇第二十

共三章

本篇内容杂乱无章，有孔子语录，也有孔门摘录以备记诵的古书，没有做过编辑工作的痕迹，或许曾参门徒编辑《论语》时，本无此篇。

20.1 尧曰：“咨！尔舜！天之历数在尔躬，允执其中。四海困穷，天禄永终。”

舜亦以命禹。

【题旨】

本节记录尧舜禅让时，均叮嘱自己的继任者，要以民为本。

【译文】

尧（禅让时对舜）说：“啧！你这位舜！天命如何都在你身上，你要保持公正。如果天下人都困穷，上天给你的禄位也就永远完了。”

舜（禅让时）也这样对禹说。

【简析】

本章内容庞杂，有摘录的《尚书》片段，其中可能有误记者；可能还有孔子或其设帐弟子的语录。现将其分为七小节，以便解析。

本节摘录《尚书·大禹谟》，可能有误记。传世《尚书·大禹谟》记载舜告诫禹说：“天之历数在汝躬……允执阙中……四海困穷，天禄永终。”本节将这番话记作尧告诫舜，舜告诫禹的话。古人读书全凭记诵，难免出错。或此事本有不同传闻，不同记录。本节可能是哪位弟子或再传弟子读书时抄录在竹简上，以备学习记诵之用的，后被编入《论语》。

曰："予小子[①]履[②]，敢用玄牡[③]，敢昭告于皇皇后帝：有罪不敢赦。帝臣不蔽，简在帝心。朕躬有罪，无以万方；万方有罪，罪在朕[④]躬。"

【题旨】

本节记载商汤伐夏桀，祭祀鬼神时之誓词。

【注释】

① 予小子、予一人：均为帝王自称。

② 履：商汤之名，也叫"太乙""大乙"。

③ 玄牡：黑色的公牛。夏尚黑，殷尚白，周尚赤，故商汤祭祀用夏礼，选黑色的公牛（今称水牛）祭神；武王伐纣用殷礼，故举白旗为战旗。详见吴天明《白旗小考》，《江汉论坛》1996年第8期。《左传·庄公二十五年》："凡天灾，有币，无牲。"所记盖诸侯之礼，非天子之礼。《诗经·大雅·云汉》记载周宣王天灾祭祀，亦如商汤用牲，可为佐证。古人祭祀用牛，均用公牛，母牛要繁殖。

④ 朕：我，第一人称代词。秦以前人人都可自称"朕"，如《楚辞·离骚》"朕皇考曰伯庸"。

【译文】

（汤）说："我谨用黑色的牡牛作牺牲，冒昧禀告光明而伟大的天帝：有罪者我不敢赦免。您臣仆的善恶我不会遮蔽，这些都记在您的心里。我自己有罪，请不要株连万方；万方有罪，请将罪过都记在我一个人身上。"

【简析】

本节摘自《尚书·汤诰》,《汤诰》亦作《汤誓》,为商汤伐夏桀之誓辞。《墨子·兼爱下》《国语·周语上》《吕氏春秋·顺民》亦记载之,文字略有不同,而且说是商汤祈雨之辞。《左传·庄公十一年》说"禹汤罪己",此即商汤罪己之辞,但大禹罪己,《尚书》无征,恐系连言之。大禹受禅而得王位,恐怕不需要罪己。尧舜连言,禹汤连言,禹稷连言,都是周人的语言习惯,周代文献中案例甚多。

周有大赉,善人是富。

【题旨】

本节记录周人赏善。

【译文】

周人大封诸侯,让善人都富裕起来。

【简析】

两句不见传世古书。若是孔子语录,则佚"子曰";若是门徒语录,则佚"某子曰";若是古书,则为佚文。

《左传·襄公二十八年》:"善人富,谓之赏。"周朝分封诸侯,除了分封周家五十三国,蛮夷戎狄若干国,还封赏了古代圣人之后许多诸侯,而且许多都被分封在土地最为肥沃的黄土冲积平原地带,例如尧之子孙刘国,舜之子孙陈国。中华民族古代一律封赏炎黄尧舜禹汤文武周孔之后,这叫"赏善",也叫"不使圣人无后"。"后"并非仅仅指子孙,还要让子孙有封地,圣人有宗庙等。

虽有周亲[①],不如仁人。百姓有过,在予一人。

【注释】

① 周亲：很多亲族。“周”有遍、多之意。古人称父系本家为亲族，称姻亲为戚族，此“亲”“戚”之别也。

【译文】

虽有许多亲族，不如仁人一人。百姓如有罪过，罪责在我一人。

【简析】

据传世文献，这节摘自《尚书·泰誓中》：“（周武王说）虽有周亲，不如仁人。天视自我民视，天听自我民听。百姓有过，在予一人。”

谨权量，审法度，修废官，四方之政行焉。兴灭国，继绝世，举逸民，天下之民归心焉。

【译文】

谨慎地审定度量衡，修复废置的官署，天下的政令就能实行了。恢复被灭亡的国家，继续断绝了的世系，推举遗落的人才，天下人民就会心向往之了。

【简析】

这几句话不见于传世文献，或为孔子语录，则前佚“子曰”二字；或为弟子语录，则佚“某子曰”三字；或为佚书佚文，则为孔门摘录以备记诵的古书。

“权”测轻重，“量”测容积，“度”测长短，“废官”为废置的官署，四者慎则政治运行良好。

“兴灭国，继绝世”为一事，“举逸民”则为另一事。夏商周圣王均分封古老文明氏族，古代圣人的子孙，因此史家认为最晚在春秋时代，这些氏族融合而成华夏民族，周代君子常常论及，要求保留先王这一优良传统。如周灭商，大封炎黄尧舜夏商等古老民族约三百国，以祭祀先祖，存其世系。春秋时代灭国无数，许多并非绝其社稷，断其世系，尽有其地，往往是灭而复续之。如《左传·僖公十九年》说“齐桓公存三亡国”；《僖公十二年》楚灭黄国（今河南潢川），后复其国；《僖公二十二年》“取须句，反其君焉，礼也”；《宣公十一年》楚庄王杀夏徵舒（以其弑陈君也），灭陈，后立陈灵公之子午，是谓陈成公；《宣公十二年》楚灭宋国附庸萧，但《定公十一年》萧国仍存；《昭公十三年》吴灭州来，《昭公二十三年》州来犹存；《昭公十三年》楚平王恢复陈蔡等八国，并反复说“礼也”，其例甚多，皆“兴灭继绝”也。《僖公二十一年》，鲁僖公之母成风劝告僖公：“崇明祀，保小寡，周礼也。”“保小寡”，是小国寡民灭之前要保之，灭之后则要“兴”之“继”之。《史记·陈世家》《孔子家语·好生》均记载，孔子读古史至楚庄王立陈灵公之子陈成公之处时，以其“兴灭继绝”，喟然而叹，盛赞楚庄王“贤”。可见“兴灭继绝”是周礼的基本精神之一，是周代仁德君子的共识。

“兴灭继绝”之后，治理天下需要人才。“举逸民”即推举遗落的人才，也叫“出滞淹”（《文公六年》），“举淹滞”（《昭公十四年》），“振废滞”（《成公十八年》），推举逸落隐居的人才为官。“民”，此指“人”，即人才。

所重：民，食；丧，祭。

【译文】

所重视的：民众，粮食；丧礼，祭祀。

【简析】

本节“民”与“食”为一事，“丧”与“祭”为另一事，故标点如上。

“民”必有“食”，故《左传·昭公五年》谓鲁昭公失国，“公室四分，民食于他”（鲁国四分，季孙氏独得两份，孟孙氏、叔孙氏各得一份，平民种地只找“三桓”，不需再找鲁君）；故有国有家者，必先重“民”与“食”。孔子每次与弟子讨论如何治国安邦，必谈三大任务：富民、教民、保民。“民”

与“食”，即富民之事。

“丧”与“祭”，君子的父母死了，依礼丧葬，依礼祭祀，这是孝与忠的核心。《孟子 · 离娄下》8.13：“养生者不足以当大事，惟送死可以当大事。”其义亦在于此。

孔孟这派人的上述思想，可能既来源于对现实政治的观察总结，也可能有所继承。《尚书 · 武成》有“惟食丧祭”之语，“食”乃治民之要，“丧祭”乃君子所本。

本节或为孔门弟子所记，则“所重”之主语，或为孔子。

宽则得众，（信则民任焉）[①]敏则有功，公则说[②]。

【注释】

① 信则民任焉：前贤早已指出当系衍文。可从。

② 说：同“悦”。

【译文】

宽厚就会得到众人拥护，勤敏就会有功绩，公平公正部属就高兴。

【简析】

本节当为孔子或其授业弟子之语录。

20.2 子张问于孔子曰：“何如斯可以从政矣？”

子曰：“尊五美，屏四恶，斯可以从政矣。”

子张曰：“何谓五美？”

子曰：“君子惠而不费，劳而不怨，欲而不贪，泰而不骄，威而不猛。”

子张曰：“何谓惠而不费？”

子曰：“因民之所利而利之，斯不亦惠而不费乎？择可劳而劳之，又谁怨？欲仁而得仁，又焉贪？君子无众寡，无小大，无敢慢，斯不亦泰而不骄乎？君子正其衣冠，尊其瞻视，俨然人望而畏之，斯不亦威而不猛乎？”

子张曰：“何谓四恶？”

子曰：“不教而杀谓之虐[①]，不戒视成谓之暴，慢令致期谓之贼，犹之与人也，出纳之吝谓之有司[②]。”

【题旨】

本章孔子论君子从政之要。

【注释】

① 不教而杀：民众需要训练好，才可以上阵打仗，以不教之民打仗，就是杀害他们。“不教”一句，谓对待民众；以下几句，谓对待臣属。

② 有司：卿大夫手下具体管事者，权力小，杂事多，责任大，办事小气。

【译文】

子张向孔子问道：“怎么样做方可从政？”

孔子道：“尊重五种美德，摒弃四种恶政，这就可以从政了。”

子张又问：“哪些是五种美德？”

孔子道：“君子给民众好处而自己无所耗费，使唤百姓而百姓却不抱怨，自己欲仁欲义而并无贪心，安泰矜持却并不骄傲，仪表威严却并不凶狠。”

子张又问：“什么叫作给民众好处而自己无所耗费？”

孔子道：“就着民众能得利时而让他们得利，这不就是给人好处而自己无所耗费吗？选择可以使唤的时机而使唤他们，又有谁会怨恨？自己想要仁德善政就得到了仁德善政，又贪求什么？君子衣冠端正，目不斜视，庄严得让人望而生畏，这不也是威严而不凶狠吗？”

子张又问：“什么叫作四种恶政？”

孔子道："不予训练便驱使民众打仗叫作虐，不先申戒（臣属）便要（他们）把事办成叫作暴，早先怠慢突然限期完成叫作贼，给人财物出手悭吝就像小吏一样。"

【简析】

本章论"尊五美，屏四恶"，方可从政。《阳货篇》17.6："能行五者于天下为仁矣"，"恭，宽，信，敏，惠"。可与本章"五美"说互证。

20.3 孔子曰："不知命，无以为君子也；不知礼，无以立也[①]；不知言，无以知人[②]也。"

【题旨】

本章教弟子做官、治国之道。

【注释】

① 不知礼，无以立：周代文献"立"与"位"为同一个字，因此这一句理解为"不知周礼，就无法安身立命"，亦通。下文翻译，将"立"理解为"位"。

② 人：用其狭义，特指人才。《论语》多有其例。

【译文】

孔子说："不懂得天命，就无法成为君子；不懂得礼制，就不可能做官；不懂得辨析别人的话，就无法认识人才。"

【简析】

本章应为孔子教育随侍弟子的语录。

后 记

《论语新绎》是一本普及孔子儒学知识，普及国学和中国传统文化知识的读物，可供全国各地各级党政机关公务员、企事业单位干部培训、自学之用。

习近平总书记多次要求，全党同志都要有“四个自信”，即道路自信、理论自信、制度自信和文化自信。中华民族五千年光辉灿烂的文明史，改革开放四十多年波澜壮阔的发展史，2020年以来党中央领导亿万人民感天动地抗击新冠肺炎疫情的伟大斗争，都是这“四个自信”无比坚实的根基。我在全国各地讲学时经常发现，同志们对中国今天的理论、制度、道路的优越性，大都能理解，能够说出个所以然，但对中国文化的优越性，却经常感到有些茫然。这可能是因为，中华文化历史悠久，博大精深，一时不知从何说起。

孔子以前尧舜夏商周春秋六代思想文化的精华，大都集中在《论语》里；孔子之后中国思想文明的成果，很少不受《论语》的影响，《论语》毫无疑问是中华民族五千年文明史上最为重要、无与伦比的一本书，也毫无疑问是人类文明史上极其罕见的一部伟大著作。因此，我们可以毫不夸张地说，读懂了《论语》，也就理解了中国文化、中华文明。

《论语》并不难读，它有非常完整的理论体系，就是“仁学”和“礼学”，“仁学”的核心是治国平天下，“礼学”的核心是理顺人与人的政治关系，让天下都井然有序，生生不息。再说简单一点，“仁学”要求公道治国，“礼学”要求公正分配。只要我们明白并且抓住了这两个理论体系，读懂《论语》没有任何问题。建议读者大体按照本书的先后顺序，慢慢阅读，先花功夫读懂开头一两篇，读懂全书就没有任何问题了。读懂了《论语》，中华民族的思想文化的精华就弄明白了。

当我们在勤奋工作之余，坐在书房里，打开《论语》，与圣人谈谈心，听听圣人的教诲，结合我们自己治理国家、行业、企业、事业单位的心得体会，慢慢领悟中华民族五千年光辉灿烂的思想文化的真谛，慢慢体会中华民族五千年生生不息的历史，慢慢理解党和政府全心全意为人民服务的宗旨，甚至慢慢理解我们自己对中华民族无比深厚的感情，对历代祖先和后世子孙责无旁贷的义务，让我们自己活得更加明白，学习和工作都更加自觉，对伟大的中华民族、中国文化更加自信，人生一世，这是何等美妙的事情！

真正高水平的普及读物，其写作难度其实远远超过学术著作。普及读物既要有很高的学术水平，又要用普通读者读得懂、喜欢读的话来写作，而且文风还要非常简明活泼，又不能脱离原始文献，不能为了取悦读者而胡说八道。真正做到深入浅出，其实是学术著作的最高境界。只有真正伟大的学者，才有可能举重若轻，娓娓道来，引人入胜，让读者在不知不觉之中，提高理论水平。就像杨振宁先生仅仅用几十节课，就给清华大学的学生讲清楚大学物理一样。我完全没有这个学术水平，完全不够资格来完成这个任务。只是因为出版者诚意邀请，并专程来到武汉大学，请我写作本书，为了不辜负他们的信任和错爱，也为了呼应广大读者的需求，我这才暂时放下手里所有的工作，全力以赴完成这个任务。

学问永无止境，我非常希望得到读者朋友的批评，以便再版时，能够进一步提高本书的质量。

吴天明

2021年4月于武汉大学